OS PRIMEIROS FREUDPSICANALISTAS

VOL. 1
1906/1908

OS PRIMEIROS PSICANALISTAS
Atas da sociedade psicanalítica de Viena

1906–1908

Organização
Marcelo Checchia, Ronaldo Torres & Waldo Hoffmann

Tradução do alemão
Marcella Marino Medeiros Silva

[COLEÇÃO ATENTADO]

h

São Paulo – 2017

Atas da Sociedade Psicanalítica de Viena
2015, © da tradução: *V. de Moura Mendonça Livros / Scriptorium*

Protokolle der Wiener Psychoanalytischen Vereinigung Band I–Iv.
© 2008, *Psychosozial-Verlag, Gießen, Germany.*
Hermann Nunberg & Ernst Federn (Hg.): Gießen (Psychosozial-Verlag)

Organização
Marcelo Checchia, Ronaldo Torres e Waldo Hoffmann

Tradução
Marcella Marino Medeiros Silva

Editor
Vanderley Mendonça

Revisão
Gabriel Kolyniak e Ana Paula Figueiredo

DADOS INTERNACIONAIS DE CATALOGAÇÃO NA PUBLICAÇÃO – CIP

C514 Checchia, Marcelo, Org.; Torres, Ronaldo, Org.; Hoffmann, Waldo, Org.
Os primeiros psicanalistas: Atas da Sociedade Psicanalítica de Viena
1906-1908 / Organização de Marcelo Checchia, Ronaldo Torres e
Waldo Hoffmann. Tradução de Marcella Marino Medeiros Silva. –
São Paulo: V. de Moura Mendonça – Livros, 2015. (Scriptorium).
(Atas da Sociedade Psicanalítica de Viena, Volume 1) 584 p.
ISBN 978-85-66423-24-2
1. Psicologia. 2. Psicanálise. 3. História da Psicanálise. 4. Psicanalistas.
5. Sociedade Psicanalítica de Viena. I. Título. II. Atas da Sociedade
Psicanalítica de Viena 1906-1908. III. Checchia, Marcelo, Organizador.
IV. Torres, Ronaldo, Organizador. V. Hoffmann, Waldo, Organizador.
VI. Silva, Marcella Marino Medeiros, Tradutora. VII. Scriptorium.
VIII. V. de Moura Mendonça – Livros.

CDU 159
CDD 153

Catalogação elaborada por Ruth Simão Paulino

ED.LAB / HEDRA
R. FRADIQUE COUTINHO, 1139
SUBSOLO – V. MADALENA
05416-01100 - SÃO PAULO - SP
55 11 3097.8304

SCRIPTORIUM
V. DE MOURA MENDONÇA – LIVROS
R. DR. VEIGA FILHO, 36 CJ. 904
01229-000 SÃO PAULO - SP
FACEBOOK: COLEÇÃO ATENTADO

PREFÁCIO À EDIÇÃO BRASILEIRA...10

INTRODUÇÃO 16

1. REUNIÃO DE 10 DE OUTUBRO DE 1906.........................45
   Conferência de Otto Rank: O drama do incesto
   e suas complicações

2. REUNIÃO DE 17 DE OUTUBRO DE 1906.........................61
   Conferência de Otto Rank (segunda parte): A relação
   incestuosa entre irmãos

3. REUNIÃO DE 24 DE OUTUBRO DE 1906.........................67
   Discussão sobre a conferência de Rank

4. REUNIÃO DE 31 DE OUTUBRO DE 1906.........................83
   Conferência de Hitschmann: Sobre o livro de Bleuler –
   Afetividade, sugestionabilidade e paranoia

5. REUNIÃO DE 7 DE NOVEMBRO DE 1906.........................91
   Conferência de Adler: As bases orgâncias da neurose

6. REUNIÃO DE 14 DE NOVEMBRO DE 1906......................106
   Conferência de Hollerung: Sobre o livro de Semon –
   A Mnême como princípio de conservação nas
   mudanças da vida orgânica

7. REUNIÃO DE 21 DE NOVEMBRO DE 1906......................111
   Conferência de Frey: da mania de grandeza no
   indivíduo normal

8. REUNIÃO DE 28 DE NOVEMBRO DE 1906......................124
   Conferência de Sadger: Lenau e Sophie Löwental

9. REUNIÃO DE 5 DE DEZEMBRO DE 1906........................134
   Conferência de Hitschmann: Sobre o opúsculo
   de Stekel – As causas da nervosidade

10. REUNIÃO DE 23 DE JANEIRO DE 1907 150
Conferência de Meisl: Fome e o amor

11. REUNIÃO DE 30 DE JANEIRO DE 1907 164
*Discussão das questões colocadas pelo Sr. Eitington
acerca da etiologia e terapia das neuroses*

12. REUNIÃO DE 6 DE FEVEREIRO DE 1907 179
Conferência de Stekel: Sobre dois livros –
A psicopatologia do vagabundo, *de Willmanns; e*
A psicologia da demência Precoce, um ensaio, *de Jung*

13. REUNIÃO DE 13 DE FEVEREIRO DE 1907 190
Conferência de Reitler: O despertar da primavera,
de Wedekind

14. REUNIÃO DE 20 DE FEVEREIRO DE 1907 201
Conferência de Freud: Comentário sobre A falta de
esperança de toda psicologia, *De Möbius*

15. REUNIÃO DE 27 DE FEVEREIRO DE 1907 212
Continuação da discussão anterior

16. REUNIÃO DE 6 DE MARÇO DE 1907............................225
Conferência de Adler: Uma psicanálise

17. REUNIÃO DE 20 DE MARÇO DE 1907.........................236
*Conferência de Häutler: Misticismo e conhecimento
da natureza*

18. REUNIÃO DE 27 DE MARÇO DE 1907.........................245
Conferência de Sadger: O sonambulismo

19. REUNIÃO DE 10 DE ABRIL DE 1907 252
Conferência de Wittels: Tatiana Léontiev

20. REUNIÃO DE 17 DE ABRIL DE 1907.........................261
Conferência de Bach: Jean Paul

21. REUNIÃO DE 24 DE ABRIL DE 1907 272
*Conferência de Stekel: Psicologia e patologia
da neurose de angústia*

22. REUNIÃO DE 1 DE MAIO DE 1907 283
Conferência de Sadger: Discussão sobre a degeneração

23. REUNIÃO DE 8 DE MAIO DE 1907 292
Conferência de [A.] Deutsch: Walter Calé

24. REUNIÃO DE 15 DE MAIO DE 1907 298
Discussão sobre o artigo de Wittels: As mulheres médicas

25. REUNIÃO DE 9 DE OUTUBRO DE 1907 307
*Anexo: Carta de Freud aos membros da Sociedade
Conferência de Stekel: Os equivalentes somáticos
da angústia e seu diagnóstico diferencial*

26. REUNIÃO DE 16 DE OUTUBRO DE 1907 321
Conferência de Steiner: Sobre a impotência funcional

27. REUNIÃO DE 23 DE OUTUBRO DE 1907 329
Conferência de Schwerdtner: O sono

28. REUNIÃO DE 30 DE OUTUBRO E 6 DE
NOVEMBRO DE 1907 339
Conferência de Freud: Início de um caso clínico

29. REUNIÃO DE 13 DE NOVEMBRO DE 1907 354
Conferência de Wittels: As doenças venéreas

30. REUNIÃO DE 20 DE NOVEMBRO DE 1907 359
*Conferência de Stekel: Análise de um caso
de histeria de angústia*

31. REUNIÃO DE 27 DE NOVEMBRO DE 1907 366
Conferência de Stekel: Dois casos de histeria de angústia

32. REUNIÃO DE 4 DE DEZEMBRO DE 1907 374
Conferência de Sadger: Conrad Ferdinand Meyer

33. REUNIÃO DE 11 DE DEZEMBRO DE 1907 381
Conferência de Graf: Metodologia da psicologia dos escritores

34. REUNIÃO DE 18 DE DEZEMBRO DE 1907 396
Discussão sobre os traumas sexuais e a educação sexual

35. REUNIÃO DE 8 DE JANEIRO DE 1908 403
Conferência de Stekel: Nos limites da psicose

36. REUNIÃO DE 15 DE JANEIRO DE 1908 410
Conferência de Urbantschitsch: Meus anos de
desenvolvimento até o casamento

37. REUNIÃO DE 22 DE JANEIRO DE 1908 417
Discussão de temas variados

38. REUNIÃO DE 29 DE JANEIRO DE 1908 419
Conferência de Adler: Uma contribuição
à questão da paranoia

39. REUNIÃO DE 5 DE FEVEREIRO DE 1908 433
Ordem do dia: reorganização das reuniões
Debate sobre o comunismo intelectual
Conferência de Hitschmann: sobre a anestesia sexual

40. REUNIÃO DE 12 DE FEVEREIRO DE 1908 444
Discussão sobre a anestesia sexual
Memorando
Organização das reuniões

41. REUNIÃO DE 19 DE FEVEREIRO DE 1908 459
Conferência de Joachim: A essência do símbolo

42. REUNIÃO DE 26 DE FEVEREIRO DE 1908 467

*Conferência de Urbantschitsch: A significação
do reflexo Psicogalvânico*

43. REUNIÃO DE 4 DE MARÇO DE 1908 486
*Breves resenhas de obras bibliográficas e apresentação
de casos por todos os membros*

44. REUNIÃO DE 11 DE MARÇO DE 1908 499
Conferência de Wittels: A posição natural da mulher

45. REUNIÃO DE 1 DE ABRIL DE 1908 510
Leitura e discussão de O ideal ascético, de Nietzsche

46. REUNIÃO DE 8 DE ABRIL DE 1908 519
Resenhas e apresentação de casos por todos os membros

47. REUNIÃO DE 15 DE ABRIL DE 1908 534
*Discussão sobre a proposta do Dr. Hirschfeld de
elaboração conjunta de um questionário*

48. REUNIÃO DE 22 DE ABRIL DE 1908 537
Discussão do questionário de Hirschfeld

49. CONGRESSO DE SALZBOURG EM 27 DE ABRIL
DE 1908 555
Programa e lista de participantes

50. REUNIÃO DE 6 DE MAIO DE 1908 558
*Conferência de Stekel: Algumas observações sobre a
gênese da impotência psíquica*

51. REUNIÃO DE 13 DE MAIO DE 1908 565
Resenhas e apresentação de casos

52. REUNIÃO DE 27 DE MAIO DE 1908 571
Resenhas e apresentações de casos de todos os participantes

53. REUNIÃO DE 3 DE JUNHO DE 1908 578
Conferência de Adler: O sadismo na vida e na neurose

PREFÁCIO À EDIÇÃO BRASILEIRA

Marcelo Checchia, Ronaldo Torres
e Waldo Hoffmann

Nos últimos anos do século XIX e início do século XX, Viena atravessou um de seus períodos áureos. Era chamada carinhosamente de *die alte Keiserstadt,* a velha Cidade Imperial, capital do vasto império austro-húngaro dos Habsburgos, governantes do "Santo Império Romano-Germânico". Na Viena *fin-de-siècle* as ideias fervilhavam em suas diferentes dimensões culturais: na literatura, na música, na pintura, na filosofia etc. Alguns nomes se destacam como expoentes da cultura vienense: os escritores Arthur Schnitzler e o Prêmio Nobel de Literatura Elias Canetti, os músicos Arnold Schönberg, Gustav Mahler e Johannes Brahms, os pintores Oskar Kokoschka e Gustav Klimt, o arquiteto modernista Josef Hoffmann e o filósofo Ludwig Wittgenstein, entre outros.

Os filósofos e historiadores Allan Janik e Stephen Toulmin perguntam-se: Seria uma coincidência absoluta que os começos da música dodecafônica, da arquitetura "moderna", do positivismo legal e lógico, da pintura abstrata e da psicanálise – para não mencionar o ressurgimento do interesse em Schopenhauer e Kierkegaard – estivessem ocorrendo todos simultaneamente e se concentrassem de forma tão preponderante em Viena? Seria apenas um curioso fato biográfico que o jovem maestro Bruno Walter acompanhasse regularmente Gustav Mahler à mansão da família Wittgenstein em Viena? E não teria sido apenas a versatilidade pessoal de Schönberg que o fez produzir uma notável série de pinturas e alguns bons ensaios, além de suas atividades revolucionárias como compositor e teórico musical? Schönberg escreveu na dedicatória do exemplar de seu *Harmonielehre* [Ensino de Harmonia] com que presenteou o "incendiário" jornalista e escritor Karl Kraus: "Aprendi mais contigo, talvez, do que um homem deveria aprender, se quiser se manter independente". Wagner von Jauregg, que substituiu Krafft-Ebing na chefia da cadeira de Psiquiatria da Universidade de Viena e foi chefe de Freud, recebeu o Prêmio Nobel de Medicina pela descoberta da malarioterapia no tratamento dos distúrbios mentais.

Freud estava inserido nesse "caldo de cultura", mas a psicanálise, embora já dando seus primeiros passos, ainda não havia sido estabelecida, e seu reconhecimento só veio a acontecer muitos anos depois. Formou-se na Escola de Medicina da Universidade de Viena em 1881, tendo sido um estudante brilhante. Trabalhou como pesquisador no laboratório de fisiologia do Dr. Bruke e em 1883 entrou para o serviço do Dr. Theodor Maynert no Hospital Psiquiátrico. Apenas depois da experiência com Breuer e os *Estudos sobre a Histeria* e sua *Psicologia para Neurologistas* é que Freud produziria, como ele mesmo escreveu para Fliess em abril de 1895, sua "ruptura epistemológica", publicando, entre 1900 e 1905, *A interpretação dos sonhos, O chiste e sua relação com o inconsciente* e *Psicopatologia da vida cotidiana*, fundando assim a psicanálise.

Mesmo tendo sido nomeado professor, Freud não encontra interlocutores nos meios acadêmicos, onde suas ideias são rejeitadas. Quando lançada, *A interpretação dos sonhos* caiu no vazio. Ninguém se deu conta de que acontecera uma revolução. A tiragem da edição foi de apenas seiscentos exemplares e levou dois anos para se esgotar. Talvez por isso uma vez tenha respondido secamente a Jones, quando este disse que deveria ser interessante viver em uma cidade transbordante de novas ideias, que há cinquenta anos estava ali e ainda não havia encontrado nenhuma ideia nova. Sigmund Freud era um homem intenso e apaixonado, como revelam suas cartas aos seus amigos Silberstein e Fliess e a correspondência com sua noiva Martha Bernays. Com a mesma paixão e intensidade ele defendia suas descobertas psicanalíticas.

No outono de 1902, um médico vienense, Wilhelm Stekel, que havia feito e se beneficiado de uma curta psicanálise com Freud devido a dificuldades sexuais, sugeriu que montassem um grupo de discussão. Carente de uma caixa de ressonância para suas ideias, Freud enviou cartões para Alfred Adler, Max Kahane e Rudolf Reitler. Estava formada a Sociedade Psicológica das Quartas-Feiras que se reunia na sala de espera de "Herr Professor". Peter Gay, biógrafo de Freud, sugere que, dado o uso abusivo de charutos por Freud, havia algo de poético no fato de o tema da primeira reunião ter sido sobre as implicações psicológicas de fumar, como conta Stekel em suas memórias. Infelizmente, não existem registros dos encontros entre 1902 e 1906, quando Otto Rank é nomeado secretário remunerado e começa a escrever as atas do que a partir de 1908 passará a se chamar Sociedade Psicanalítica de Viena.

Nessas minutas, estes senhores – em sua maioria médicos, mas também educadores e escritores – debatem sobre os mais diversos assuntos: psicanálise, inconsciente, etiologia e terapia das neuroses, sexualidade, onanismo, impotência, homossexualidade, incesto, em suma, vinham à tona ali os temas que a clínica psicanalítica recém-criada por Freud revelava e dos quais a sociedade em geral sequer queria saber da existência.

Esses documentos históricos são preciosos, na medida em que abrem outra dimensão da transmissão escrita da psicanálise. Diferentemente dos textos clínicos e teóricos, das correspondências e das biografias, as atas permitem acompanhar de perto as discussões vivas e intensas entre alguns dos pioneiros e fundadores da psicanálise. Elas são um registro do posicionamento que cada um assumiu frente a determinado assunto e um registro de que tal posicionamento não era consensual. É possível, inclusive, seguir como se deram alguns conflitos e mesmo dissidências.

Sabemos, evidentemente, que em uma ata muito se perde: a voz, com todas suas entonações, e uma série de conteúdos que ajudariam a acompanhar melhor os debates. Mas estas atas ultrapassam muito o que seria esperado de um registro burocrático de uma reunião. Elas revelam um espírito investigativo marcado por uma capacidade de acompanhar uma discussão, reconhecer o ponto de vista do outro, expandir os limites do entendimento e debater os propósitos alternativos possíveis (John Dewey) que nos deixa impressionados.

Revelam-se nelas os hábitos inaugurais e vitais de um dos ramos do chamado "tripé da formação psicanalítica", os seminários.

O leitor, no entanto, só se deparará com essa outra dimensão da transmissão da psicanálise ao se dispor a acompanhar as atas do início ao fim e não apenas a consultá-las como material de pesquisa seguindo os temas destacados no sumário. Isso porque em diversas situações encontram-se inesperadamente noções ou conceitos que começaram a ser elaborados bem antes do que imaginávamos a partir dos textos já publicados – destacamos, a título de exemplo, as noções de pulsão de vida e pulsão de morte, que surgiram nas obras publicadas de Freud apenas em 1920, e aqui descobrimos que já estavam em discussão em 1907; ou então porque em meio a trechos que parecem irrelevantes ou já ultrapassados – principalmente pela visão médica ainda muito forte na própria psicanálise – surgem questões cruciais e ainda atuais, por exemplo: qual é o papel dos fatores sociais na formação das neuroses? Qual é a concepção de cura para a psicanálise? Como transmitir um caso clínico? Como a literatura e a filosofia podem contribuir para a psicanálise? Como organizar uma instituição psicanalítica? Que dificuldades enfrentavam? Como Freud manejava os conflitos (disputas por prestígio ou por propriedade das ideias) e as transferências cruzadas?

Há, enfim, muito a ser explorado nesses documentos que são publicados agora pela primeira vez em língua portuguesa.

Este livro inaugura a coleção *atentado*, do selo editorial Scriptorium. O nome deve-se, em parte, ao acaso de um encontro. Surgiu ao nos depararmos com a antologia *Poesia Vista,* do poeta catalão Joan Brossa (Ed. Ateliê/Amauta, 2006), traduzida por Vanderley Mendonça. Em vários de seus poemas visuais, Brossa utiliza a letra A como elemento de desmaterialização da poesia. A letra, como objeto, toma a forma da própria expressão poética e questiona os significados do sistema linguístico. Nessa antologia, o poema *O Atentado* (1986) nos chamou a atenção por propiciar um efeito chistoso. Primeiramente pelo próprio deslizamento de significados existente nesse significante: atentado remete, tradicionalmente, a ofensas a leis e valores morais e até mesmo à tentativa ou execução de um crime. Contudo, enquanto adjetivo, a palavra atentado reporta também a outros significados, podendo se referir àquele que tem tento, que é atento, mas também àquele que é arteiro, levado, endiabrado. Associado à psicanálise, esse significante ganha mais um significado, uma vez que o *a*, de *a*tentado, é propositalmente grifado para fazer alusão ao objeto *a* do campo lacaniano, ao *a* tentado (que causa tentação, desejo), buscado, porém jamais alcançado. Essa polissemia serve bem ao que buscamos para esta coleção: publicar textos impactantes, surpreendentes, questionadores, críticos, *a*tentos e também arteiros, levados, ousados.

Nada melhor, então, do que inaugurar a coleção com uma obra que é o registro de reuniões que podem ser consideradas um verdadeiro *a*tentado aos valores morais até mesmo para a Viena *fin-de-siècle*. *Alea jacta est*, o *a*tentado está lançado!

INTRODUÇÃO

Ao deixar Viena em 1938, Freud confia as atas originais das reuniões da Sociedade Psicanalítica de Viena a Paul Federn. Freud era o presidente da Sociedade; todavia, com seu adoecimento, Federn passa a substituí-lo na presidência. Ao se exilar, pouco tempo depois de Freud, Federn leva consigo as atas. Consegue, assim, evitar a destruição dos manuscritos pelos nazistas e garantir sua futura publicação.

A posse dos manuscritos significava para Federn uma grande responsabilidade – tanto perante Freud quanto perante a psicanálise. Falava deles com frequência e tinha-se a impressão de que ele se sentia na obrigação de publicá-los o mais cedo possível. Mas a doença, bem como a falta de tempo e de dinheiro, impediram a realização de seus planos. Durante sua vida apenas uma ata foi publicada, na revista *Samiksa*, um periódico indiano de psicanálise. Visto que desejava garantir que as atas se tornassem acessíveis ao público, disponibilizou em seu testamento a publicação destas após sua morte. Neste, ele me encarrega de redigi-las e de providenciar, junto com seu filho, sua publicação.

As atas começam no ano de 1906 e prosseguem até 1915. De 1906 a 1915, Otto Rank exerce a função de secretário remunerado da Sociedade; ele era encarregado de registrar as reuniões por escrito. As atas desta época contêm os registros das discussões científicas das reuniões e as listas de nomes das pessoas presentes em cada encontro, bem como comunicados em gerais[1].

Em 1915, Rank teve de deixar Viena para cumprir serviço militar na Primeira Guerra Mundial. Há ainda relatos das discussões que ocorreram entre 1915 e 1918, mas, com exceção da ata de uma reunião realizada em novembro de 1918, elas contêm apenas os temas das discussões ou são tão fragmentárias a ponto de não serem compreensíveis. Dispomos, além disso, das atas de reuniões ocorridas entre 1918 e 1933, que contêm apenas relatos breves referentes a assuntos administrativos, listas de membros presentes e de convidados e os títulos das conferências escritos de forma abreviada. As discussões científicas não foram mais registradas.

Embora a qualidade das discussões varie muito – algumas transcorrem de modo lógico e ordenado, outras são emotivas e confusas, Rank executa sua tarefa com muito discernimento e grande habilidade. Ele não estenografava as sessões; em vez de tentar relatar o que era dito ao pé da letra, Rank parece ter minuciosamente tomado notas durante as discussões e as redigido depois. A maioria das atas transmite com enorme clareza o que havia sido dito em cada discussão.

Não obstante, algumas atas são de difícil entendimento; certas conferências foram registradas de modo muito sintético e em alguns casos apenas o título foi indicado. Há discussões sobre pontos referentes a conferências

---

1   O manuscrito original divide-se em duas partes: a primeira contém as atas das reuniões científicas, escritas à mão em grandes folhas de papel; a segunda consiste em dois pequenos livrinhos, um preto e um marrom, contendo as listas de presença e os comunicados.

que não foram registradas. Por estas razões a leitura das atas torna-se por vezes difícil. Após 1910 elas ficam mais curtas; as abreviações e omissões tornam-se numerosas, de modo que o leitor então só pode fazer conjecturas. Esforçamo-nos para esclarecer as passagens obscuras nas notas de rodapé editoriais, mas nossas observações se restringem ao mínimo necessário à compreensão do texto, visto que não intencionamos influenciar o juízo do leitor acerca das atas. A despeito de todos os obstáculos que se lhe apresentam, o leitor cuidadoso será recompensado com a descoberta e a profunda compreensão dos problemas que ocupavam os psicanalistas daquela época.

As reuniões tiveram início em 1902, na própria casa de Freud, e foram denominadas "noites psicológicas de quarta-feira"; mais tarde ficaram conhecidas por "reuniões de quarta-feira à noite". Quando este círculo informal se transforma na Sociedade Psicanalítica de Viena, em 1908, a quarta-feira se mantém quase como uma tradição e os membros se encontram regularmente neste dia. Não há registros das reuniões ocorridas entre 1902 e 1906. Com a fundação da Sociedade, as reuniões tornam-se oficiais. Em 1910, elas são transferidas da casa de Freud e passam a ocorrer no "Colégio de Doutores". Até 1908, todos os presentes eram obrigados a participar ativamente da discussão; depois, a participação se torna voluntária[2].

Os homens que se reuniam em torno de Freud interessavam-se por psicologia no sentido mais amplo da palavra. Eles não estavam satisfeitos com o que a psicologia

---

2 S. Freud, *A história do movimento psicanalítico – Zur Geschichte der psychoanalytischen Bewegung* (1914; O.C.). Rio de Janeiro, Imago, v.14.

da época tinha a oferecer e buscavam novas ideias, novos fios condutores de que pudessem se valer para um melhor entendimento do ser humano. As teorias de Freud prenunciavam tais contribuições.

É sabido que, desde o começo, as ideias inovadoras de Freud não eram bem acolhidas no círculo médico; ele era duramente criticado, odiado e boicotado. Até mesmo alguns de seus amigos antigos o abandonaram[3]; Freud estava solitário. Mas era também um homem sociável que sabia ser um bom e fiel amigo (as memórias de Ludwig Binswanger[4] são um comovente testemunho disto). Apreciava estar cercado de pessoas com quem pudesse conversar e trocar ideias. A solidão em que se encontrava – como todos os que estão à frente de seu tempo – o acometia. Com frequência dizia que o analista não deveria se isolar, mas estar em contato com os outros a fim de trocar ideias e experiências. Em uma carta a seu amigo Wilhelm Fliess[5], Freud escreve que este era seu "público", seu "juiz soberano". Ele carecia de uma caixa de ressonância. Afetou-se muito quando percebeu que Fliess não era mais capaz de acompanhar suas ideias; esta amizade acabou por se romper.

---

3   Freud dizia, em tom de brincadeira, que as pessoas costumavam tratá-lo como uma parede que acabara de ser pintada: ninguém ousava tocá-lo (segundo informação de Ludwig Jekels).

4   Erinnerungen an Sigmund Freud, Francke Verlag, Bern, 1956.

5   Aus den Anfängen der Psychoanalyse; Briefe an Wilhelm Fließ, Abhandlungen und Notizen aus den Jahren 1887–1902, Imago Publishing Co. Ltd., London 1950, S.Fischer Verlag, Frankfurt 1962, korrigierter Nachdruck 1975, S. 214 (Seitenangaben beziehen sich auf die leichter zugängliche Frankfurter Ausgabe – páginas referentes à edição da Frankfurter Ausgabe).

A enorme necessidade de amizade e reconhecimento sentida por Freud expressa-se num discurso pronunciado perante a B'nai B'rith[6], uma associação filantrópica judaica, por ocasião de seu aniversário de 70 anos. Ele evoca a importância da acolhida calorosa que encontrou naquele círculo e da oportunidade que lhe foi concedida de fazer novos laços numa época em que era evitado por seus colegas e amigos em razão de suas descobertas.

Alguns anos após o rompimento da relação entre Freud e Fliess, o grupo das noites de quarta-feira passa a ser sua caixa de ressonância. Participava regularmente das reuniões e, antes de seu adoecimento, quase nunca faltava a uma sessão.

Quem eram esses homens que compunham o grupo das noites de quarta-feira e por que eles se tornaram psicanalistas?

Eram, de um lado, um grupo de pessoas em busca de novas ideias e de uma liderança e, de outro, um homem solitário que tinha feito descobertas importantes e queria partilhá-las com os outros. Seguindo um conselho de Stekel, a quem havia tratado com êxito, Freud organiza encontros semanais em sua casa para discutir problemas de psicologia. E assim ganharam vida os encontros de quarta-feira à noite.

O grupo era heterogêneo; compunha-se de médicos, educadores, escritores etc. Era uma amostra da classe intelectual do início do século. A despeito de seus diferentes percursos e personalidades, estes homens partilhavam uma insatisfação com a situação da psiquiatria, da peda-

---

6   In Sigmund Freud, Briefe 1873–1939, hrsg. von Ernst und Lucie Freud, S. Fischer Verlag, Frankfurt am Main2. 1968, S. 380–82.

gogia e de outros campos que se ocupavam da psique humana naquela época.

Naquele tempo havia muitas ideias em efervescência em vários lugares da Europa. As ideias da escola de Nancy sobre hipnose e as teorias de Charcot se espalhavam da França para toda a Europa, Kraepelin buscava sistematizar e ordenar a psiquiatria na Alemanha, Eugen Bleuler se tornava uma liderança na psiquiatria suíça e a influência de Wundt no campo da psicologia se impunha em todo o mundo. A obra de Darwin exercia uma profunda influência sobre o pensamento científico da época, embora Freud tenha sido o único, pelo que sei, a aplicar suas teorias na psiquiatria e na psicologia.

As filosofias de Nietzsche e Schopenhauer ganhavam simultaneamente uma influência poderosa na vida intelectual alemã. Os romances de Dostoievski eram amplamente lidos; Strindberg acabara de escrever *Confissões de um louco* e Wedekind, *O despertar da primavera*. Muitas coisas importantes para a vida intelectual da Europa aconteceram neste espaço de tempo.

Assim como o mundo em que viviam, os homens que se reuniam em torno de Freud às quartas-feiras também eram marcados por conflitos. De nossas análises aprendemos que para superar os conflitos internos é necessário em primeiro lugar desvelar suas fontes a fim de se chegar à sua compreensão. Aprendemos também que somos frequentemente inclinados a projetar nossos conflitos no mundo exterior. Podemos, portanto, supor que a necessidade desses homens de compreender e curar seus semelhantes espelhava seu próprio desamparo. Nos encontros da Sociedade, eles não discutiam apenas problemas alheios, mas também suas próprias dificuldades; revelavam seus conflitos internos, admitiam o onanismo, traziam à tona fantasias e memórias referentes a pais, amigos, esposas e filhos. Parece certo dizer que eles eram neuróticos, mas não mais do que muitos outros que não teriam recebido essa denominação. Ainda recordo os chistes que circulavam entre nós, jovens psiquiatras, e aludiam a que os psiquiatras eram esquizofrênicos cuja profissão consistia em buscar a própria cura. Alguns dos primeiros psicanalistas haviam de fato feito uma análise por razões terapêuticas, enquanto outros que não se consideravam doentes o bastante para buscar ajuda alheia tentavam empreender uma autoanálise. Desde a publicação das cartas de Freud a Fliess[7], não é mais segredo que o próprio Freud sofria de neurose, a qual superou mediante sua autoanálise, uma tarefa hercúlea quando levamos em consideração as circunstâncias em que foi realizada.

Certa vez, numa discussão acerca da competência necessária para se praticar a psicanálise, Freud observou que os neuróticos curiosamente haviam se revelado bons psicólogos práticos. Cabe notar que todos os que se interessam seriamente por psicologia projetam na psique alheia o que os preocupa em seu próprio inconsciente e pré-consciente. Os pontos cegos determinados por seus próprios conflitos comprometem sua capacidade de compreender completamente o outro. Para suprimir as lacunas da capacidade de compreensão do terapeuta, Freud sugere desde cedo – como vemos nas atas – que os analistas fossem analisados, uma clara prova de que

---

7   Aus den Anfängen der Psychoanalyse. (ver nota 5).

pouco tempo depois de começar sua obra ele já havia chegado à conclusão de que não só o médico poderia influenciar o paciente, mas também o paciente poderia influenciar o médico. Se os conflitos deste coincidissem com os conflitos daquele poderia acontecer de o médico não os reconhecer, compreendê-los mal ou ainda se identificar com o paciente. Este fenômeno, posteriormente designado contratransferência, era já de início um ponto de discussão[8] na Sociedade.

A fim de poder realizar seu desígnio de ajudar os semelhantes, os participantes das discussões de quarta-feira à noite tinham de compreender sobretudo a si mesmos. Eles esperavam poder ajudar seus pacientes como a si mesmos ao discutirem uns com os outros problemas íntimos. Essa esperança, advinda da crença na análise, unia os devotos de Freud; identificados a ele como a um mestre, tornaram-se os pioneiros da análise.

De início formavam um grupo harmônico. Cada um seguia atentamente o tema da discussão, quer se tratasse de um caso clínico, de um poeta ou artista e sua obra, de um professor, de alunos ou de um criminoso. Faziam conferências, comentavam livros e artigos de periódicos e discutiam questões dos mais diversos campos: biologia, psicologia animal, psiquiatria, sociologia, mitologia, religião, arte e literatura, educação e criminologia e até mesmo experimentos de associação e fenômenos psicogalvânicos eram temas de discussão. Cabe mencionar que

---

8   No congresso de Budapeste, realizado em 1918, apresentei uma moção requerendo a obrigatoriedade de que futuros analistas se submetessem a uma análise. A moção foi rejeitada porque Rank e Tausk se opuseram fortemente. Esta sugestão só foi aprovada em 1926, no congresso de Bad Homburg.

os membros tomavam emprestadas as atas das reuniões, estudavam-nas e as devolviam; isto também era escrupulosamente registrado pelo secretário.

O leitor não deve esquecer que as discussões dos primeiros anos se baseavam em grande parte nos primeiros trabalhos de Freud e que os participantes tinham pouca experiência analítica. Desse modo topamos com muitas suposições ou afirmações precipitadas. Além disso, temos de ter em vista que as contribuições eram reações espontâneas e desprevenidas a conferências que tinham acabado de ouvir; consequentemente, nem todas as observações críticas obedecem a uma ordem lógica.

As discussões eram estimulantes para todos, até mesmo para Freud. Adler enfatiza desde cedo, por exemplo, a importância da agressividade na vida anímica; Freud acolhe essa ideia e passa, a partir de então, a lhe dar maior atenção; mas é só posteriormente, no trabalho *As pulsões e seus destinos*[9], que Freud a inclui em sua teoria das pulsões. Sua forma definitiva se sedimenta, por fim, em *Além do Princípio de Prazer*[10].

A troca de ideias era a marca característica das discussões. Freud dava, naturalmente, mais do que os outros e mais do que podiam receber. Certamente havia um abismo entre o saber de Freud e o saber dos outros. Enquanto estes eram meros iniciantes, Freud já dispunha dos fundamentos de sua obra monumental. Eles se sentavam em torno de uma mesa farta, mas nem todos podiam digerir

---

9 S. Freud, *O instinto e suas vicissitudes – Triebe und Triebschicksale* (1915; O.C.). Rio de Janeiro, Imago, v.14.

10 S. Freud, *Além do princípio do prazer – Jenseits des Lustprinzips* (1920; O.C.). Rio de Janeiro, Imago, v.18.

o que lhes era oferecido. E embora soubessem pouco de psicanálise, aprendiam rápido, pois tinham curiosidade de aprender. Ouviam Freud com muita atenção, buscavam se apropriar de cada uma de suas palavras, e faziam suas a causa de Freud. Esta devoção à pessoa e à teoria de Freud certamente exigia grande coragem naquela época, pois os psicanalistas se expunham a duras críticas e à zombaria, o que frequentemente os levava ao isolamento. Alguns membros somente publicavam seus trabalhos a contragosto, outros os publicavam sob pseudônimos.

A despeito de todas as dificuldades, os primeiros adeptos de Freud não hesitavam em se declarar seus discípulos e trabalharam por um tempo em unanimidade com ele. Este consenso, contudo, não durou muito. Assim como em outros grupos, também aqui a ambivalência começou a fazer valer sua influência perturbadora. Isso pode explicar o fato de que, apesar da atração que a psicologia das profundezas exercia sobre esses homens e apesar da veneração que sentiam por Freud, resistências se mobilizavam em alguns deles contra aquilo que buscavam aprender conscientemente (algo semelhante ocorre ainda hoje com alguns analistas e grupos).

Pois alguns membros de fato não estavam preparados para se entregar ao inconsciente tal como a análise o havia descoberto. Eles não conseguiam respirar – como nota Freud após uma conferência de Paul Schilder – na atmosfera sufocante do obscuro submundo, do "esgoto", e buscavam antes banhar-se ao sol na superfície. Certamente todos nós preferiríamos respirar ar fresco se fosse possível ao psicanalista permanecer na psicologia da superfície. Como era de se esperar, aqueles que se sentiam atraídos pela psicologia da superfície logo desistiram da psicanálise. Por outro lado, formaram-se na Sociedade facções e rivalidades que se expressavam nos embates acerca da autoria de novas ideias, uma atitude competitiva que ia se tornando nítida, ocasionalmente em relação ao próprio Freud. Alguns membros tentavam introduzir nas discussões ideias que não lhe diziam respeito, nem eram compatíveis com os conceitos fundamentais da psicanálise. Havia motivos o bastante para a introdução de tais ideias; eram em sua maioria resistências contra a psicanálise que encontravam subsídio em tendências filosóficas pessoais ou na ambição. Estes membros buscavam impor suas ideias ao grupo e atrapalhavam com isso o avanço do trabalho na Sociedade. Por fim eram obrigados a abdicar de sua condição de membros.

A eliminação de alguns membros não causava, contudo, o enfraquecimento da Sociedade, mas fazia com que ela crescesse ainda mais; as discussões tornavam-se mais ricas e consistentes; podia-se acompanhar com mais facilidade o desenvolvimento de certas ideias e vê-las gradativamente ganharem forma. A saída dos dissidentes fortalecia a coesão do grupo de maneira evidente. Num ambiente mais harmônico, alguns membros ganhavam estatura.

Como já mencionamos, era enorme o rol de temas discutidos nas reuniões. As discussões eram por vezes acaloradas, confusas e difíceis de conduzir. Mas Freud nunca perdia o controle do grupo como um todo; ele mostrava ser um líder magistral. Dotado de uma superioridade incomparável, sabia lidar com essas pessoas cheias de espírito, porém emotivas. Sempre lograva pôr ordem no caos e acalmar os ânimos agitados. Frequentemente conseguia, com uma única observação, com uma única palavra, apontar o ponto central de um problema e destacá-lo com clareza cristalina. Ele concedia a todos liberdade plena para externar sua opinião, mas não permitia que as discussões se degenerassem. Ele as conduzia com uma habilidade admirável e mantinha-se sempre objetivo. Fazia elogios quando merecidos e críticas quando podiam ajudar. Tecia duras críticas a Rank no tocante à forma da apresentação de seu material, mas elogiava seu conteúdo; reconhecia as contribuições de Adler à psicologia do ego, mas o criticava com a indicação de que sua psicologia era uma psicologia da consciência, não do inconsciente. Freud era conhecido por ser muito rigoroso em suas críticas, mas em geral ele era indulgente e afável, paciente e conciliador. Sempre buscava mediar os conflitos de ideias e personalidades. Tomava conhecimento das convicções e ideias alheias com tolerância, mas sua resignação e paciência tinham limites. Enquanto não estivesse fortemente convicto de que certas ideias dissidentes ameaçassem as bases de sua teoria não intervinha e não se opunha. Mas quando já não lhe restava mais dúvida de que o edifício de sua análise estava em perigo – só então – ele se tornava implacável.

O melhor exemplo de sua indulgência e paciência é o caso Alfred Adler. Enquanto membro do grupo, Adler começou lenta e sistematicamente a promover suas próprias ideias, as quais – como depois se mostra – conflitavam com os conceitos fundamentais de Freud. Este o tratou por muito tempo com enorme consideração;

chegou até a nomeá-lo presidente da Sociedade; função que foi exercida por Adler até a ruptura final.

Por um lado, Adler dava muita importância às bases biológicas da neurose ao afirmar que este adoecimento seria o resultado da tentativa de criar uma compensação psíquica para a inferioridade de um órgão. Por outro lado, ele superestimava o papel do fator social, externo, na etiologia das neuroses. Social-democrata, parecia buscar conciliar a teoria marxista da luta de classes com suas próprias teorias acerca do conflito psíquico. Afirmava que o conflito psíquico, interno, seria análogo ao conflito social, externo, entre a classe explorada e a classe dominante. Segundo suas concepções, o inferior e o fraco são o fator feminino, enquanto o superior e o forte representam o fator masculino. Uma neurose se constitui, segundo ele, quando o indivíduo se insurge contra a inferioridade de um órgão e tenta compensá-la mediante recursos psíquicos. O *leitmotiv* de todas as neuroses seria o desejo de "ser um homem", o qual Adler nomeia de "protesto masculino". Por um lado ele sexualiza, portanto, o processo do recalque, ao empregar o conceito de protesto masculino no lugar do conflito psíquico, o que naturalmente implica que todo o conflito consista em um embate entre a parte homossexual e a parte heterossexual da personalidade; por outro lado ele dessexualiza a pulsão sexual ao considerar unicamente o protesto masculino como tendência à satisfação da necessidade de poder do homem, deixando de lado o desejo de satisfação sexual.

No curso de seu desenvolvimento, a teoria adleriana sofreu diversas ramificações cujos detalhes não poderei abordar aqui. A breve descrição de sua teoria deve bastar para mostrar que era incompatível com a psicologia freudiana. Os alunos esperavam que Freud se posicionasse em relação a essas questões, mas por muito tempo ele não se manifestou, ao passo que a maioria do grupo já se voltava contra as inovações de Adler. Por fim, Adler e seus adeptos deixaram a Sociedade. Anos mais tarde, quando os alunos chamaram sua atenção para a dissidência de Jung e Rank, Freud teve a mesma reação; ao que parecia, era muito difícil para ele se separar de quem havia um dia eleito para ser seu amigo. Suas cartas a Fliess nos fazem sentir o que significava para ele o fim de uma amizade. Nas atas podemos ver quanto tempo demorou até que Freud conseguisse romper com Adler, embora este não lhe fosse de modo algum tão próximo como Fliess.

As ideias dissidentes de Jung não eram discutidas com frequência nas reuniões, visto que este não pertencia ao grupo vienense e raramente vinha a Viena. Por essa razão há nas atas poucas indicações da reação pessoal de Freud ao rompimento com Jung. Mas se pensarmos que Freud o havia eleito como seu sucessor e o nomeado presidente da Associação Internacional de Psicanálise e editor do *Jahrbuch*, podemos ter uma ideia do que teria sentido quando Jung o abandonou – sem mencionar outras fontes que nos contam o quanto sofreu. Freud dava mostras de sua predileção por Jung e pelo grupo suíço e com isso provocava ciúme e ofendia o grupo vienense. É errôneo, contudo, reportar essa sensibilidade – como faz Jones em sua biografia de Freud[11] – ao sentimento de inferioridade do judeu que fareja o antissemitismo em toda parte.

---

11 E. Jones, *A vida e obra de Sigmund Freud* (1953-57/1989). Rio de Janeiro, Imago.

O rompimento com Rank, que se deu muito depois de 1915, foi talvez o mais difícil para Freud, pois este gostava bastante dele e tinha em alta conta suas capacidades. Ele o havia designado editor da *Imago* e da *Internationalen Zeitschrift für Psychoanalyse* e sabemos pela correspondência publicada por Jessie Taft em sua biografia[12] de Rank que Freud o via como um sucessor que continuaria a desenvolver de suas teorias.

Em todos os casos mencionados Freud rompe as relações a despeito de suas inclinações pessoais, tão logo percebe que os princípios da psicanálise estavam em jogo. Ele parece ter se sentido no dever de proteger a psicanálise como um pai protege seu filho e de difundir a verdade tal como ele a via.

Usei a expressão "como ele a via", isto é, como via o que se passava na psique humana. Por muitos anos tive a oportunidade de observar Freud durante as discussões nas reuniões da sociedade. Quando as observações de alguém o interessavam ou quando se esforçava para formular com clareza um argumento, ele levantava a cabeça e fixava o olhar num ponto da sala como se ali visse algo[13].

Esta tendência à visualização do que estava pensando se espelha em seus escritos. Neles encontramos muitas imagens, mesmo quando são abordados conceitos teóricos abstratos. Quando as pessoas veem suas teorias como especulações da fantasia, pode-se dizer que elas primeiro enxergaram algo e depois passaram a crer – e não que primeiro creram e depois enxergaram. Só um homem

---

12 Jessie Taft, Otto Rank, Julian Press, New York 1958.
13 Expressão bem captada na gravura de Pollack que mostra Freud sentado junto à escrivaninha, rodeado por sua coleção de obras de arte antigas.

com esta capacidade de observação poderia ter descoberto e intuído as leis que governam o tortuoso labirinto da vida anímica do homem. Penso que ele subestimava seus dons; como afirmou uma vez numa carta a Fliess, ele teria "uma deplorável percepção espacial"[14].

Os adeptos de Freud não eram capazes de ver tudo o que ele via; eles certamente não partilhavam de sua visão. Não conseguiam acompanhá-lo completamente. Em 1906, quando se dá início às atas, Freud já havia escrito trabalhos importantes, como os *Estudos sobre a Histeria* (juntamente com Breuer)[15], *A interpretação dos sonhos*[16], *A psicopatologia da vida cotidiana*[17], *Os três ensaios sobre a teoria da sexualidade*[18] e *Os chistes e sua relação com o inconsciente*[19] (1905; G. W., Bd. 6; Studienausgabe, Bd. 4, S. 9ff). Nem todos os participantes conheciam profundamente estes trabalhos, e isso pode ter dado ensejo a muitos mal-entendidos. Como dissemos, alguns destes mal-entendidos se devem certamente às resistências que todos nós opomos a nosso inconsciente recalcado. O saber psicanalítico só pode ser adquirido mediante uma contínua luta interna – o que observamos diariamente no trabalho com nossos pacientes.

---

14 Aus den Anfängen der Psychoanalyse, aaO, S. 209. (ver nota 5)

15 S. Freud, *Estudos sobre a histeria – Studien über Hysterie* (1895; O.C.). Rio de Janeiro, Imago, v. 2.

16 S. Freud, *A interpretação dos sonhos – Die Traumdeutung* (1900; O.C.). Rio de Janeiro, Imago, v. 4.

17 S. Freud, *A psicopatologia da vida cotidiana – Zur Psychopathologie des Alltagslebens* (1901; O.C.). Rio de Janeiro, Imago, v. 6.

18 S. Freud, *Os três ensaios sobre a teoria da sexualidade – Drei Abhandlungen zur Sexualtheorie* (1905; O.C.). Rio de Janeiro, Imago, v. 7.

19 S. Freud, *Os chistes e sua relação com o inconsciente – Der Witz und seine Beziehung zum Unbewußten* (1905; O.C.). Rio de Janeiro, Imago, v. 8.

O estudo das atas torna claro que os membros do grupo viam na psicanálise muito mais que um sistema de psicopatologia e um método de tratamento de pessoas doentes. Eles sabiam que o homem é tanto um ser social quanto uma unidade biológica. Reconheciam que as relações do homem com seu entorno não se exprimem somente em seu comportamento, mas também na arte e na literatura, na religião e nas instituições sociais. Eles julgavam necessário se ocupar não apenas dos doentes, mas também da literatura, da religião, da filosofia, da antropologia, da sociologia etc. Havia muitos debates sobre a interação de fatores biológicos, sociais e históricos no desenvolvimento do indivíduo bem como no desenvolvimento da humanidade.

Naqueles anos iniciais era difícil encontrar material clínico que se adequasse ao estudo psicanalítico. Por outro lado era fácil obter tais materiais de fontes não médicas. Compreende-se assim porque neste momento inicial e também depois as questões referentes à arte, à literatura, à mitologia, à religião, à educação etc, eram mais discutidas que os problemas de psiquiatria.

Entre as numerosas discussões também havia aquelas que versavam sobre teoria psicanalítica. Naquela época, certamente o que mais interessava aos participantes era o conteúdo do inconsciente e não sua importância teórica. Embora Freud apreciasse fazer especulações teóricas, cuja validade era sempre verificada com base em material clínico, ele não encorajava seus alunos a isso. Certa vez, quando entrei numa discussão com Tausk acerca da essência da atenção, ele nos interrompeu com a observação de que estes problemas eram demasiado difíceis. Se lermos hoje seu *Esboço de uma psicologia*[20], publicado em *O nascimento da psicanálise,* em que se defronta com o mesmo problema, entenderemos muito bem o sentido de sua advertência.

Todavia, Freud foi diversas vezes acusado de fazer especulações infundadas, sem levar em conta a experiência clínica; também o acusaram de dar muita ênfase à sexualidade, de não levar em conta as pulsões agressivas e de ignorar o fato de que o homem possui um eu e de que este é influenciado por fatores sociais, em suma, de que ele apenas admitia a influência de fatores biológicos e negligenciava os fatores ideológicos etc.

As atas nos mostram um quadro totalmente diferente. Embora pareça, à primeira vista, que a análise daquela época consistia única e exclusivamente na teoria da libido, o leitor atento logo constatará que essa impressão é falsa. Pois já naquele tempo não eram discutidas apenas as pulsões sexuais e de vida, mas também as pulsões agressivas e de morte. Freud sempre sublinhava a diferença entre as pulsões libidinais e as pulsões do eu, e ressaltava que tanto o recalque quanto a sublimação e o sentimento de culpa eram funções do eu. Em diversas ocasiões afirmou que não apreciava ser compelido a formular novos conceitos antes que estes estivessem claros o suficiente em sua cabeça. E os conceitos de que se tratavam aqui eram tão fundamentais que ele tinha de vislumbrá-los com muita clareza antes de comunicá-los *in extenso.*

---

20 S. Freud, *Projeto para uma psicologia científica – Entwurf einer Psychologie* (1895; O.C.). Rio de Janeiro, Imago, v. 1.

As discussões da Sociedade deixam entrever, talvez com mais clareza do que seus livros e artigos, como funcionava o pensamento de Freud. Em primeiro lugar, encontramos observações científicas meticulosas, dignas de alguém que havia passado anos a olhar pelo microscópio em busca de evidências. Vemos operar a observação aliada a uma imaginação audaciosa, sob as rédeas de uma disciplina crítica, em busca de relações de causalidade, de sistematização e de integração. O pensamento de Freud não era guiado por desejos; ele examinava muito cuidadosamente o material que seus alunos lhe traziam até discernir a verdade por trás da fachada. Uma vez reconhecida a verdade, não havia mais discussão.

No decurso da longa e incansável elaboração de seus achados, Freud naturalmente desenvolveu e modificou seus conceitos. Por esta razão ele é acusado de ser inconseqüente e confuso. Estas modificações não eram senão o resultado conseqüente da crescente experiência e de uma compreensão cada vez maior dos processos anímicos. Nas atas vemos com clareza os momentos em que Freud faz observações que remetem a novas problemáticas. Naquela época, poucos eram capazes de compreender a dimensão de sua importância. Nos trabalhos publicados entre 1911 e 1915, estes temas iam pouco a pouco se cristalizando. Entre essas publicações estão *Introdução ao narcisismo*[21], *Além do princípio de prazer*[22], *Psicologia das*

---

21 S. Freud, *Sobre o narcisismo: uma introdução – Zur Einführung des Narziß-mus* (1914; O.C.). Rio de Janeiro, Imago, v.14.
22 Ver nota 10.

massas e análise do eu[23] e *O eu e o isso*[24]. Estas obras eram discutidas nas reuniões da Sociedade, mas após 1915 as discussões deixam de ser registradas por escrito.

As atas mostram que a Sociedade passou por várias transformações. O grupo inicial, desprovido de notoriedade, transformou-se na célebre e influente Sociedade de Viena e por fim na Sociedade Internacional de Psicanálise. No curso de seu desenvolvimento alguns membros se afastaram, mas a maioria se manteve fiel à Sociedade até sua dissolução em 1938, quando Hitler ocupou a Áustria. Dos primeiros membros só permaneceram até o fim Federn, Hitschmann e Sadger. Eles continuaram suas pesquisas e cada um contribuiu à sua maneira para o crescimento da psicanálise. Os últimos a falecer foram Federn, em 1950, e Hitschmann, em 1957.

Não julgamos apropriado nos pronunciarmos em detalhe sobre cada uma das personalidades da Sociedade. As atas falam por si mesmas e cremos que o leitor formará uma opinião própria sobre os participantes do grupo. Considerações análogas nos guiaram também na redação das atas. Tivemos de escolher entre publicar apenas o que nos parecia essencial e publicar todo o material, tal como foi conservado, sem levar em conta se o que havia sido dito era importante ou desimportante.

As seguintes razões nos levaram a publicar o material em sua totalidade: em primeiro lugar, queríamos que o leitor pudesse ver como essas pessoas influenciavam umas

---

23 S. Freud, *Psicologia de grupo e análise do ego – Massenpsychologie und Ich-Analyse* (1921; O.C.). Rio de Janeiro, Imago, v.18.

24 S. Freud, *O ego e o id – Das Ich und das Es* (1923; O.C.). Rio de Janeiro, Imago, v.19.

às outras, como aceitavam ou rejeitavam aquilo que lhes era oferecido, como eram dominados por sentimentos, prejuízos e influências contrárias ao espírito da psicanálise. Queríamos que o leitor testemunhasse os conflitos que possibilitaram aos membros superarem suas resistências e se tornarem psicanalistas maduros. Em segundo lugar, cremos que seria impossível transmitir uma imagem correta da relação de Freud com seus adeptos sem a apresentação do material integral. A figura de Freud se destaca em meio a seus alunos como a encarnação de um ideal inalcançável. Ele os guia pelo labirinto da teoria e da técnica psicanalítica; eles se esforçam ao máximo para segui-lo e se identificarem com ele. Esta identificação só era todavia possível até certo ponto, pois ele estava tão à frente que era difícil acompanhá-lo.

Estas atas têm também uma importância histórica; elas lançam luz sobre o desenvolvimento da psicanálise e nos permitem ver como e quando Freud sai de seu isolamento e volta a tomar contato com o mundo exterior. Esperamos que a publicação das atas contribua para que tomemos conhecimento do processo de amadurecimento da psicanálise, de sua difusão e de seu desenvolvimento. As atas têm uma importância talvez ainda mais essencial: ainda hoje aprende-se muito com elas sobre a técnica e a teoria psicanalítica, sobretudo a partir dos comentários de Freud.

Para ilustrar a importância das reuniões para seus participantes, não podemos senão citar as palavras de dois deles: primeiro Lou Andreas-Salomé, amiga de Nietzsche e Rilke, a escritora e filósofa que em sua maturidade se tornou uma fiel adepta de Freud. Participou como convidada das reuniões, no ano acadêmico de 1912-1913. Após a última reunião, escreve em seu diário: "... eu teria pela primeira vez levantado a mão para falar e dito o seguinte: Meus senhores! Discutir eu não teria podido, deixei-vos fazê-lo por mim; mas agradecer eu posso. Agradecer à psicanálise por exigir mais do que o trabalho solitário junto aos livros e por me levar a uma espécie de fraternidade, conduzindo-me até aqui. O que a torna tão viva não é a vaga combinação de ciência e sectarismo, mas sim o fato de se deixar guiar pelo princípio supremo da cientificidade: a honestidade. Este princípio é por ela constantemente aplicado, mesmo na realidade mais individual; ela submete, desta forma, a vida ao conhecimento, assim como pôde, por outro lado, dar nova vida aos conhecimentos áridos e estreitos da psicologia acadêmica. É precisamente por isso que neste círculo e para além dele, mais do que em outros lugares, se produzem tantas divisões e disputas difíceis de solucionar, sem que a totalidade dos resultados e métodos seja posta na berlinda. Nessa atmosfera de constante trabalho, movida não só pelo pensamento, mas pela vida mais própria de cada um, em que se permanece fiel ao princípio capital, à honesta comunidade, é muito bonito e uma alegria assistir à defrontação destes homens. Cabe a mim hoje fazer minha parte expressando minha gratidão. Sou grata a todas aquelas noites, mesmo as enfadonhas, agradeço àqueles que a conduziam e lhe dedicavam seu tempo"[25].

O segundo participante que gostaríamos de citar é Max Graf, musicólogo estimado e professor da Wie-

---

25 In der Schule bei Freud; Tagebuch eines Jahres, 1912/1913, Max Niehans Verlag, Zürich 1958, S. 140 f..

ner Musikakademie, o qual era membro permanente da Sociedade. No prefácio de seu livro *Richard Wagner im "Fliegenden Holländer": Ein Beitrag zur Psychologie künstlerischen Schaffens [Richard Wagner em* O Holandês voador: *contribuição à psicologia da criação artística]*[26], escreve:

"Com esta obra gostaria de manter viva na memória a maneira como questões de psicologia eram tratadas na pequena sociedade que se reunia semanalmente na acolhedora casa do Professor Freud. Diante deste círculo de amigos que buscava, num esforço coletivo, comprovar as ideias de Freud em diferentes campos de trabalho, apresentei uma conferência sobre o *Holandês Voador* de Richard Wagner, que se tornou o ponto de partida para o presente trabalho. Os pensamentos que desenvolvo aqui são o resultado de uma incessante troca de ideias com o professor Freud e de numerosas sugestões que recebi nas discussões em sua casa. Meu trabalho é o fruto de um intercâmbio de pensamentos que se estendeu por muitos anos. Seria impossível distinguir as ideias que surgiram espontaneamente em meu espírito daquelas que retirei do ensino de Freud e das que se devem à crítica de meus colegas. Dedico, pois, este estudo ao antigo círculo de amigos a que ele se deve, em memória das vivas horas de esforço intelectual comum. Viena, 1910."

Hermann Nunberg
Nova Iorque, maio de 1959.

---

26 Schriften zur angewandten Seelenkunde, hrsg. von Sigmund Freud, Heft 9, Franz Deuticke, Leipzig und Wien 1911.

NOTAS SOBRE OS MEMBROS DA SOCIEDADE DE PSICOLOGIA DE QUARTA-FEIRA

Dr. ALFRED ADLER (1870-1937) se associa a Freud em 1902. Exerce importante papel no grupo das quartas--feiras. Em 1910, torna-se presidente da Sociedade Psicanalítica de Viena. Os fatos em torno do conflito entre Adler e Freud são hoje amplamente conhecidos, mas em nenhum outro lugar podemos acompanhar seu dramático desenvolvimento com tanta clareza e objetividade como nas atas. Aqui estão registradas as valorosas contribuições de Adler, bem como seu diletantismo e sua parcialidade. Adler era socialista; anos mais tarde, suas convicções políticas incidem fortemente sobre sua abordagem científica.

Dr. DAVID BACH (1874-1947) era crítico musical do Wiener Arbeiter Zeitung, um jornal social-democrata; organizou os primeiros concertos para trabalhadores em Viena. Adler o introduz a Freud.

Dr. ALFRED BASS trabalhava como médico generalista em Viena.

Dr. GUIDO BRECHER praticava medicina no Tirol do Sul (região ainda pertencente à Áustria naquela época); participava ocasionalmente das reuniões, mas não trazia contribuições.

Dr. ADOLF DEUTSCH, médico fisioterapeuta, era amigo próximo de Federn e membro importante da francomaçonaria de Viena. Foi declarado desaparecido na Segunda Guerra Mundial.

Dr. PAUL FEDERN (1871-1950) foi apresentado a Freud por Hermann Nothnagel em 1902, era professor de medicina interna na Universidade de Viena e um dos raros membros da Faculdade de Medicina que defendiam Freud. Federn manteve laço com Freud por toda a vida. Quando este adoece, designa Federn para substituí-lo na Sociedade. Em 1924, Federn se torna vice-presidente da Sociedade Psicanalítica de Viena, permanecendo no cargo até sua dissolução pelos nazistas em 1938. Além de trabalhos originais sobre temas puramente psicanalíticos, publica também uma série de artigos em que aplica os conhecimentos de psicanálise na medicina, na psiquiatria, nas ciências sociais e na pedagogia.

PHILIPP FREY, professor escolar, autor de um livro intitulado *Der Kampf der Geschlechter* (*A luta dos sexos*), que foi publicado pela Wiener Verlag em 1904, e de um comentário à obra de Freud *Os chistes e sua relação com o insconsciente,* publicado na revista *Österreichische Revue* (1905). Também publica no desconhecido *Jahrbuch des modernen Menschen* um trabalho com o título *Selbstmord und Gewohnheit (Suicídio e Costume).*

Dr. MAX GRAF (1875-1958), extraordinário musicólogo e escritor; era amigo pessoal de Freud e pai do pequeno Hans, cujo caso foi relatado por Freud no texto *Análise da fobia de um menino de cinco anos.*

ADOLF HÄUTLER, de cuja formação nada sabemos, tinha uma enorme cultura filosófica e um interesse especial na aplicação da psicanálise a questões de filosofia, sobretudo referentes à estética.

HUGO HELLER (1870-1923), editor e proprietário de uma livraria, foi o primeiro editor da *Imago* e da *Inter-*

nationale Zeitschrift für Psychonalyse. Sua casa era ponto de encontro de artistas e intelectuais vienenses; patrocinava jovens poetas e escritores.

Dr. EDUARD HITSCHMANN (1871-1958), médico internista bem-sucedido, é apresentado a Freud por Federn e se associa ao grupo em 1905. Seu livro intitulado *Freuds Neurosenlehre (A doutrina freudiana da neurose)* consistiu na primeira apresentação sistemática da psicanálise. Sempre leal a Freud, Hitschmann teve um importante papel no movimento psicanalítico. Em 1923, torna-se diretor do recém fundado ambulatório de psicanálise de Viena, exercendo este cargo até a dissolução da Sociedade pelos nazistas. Emigra para os Estados Unidos e se estabelece em Boston, Massachussetts. Faz numerosas contribuições para a aplicação da psicanálise no estudo biográfico de grandes personalidades. Era um homem excepcionalmente espirituoso e divertido.

Dr. EDWIN HOLLERUNG era médico do Exército Austro-Húngaro.

Dr. ALBERT JOACHIM dirigia o sanatório de Rekawinkel, uma das melhores instituições psiquiátricas privadas nos arredores de Viena.

Dr. MAX KAHANE era um jovem médico e estava entre os quatro primeiros membros do grupo. Juntamente com Alfred Adler, Alfred Bass e Julius Baum, editou o *Medizinische Handlexikon für praktische Ärzte [Dicionário médico para médicos praticantes]* (Urban & Scwarzenberg, Wien, 1908). Também reeditou a tradução de Freud do livro de Bernheim intitulado *Hypnotisme, suggestion, psychoterapie [Hipnotismo, sugestão e psicoterapia]* (1892).

Dr. ALFRED MEISL praticava medicina em Viena. Publicou uma série de trabalhos elucidativos das teorias de Freud.

OTTO RANK (1884-1939) foi o aluno favorito de Freud até seu rompimento com este. Seus desacordos com Freud não aparecem nestas atas, visto que a separação se deu após a Primeira Guerra. Alguns dos trabalhos de Rank, como o *Der Mythos der Geburt des Helden (O Mito do nascimento do herói: tentativa de uma interpretação psicológica dos mitos)* ou *Das Inzestmotiv in Dichtung und Sage; Grundzüge einer Psychologie des dichterischen Schaffens (O motivo do incesto na poesia e nas lendas: fundamentos de uma psicologia do fazer poético)* estão entre os escritos clássicos da psicanálise.

Dr. RUDOLF REITLER (1865-1917) era um ilustre médico vienense. Associou-se a Freud em 1902. Num obituário não assinado, escrito talvez pelo próprio Freud, Reitler é designado como um dos primeiros e mais importantes pioneiros da psicanálise, devendo ocupar um lugar de honra no movimento psicanalítico. Tinha extraordinário sucesso como terapeuta; era um homem refinado e de dons artísticos que gostava de desenhar e compor canções. Aos 49 anos é acometido por uma doença e falece três anos depois.

Dr. ISIDOR SADGER (1867- ?) foi um dos primeiros e mais talentosos pioneiros da psicanálise. Suas contribuições para a compreensão da perversão, sobretudo da homossexualidade, são notáveis. Sabemos pouco de sua vida pessoal; era um homem difícil, isolou-se cada vez mais com o passar dos anos e por fim desapareceu na Segunda Guerra Mundial.

DR. HUGO SCHWERDTNER (1878-1936) praticava medicina em Viena. Assistia às preleções de Freud na Universidade de Viena. O escultor Karl Maria Schwerdtner, ganhador da conhecida medalha Freud em 1906, era seu irmão.

Dr. MAXIMILIAN STEINER (1874-1942) era médico especialista em doenças venéreas e da pele. Freud escreve uma introdução a seu livro *Die psychischen Störungen der männlichen Potenz* (*As perturbações psíquicas da potência masculina*). Anos depois, praticou e ensinou psicanálise. Em 1938 emigrou para a Inglaterra, onde deu continuidade a seu trabalho.

Dr. WILHELM STEKEL (1874-1942) estava entre os quatro primeiros membros. Tinha enorme capacidade de compreensão dos símbolos; isto se mostra sobretudo em seu livro *Die Sprache des Traumes; eine Darstellung der Symbolik und Deutung des Traumes in ihren Beziehungen zur kranken und gesunden Seele für Ärzte und Psychologen [A linguagem dos sonhos; uma ilustração de simbolismo e interpretação do sonho em suas relações com a alma doente e saudável para médicos e psicólogos]* (Bergmann, Munich, Wiesbaden, 1911). Era um escritor fecundo que também publicava livros de psicanálise para o grande público. Freud escreveu um prefácio a seu livro *Nervöse Ansgtzustände und ihre Behandlung [Os estados de angústia neurótica e seu tratamento]* (1908). Também rompe com Freud, logo depois de Adler, mas por razões muito diferentes, como mostram os volumes das atas. Stekel tinha vários adeptos, embora nunca tivesse fundado uma escola de psicanálise. Em 1950, teve sua autobiografia publicada em inglês (*The Autobiography of Wilhelm Stekel*, Liveright, New York).

Dr. RUDOLF VON URBANTSCHITSCH (1879-?), filho de um famoso professor de otorrinolaringologia da Universidade de Viena, era médico e também proprietário e diretor do sanatório Cottage, muito famoso naquela época. Entra para a Sociedade em 1909. O fato de se tornar um adepto de Freud e defendê-lo em suas publicações consistia numa ameaça, como relatou aos editores, ao sustento do sanatório, e viu-se assim obrigado a se retirar oficialmente da Sociedade. Freud tinha total compreensão de sua situação e se manteve em bons termos com ele. Reingressou posteriormente na Sociedade, onde permaneceu por alguns anos.

Dr. FRITZ WITTELS (1880-1950) era um homem de grandes aptidões, escritor frutífero, divertido e talentoso. Entra para a Sociedade em 1907. Um de seus livros, *Die sexuelle Not [A infelicidade sexual]* (C. W.Bemerkungen über die Mitglieder · XXXIX Stern, Wien 1907), provocou fortes controvérsias. Também escreveu um romance de clave que tinha por tema o ensaísta e escritor satírico Karl Kraus, o que levou a um rompimento passageiro com Freud. Retirou-se da Sociedade em 1910 e, sob o protesto de alguns membros, foi readmitido em 1925. Escreveu uma biografia de Freud – *Sigmund Freud; Der Mann, die Lehre, die Schule [Sigmund Freud; o homem, o ensino, a escola]*, (E. P. Tal & Co. Verlag, Leipzig, Wien, Zürich 1924) –, que deu origem a muitas críticas justificadas. Não obstante, Freud o defendeu e recomendou sua readmissão. Ele gostava de Wittels e apreciava a riqueza de suas ideias.

[I]

REUNIÃO DE 10 DE OUTUBRO DE 1906

Sociedade Psicológica das Quartas-Feiras reunida na casa do Prof. Freud.

Quinto ano: 1906-1907.

A primeira reunião foi realizada no dia 3 de outubro de 1906. De início, resolveram-se os assuntos formais.

Número atual de membros: 17[27]

Prof. Dr. Sigm. Freud	IX. Berggasse 19.
Dr. Alfred Adler	II. Czerningasse 7.
Dr. D. I. Bach	VII. Wimbergergasse 7. XIII./5 Hüüttelbergstr. 61 [riscado]
Dr. Alfred Bass	VI. Mariahilferstr. 105.
Dr. Adolf Deutsch	I. Spiegelgasse 4.
Dr. Paul Federn	I. Riemergasse 1. Wollzeile 28 [riscado]
Philipp Frey	I. Schottenring 32.
Dr. Max Graf	III./2 Untere Viaduktgasse 35. IX./2 Fuchsthallerg. 8[riscado]
Hugo Heller	I. Bauernmarkt 3.
Adolf Häutler	XVIII. Herbeckstr. 98. XVIII. Wallrießstr. 43[riscado]

---

27 Além dos registros riscados e feitos a lápis (indicando sobretudo mudanças de endereço), encontram-se registrados a lápis, entre Stekel/Sadger e Brecher, os nomes de "Steiner" e "Schwerdtner". Isto é difícil de explicar, pois nem um nem outro chegou a participar das reuniões de 1906-1907. Pode-se especular que eles haviam se inscrito junto a Rank e que este teve o cuidado de incluí-los na lista. Seus nomes aparecem, acompanhados de seus endereços, na lista de membros do ano acadêmico 1907-1908.

Psychologische
Mittwoch-Gesellschaft bei
Prof. Freud.
Fünftes Jahr: 1906/1907

Die erste Zusammenkunft fand am
3. Oktober 1906 statt.
Es wurden zunächst formelle Angelegenheiten
erledigt.
Gegenwärtiger Stand der Mitglieder : 17.
Prof. Dr. Sigm. Freud, II. Berggasse 19.
Dr. Alfred Adler, II. Czerningasse 7.
Dr. J. J. Bach, II. Lindengasse 7, Rüttelberggasse
Dr. Alfred Bass, VI. Mariahilferstr. 105.
Dr. Adolf Deutsch, I. Spiegelgasse 4.
Dr. Paul Federn, I. Wollzeile 24!
Philipp Frey, I. Schottenring 32.
Dr. Max Graf, III. Gut. Karmell 35, Zuckerkandlgasse 3
Hugo Heller, I. Bauernmarkt 3.
Adolf Häutler, VIII. Herbststr., Wickenburgstr. 43
Dr. Eduard Hitschmann, I. Gonzagagasse 16.
Dr. Edwin Hollerung, VIII. Josefstädterstr. 24.
Wiedenerhauptstr. 70

Dr. Max Kahane, I. Bauernmarkt 9.
Dr. Alfred Meisl, VI. Gumpendorferstr. 77.
Otto Rank, IX. Simondenkg. 8.
Dr. Rudolf Reitler, I. Dorotheerg. 6.
Dr. Wilhelm Stekel, I/1 Kastellerg. 2.
21.III. Dr. Isidor Sadger, IX. Liechtensteinstr. 15.
13.III.07 Dr. Guido Brecher, IX. Garnisongasse 13.
27.III.07 Dr. Adolf Häutler, XVIII Hofstattgasse 19.

Den Vorsitz führt Prof. Dr. Freud, als bestellter Sekretär fungiert Otto Rank.
Die Zusammenkünfte finden in der Regel jeden Mittwoch um ½9ʰ abends bei Prof. Freud statt. Beginn der Vorträge ist um 9ʰ. —
Die Reihenfolge der Redner in der Diskussion wird durchs Loos bestimmt.

I.

Der erste Vortragsabend fand am **10. Oktober** statt. Anwesend waren die Herren:

Prof. Dr. Freud, Dr. Adler, Dr. Deutsch, Dr. Federn, Frey, Häutler, Dr. Hitschmann, Dr. Kahane, Rank, Dr. Reitler.

Mitteilungen: Prof. Freud bedauert, seine Rede pp. der von ihm beabsichtigten Sammlung: Schriften zur angewandten Seelenkunde, wegen Abwesenheit des Herrn Heller, der das Manuskript hat, nicht verlesen zu können. Er fordert die Anwesenden zur Mitarbeit an dem Unternehmen auf, bemerkt jedoch, dass er den Mitgliedern der Gesellschaft, — abweichend von seinem frühern Entschluss — keinen Einfluss auf die Redaktion der Sammlung, sowie auf die Annahme oder Ablehnung von Arbeiten, einräumen könne.

Dr. Adler stellt den Antrag, es mögen zwei oder drei mit der Litteratur vertraute Herren das ständige Referat über alles Einschlägige übernehmen; der Antrag wird mit der Be-

Gründung abgelehnt, dazu dazu eigentlich jeder verpflichtet sei.

Darauf beginnt der Vortrag:

Rank: Der Juwrecht-Drama u. seine Kampf-Rebene.

Dr. Eduard Hitschmann	I. Gonzagagasse 16.
Dr. Edwin Hollerung	VIII. Josefstädterstr. 24. IV. Favoritenstr. 79. [escrito a lápis]
Dr. Max Kahane	I. Bauernmarkt 9.
Dr. Alfred Meisl	VI. Gumpendorferstr. 77.
Otto Rank	IX. Simondenkg. 8.
Dr. Rudolf Reitler	I. Dorotheerg. 6.
Dr. Wilhelm Stekel	II. Kastellerg. 2.
21/11/06 Dr. Isidor Sadger	IX. Liechtensteinstr. 15.
13/03/07 Dr. Guido Brecher	
27/03/07 Dr. Fritz Wittels	Garnisongasse 13. XVIII. Hofstallgasse 19 [riscado]

Freud preside as reuniões, Rank desempenha a função de secretário remunerado.

Os encontros acontecem às quartas-feiras às 8:30 da noite na casa do Prof. Freud; às 9:00 dá-se início à conferência.

A sequência das falas na discussão é sorteada.

A primeira reunião aconteceu no dia 10 de outubro.

Presentes: Prof. Dr. Freud, Dr. Adler, Dr. [A] Deutsch[28], Dr. Federn, Frey, Häutler, Dr. Hitschmann, Dr. Kahane, Rank, Dr. Reitler.

COMUNICADOS

O Prof. FREUD lamenta não poder ler nessa reunião o prefácio que havia escrito à coleção *Schriften zur angewandten Seelenkunde*[29] devido à ausência do senhor

---

28 Inserimos a inicial A do primeiro nome para evitar que fosse confundido com Felix Deutsch, que entrou posteriormente na Sociedade.

29 De acordo com a própria apresentação feita por Freud em *A história do movimento psicanalítico – Zur Geschichte der psychoanalytischen Bewegung*

Keller, que está em posse do manuscrito. Ele encoraja os presentes a colaborarem nessa publicação, mas observa que, contrariamente a sua decisão anterior, não poderá ter influência sobre a edição da coleção nem sobre a aceitação ou recusa de trabalhos.

(1914; O.C.). Rio de Janeiro, Imago, v.14, o primeiro trabalho a ser publicado nesta série foi o seu *Delírios e sonhos na* Gradiva *de Jensen – Der Wahn und die Träume in W. Jensens ‹Gradiva›* (1907; O.C). Rio de Janeiro, Imago, v.9. Mais tarde, a editora *Deuticke* (Leipzig e Viena) se encarregou da publicação desta série. O prefácio de que se fala aqui foi publicado como "anúncio" no final da primeira edição da *Gradiva*; este não foi incluído na segunda edição e não está nem nos *Escritos Completos – Gesammelten Schriften* (Internationaler psychoanalytischer Verlag, Viena) nem nas *Obras Completas – Gesammelten Werken* (Imago Publ. Co., Londres). Foi republicado em 1952 na tradução inglesa de Henry Bunker, no Bull. Amer. Psychoanal. Assn., Bd. 8,S. 214 f. Visto que o "anúncio" desde então não foi mais publicado em alemão, nós o reproduzimos aqui:
"Anúncio:
Os *Schriften zur angewandten Seelenkunde,* cujo primeiro caderno acaba de ser publicado, se dirigem àquele círculo de intelectuais que, embora não sejam médicos ou filósofos, sabem da importância da ciência do psiquismo humano para a compreensão e o aprofundamento de nossa vida. As publicações não obedecerão a uma ordem previamente estabelecida e a cada vez será publicado um único trabalho que aplique os conhecimentos da psicologia na arte e na literatura, na história da cultura e da religião e em áreas análogas. Estes trabalhos terão ora o caráter de uma investigação precisa, ora de um esforço especulativo, ora tratarão de uma questão maior, ora de uma questão mais delimitada; terão sempre o caráter da originalidade e não de meros comentários ou compilações.
O editor se sente no dever de garantir a originalidade e a dignidade dos artigos desta coleção. Além disto, não irá limitar a independência dos autores, nem se responsabilizar por suas opiniões. O fato de os primeiros números da coleção considerarem especialmente as teorias científicas defendidas por ele não deve ser determinante para a concepção do empreendimento. A coleção está aberta a defensores de opiniões diferentes da nossa e espera poder dar voz à multiplicidade de pontos de vista e princípios da ciência atual.
O editor."

O Dr. ADLER propõe que dois ou três membros que estejam familiarizados com as publicações recentes façam um resumo dos textos relevantes para os trabalhos da Sociedade; a proposta é recusada sob a justificativa de que todos teriam esse dever.

Em seguida dá-se início à conferência.

CONFERÊNCIA: *O drama do incesto e suas complicações*

CONFERENCISTA: Otto Rank

A conferência será publicada em breve sob a forma de livro e por essa razão não é registrada em ata[30].

DISCUSSÃO

FREY critica o caráter impreciso e fragmentário da conferência; Rank não apresentou uma conferência, mas apenas um excerto de seu manuscrito. Frey considera que faltou um desenvolvimento rigoroso do tema principal; Rank se limitou a apresentar detalhes isolados.

Predomina no trabalho o esforço de interpretar tudo de acordo com o método de Freud. Esse esforço faz com que se veja no material algo que não está lá e se vá mui-

---

30 O livro foi publicado sob o título *O motivo do incesto na poesia e nas lendas: fundamentos de uma psicologia da criação poética – Grundzüge einer Psychologie des dichterischen Schaffens* (Deuticke, Wien 1912; 2ª edição corrigida, 1926). Em 1926 foi publicada uma segunda edição melhorada. A editora Wissenschaftliche Buchgesellschaft, de Darmstadt, publicou em 1974 uma reprografia. Rank menciona no prefácio que já havia apresentado em 1906 as ideias fundamentais e os principais pontos de vista de seu livro para o círculo privado que se tornou posteriormente a Sociedade Psicanalítica de Viena. Ele acrescenta que o atraso desta publicação se deveu antes às suas próprias dificuldades do que a dificuldades externas.

to longe na interpretação. Alguns processos que Rank interpreta simbolicamente teriam de ser interpretados de modo concreto. Assim, ele não compreende por que no poema de Hartmann[31] as correntes de Gregório, que o impedem de andar, são interpretadas como projeção psíquica de um exibicionismo inibido (Freud); ou por que a retirada do cinto e da espada de Laio por Édipo é interpretada como um símbolo da castração e da tomada de posse da mãe; além disso, Édipo não sabe que o homem de quem toma a espada (castra, portanto) é seu pai. Rank deveria se contentar em tornar plausível o que é provável[32].

Por fim, critica o emprego incorreto do conceito de recalque; muito do que Rank nomeia recalque seria apenas um refinamento[33]; mas nem todo refinamento seria um recalque.

REITLER nota que a exposição foi pouco detalhada para que se pudesse ter uma ideia clara do trabalho. Reitler considera que seria interessante fazer um estudo mais aprofundado do papel da penitência nas histórias de santos, visto que a penitência está intimamente ligada à histeria. Ele inverteria a tese de Rank de que o recalque é menor no sonho, maior no mito e ainda maior no drama (na arte). Como exemplo do ódio paterno,

---

31 Hartmann Von der Aue (1170-1210), poeta alemão.

32 É interessante ver como alguns dos primeiros adeptos de Freud não compreendiam a natureza do inconsciente e confundiam consciente com inconsciente.

33 No alemão *Verfeinerung*. Talvez Frey estivesse se referindo a uma diferença quantitativa quando compara ao recalque no primeiro momento. Em seguida sugere também uma diferença qualitativa. O comentário é interessante para pensar as relações entre a formação da cultura e o recalque, tema tão caro quanto pouco simples à psicanálise.

Reitler cita o fato de que Deus mata – ainda que indiretamente – seu filho Jesus, filho este que, juntamente com Deus Pai, compõe a Santíssima Trindade. Por fim, menciona as alusões ao incesto presentes nas canções estudantis.

[A.] DEUTSCH passa a palavra. A fala de Reitler teria contemplado os comentários que gostaria de fazer.

HÄUTLER também critica a conferência. O essencial teria sido pouco enfatizado; lamenta a falta de estrutura da apresentação. Ainda que Rank certamente não tenha escrito com essa intenção, Häutler tem a impressão de que se trata de uma compilação de todos os casos de incesto na literatura. Afirma que o recalque só poderia ser atribuído aos indivíduos e não à alma de um povo, que seria relativamente desconhecida por nós. Ele nem sempre aceita a tese de que o criador (poeta) tenha relação com sua obra; o tema do incesto é impactante e sua abordagem pode ter se imposto à obra simplesmente como um requisito exterior. Por fim menciona o excesso de interpretação[34].

HITSCHMANN crê que o trabalho não é senão um prolongamento supérfluo do fato descoberto por Freud (Édipo). O amor entre pessoas da mesma família nem sempre apresenta características incestuosas, mas pode

---

34 Nestes anos iniciais da psicanálise, a mesma situação se repete diversas vezes: os participantes sempre se queixam do excesso de interpretação e para muitos o complexo de Édipo não é uma realidade. Em outras palavras: suas resistências são fortes. O não reconhecimento da realidade do complexo de Édipo conduz, de um lado, ao posicionamento de Jung, que não considerava o complexo de Édipo uma realidade, mas apenas um símbolo, e, por outro, à posição de Adler, que afirmava que todos os conflitos são ficções que servem para mascarar o protesto masculino e tudo o que este implica. (N.T.)

ser pura e simplesmente amor aos parentes, amor paterno ou materno. O incesto é algo patológico e por esta razão teria fascinado os escritores[35]. Hitschmann admite, contudo, a influência do inconsciente na escolha do tema e no interesse do ouvinte. Adverte, por fim, contra o risco de tratar questões tão amplas sob um ponto de vista tão distanciado, e prevê consequências obscuras caso Rank continue a excluir outros pontos de vista.

FEDERN diz ter de se voltar contra as afirmações de Hitschmann. Ele considera o trabalho importante e ficou impressionado com a ubiquidade das tendências incestuosas[36]. Faltou uma exposição do desenvolvimento histórico (filogenético) do incesto, tanto na família original (*Urfamilie*) quanto na família individual. A criação da célula familiar teria tido como consequência a proibição do incesto[37]. O incesto entre pai e filha não foi tão condenado quanto o incesto entre mãe e filho: por essa razão ele aparece menos na literatura. Ele não diria, do ponto de vista médico, que as Eumênides são projeções "paranóicas" de movimentos inconscientes, mas antes alucinações. Ele critica a interpretação das cores preta e branca como representantes do inconsciente e da consciência. Não é correto dizer que o desejo de castrar (*Entmannungsgelüste*) se volta somente contra o pai; em tempos primitivos, ele teria se voltado contra qualquer

---

35 Naquela época, como podemos ver, Hitschmann entendia muito pouco de sexualidade. Além disso, ainda está sob a influência da tese de Lombroso de que genialidade e loucura caminham lado a lado.

36 Reitler, Federn e Adler são os únicos nesta discussão, além de Freud, a se mostrar favoráveis à conferencia e a levar a sério o complexo de Édipo.

37 Já naquela época, antes da publicação de *Totem e tabu – Totem und Tabu* (1912–1913; O.C.). Rio de Janeiro, Imago, v.13, portanto, Federn já via na proibição ao incesto um produto da evolução histórica.

homem odiado. O motivo da castração de Cronos por Zeus foi a posse de poder. Ele não aceita a interpretação de que a cena do nariz[38] na taberna de Auerbach representa uma cena mais antiga e mais grosseira que teria sido recalcada.

FREUD critica, em primeiro lugar, as falhas do conferencista: Rank não teria conseguido fazer um recorte claro do tema; poderiam ter ficado de fora, por exemplo, a consideração do caráter exibicionista de algumas passagens da obra de Hartmann, visto que ela não diz respeito ao tema, e também o mito de Orestes e Clitemnestra, embora os liames deste com o tema tenham sido traçados com grande habilidade.

A segunda falha do conferencista consistiria em que este não logra demonstrar seus conhecimentos e resultados; basta-lhe que ele mesmo os compreenda. Rank poderia apresentar brevemente os resultados mais importantes de suas investigações e demonstrá-los à luz de exemplos. Freud pensa no seguinte esquema de trabalho: Édipo estaria posto como cerne e modelo; o único método correto e fundamentado seria agrupar, por um lado, tudo em torno deste cerne, e, por outro, seguir progressivamente o tema até suas ramificações mais distantes. Quanto mais se distancia do cerne, tanto menos segura é a interpretação, e parar no ponto certo é uma questão de gosto pessoal ou de habilidade. Além disso, nem tudo deve ser considerado de um único ponto de vista; os ma-

---

38 Goethe, *Fausto*, Primeira Parte. No final desta cena, Mefisto enfeitiça um grupo de bêbados. Eles se tocam um ao outro no nariz e, pensando serem uvas, levantam suas facas.

teriais também sofrem a incidência de outros temas, que teriam de ser levados em consideração.

Freud defende o emprego correto do termo recalque; em alguns casos, Rank emprega o termo para designar algo que seria mais da ordem de um deslocamento ou de uma atenuação. Freud ressalta a frequência do incesto entre os deuses e acrescenta a observação de que tudo o que foi proibido e por fim considerado sagrado havia sido, em sua origem, algo de que todos teriam abdicado: daí proviria a equivocidade da palavra *sacer*[39].

Freud acha simpática a comparação da cura de Orestes à cura psicanalítica[40]; outros fatores, tais como a introdução do culto a Apolo, teriam contribuído para isso.

ADLER sugere em primeiro lugar a alteração do título da conferência; este deveria indicar que o trabalho consiste em desvelar um núcleo; Rank deveria se limitar a este desvelamento, abstendo-se de entrar em detalhes. Ele considera a importância do trabalho para a confirmação de algumas observações feitas nas psiconeuroses. Traz alguns exemplos de sua clínica psicoterapêutica que confirmam os resultados de Rank; a propósito da interpretação segundo a qual o ato de desabotoar o cinto é um símbolo sexual, Adler menciona uma paciente que desabotoa o cinto durante um ataque histérico. A interpretação teria revelado o caráter sexual deste ato. A propósito do acesso de Orestes, em que este arranca o dedo

---

39 A palavra latina *"sacer"* significa tanto "sagrado" quanto "maldito". Freud tratou deste tema alguns anos depois em seu texto *A significação antitética das palavras primitivas – Über den Gegensinn der Urworte* (1910; O.C.). Rio de Janeiro, Imago, v.11), que consiste no comentário de um opúsculo com o mesmo título, de Karl Abel.

40 Ver Ésquilo, *Eumenides.*

com os dentes[41], e da interpretação sexual deste sintoma, Adler dá o exemplo de um caso de histeria. À noite, uma paciente acorda de um sonho e percebe que havia mordido o dedo até sangrar. De acordo com a interpretação, o dedo representa o pênis (como em Orestes), e o ato sintomático sugere uma defesa contra a perversão oral. Adler menciona um exemplo da psicologia das neuroses que confirma também o simbolismo da serpente. Uma de suas pacientes diz que há entre ela e seu pai uma ligação que tem a forma de uma serpente e, em algumas partes, de um pássaro. A pedido seu ela teria desenhado esta representação, em que claramente se pode ver um pênis. Adler acrescenta que o pênis é frequentemente apelidado de serpente pelas crianças, termo aliás muito corrente. (Freud observa que, nas imagens medievais, o diabo tem seu membro em forma de serpente.) No tocante à interpretação de Rank, segundo a qual doenças de pele são defesas contra tendências exibicionistas, Adler afirma que as erupções são comuns em sonhos e na histeria. Narra o sonho de uma paciente exibicionista (histérica) em que assiste a uma amiga (ou prima) se despir; esta tem um abscesso no peito. Adler menciona, por fim, o significado simbólico do nariz como órgão sexual nos sonhos e na neurose. Ele não tem clareza acerca desse simbolismo. (Ao comentário acerca das erupções cutâneas, Freud acrescenta que estas seriam para a criança a melhor ocasião de se despir.) Adler critica, em seguida, a tentativa superficial de explicar o crime: dizer que todo crime tem origens sexuais não explica nada. Nas

---

41 Essa passagem se refere à *Periegese* de Pausânias, uma descrição da Grécia citada por Rank.

narrativas míticas e lendárias, é comum os pais saberem das tendências criminosas de seus filhos, o que deve ser atribuído aos instintos do poeta, que, ciente desse traço, o introduz na obra. Adler também enfatiza que o tratamento recorrente da matéria do incesto dá provas do interesse particular dos poetas e povos pelo tema.

KAHANE menciona o caso de incesto presente na obra *Péricles, príncipe de Tiro*, de Shakespeare. Rank lhe parece ter ido por vezes muito longe na interpretação, o que lhe rendeu a impressão de estar diante do estiramento de uma fita elástica. Sublinha a afetuosidade dos pais para com seus filhos e aponta a inveja sexual dos pais e sua hostilidade em relação à sexualidade das crianças. A proibição da masturbação ou do ato sexual normal aos filhos e filhas certamente não se deve a motivos morais, mas se enraíza na inveja sexual. Kahane nota que apenas a relação entre a mãe e o filho lhe parece importante. Alude, por fim, à observação de Federn de que nos países meridionais as mães envelhecem cedo, tornando-se, assim, não atraentes para os filhos; daí resulta a necessidade poética de figurar mães mais jovens e filhos mais velhos[42].

Após a discussão, Freud conta um caso para ilustrar o alcance do trauma sexual: há uma semana e meia trata uma histérica; logo na primeira sessão, ela relata uma cena de exibição de quando tinha quatro anos; ela teria se despido diante de seu irmão, que teria ficado indignado com a cena. Mais tarde, ela tem relações quase in-

---

42 Trata-se de um mal-entendido. A mãe não é desejável por ser jovem e bela na realidade; no inconsciente, a mãe é sempre bela e desejável. O menino deseja a imagem infantil e inconsciente de sua mãe.

cestuosas com esse irmão. Ao completarem onze anos, passam a exibir um ao outro seus corpos, observando seu processo de desenvolvimento. Até os seus 14 anos, a paciente mantém com seu irmão relações físicas íntimas, porém sem o uso das mãos; eles deitavam um sobre o outro e tentavam realizar o coito. Todas estas são memórias conscientes da paciente. Numa sessão em que fazia pouco progresso, começa a falar de assuntos cotidianos; conta que era *expert em tirar manchas* e adorava colher frutas, sobretudo *maçãs*. Relata também um episódio com seu pai em que este se refere aos seios de uma senhora alemã como "piedosos" e se indigna com o fato de o vestido da senhora deixar os seios à mostra. Ela retruca ao pai que gostaria muito de ter visto os seios, caso estes fossem menos piedosos (seios piedosos = seios em forma de *pera*: *pomme au poire*). E Kahane acrescenta: piedosos porque, à noite, caem aos joelhos.

[2]

REUNIÃO DE 17 DE OUTUBRO DE 1906

Presentes: Freud, Adler, Bass, [A.] Deutsch, Federn, Heller, Hollerung, Häutler, Meisl, Stekel; (mais tarde) Bach, Graf, Rank.

COMUNICADOS

FREUD menciona a publicação de uma resenha detalhada da *Teoria da sexualidade*[43] no periódico "*Jahrbuch (VIII) für sexuelle Zwischenstufen*"; menciona também que [Havelock] Ellis, no quinto volume (recém-publicado) de seus *Studien zur Psychologie des Geschlechtslebens*[44], exprime pontos de vista semelhantes aos nossos, em particular no tocante ao simbolismo.

Freud comunica que dará uma conferência sobre abstinência sexual no dia 12 de novembro na "*Sozialwissenschaftlicher Bildungsverein*". Em seguida, faz a leitura da introdução à sua coleção intitulada *Schriften zur angewandten Seelenkunde*[45].

---

43 S. Freud, *Os três ensaios sobre a teoria da sexualidade – Drei Abhandlungen zur Sexualtheorie* (1905; O.C.). Rio de Janeiro, Imago, v.7.

44 *Studies in the Psychology of Sex*, naquela época já haviam sido publicados três volumes, Philadelphia 1897, London 1899, Philadelphia 1903; mais tarde outros volumes foram publicados. Freud se refere provavelmente ao terceiro volume. Já haviam sido traduzidos para o alemão: *Das Geschlechtsgefühl*, 1903, *Die Gattenwahl beim Menschen*, 1906, A. Stubers Verlag (Curt Kabitzsch), Würzburg.

45 Comparar a ata número um, nota 29.

ADLER anuncia uma conferência sobre os "Traços fundamentais de uma teoria da neurose".

HÄUTLER anuncia para o fim de novembro uma conferência sobre "Os possuídos de Dostoievski". Já estavam programados: uma apresentação de Hitschmann sobre o livro de Bleuler[46] e uma apresentação de Hollerung sobre a Mneme de Semon[47].

CONFERÊNCIA: *O drama do incesto e suas complicações (manuscrito). Segunda parte: A relação incestuosa entre irmãos*

CONFERENCISTA: Otto Rank

A conferência não foi registrada, visto que seria publicada em forma de livro.

RANK retoma a discussão da sessão anterior. Afirma que a maioria das críticas se voltou à forma da conferência e não a seu conteúdo; esta insuficiência se justifica pela própria natureza do trabalho. Rank enfatiza a concordância de certos fenômenos presentes nos mitos e na arte com aqueles observados nas psiconeuroses. Esta descoberta não deve, contudo, ser exposta logo de início ao leitor; deve-se antes partir de uma base geralmente aceita – neste caso, da pesquisa de fontes literárias e históricas – para só então conduzir o leitor à fronteira da psicanálise, sem perder de vista que cada passo nesta direção é por si mesmo arriscado. O trabalho é, nesta medida, um compêndio de grande parte dos casos de in-

---

46 Eugen Bleuler, *Afetividade, Sugestionabilidade, Paranoia – Affektivität, Suggestibilität, Paranoia*, Marhold, Halle 1906.

47 Ver a ata número seis.

cesto registrados na literatura; por outro lado, já contém tentativas audazes de interpretação; já havia sido difícil construir uma ponte entre estes extremos em seu livro, e ele não poderia fazê-lo sob a forma concisa de uma conferência. Esse dualismo teria ensejado a maioria das críticas. Rank responde brevemente a algumas críticas que lhe haviam sido feitas: o mau emprego da palavra recalque teria sido fruto de um mal-entendido; Rank não se referia ao recalque voluntário, mas àquilo que denomina em sua *Psicologia da Sexualidade* recalque involuntário, que constitui um fator essencial no desenvolvimento normal do indivíduo[48]. Rank busca refutar o argumento de Federn de que as lutas entre pai e filho nos mitos e nas histórias de realeza na maioria das vezes só visam ao poder: segundo sua própria exposição, o motivo da luta pelo poder apenas encoberta o motivo sexual mais profundo.

Em resposta ao comentário de Adler acerca do crime, Rank acrescenta sua explicação ao infanticídio, ao conjugicídio e ao suicídio duplo[49].

Rank apresenta em seguida a segunda parte de sua conferência.

DISCUSSÃO

GRAF diz parecerem corretas as afirmações acerca dos fatos que lhe são conhecidos; mas não poderia formar

---

48 Naquela época, Rank ainda não fazia distinção entre "recalque" e "repressão". O recalque é um processo inconsciente, enquanto a repressão é um processo consciente, ou melhor, pré-consciente.

49 Essa explicação não foi registrada em ata.

um juízo quanto ao material que desconhece. Menciona sua tentativa própria de demonstrar, no *Tasso* de Goethe, o amor velado deste para com sua irmã Cornélia, com base no fato de a amada de Tasso também se chamar Cornélia e de o herói de Goethe rejeitar Eleonora como objeto sexual. Comenta que [Richard] Wagner também havia amado sua irmã mais jovem; quando criança, este teria tido sonhos de angústia: acordava no meio da noite chamando sua irmã. Graf não saberia lançar luz sobre a misteriosa escuridão que cerca os personagens Erda[50] e Kundry[51]; presume, contudo, ali, motivos inconscientes recalcados.

ADLER inicia tecendo elogios ao cuidado com que Rank recolhera o material e ao desenvolvimento coerente de seu raciocínio, que consistia na identificação dos impulsos infantis e sexuais. Em linhas gerais, julga o trabalho irrepreensível e não considera justa a crítica de que Rank tenha ido longe demais. Retoma a questão do crime e observa que teve a impressão de que o conferencista quisesse incluir todas as formas de crime no quadro do incesto; isto é algo de que discorda. Menciona então que os resultados de Rank deveriam estimular e encorajar os membros da Sociedade a sustentarem suas posições anteriores.

Sua impressão geral do livro o levou a pensar em duas coisas; em primeiro lugar, a importância da arte para o desenvolvimento (cultural e espiritual) de um povo teria

---

50   Da ópera *Anel do Nibelungo*, de R. Wagner.
51   Da ópera *Parsifal*, de R. Wagner.

sido, até o momento, superestimada. Pesquisas como a de Rank não estimulam o desenvolvimento da arte; se levadas a diante, podem até pôr em perigo o espírito de um povo. O poder de criação do artista é inibido mediante a cota excessiva de consciência; ele se torna incapaz de criar, o que naturalmente implica o declínio da arte. Por outro lado, a ampliação da esfera da consciência pode trazer benefícios compensatórios em outros âmbitos[52].

O segundo receio de Adler diz respeito à preservação da família. O elevado grau de consciência de um povo não pode proteger as crianças de tendências incestuosas; a questão é saber se a pedagogia será capaz de resguardar a família da decadência (ocasionada pelo dualismo entre o alto grau de consciência dos pais e as tendências inconscientes dos filhos), de modo que a família seja preservada como uma espécie de núcleo pedagógico.

A esse propósito, Adler cita uma tentativa sua, empreendida anos atrás, de estudar a psicologia do homem político.[53] Ele havia tentado demonstrar que as ideias do homem político (em especial no que tange a reformas) se enraízam em motivos pessoais. Adler crê, por exemplo, que os políticos que defendem em seu programa social a dissolução da família têm uma vaga intuição da existência de tendências incestuosas.

Por fim, Adler lamenta não ter podido desenvolver sua ideia preferida e não ter demonstrado as raízes orgâ-

---

52 Ideias semelhantes são expressas por pacientes artistas nos momentos de resistência.

53 Nada se sabe desta tentativa de Adler, mas seu interesse pela psicologia do homem político e do reformista já durava anos.

nicas das tendências ao incesto; ele se limita a dizer que o exame médico dos poetas revela uma precocidade anormal cuja causa não é imediatamente compreensível. Para citar um exemplo, conta que havia logrado comprovar que Jean Paul sofria de enurese noturna[54].

---

54 Jean Paul (1763-1825), pseudônimo de Jean Paul Friedrich Richter, grande escritor e satirista alemão. Na passagem acima, encontramos o primeiro indício da teoria adleriana da inferioridade orgânica que posteriormente desempenhará um enorme papel em sua psicologia do indivíduo.

[3]

REUNIÃO DE 24 DE OUTUBRO DE 1906

Presentes: Freud, Bach, [A.] Deutsch, Federn, Graf, Heller, Hitschmann, Häutler, Kahane, Meisl, Rank, Stekel; Adler (só no início, até às 9:15 aproximadamente).

COMUNICADOS

STEKEL comunica que, por sugestão de Hirschfeld[55], pretende-se fundar também em Viena uma comissão científico-humanitária para combater o parágrafo do Código Penal referente à homossexualidade. Ele também menciona que Freud foi atacado no último número da *Waage*[56] a propósito da contenda com Fliess[57].

ADLER comenta que Prévost[58] faz uma fina observação psicológica em seu romance intitulado *O outro*: o médico diz a uma mulher que doenças como as suas seriam mais facilmente curadas se conversassem sobre os segredos do casamento[59].

---

55 Magnus Hirschfeld (1868–1935), famoso sexólogo e psicólogo alemão, lutou pela suspensão da perseguição legal aos perversos (ver também as atas 47 e 48).

56 *Waage* era um periódico mensal vienense.

57 Stekel refere-se à controvérsia literária descrita por Ernst Kris em seu prefácio à correspondência entre Freud e Fliess (ver A. Freud, *Dos primórdios da psicanálise – Aus den Anfängen der Psychoanalyse*, aaO, S. 42 f.; e também E. Jones, *A vida e obra de Sigmund Freud*. (1953-57/1989). Rio de Janeiro, Imago.)

58 Marcel Prévost (1862-1941), escritor francês, autor de romances sobre a classe média.

59 Naquela época era uma enorme satisfação quando se viam as teorias de Freud serem corroboradas também fora de seu círculo.

MEISL anuncia uma conferência sobre "O significado da fantasia sexual", STEKEL anuncia outra sobre "A psicologia da discussão", e GRAF, sobre "A arte e a vida".

DISCUSSÃO

CONFERÊNCIA DE RANK: *O drama do incesto*
(segunda parte)

FREUD inicia tecendo elogios ao trabalho como um todo e menciona pontos da análise que considera particularmente bem-sucedidos. Elogia em especial a análise de Grillparzer[60]; cita um caso semelhante de sua clínica: Stekel havia tratado um jovem inteligente, professor escolar, que tinha uma paixão curiosa por um de seus alunos. Estava sempre preocupado com ele, temia perdê-lo, etc. Tinha um irmão mais novo que havia morrido aos 14 anos; este irmão era o eleito dos pais, o que suscitava entre eles o sentimento de ódio típico envolvendo irmãos. A morte do irmão mais jovem provocou, contudo, uma modificação profunda no outro irmão. Ele transferiu para o aluno suas paixões (hostis) pelo irmão, e o fez na forma de uma defesa: passou a amá-lo, recuperando, por assim dizer, o amor que havia negado a seu irmão. O diagnóstico de Stekel confirmou-se então de modo curioso: o irmão falecido havia sido o filho predileto da mãe; certa vez o aluno visitava a família quando a mãe disse: "estranho, ele é tão parecido com o meu Karl".

Freud ainda menciona que a diferenciação – apresentada por Rank como uma novidade – entre o recalque

---

60 Franz Grillparzer (1791-1872), dramaturgo austríaco.

consciente e o orgânico (inconsciente) já havia sido feita por ele em uma contribuição sua para o livro de Löwenfeld[61]; Freud designou o recalque consciente "defesa" e o recalque inconsciente "recalque"[62].

Freud cita o romance *A juíza*, de C. F. Meyer[63], que trata do amor entre irmãos; no final se descobre que na verdade não eram irmãos, e eles então se casam. Esse mecanismo, cuja finalidade é suprimir as condições penosas na geração atual recorrendo à geração precedente, aparece com muita frequência nos romances familiares dos neuróticos[64]. Estes fantasiam a infidelidade da mãe, por exemplo, o que tem a função de afrouxar o laço entre os irmãos. O amor entre irmão e irmã teria tido grande importância na vida de Meyer e sido a principal causa de seus problemas conjugais; muitos de seus mais belos poemas de amor se endereçavam a sua irmã.

Freud confirma a observação de Rank de que o ciúme (paranoico) tem suas raízes nas rivalidades entre irmãos. Ele teve a oportunidade de examinar uma mulher que sofria de ciúme paranoico; seu marido era histérico. Durante a entrevista, ela se censurou por sua paixão nefasta;

---

61 S. Freud, *Meus pontos de vista sobre o papel desempenhado pela sexualidade na etiologia das neuroses – Meine Ansichten über die Rolle der Sexualität in der Ätiologie der Neurose* (1906; O.C.). Rio de Janeiro, Imago, v.7. O trabalho foi publicado pela primeira vez em 1906, no livro *Sexualleben und Nervenleiden*, editado por Löwenfeld. (4. Aufl., Wiesbaden). Freud escreveu o artigo em 1905.

62 Diríamos hoje "repressão" (*Unterdrückung*) e "recalque" (*Verdrängung*).

63 Conrad Ferdinand Meyer (1895-1898), poeta suíço.

64 A expressão "romance familiar" é mencionada pela primeira vez nestas atas. Freud discorrerá mais longamente sobre este tema no livro *O mito do nascimento do herói – Der Mythos Von der Geburt des Helden*, de Otto Rank. (Reeditado com o título *O romance familiar do neurótico – Der Familienroman der Neurotiker*, 1909.)

mas esta era sua natureza, disse ela; quando criança, tinha esses ataques ao ver seu pai beijar uma de suas irmãs. Mais tarde, o casal se divorciou[65].

A propósito das relações incestuosas entre os deuses gregos (Urano, Cronos etc.), Freud nota que não podemos tomar como exemplo estes ilustres personagens, já que se poderia objetar que eles não teriam outra possibilidade que não o incesto.

Com respeito à crença de que acontecimentos podem ser provocados por um desejo (o irmão de Grillparzer etc.), Freud evoca uma novela de Alfred Berger[66], *Dr. Max* ... (?). Retrata-se um homem cujo inconsciente é, por assim dizer, abolido; ele tem perfeita clareza de tudo e é incapaz de ilusões. Este homem por fim se casa. Sua mulher faz uma viagem a Rax[67], com seu consentimento. Ela morre. Ele crê ser o assassino, pois pensara nela e em sua morte no momento do acidente. No final da novela, ele vai a Rax, encontra o corpo e se atira no abismo. Aqui, diz Freud, uma representação obsessiva (*Zwangsvorstellung*) se projeta, por assim dizer, na consciência[68].

---

65 Freud reconheceu posteriormente no ciúme patológico a projeção da homossexualidade da própria pessoa. Ver S. Freud, *Alguns mecanismos neuróticos no ciúme, na paranoia e no homossexualismo — Über einige neurotische Mechanismen bei Eifersucht, Paranoia und Homosexualität* (1922; O.C.). Rio de Janeiro, Imago, v.18.

66 Alfred M. J. Freiherr Von Berger (1853-1912), escritor austríaco, por alguns anos diretor do Burgtheater de Viena. Trata-se aqui de *Dr. Max Kaspari*, uma novela do volume *Semmelweis e outras estórias — Semmelweis und andere Geschichten,* Berlin 1904. Von Berger publicou em fevereiro de 1894, na Morgenpresse, um comentário elogioso dos *Estudos sobre a histeria* (Freud, 1895).

67 Montanha próxima a Viena.

68 Hoje diríamos talvez que a representação obsessiva se tornou consciente mediante a projeção.

No que concerne à relação entre a escolha do tema e a vida do escritor, Freud observa que – como já havia dito informalmente a Rank –, nos casos em que o ódio ao irmão e o amor à irmã aparecem na obra de um escritor sem que circunstâncias similares tenham ocorrido em sua vida, é provável que se verifique a morte precoce de uma criança na família. Tal repressão, quando vivenciada muito cedo, pode favorecer a transformação dos sentimentos em poesia.

A disputa entre irmãos por uma irmã é um tema que também encontramos nos astros. Esta coincidência abre uma perspectiva interessante para a astronomia. As constelações de Gêmeos e Virgem se encontram lado a lado no céu. Esta nomenclatura é de origem babilônica. Mas a mitologia grega também representou uma relação semelhante com Castor e Polux, de um lado, e Helena, de outro. Winkler[69], que se ocupou da interpretação dos astros, crê que as constelações representam uma fixação das relações humanas no céu[70]. Winkler também fala da relação entre Absalão, Ammon e Tamar.

A relativa raridade de casos de incesto nas peças de Shakespeare se deve, segundo Freud, ao fato de que a maioria delas são adaptações de textos antigos, e não propriamente obras do autor[71].

---

69 Hugo Winkler, 1863-1913, orientalista alemão.

70 Freud apresentou esta projeção estelar de forma convincente no texto *Notas psicanalíticas sobre um relato autobiográfico de um caso de paranoia – Psychoanalytische Bemerkungen über einen autobiographisch beschriebenen Fall von Paranoia* (1911; O.C.). Rio de Janeiro, Imago, v.12. O caso Schereber. Ver também H. Nunberg, *Discussion of M. Katan's Paper on Schreber's Hallucination*, Int. J. Psycho-Anal., 1952, Bd. 33, S. 454 ff..

71 Sobre a concepção de Freud da identidade de Shakespeare, ver a carta a Lytton Strachey de 25 de dezembro de 1928, em: Briefe 1873–1939,

Finalmente, Freud cita um caso de sua clínica que lhe parece característico da relação entre irmão e irmã; tratava uma menina que, quando criança, se exibia diante de seu irmão: posteriormente, eles se tratavam por Sie[72] e, o que é notável, frequentemente diziam um ao outro "monsieur" e "madame". Quando o irmão foi estudar numa universidade estrangeira, remetia as cartas à irmã como posta-restante, e não a sua casa. O uso do pronome de tratamento formal começou quando cessaram entre eles as relações físicas.

HITSCHMANN, ausente na reunião anterior, pergunta a Rank se ele havia considerado os casos de incesto nos dramas de Ibsen. Em seguida, Hitschmann expressa, a propósito do comentário de Adler, o receio de que o conhecimento dos processos psíquicos possa inibir a produção artística.

Posteriormente faz a observação de que não se deve superestimar a importância do incesto em si; ele tem de ser compreendido simplesmente como uma manifestação particular do conjunto das necessidades sexuais. A libido se satisfaz pela via da menor resistência: o filho deseja a mãe, por exemplo, pois sua vagina é a única disponível no momento, porque ela é a primeira mulher que ele encontra na vida, etc.; o mesmo ocorre no coito com a serviçal, cuja vagina também é, no momento, a única disponível. (HELLER reage a essas afirmações e questiona qual seria então a origem do caráter antinatural do incesto.)[73]

---

aaO, S. 400 f. und Anm. 7 (2. Aufl.).

72 Pronome de tratamento formal. (N.T.)

73 Posteriormente, esta questão é respondida por Freud em *Totem e tabu*.

HÄUTLER elogia o trabalho minucioso de Rank; a aplicação das teorias de Freud em outros campos e o desvelamento do veio sexual na literatura e nas lendas são realizações dignas de agradecimento. Häutler se opõe, contudo, ao pessimismo de Rank em relação ao perigo que essas tendências incestuosas trariam consigo, por um lado enquanto fonte de graves doenças, por outro como obstáculo (mediante tomada de consciência) à atividade intelectual produtiva.

Segundo Freud, as tendências incestuosas, enquanto um estágio preliminar da sexualidade, são importantes no processo de escolha (*Findung*) do objeto sexual. As tendências incestuosas são algo normal, por mais paradoxal que isso soe. Elas se tornam doentias somente quando são fixadas.

Häutler tem a impressão de que as tendências incestuosas são a origem de toda sublimação. O mecanismo desta é aprendido, por assim dizer, a partir dessas tendências. Alega que nas nações em que as crianças são separadas precocemente dos pais (como no caso dos espartanos), as pulsões psíquicas e a vida afetiva deixam muito a desejar em relação a outras nações. Haveriam existido homens que teriam construído toda uma ética sobre a base da sublimação de suas pulsões incestuosas; como exemplo, Häutler cita a ética fundamentada na veneração dos pais[74].

Häutler contesta decididamente a ideia de que a produção poética possa esmorecer. A consciência jamais poderia ir tão longe de modo a entravar a força da imaginação de um indivíduo com capacidades normais. As trevas

---

74 Ver a obra *Totem e tabu*, publicada muito mais tarde.

nunca desaparecerão da mente humana e a força motriz da produção artística permanecerá, assim, intacta. Para tanto teriam de ser extintas todas as forças sexuais, o que teria como consequência o fim de todas as expressões da vida, não apenas da arte. Enquanto a humanidade tiver condições de emitir um juízo, continuarão existindo poetas.

FEDERN menciona outras obras literárias que tematizam o incesto: um romance de Anzengruber[75], que trata do amor entre irmãos. E. T. A. Hoffmann[76] também aborda o tema em várias obras, como, por exemplo, em *Elixieren des Teufels* (*O elixir do diabo*). Federn também recorda ter encontrado material análogo em Körner[77]. Cita então uma obra[78] em que a mãe se oferece ao filho para protegê-lo das más influências da vida sexual (vários membros chamam a atenção para uma novela de Lynkeus[79] e para a obra *Mutter* (*Mãe*), de Bahr [de

---

75 Ludwig Anzengruber (1839-1889), escritor e dramaturgo austríaco; *A mancha – Der Schandfleck* foi publicada em 1876 e reeditada em 1884.

76 E. T. A. Hoffmann (1776- 1822), grande escritor do movimento romântico, também era desenhista, pintor e compositor; A obra *O elixir do diabo – Die Elixiere des Teufels* foi publicada em dois volumes nos anos 1815 e 1816.

77 Karl Theodor Körner (1791-1813), dramaturgo alemão.

78 *Niels Tufverson e sua mãe – Niels Tufverson und seine Mutter,* do contista sueco Gustav af Geijerstam (1848-1909), que começou como naturalista e defendeu um psicologismo realista nos anos noventa.

79 Joseph Popper-Lynkeus (1838–1921), engenheiro e inventor austríaco, também atuava como filósofo social, reformista e escritor. Suas principais obras são *Fantasias de um realista – Phantasien eines Realisten*, Viena, 1899, *O dever geral de alimentar como solução da questão social – Die allgemeine Nährpflicht als Lösung der sozialen Frage*, Viena, 1912. Em um pequeno artigo intitulado *Josef Popper-Linkeus e a teoria dos sonhos – Joseph Popper-Lynkeus und die Theorie des Traumes* (1923; O.C.). Rio de Janeiro, Imago, v.20, Freud escreve que Lynkeus havia descoberto a censura do sonho sem o conhecimento de sua *Interpretação dos sonhos*. O artigo termina com as palavras: "Creio que o que me tornou capaz de descobrir a causa

Graf][80]. Na novela *Im Frühschein* (*Na aurora*), de J. J. David[81], dá-se um caso de incesto consciente entre irmãos; David considera esta sua melhor obra. Federn soube, de suas conversas pessoais com David, que este tinha desde cedo inclinações eróticas por sua irmã e que eles dormiam juntos na mesma cama. Provavelmente por isso ele não quis se casar. Em alusão à observação de Freud sobre Urano, Cronos etc., Federn acrescenta que o caso de Caim e Abel não é diferente; eles também tiveram de casar com suas irmãs.

Federn considera arbitrária a tese de Rank de que o motivo do matricídio tem sua origem nas tendências incestuosas; a mesma crítica é feita por ele em relação ao fratricídio enquanto motivado pelo amor à irmã. Há outras razões para o matricídio e o fratricídio. O fato de as Erínias não perseguirem o incesto, mas apenas o assassinato incestuoso, mostra que o incesto não era considerado *nefas*[82] naquela época.

Federn crê que o incesto materno quase não ocorre mais, e o fraterno é muito raro. Em geral, as tendências incestuosas não são mais recalcadas; ou elas não chegam a se formar, ou são abortadas em seu desenvolvimento[83].

---

da deformação do sonho foi minha coragem moral. No caso de Popper-Lynkeus, foi a pureza, o amor à verdade e a transparência moral de seu ser".

80 Colchetes de Rank. – Hermann Bahr (1863-1921), jornalista e autor de peças teatrais austríaco.

81 Jakob Julius David (1859-1906), jornalista e escritor austríaco, autor de inúmeros dramas e novelas; o conto *A aurora – Frühschein* foi publicado em 1896. Era amigo e paciente de Federn.

82 Nefas: crime.

83 Federn quer dizer que as tendências ao incesto são normalmente assimiladas pelo eu e sublimadas.

Na arte, a representação dessas tendências foi em geral substituída pela representação do ciúme.

Federn ainda acrescenta que o incesto era muito raro no início do desenvolvimento cultural e só surgiu com o advento do individualismo. No reino vegetal e também no animal (com exceção dos animais domésticos), ele não ocorreria (esta observação é vivamente contestada por FREUD, STEKEL, HELLER, entre outros). Não há razões para temer efeitos prejudiciais na tomada de consciência de tais tendências; restam ao artista inúmeras outras tendências deste tipo.

Por fim, Federn protesta contra a afirmação de Rank de que as virtudes não são senão vícios "recalcados"; haveria, sem sombra de dúvida, virtudes positivas.

HELLER não crê que a concepção atual do incesto seja algo imutável ou, como diz, uma "necessidade teleológica". O *éthos* frente a questões sexuais tem se tornado em geral mais ameno; a representação do "céu" e do "inferno", hoje em dia associada ao sexo, não é necessária, as opiniões acerca do *éthos* do incesto são passíveis de transformação.

Heller defende a posição de que o desvelamento das tendências incestuosas inconscientes privam o artista da exploração desse motivo; a obra perde o caráter trágico, visto que não há mais culpa trágica. Mas o desaparecimento desse motivo não significa o fim da arte.

O incesto entre irmãos é muito frequente, sobretudo em cortiços e em distritos mineradores.

STEKEL considera o livro de Rank diligente, porém escolar; tudo ali é visto através da lente da teoria freudiana, sem jamais ir além de Freud. Stekel protesta contra a forma de apresentação; a leitura do manuscrito teria sido cansativa. Ele prefere e considera mais estimulante uma fala livre.

Discordando de Federn, ressalta a frequência com que se dá o incesto (sobretudo entre irmãos). Cita como exemplo dois casos de sua clínica. O primeiro de um homem que sofria de insônia "nervosa", a qual atribuiu, seguindo Freud, à insatisfação de necessidades sexuais. O homem morava na mesma casa que sua irmã, que cuidava dos afazeres domésticos. Frequentemente sonhava com ela. Tentativas de coito com prostitutas fracassavam. Stekel o aconselhou a deixar o lar comum[84].

No segundo caso, o irmão se aproveitou das tendências incestuosas da irmã para obter vantagens materiais. Tão logo alcançou seu objetivo, direcionou suas inclinações para outras mulheres, tendo a irmã voltado sua inclinação ao pai ("ele é igualzinho ao pai"). Stekel, ao contrário de Rank e de Freud[85], não crê que nas neuroses o "recalque" seja consciente, mas inconsciente.

Sobre a análise de Grillparzer, que ainda discorre sobre o irmão Straubinger[86], Stekel diz que Karl talvez qui-

---

84 Aqui não se trata de um incesto ocorrido de fato, mas apenas de fantasias de incesto.

85 Freud sempre sustentou que, nas neuroses, o recalque é inconsciente. Ou a observação de Stekel não foi registrada corretamente ou ele entendeu mal Freud.

86 "Irmão Straubinger" é a designação de um artesão andarilho. O irmão de Grillparzer, Karl, era um homem perturbado e antissocial que causava preocupações ao poeta. Em 1836, quando Grillparzer vivia em Londres, Karl acusou-se falsamente de homicídio; isto aumentou ainda mais as dificuldades de Grillparzer, que naquela época estava em constante conflito com o governo reacionário de Metternich.

sesse rebaixar seu irmão, o poeta, a artesão. Ele nos conta que aos 16 ou 17 anos teve um sonho que tinha como conteúdo o incesto com a mãe; ele ficara muito abatido com o sonho. Recorda ainda dois outros sonhos de conteúdo homossexual.

KAHANE não crê que o fator político-econômico deva ser deixado de fora na consideração das causas do incesto. O incesto poderia ter sofrido uma transformação na passagem do nomadismo à agricultura. Entre os nômades, o desejo de manter intacto o rebanho pode ter levado ao casamento entre irmãos; assim, o rebanho é conservado. Na vida rural, o mesmo não levaria ao aumento da propriedade.

MEISL não concorda com o argumento de Rank de que as obras literárias atestam a existência geral de tendências sexuais infantis.

As afirmações de Rank se apoiam em fundamentos muito frágeis; ele evita ou modifica aquilo que não lhe convém. Se na obra aparece o ódio ao irmão e ocorre de o autor não ter tido um irmão, Rank afirma que este teria criado um irmão em sua fantasia[87].Se alguém não mata o irmão, Rank conclui que o recalque lhe foi bem-sucedido. Estas são as debilidades que se devem criticar. Meisl enxerga aí: 1) perigos para a ciência psicológica, 2) perigos para a teoria freudiana. Pois as pessoas se servirão dos pontos fracos dos livros de Rank para rejeitar igualmente o que há de correto na doutrina de Freud.

---

87 Rank tinha em vista aqui o fato de que uma fantasia de satisfação é criada sempre que uma vivência adequada de satisfação não se dá. Este nexo só foi reconhecido por todos num estágio posterior do desenvolvimento da psicanálise.

Meisl também se volta contra a interpretação "incestuosa" da irmã que "cuida da casa" de seu irmão; há certamente outros motivos para isso. O mesmo se dá quando um poeta bendiz sua amada em um poema de amor, chamando-a de mãe ou de irmã; ele só quer indicar que deseja que todo o amor de que o ser é capaz se concentre em sua pessoa. Depreender tendências incestuosas das cartas de Schiller à sua irmã é, para Meisl, demasiado audacioso[88].

GRAF admoestou a que se tivesse cuidado na interpretação de obras literárias. Só se podem fazer inferências sobre a vida sexual quando certos motivos forem demasiado elaborados ou frequentes. No caso de Goethe, a interpretação pode ser feita com facilidade, haja vista a enorme quantidade de material autobiográfico. Graf havia encontrado em Schiller um motivo especialmente marcado, a saber, o ódio ao pai, que se expressa sob a forma de ódio ao tirano. As provas apresentadas por Rank para atestar as inclinações sexuais de Schiller são muito hipotéticas.

[A.] DEUTSCH assinala como importante o fato de as obras de juventude dos poetas tratarem com frequência do incesto (o que Rank já havia enfatizado). Há diferentes graus de manifestação de tendências incestuosas, que vão desde as formas mais elementares até o incesto propriamente dito, e o caso em que o irmão espia a irmã enquanto esta se despe deve ser incluído entre eles. No tocante ao aspecto técnico do trabalho, Deutsch afirma preferir ao tratamento cronológico do material a extra-

---

88 Mais um exemplo de resistência contra a psicanálise por parte até mesmo de alguém que aceitava as teorias psicanalíticas.

ção de fórmulas determinadas que possam servir de base a uma classificação.

BACH cita um conto de Grimm, *Allerleirauh* (*Todos os tipos de pele*) que começa com um incesto. Em seguida, menciona a novela *Frau Regel Amrain und ihr Jüngster,* de Keller[89], que trata da relação entre mãe e filho. Foi encontrado o recorte de jornal que incitou Keller a escrever esta novela na época em que estudava em Berlim: um garoto de 14 anos havia atacado o amante de sua mãe com uma barra de ferro. Bach supõe haver também em *Grünen Heinrich* (*Henrique, o Verde*) [de Keller] uma representação mascarada da relação com a mãe; Agnes e Judith eram certamente irmãs. O fragmento dramático *Tereza*, de Keller, trata da relação amorosa que mãe e filha têm com o mesmo homem. Ele crê que tais representações artísticas só são produzidas por quem declaradamente viveu esta relação[90]. Vê-se, portanto, que as relações representadas na obra não se devem diretamente a vivências incestuosas dos poetas. Bach faz um comentário sobre o ódio ao irmão na *Noiva de Messina* (embora Schiller não tivesse tido um irmão): Schiller teria tido uma estranha relação com a irmã de sua mulher e todos teriam se admirado quando ele se casou com ela.

No caso dos músicos, a questão é ainda mais difícil; em *Cosi fan tutte*, de Mozart, tem lugar uma troca de mulheres; isto faz lembrar um episódio de *Der grüne*

---

89 Gottfried Keller (1819-1890), grande poeta suíço. *Senhora Regel Amrain e seu filho mais novo – Frau Regel Amrain und ihr Jüngster* foi publicado em 1856 na coletânea *O povo de Selbwyla – Die Leute von Selbwyla.*

90 Esta frase não é clara. Talvez, em vez de declaradamente, Bach tivesse dito "de maneira não declarada".

Heinrich (*Henrique, o verde*) que se passa em Munique, onde pares são trocados durante uma quadrilha.

RANK diz que só pode responder brevemente a cada pergunta. Ele ainda sustenta que a tomada de consciência de processos inconscientes trará consigo o declínio da arte. Objeta a Häutler que são justamente os artistas que possuem o mais alto grau de consciência, e é *precisamente neles* que se dá essa passagem.

À observação de Federn de que a relação incestuosa de Caim e Abel teria sido inevitável, Rank responde que estes mitos são criações de épocas muito posteriores e que nestes só estão projetados sentimentos incestuosos destas mesmas épocas (aparentemente, isso também refutaria a objeção de Freud acerca de Urano e Cronos).

Às observações de Hitschmann acerca das tendências incestuosas, Rank acrescenta que também havia pensado em algo semelhante. Assim como havia concluído em suas pesquisas que não há homossexualidade, concluiu também que não haveria tendências incestuosas; tudo isto deveria ser apreendido *subjetivamente*, e não objetivamente[91]. Nas chamadas melhores famílias, frequentemente encontramos nas neuroses das crianças, em vez das figuras dos pais, as pessoas responsáveis por seu cuidado: ama de leite, babá, cozinheira, educadora, a governanta, a professora, o criado, o cocheiro, o mordomo, o professor etc. As paixões sexuais da criança, por exemplo, não se dirigem à mãe pelo fato de esta ser sua mãe, mas porque é a primeira pessoa a que se associam

---

91 Todas essas afirmações são de fato audazes. É interessante observar estes prelúdios da futura dissidência de Rank. Comparar Jessie Taft, Otto Rank; *A Biographical Study* (já citado).

suas primeiras e mais fortes impressões "sexuais" (mamar etc.); é daqui que deveria partir a etiologia do incesto.

A propósito da observação "econômica" de Kahane, Rank cita exemplos de lendas em que o incesto entre irmãos é motivado pela conservação da propriedade (mas assim como todos os motivos "econômicos", este me parece ser também um motivo encobridor da fonte sexual. Rank)[92].

A propósito da crítica de Federn de que o fratricídio também poderia ter outros motivos que não o incesto, Rank observa finalmente que em todos os casos é possível encontrar rudimentos de tendências incestuosas.

No final da reunião, Freud evoca uma forma disfarçada do sonho de incesto com a mãe. O sonhador conta que está com sua família, pai, irmãos, irmãs, diante da entrada de uma casa. O pai e os irmãos entram por uma passagem estreita. Por fim ele também entra. Ele tem a vaga lembrança de *já ter estado lá*.

É notável o fato de que enumera todos os membros da família, com exceção da mãe; se invertermos a frase "todos os outros entram" de modo que ela signifique "apenas ele entra", a narrativa ganha sentido. Trata-se então precisamente da vagina da mãe, pois este é o lugar onde ele já havia uma vez estado.

---

92 Rank parece ter acrescentado essa observação após a reunião, ao revisar suas anotações.

[4]

REUNIÃO DE 31 DE OUTUBRO DE 1906

Presentes: Freud, Adler, [A.] Deutsch, Federn, Frey, Stekel, Hitschmann, Kahane, Hollerung, Rank.

COMUNICADOS

FREUD informa que foi publicado um trabalho de Jung sobre histeria, sonho e associações[93].

HOLLERUNG menciona uma conferência de Urbantschitsch[94] sobre a memória, apresentada na *Philosophische Gesellschaft*: segundo ele, a altura dos sons de um diapasão exerce influência sobre a capacidade de lembrar (e reproduzir) das pessoas.

FREY anuncia uma conferência sobre poesia neurastênica e idílica e uma breve exposição (complementar) sobre o delírio de grandeza dos normais.

CONFERÊNCIA: *Sobre o livro de Bleuler –*
Afetividade, sugestionabilidade e paranoia[95]

---

93 "Assoziation, Traum und hysterisches Symptom", in *Jungs Diagnostische Assoziationsstudien,* Bd. 2, Barth, Leipzig 1906.

94 Victor von Urbantschitsch, excelente otorrinolaringologista vienense, era pai de Rudolf von Urbantschitsch, um dos primeiros alunos de Freud (ver acima as notas sobre os membros da Sociedade Psicológica das Quartas-Feiras). A conferência aqui mencionada deve ser idêntica ao artigo intitulado "Sobre sensações e imagens da memória", in: *Arquivos Pflüger,* 1905.

95 Eugen Bleuler (1857-1939), psiquiatra suíço, dirigiu por anos a Burghölzli, a Kantonale Heilanstalt e a clínica de psiquiatria da Universidade de Zurique, onde também era professor. O titulo original do livro é *Affektivität,* Suggestibilität, Paranoia. Carl Marhold, Halle, 1906.

CONFERENCISTA: Eduard Hitschmann

HITSCHMANN: Em primeiro lugar, Bleuler destaca o fato já conhecido da psiquiatria de que a alma humana adoece de maneiras características; disso resulta a hipótese de que a alma humana tem uma estrutura simples.

Bleuler empreende a tentativa de compreender melhor a paranoia, esta doença tão enigmática. Segundo Kraepelin[96], desenvolve-se na paranoia um delírio inabalável e permanente; a paranoia combinatoria consiste na falsa interpretação de *impressões* incorretas (*falschen Deutung unrichtiger* Eindrücke), e a paranoia fantasiosa, somente em ilusões dos sentidos (*Sinnestäuschungen*). Segundo a afirmação de Bleuler, no entanto, a paranoia é um *afeto crônico* que corresponde a uma vivência efetiva; este afeto torna-se então o ponto de partida da ideia delirante. A isso se acrescem uma disposição desconhecida e certas vivências predisponentes que Bleuler, como Freud, tenta encontrar na vida sexual do indivíduo.

Em vez dos conceitos imprecisos de sentimento, sensação etc., Bleuler emprega o conceito de afetividade, que deve abarcar tudo o que tem relação com sentimentos de prazer e desprazer. Bleuler assinala a importância do afeto na vida psíquica: mediante o afeto, as associações são inibidas ou estimuladas. No sonho de desejo ou na histeria de desejo é apenas o sentimento, o afeto, que

---

96 Emil Kraepelin (1856-1926), psiquiatra alemão, autor de manuais, professor de psiquiatria em Munique; realizou sistematizações no campo da psiquiatria, sobretudo sua classificação das psicoses em *dementia praecox* (esquizofrenia) e insanidade maníaco-depressiva.

realiza o desejo. O afeto emana da totalidade da constelação psíquica do indivíduo. Bleuler distingue diferentes tipos de recalque conforme a reação dos indivíduos aos afetos. A afetividade é responsável pelo fato de só atentarmos às coisas que nos interessam. Da relação entre os afetos e os instintos Bleuler conclui que há apenas um instinto, o sexual. Nas psicoses, os afetos atingem uma intensidade anormal. A afetividade se aproxima dos processos volitivos, das pulsões; afeto e impulso (*Strebung*) são, na verdade, a mesma coisa.

A sugestionabilidade é compreendida por Bleuler como uma das manifestações da afetividade. Na hipnose predomina o afeto de se deixar impressionar[97]. Há eventualmente também uma tendência primeira à recusa de influências exteriores (obstinação). Sonhos de desejo são um efeito da autossugestão.

No capítulo sobre a paranoia, Bleuler traz alguns exemplos e destaca que o afeto "vivido" está sempre ligado a um determinado complexo de ideias. Todo complexo representativo tende a incorporar novas experiências. Bleuler elenca alguns destes complexos: a *vontade de avançar* (*Vorwärtswollen*), que pode se transformar em delírio de perseguição quando as outras pessoas obstruem o caminho; a autoestima, que pode se transformar em delírio de grandeza; o *desejo de ser amado* (*Geliebtwerdenwollen*), que pode levar à paranoia erótica, entre outros. Mas Bleuler não consegue esclarecer a essência da paranoia, nem definir mais precisamente a noção de "disposição".

---

97 A sugestionabilidade parece estar fundada sobre pulsões passivas, masoquistas, sobre o desejo de submissão a uma autoridade.

DISCUSSÃO

ADLER enfatiza primeiramente que o livro de Bleuler não tem serventia alguma para os psiquiatras. A investigação da paranoia deve partir do ponto em que surgem a ideia fixa e as alucinações. Freud demonstrou em seus trabalhos que os eventos psíquicos (*Geschehen*) devem ser examinados de um ponto de vista puramente psíquico e com os expedientes da psicologia. Bleuler mistura o ponto de vista fisiológico com o psicológico.

FREUD diz concordar até certo ponto com as afirmações de Adler. O livro de Bleuler é débil, mas traz uma grande novidade, a saber, a de que a doença é engendrada por um afeto – ideia que não aparece uma só vez em toda a literatura sobre a paranoia. Como Hitschmann já havia dito em sua apresentação, a "afetividade" é um conceito vazio que nada explica; em geral, Bleuler é um adepto do culto à palavra (o que fica claro no emprego que faz da palavra "complexo"). Freud assinala que Bleuler só aceita suas ideias (de Freud) pela metade (ele não compreende nada das questões sexuais). Destaca o afeto de "se deixar impressionar", presente na sugestão, mas não vê que este é um "afeto sexual" enraizado na componente sadomasoquista da pulsão sexual[98].

---

98 Freud alude aqui, precocemente, à significação sexual da hipnose tal como se dá na transferência. Ver S. Freud, *Psicologia de grupo e a análise do Ego (Psicologia das massas e análise do Eu) – Massenpsychologie und Ich-Analyse* (1921; O.C.). Rio de Janeiro, Imago, v.18. e Sándor Ferenczi, "Introjektion und Übertragung" (1909; Neudruck in Ferenczi, *Schriften zur Psychoanalyse,* hrsg. von Michael Balint, Bd. 1, Reihe› Conditio humana‹, S. Fischer Verlag, Frankfurt am Main 1970, S. 12 ff.).

Bleuler não menciona o recalque em sua análise do mecanismo da paranoia. As deformações da memória (*Erinnerungsfälschung*) presentes na paranoia seriam tendenciosas (e, portanto, resultantes do recalque). Freud presume que a paranoia se deva, em sua essência, a influências sexuais muito precisas. A fonte do afeto e a ideia delirante também teriam de ser esclarecidas. Freud enfatiza que a representação excessiva – a ideia supervaloriza-da[99] – obtém esta característica mediante o recalque. Um exemplo deste tipo de recalque seria aquele que se dá quando o conteúdo oposto se torna consciente[100]. Tais reações são características do *parvenu*. Estes sintomas reativos também acompanham muitos dos pensamentos paranoicos: este mecanismo deve ser chamado *mecanismo de projeção*[101]. Ele é frequente na vida cotidiana, e é destes exemplos que se tem de partir. O mecanismo da paranoia está relativamente claro, mas o processo que conduz à paranoia ainda carece de estudo.

RANK nota logo de início que seu trabalho não tem, de fato, relação alguma com o de Bleuler. O afeto também lhe parece ter papel preponderante em todos os processos (normais e patológicos), ao passo que a "representação" fica em segundo plano: pois é do afeto que depende o homem em sua totalidade, juntamente com todo seu passado. A propósito de uma observação de

---

99 A noção de "ideia supervalorizada" foi concebida pelo psiquiatra Carl Wernicke (1848-1905).

100 Hoje esse processo seria denominado "contrainvestimento".

101 A designação "mecanismo de projeção" já havia sido empregada por Freud anteriormente, no texto *Novos comentários sobre as neuropsicoses de defesa – Weitere Bemerkungen über die Abwehr-Neuropsychosen* (1896; O.C.). Rio de Janeiro, Imago, v.3.

Bleuler concernente à conversão, Rank levanta a questão acerca da natureza, das condições, das causas e do mecanismo da conversão (Freud responde, referindo-se a Adler, que as condições para a conversão devem ser buscadas no campo sexual, e se vinculam às zonas erógenas).

STEKEL critica o formato "objetivo" da apresentação, à qual Hitschmann não imprimiu seu toque pessoal. Fortes afetos e ideias supervalorizadas também podem ser encontrados em pessoas normais. Mas nós – diferentemente dos paranoicos – somos capazes de corrigi-las, de equilibrá-las. O paranoico se encontra no mesmo estado em que estamos quando sonhamos; na paranoia, o inconsciente se espalha por toda a vida desperta do indivíduo.

Stekel tenta formular de maneira concisa as diferentes psiconeuroses, tomando por base o "conflito psíquico"; a neurastenia pode ser explicada pelo conflito entre uma potência sexual doente e uma grande pulsão sexual, enquanto a histeria é proveniente do conflito entre a tendência e a aversão ao sexo. Na hipocondria, a pulsão sexual entra em conflito com a angústia, ao passo que na paranoia a pulsão sexual é até certo ponto sublimada (esta sublimação fica muito evidente nos delírios de ser um inventor [*Erfinderwahn*]).

Stekel observa que, em sua opinião, não se pode esperar encontrar em Bleuler nada de novo ou de importante; o último livro de Bleuler, *Unbewusste Gemeinheiten*[102]. reforçou essa opinião.

---

102 Reinhardt, München 1905.

Por fim, Stekel assinala a importância da ênfase de Bleuler na coloração afetiva da sugestão: o que se sugere (transfere) não é a representação, mas o afeto.

HOLLERUNG não encontra nada de interessante nas considerações de Bleuler. Ele afirma faltar precisão nas conceituações (como no caso do conceito de vontade). Pergunta a Freud se a censura psíquica resulta da educação social no sentido freudiano (o que Freud nega: a censura é, antes de tudo, o resultado do recalque sexual orgânico; a educação social tem apenas importância secundária).

FEDERN assinala que na criança e no homem primitivo não é possível haver pensamento sem afetividade; na regressão do intelectual ao afetivo se poderia encontrar um momento infantil da paranoia. Seria interessante saber de que classes sociais provêm os paranoicos (FREUD observa que essa neurose em particular afeta todas as camadas da população).

Por fim, Federn enfatiza que seria interessante determinar o papel do afeto, ou seja, se é necessário que ele atinja uma intensidade específica ou se basta uma predisposição concomitante (a um afeto relativamente normal) para que surja a paranoia.

HITSCHMANN (conferencista) observa, em relação às afirmações de Federn, que também tem a impressão de que na paranoia o afeto é fraco (normal, por assim dizer). Ele considera desejável que se chegue a uma definição precisa do conceito de paranoia.

FREUD sublinha, em seus comentários finais, que muitos débeis tendem à paranoia, mas que, por outro lado, pessoas importantes e dotadas também sofrem de paranoia. Menciona também uma certa inervação oftálmica presente nos paranoicos[103] (o que é confirmado por STEKEL); a parte superior do olho fica exposta.

A fim de ilustrar o efeito de embotamento produzido pela inibição afetiva, Freud cita o caso de uma paciente que num dia se mostrou incapaz de compreender toda e qualquer coisa, e no outro deu provas de uma enorme inteligência.

À observação de Bleuler acerca da semelhança de caráter entre crianças e histéricos – que são ora inflexíveis, ora acessíveis (*zugänglich*) –, Freud acrescenta o esclarecimento de que ambas são acessíveis àqueles que amam e inacessíveis àqueles que não amam. Assim, a impossibilidade de educar as crianças "terríveis" tem sua explicação no autoerotismo: quando a criança encontra em si mesma o "amor", ela não precisa do amor dos pais e dos educadores. É também na capacidade de aceitar influências que encontramos a origem da capacidade de formar juízos: estes têm sua fonte no assentimento ao juízo da pessoa amada. Aqui se pode ver com clareza que a crença se origina do amor. Mas é somente ao questionar a autoridade dos pais que o homem se torna capaz de julgar de maneira autônoma[104].

---

103 O "olhar penetrante" do paranoico.

104 Comparar o texto S. Freud, *A negativa (A negação) – Die Verneinung* (1925; O.C.). Rio de Janeiro, Imago, v.19: "O exercício da função judicativa só se torna possível se a criação do símbolo de negação permitir ao pensamento certo grau de independência em relação aos processos do recalque e, consequentemente, da coerção do princípio de prazer".

[5]

REUNIÃO DE 7 DE NOVEMBRO DE 1906

Presentes: Freud, Adler, Bass, [A.] Deutsch, Federn, Heller, Hitschmann, Hollerung, Häutler, Rank, Reitler, Stekel, Kahane.

CONFERÊNCIA: *As bases [orgânicas]*[105] *da neurose*

CONFERENCISTA: Alfred Adler

Tendo em vista o anúncio de Adler de que seu livro será publicado em breve, a conferência não será transcrita *em detalhe* aqui[106].

ADLER menciona primeiramente que o ponto de partida de seu novo trabalho são os resultados obtidos em suas pesquisas sobre a *fisiologia e patologia das zonas erógenas*, realizadas no ano anterior.

Adler destaca que podemos observar, no caso da inferioridade de um órgão, certos fenômenos morfológicos de deficiência que caracterizam a inferioridade primária. A inferioridade de um órgão também pode estar encoberta, de forma que este órgão realize suas funções de modo suficiente ou até excessivo. Esta atividade excessiva não é desencadeada pelo próprio órgão inferior, mas pelo segmento nervoso responsável por seu funcionamento. A inferiori-

---

105 Assim está registrado o título no livro de presença. Na ata não aparece a palavra "orgânica".

106 *Estudo sobre a inferioridade dos órgãos – Studien über die Minderwertigkeit von Organen*, Urban & Schwarzenberg, Wien, 1907.

Über die Grundlagen der Neurosen.

Vortragender Dr. Alfred Adler.

Mit Rücksicht auf die von Adler in Aussicht gestellte baldige Publikation seiner Arbeit wird von einer ausführlichen Wiedergabe seines Vortrags abgesehen.

Adler erklärt zunächst, dass seine neue Arbeit an die von ihm in einigen Jahre mitgeteilten Ergebnisse seiner Untersuchungen über die Physiologie und Pathologie der erogenen Zonen anknüpfe.

Als richtig hebt er zunächst hervor, dass bei der Minderwertigkeit eines Organs gewisse morphologische Musskelerscheinungen zu beobachten sind, die die ursprüngliche Minderwertigkeit kennzeichnen. Die Minderwertigkeit eines Organs könne aber auch verdeckt sein, so kann dieses Organ dann genügende oder selbst mehr als genügende (überwertige) Leistungen vollbringe. Die Mehrleistung eines Organs gehe aber nicht von ihm selber aus, sondern von dem betreffenden Nervenabschnitt, der die höhere Funktion des minderwertigen Organs leistet. Die Minderwertigkeit eines einzelnen Organs komme sehr selten vor; meist komme Minderwertigkeit von zwei oder mehr Organen zugleich vor.

das Organ, das die Minderwertigkeit anderer Organe nicht begleitet, ist das Seelenorgan. Es hängt zum Teil mit der Heredität zusammen. Es sind jedoch damit nicht krankhafte Erscheinungen gemeint, sondern es sei bei der Minderwertigkeit eines Organs vollkommene Gesundheit des Individuums möglich. In unzweifelhafter Weise festzustellen sei die Minderwertigkeit eines Organs allerdings erst dann, wenn sich gehäufte Krankheitserscheinungen an diesem Organ zeigten. Ein zweites Charakteristiken

dade de um órgão em particular é muito rara; na maioria das vezes há ao menos dois ou mais órgãos inferiores. O órgão associado à inferioridade dos outros órgãos é quase sempre o sexual. Isto se deve, em parte, à hereditariedade. Esses fenômenos não são necessariamente patológicos: o indivíduo pode ser totalmente saudável, apesar da inferioridade de um órgão. Só podemos ter o diagnóstico certeiro da inferioridade de um órgão quando nele se apresentarem muitos sintomas mórbidos. Uma segunda característica da inferioridade são os chamados defeitos infantis (*Kinderfehler*), que aparecem durante o desenvolvimento do órgão. Adler pôde constatar graves alterações na estrutura do olho relacionadas ao daltonismo, estrabismo etc. Tais fenômenos se manifestam com maior ou menor intensidade nos membros de uma mesma família.

Uma terceira característica da inferioridade é a anomalia dos reflexos associada à sensibilidade exacerbada das zonas erógenas. Adler menciona suas observações do reflexo palatofaríngeo; pôde distinguir três formas de reflexo palatal: o reflexo deficiente, o reflexo hiperativo (que se produz antes mesmo do contato, por exemplo) e o reflexo comum. Constatou-se que estas anomalias também são hereditárias.

Adler passa então ao tema principal: como se desenvolvem, a partir de um órgão, as regiões cerebrais correspondentes e como se constitui a psique. O desenvolvimento funcional e morfológico mais elevado de um órgão é uma consequência da assimilação de estímulos externos. Por outro lado, ele resulta da tentativa de tornar funcional o órgão inferior. Isto acontece por meio da compensação: a inferioridade do órgão é compensada por uma maior atividade cerebral. Inicialmente, a atenção do indivíduo é direcionada permanentemente para o órgão inferior, que está mais vulnerável do que o órgão normal; um leve dano a esse órgão desperta a atenção. Mas também o recalque orgânico (Freud), quando aplicado a esse órgão, direciona para ele o interesse da psique.

Parece haver uma ligação entre a atividade intensificada do sistema nervoso central na infância e os defeitos infantis. Normalmente, tais defeitos são constatados nos neuróticos e a tentativa de superá-los é marcante em toda a vida do indivíduo afetado. Os defeitos infantis são a manifestação visível do conflito cuja finalidade é adaptar o órgão inferior às exigências da civilização. A persistência dos defeitos é uma consequência da direção do interesse no órgão. Todas as atividades da criança visam ao prazer; as sensações de prazer conectam o indivíduo ao mundo. Quando o desenvolvimento se completa, gradativamente se abre mão do ganho de prazer em favor da adaptação; mas o órgão inferior continua em busca do ganho de prazer e faz disto um hábito. A inferioridade de um órgão pode também se manifestar quando há um aumento das exigências exteriores. A superestrutura psíquica do órgão normal corresponde ao aumento da atividade do cérebro ocasionada pelo órgão inferior. A harmonização das atividades físicas e psíquicas, o paralelismo psicofísico propriamente dito, caracteriza o desenvolvimento da criança normal. A "compensação" produz com frequência a supervalorização do órgão e, consequentemente, da superestrutura psicomotora. Se esta sobrecompensação não puder ser levada a cabo, o que se dá em razão de um órgão inferior encontrar um cérebro também inferior, o processo para no meio do caminho e pode-se considerá-lo um "recalque que fracassou".

Adler ainda menciona, de passagem, que alguns defeitos infantis não são senão reflexos que se tornaram visíveis (piscar de olhos, vômitos, etc.). O fato de toda inferioridade orgânica ser acompanhada da inferioridade do órgão sexual é, segundo Adler, juntamente com os defeitos infantis, a principal causa da precocidade sexual.

Adler dá poucas indicações sobre o "conteúdo" da superestrutura psicomotora: esta abarca, em primeiro lugar, as sensações, as recordações e a memória, o senso crítico, a compreensão das relações entre as coisas e a componente da escolha profissional. Como exemplo de atividades predominantes, Adler cita as alucinações, a intuição e a introspecção (a compreensão do nexo psíquico). Um segundo grupo de atividades psíquicas abrangeria certa sublimação das atividades reflexas: os afetos se originam, assim, na superestrutura psíquica do reflexo orgânico (aversão, angústia, mas também a libido e a compulsão psíquica).

Cada órgão tem sua memória, que é uma função da superestrutura psicomotora. Dominará o tipo de memória que for proveniente do órgão inferior. Haverá, no caso de precocidade sexual, dois centros dominantes: no curso da adaptação do indivíduo à cultura, o centro não sexual adquire predominância. A superestrutura não sexual se torna o centro das atenções; a partir daí há um caminho que conduz ao inconsciente (ao sexual).

Para ilustrar o aumento da atividade dos órgãos inferiores, Adler cita, por fim, alguns exemplos de personalidades célebres: o caso Beethoven; Mozart tinha orelhas deformadas; Schumann sofria de uma psicose que começou com alucinações auditivas.

Ele teve a oportunidade de observar uma família acometida por afecções auditivas hereditárias; alguns dos membros desta família são músicos de destaque; nesta família também há casos de precocidade sexual e neurose.

(FREUD lembra aqui que Lenbach[107] era cego de um olho.)

Adler diz haver analisado um músico que tinha um pavilhão auricular diferente do outro. Quando criança havia sofrido uma perfuração no tímpano. Sua primeira memória musical data de seu quarto ano de vida; enquanto estava na cama com a filha adulta de seu professor, ouvia-o tocar violino no quarto ao lado. As demais etapas de sua formação artística também coincidem com vivências sexuais.

Pôde constatar diversos problemas de dicção em cantores, atores e oradores (Demóstenes, Moisés). A escolha profissional é determinada pelo órgão inferior; as cozinheiras frequentemente apresentam anomalias no reflexo palatal (o mesmo vale para os obesos, de quem se pode dizer que a [única][108] ocupação é comer)[109].

DISCUSSÃO

HITSCHMANN observa que sempre defendeu pessoalmente a explicação "orgânica" da neurose. Deve-se

---

107 Franz von Lenbach (1836-1904), famoso pintor alemão, fez os retratos de Ludwig I., Leo XIII, Eleonora Duse e, em particular, de Bismarck.

108 Colchetes de Rank.

109 Este é o ponto de partida da psicologia adleriana. Ficará claro, mais adiante, como seu caminho se distanciou do de Freud.

dar o devido valor tanto à psique quanto ao corpo. Ele afirma faltarem, no trabalho de Adler, os dados estatísticos, que são indispensáveis neste tipo de pesquisa. Contradizendo a tese de Adler, argumenta que a inferioridade orgânica nem sempre tem por consequência a neurose. Hitschmann crê, contudo, que por trás das chamadas patologias dos nervos há de fato uma patologia orgânica; isso vale em especial para o coração (onde a neurose pode, aliás, provocar transformações orgânicas secundárias). Em sua opinião, os estudos sobre o reflexo faríngeo perderam importância em vista de publicações mais recentes[110] sobre o tema. Por fim, faz objeções a alguns exemplos de Adler que não considera corretos (os casos Schumann, Mozart, Lenbach; não é de admirar que um músico como Schumann sofra de alucinações auditivas.) Há muitos músicos cegos, por exemplo. Hitschmann admite, entretanto, que a luta de um órgão inferior pela adaptação conduz, em certa medida, ao crescimento espiritual.

FREUD inicia criticando Hitschmann e seus pontos de vista "racionalistas".

Ele considera muito importante o trabalho de Adler; ele o teria ajudado a desenvolver alguns de seus trabalhos. A julgar por uma primeira impressão, há nele muitos acertos[111].

---

110 Hitschmann se refere aqui provavelmente ao trabalho de W. Baumann, "Über den Rachenreflex", Münchener Medizinische Wochenschrift, Bd. 53, 1906.

111 Com estas afirmações, Freud expressa que era de fato estimulado pelas discussões. Muitas vezes podemos observar o prazer que tinha em mostrar reconhecimento.

Freud destaca duas ideias que considera importantes e profícuas:

1) o conceito de compensação, segundo o qual a inferioridade orgânica é compensada pela intensificação da atividade cerebral[112], e 2) a ideia de que o recalque seja consequência de uma superestrutura psíquica. Ele mesmo já havia pensado numa fórmula semelhante[113].

Freud destaca que a análise revela a presença de defeitos orgânicos severos como causa mais profunda em casos de pessoas demasiado egoístas e ambiciosas. Por exemplo, diagnosticou hipospadia[114] em um jovem extremamente ambicioso. Uma mulher de altos dotes intelectuais tinha desvios na coluna vertebral. Conhece casos de mulheres muito "envergonhadas" com a proeminência dos pequenos lábios vaginais; o desenvolvimento destas pessoas tendia como um todo à compensação destes defeitos.

Considera interessante e importante o fato destacado por Adler de que a atividade da criança visa inicialmente ao ganho de prazer, ao qual renunciam posteriormente. Ele gostaria de propor a Adler uma fórmula que lhe ocorreu ao ter contato com as investigações de [Von] Ehrenfels[115]: a neurose se deve à desproporção entre a disposição

---

112 Freud tinha em vista o que posteriormente foi chamado de compensação de uma "ferida" narcísica, mas aqui ele utiliza a terminologia organicista.

113 Isso se refere à formulação de que o recalque é realizado pelo eu.

114 Deformação congênita das vias urinárias masculinas, que não desembocam na glande, mas na parte inferior do pênis.

115 Christian Freiherr Von Ehrenfels (1859-1932), filósofo austríaco, desde 1900 professor da Universidade de Praga, publicou em 1907 a obra *Ética Sexual*. Apresentou duas conferências como convidado na Sociedade. As atas de ambas as reuniões se encontram no segundo volume desta publicação.

constitutiva e as exigências culturais feitas ao indivíduo[116]. Isto se aplica à deterioração muito comum sofrida pelas famílias que migram do campo para a cidade.

A ideia de derivar os afetos dos reflexos lhe parece muito acertada.

Adler trouxe exemplos da mitologia alemã em que o apogeu do herói é precedido por uma juventude (infância) sombria. Freud acrescenta o exemplo do conto do patinho que se transforma em cisne[117].

Para terminar, Freud faz uma objeção referente ao aspecto meramente formal do trabalho: o termo inferioridade, ao qual tem certa aversão, é pouco original; seria melhor empregar a expressão "uma variabilidade específica dos órgãos".

FEDERN diz que o trabalho lhe pareceu simpático. Ele é a favor de analisar a superioridade e a inferioridade das pessoas segundo suas aptidões particulares. Algo na neurose certamente se deve à disposição orgânica; mas é necessário especificar o quê.

Faz objeção à afirmação de Adler de que a memória do órgão inferior é predominante: em sua opinião, a memória trabalha, por assim dizer, junto ao órgão são.

O primeiro indício da inferioridade de um órgão já reside, talvez, no *desenvolvimento lento* de sua capacidade de diferenciação. Ele conheceu uma pessoa que era daltônica quando criança e posteriormente se tornou normal.

---

116 É possível que Freud se refira ao que posteriormente denominará "série etiológica complementar", isto é, ao fato de a constituição e a experiência externa serem complementares uma a outra.

117 Hans Christian Andersen (1805-1875), *O patinho feio*.

A forma como Adler explica o talento de Beethoven faz lembrar, em linhas gerais, a teoria de Lombroso[118]; os gênios adoecem com maior facilidade e sua doença tem um caráter mais notável.

Ele acredita que a inferioridade de certas partes do aparelho vestibular pode estar presente em alguns casos de neurose, e menciona casos de pessoas que não conseguem dançar, saltar, mergulhar, etc. Uma constituição muscular inferior associada a uma disposição neurótica pode provocar abulia[119]. Uma musculatura forte possibilita à criança ter vivências de triunfo. Federn analisa em detalhe a musculatura da faringe, do intestino, dos órgãos genitais (enurese?[120]), e destaca a "neurose cardíaca da puberdade." Uma das principais causas de toda inferioridade pode estar relacionada com anomalias vasculares.

Retomando a observação de Freud, Federn sublinha os efeitos nefastos da mudança repentina no padrão de vida de uma família.

REITLER afirma ter de discordar de Adler. Ele põe em relevo dois pontos principais: o primeiro contém algo novo; o segundo, algo que nos é familiar: as sensações orgânicas de prazer da criança cedem lugar paulatinamente à atividade cultural. A ideia nova é que um órgão inferior tem sua função intensificada mediante atividade compensatória do cérebro; Adler não nos fornece uma prova desta afirmação. No caso dos artistas, tal intensificação pode ocorrer, mas isso não é certo. Nenhum sintoma

---

118 Cesare Lombroso (1836-1909), psiquiatra italiano, antropólogo e criminólogo que desenvolveu a ideia de que a genialidade, a loucura e o crime têm as mesmas raízes orgânicas.

119 Ausência de vontade.

120 Enurese noturna; distúrbio funcional.

histérico pode afetar um órgão ao menos que haja neste um *locus minoris resistentiae*. Mas, ao contrário do que diz Adler, a psique tem papel predominante: é ela que se apodera deste *locus minoris resistentiae*.

Observa, para concluir, que Adler dá muita importância à hereditariedade.

HÄUTLER destaca que neste trabalho encontramos mais uma vez a ideia favorita de Adler, a saber, a polarização. Entram em jogo, no desenvolvimento de um órgão inferior mediante compensação, os limites da capacidade do indivíduo – que, segundo Freud, são importantes no surgimento da neurose. Ele diria, em vez de inferioridade, "inclinado à variação". Devemos imaginar a possibilidade de variação como uma somatória de energia. Se um órgão não tende, com essa energia virtual, à variação, então ele é normal. Se, porém, tende a ela, uma parte desta energia é empregada precisamente no processo de variação.

STEKEL não vê progressos no trabalho; ele apenas parafraseia as teorias de Freud em termos orgânicos. A conferência foi também muito "difícil"; Adler deveria ter tomado os casos empíricos como ponto de partida da teoria. Ele conhece o caso de um pianista famoso que quando criança se deitava no chão para ouvir o piano tocado por alguém no andar inferior; com cinco anos, a criança já tocava e, com sete, compunha. A "supercompensação" teria acontecido, neste caso, incrivelmente cedo.

Ele contradiz a afirmação de que o sintoma histérico tem sempre uma componente orgânica[121]. Ele menciona

---

121 Stekel se refere à hipótese de Freud de que deve haver, na histeria de conversão, uma "contrapartida orgânica", para possibilitar a formação do sintoma.

o caso de um rabino que sofria de "paralisia" histérica da mão, a qual acreditava ser decorrente de uma "punição divina" por ter apertado uma mão que lhe era proibida.

HOLLERUNG elogia o trabalho de Adler. Ele localiza um ponto do trabalho a que nomeia incongruência: o que é transmitido por hereditariedade entra em conflito, por assim dizer, com as condições sociais; o homem normal consegue balancear essa incongruência; se isto não for possível, o desenvolvimento se dará de maneira anormal. Contudo, o que é transmitido por hereditariedade tem frequentemente um caráter atávico.

RANK diz não ser capaz de discutir a parte médica do trabalho. Interessou-o sobretudo o que Adler disse do artista: a explicação da atividade artística de caráter "sensualista" (pintor, músico etc.) lhe parece plausível e correta. Mas no caso do escritor, as coisas seriam mais complicadas: a superestrutura psíquica constitui aqui o essencial. Em seu livro sobre o incesto, Rank diz ter chegado às mesmas conclusões de Adler a partir de um ponto de vista diferente. Ele observou que, entre os escritores, as afecções da pele e da visão eram as formas de defesa contra o exibicionismo; em tais casos mostram claramente as relações entre superestrutura psíquica e o órgão; em razão de sua predisposição, esses escritores são facilmente sujeitos a afecções reais dos olhos e da pele.

HELLER considera o trabalho de Adler uma enorme contribuição no plano intelectual. Os aspectos intuitivos do trabalho lhe parecem muito plausíveis. Ele vê no trabalho uma continuação e complementação do trabalho de Freud. Entre os pintores de seu conhecimento, há muitos que sofrem de distúrbios e deficiências visuais.

Um médico de Munique constatou distúrbios visuais orgânicos em 70% dos alunos de Stuck[122].

BASS inicia agradecendo ao conferencista pelas inúmeras ideias estimulantes que apresentou e coloca algum material à sua disposição. Ele conhece um músico que teve ambos os tímpanos perfurados em sua infância; a pessoa em questão não suportava ouvir o som de tambores e ejaculava a cada vez que os ouvia.

Bass pode também dar um exemplo que ilustra o caráter hereditário dos defeitos infantis. Ele mesmo sofreu de espasmos nas pálpebras dos nove aos dez anos de idade; seu filho era extremamente sensível à luz até seu segundo ano de vida; o acender repentino de um palito de fósforo no quarto escuro o fazia espirrar. Mais tarde esta sensibilidade desapareceu.

Recentemente examinou um paciente de 28 anos, de 1,87 m de altura, que tinha o órgão genital de um menino de 14 anos, sem pilosidade. Ele nunca teve relações sexuais e se sente muito deprimido com o estado de seus órgãos genitais. Tem notado há algum tempo a diminuição de sua memória. (ADLER acrescenta que é frequente o gigantismo nas pessoas que têm órgãos sexuais pequenos.)

FREUD observa que as cozinheiras são frequentemente acometidas por distúrbios psiconeuróticos (em especial pela paranoia) e que boas cozinheiras sempre apresentam uma anomalia grave. (Menciona que sua própria cozinheira costumava cozinhar muito bem na iminência de uma crise.)

---

122 Franz Von Stuck (1863-1928), pintor, ilustrador e escultor, professor da Akademie de Munique, foi membro diretor do grupo dos secessionistas.

ADLER destaca, por fim, que seus resultados são corroborados pelo fato de essas mesmas leis se encontrarem no conjunto da patologia.

A propósito da escolha profissional, menciona ainda que muitos médicos teriam padecido de enfermidades durante a infância.

[6]

REUNIÃO DO DIA 14 DE NOVEMBRO DE 1906

Presentes: Freud, Adler, Federn (mais tarde), Graf (mais tarde), Hitschmann, Hollerung, Kahane, Meisl, Rank.

COMUNICADOS

FREUD propõe a admissão do Dr. Isidor Sadger na Sociedade e pede que os membros se pronunciem sobre o assunto na próxima quarta-feira.

CONFERÊNCIA: *A Mneme como princípio de conservação nas mudanças da vida orgânica*[123], *de Richard Semon*

CONFERENCISTA: Hollerung (médico do exército)

Haja vista a dificuldade de apresentar resumidamente o sistema de Semon, recomenda-se que os membros se reportem ao livro.

DISCUSSÃO

HITSCHMANN acha que Semon apenas emprega palavras novas para descrever coisas já conhecidas por

---

123 Richard Semon (1859-1918), zoólogo alemão, defendia, na obra que é comentada aqui, uma nova teoria psicolamarquiana. Partindo da ideia lamarquista da herança de características adquiridas, ele afirma que um estímulo durável pode transformar um organismo de modo permanente, ao deixar nele um engrama. Engramas herdados e adquiridos individualmente constituem o conjunto da mneme. O título original do livro é *Die Mneme als erhaltendes Prinzip im Wechsel dês organischen Geschehens*. Leipzig, Engelmann, 1904.

outros nomes. Em sua opinião, a obra não tem grande valor.

FEDERN também considera a obra como um todo um fracasso. Ele salienta o fato de Semon contradizer a teoria da hereditariedade dos traços adquiridos, de Darwin e Nägeli[124]. Ele também se opõe à afirmação de Semon de que os engramas só podem ser adquiridos mediante impressões conscientes.

ADLER enfatiza a escolha infeliz de palavras novas e critica o modo ocioso como Semon brinca com os conceitos, sem definir seu conteúdo. No que concerne à hereditariedade dos traços adquiridos, Semon afirma que esta só tem lugar quando se atinge certa intensidade na série dos antepassados. Em sua opinião, a inferioridade orgânica desempenha um papel importante na hereditariedade. A aquisição de um traço nunca é por acaso, mas tem relação direta com toda a constituição de um órgão.

MEISL acredita que os membros do grupo não fazem justiça ao trabalho de Semon, pois não o julgam de modo objetivo. Ele mesmo saberia dar dois exemplos da "ecforia de engramas". Antes de adormecer, imagina um conhecido seu, o qual visualiza com clareza; se prestar muita atenção, pode também ouvi-lo: está sempre curioso para saber o que a pessoa dirá, e depois tem a impressão de já ter anteriormente ouvido essas palavras. Trata-se, neste caso, de um engrama ótico e de um engrama acústico, sendo que um desencadeia o outro.

O segundo exemplo dado por ele é o de Helen Keller[125], que escreveu o conto *Os Elfos do Frio*, sem saber

---

124 Karl Wilhelm von Nägeli (1817-1891), botânico suíço.
125 Helen Keller (1880-1968), famosa escritora norte-americana, que, aos 19

que o protótipo deste conto lhe tinha sido transmitido anos antes durante uma leitura. Meisl vê nisso uma analogia com as memórias (sexuais) de juventude, que são de início grafadas de modo inconsciente e só vêm à consciência mais tarde. O poeta também se serve das memórias inconscientes juvenis em suas obras de ficção, sem a consciência de que já as vivenciou.

FREUD afirma que com o livro de Semons aprendeu apenas uma coisa, a saber, que memória, em grego, se chama *mneme*. O livro é típico daqueles pseudo-cientistas que imitam a exatidão e acham ter chegado a algum lugar apenas por operarem com números e conceitos. A ideia de Hering[126], da qual parte Semon, é engenhosa e sutil, mas não se pode dizer o mesmo da obra de Semon. Só está autorizado a cunhar novos nomes quem tem algo novo a dizer.

Dentre os muitos exemplos, Freud elege apenas um: a fracassada tentativa de Semon de relacionar a periodicidade à memória. O experimento de Urbantschitsch[127], mencionado por Hollerung, não lhe parece ter relação com o trabalho de Semon. O experimento de Urbantschitsch consistia em fazer escrever ao acaso as letras de uma palavra e depois pedir à pessoa submetida à experiência para que as olhasse e as reproduzisse na or-

---

meses, ficou cega e surda.

126 Ewald Hering (1834-1918), fisiólogo e psicólogo alemão, é autor da obra *Über das Gedächtnis als eine allgemeine Funktion der organisierten Materie*, Viena, 1870.

127 Comparar à ata número cinco.

·dem em que de fato estavam na palavra, que não havia sido dita à pessoa.

Freud relata um exemplo extremamente instrutivo retirado de sua prática. Na história juvenil de uma paciente pouco inteligente (uma mulher), ocorria uma cena com seu irmão. Ela apenas se lembrava de que seu irmão queria lhe mostrar algo e a arrastou para fora: e então uma cortina caía sobre a cena. Freud lhe disse, então, que o essencial da cena lhe viria à mente sob a forma de uma única palavra. Como isso não surtiu efeito, Freud lhe disse (a fim de pegá-la desprevenida em sua crítica) que essa palavra iria aparecer letra por letra a cada pressão[128] que fizesse com a mão. Dessa maneira vieram-lhe à mente dez ou onze letras (de uma ela não tinha certeza); em seguida, fez com que ordenasse as letras segundo o mesmo método; primeiro fixou as vogais, depois as consoantes: o resultado foi a palavra *medchnfogl* (*Mädchenvogel*: menina-pássaro).

A propósito do caso Helen Keller, Freud observa que Meisl destacou com razão a semelhança entre sua falta de consciência (*Nichtgewahrsein*) e as memórias infantis que permanecem inconscientes. A permanência de impressões fortes em estado inconsciente é mais difícil; no caso das memórias, isso se dá com facilidade. A memória tem efeitos mais fortes do que a percepção.

---

128 Nesta época do desenvolvimento da psicanálise, Freud ainda utilizava a técnica de evocar memórias e pensamentos nos pacientes pressionando a mão em suas testas.

HOLLERUNG retifica que Semon tem, na verdade, o mesmo posicionamento que Darwin.

O "engrama" não é senão o inconsciente; Semon apenas evita essa palavra.

[7]

REUNIÃO DO DIA 21 DE NOVEMBRO DE 1906

Presentes: Freud, Adler, [A.] Deutsch, Federn, Frey, Hitschmann, Kahane, Rank, Reitler, Stekel.

COMUNICADOS

O Dr. I. Sadger é admitido por unanimidade na Sociedade (e é informado no dia 22 de novembro de 1906). Häutler delega seu voto a Adler, e Bass a Kahane.

FREY inscreve o Sr. Otto Soyka[129] como candidato à admissão na Sociedade.

Frey toma emprestadas as atas 1, 2, 3 e 4, Deutsch a número 5; ninguém solicita a número 6.

CONFERÊNCIA: *Sobre o delírio de grandeza dos normais.*

CONFERENCISTA: Philipp Frey

FREY sublinha, em primeiro lugar, que há pessoas que, embora pareçam normais do ponto de vista social, não são totalmente normais do ponto de vista psicológico: suas almas exibem, por assim dizer, cicatrizes "deselegantes". Freud chamou a atenção para essas pessoas

---

129 Otto Soyka, 1882-1955, escritor austríaco, publicou romances psicológicos que tinham por tema acontecimentos da época. Em 1906, publicou um trabalho de filosofia moral, *Além dos limites da moral: uma contribuição à crítica da moral – Jenseits der Sittlichkeitsgrenzen; Ein Beitrag zur Kritik der Moral*, Akademischer Verlag für Kunst und Wissenschaft, Viena,1906.

seminormais: ele mostrou, na *Vida Cotidiana*[130], que os "normais" também não estão livres de certas manifestações do inconsciente (reprimido) que podemos encontrar em maior intensidade no indivíduo doente. Neste sentido devemos compreender a *contraditio in adjecto* presente no título. Muitas pessoas apresentam essa anomalia puramente psíquica (não social) em relação à consciência de seu próprio valor. A tendência ao delírio de grandeza (à presunção) se revela em muitos casos como compensação a um sentimento de inferioridade.

Frey menciona o personagem Hjalmar (do *Pato Selvagem*, de Ibsen [1888]), uma pessoa cuja força de vontade e desejo de trabalhar eram abaixo do normal, e que vive a ilusão mística de ser um inventor destinado a grandes realizações; esta ilusão o torna forte em sua luta pela vida.

Frey sublinha, então, que sobretudo as pessoas que ocupam uma posição intermediária entre o poder efetivo e a subordinação atingem, aos poucos, tal estado de presunção.

Ele menciona a arrogância profissional e de classe, a prepotência dos funcionários (*Amtswahn*) etc. Em casos assim, o indivíduo superestima, por um lado, a profissão, e, por outro, seu desempenho pessoal nessa profissão.

Frey cita como exemplos o encarregado de uma firma de Quai[131] que se considera insubstituível, o servidor público inflado de orgulho, o sargento que se considera

---

130 S. Freud, *Psicopatologia da vida cotidiana – Zur Psychopathologie des Alltagslebens* (1901; O.C.). Rio de Janeiro, Imago, v.6.

131 A Franz-Josephsquai era uma importante rua comercial em Viena.

mais importante que o capitão etc. (menciona também a presunção religiosa).

Ainda que sejam anormais do ponto de vista psicológico, estas pessoas conseguem ter um comportamento social normal, visto que barram estas ideias delirantes no momento certo e impedem sua manifestação nas circunstâncias em que estas poderiam lhe prejudicar. Mas dão livre curso ao delírio quando a situação não traz riscos, ou seja, diante de seus subordinados e em suas fantasias.

Esse fenômeno compensatório não se produz nas pessoas que encontram satisfação no trabalho e na vida.

Por fim, comenta o delírio de grandeza de certas profissões; o uniforme (ou qualquer outra vestimenta especial) provocaria nas pessoas normais uma certa intoxicação; o delírio de grandeza do psiquiatra também deve ser levado em conta.

Essas existências semipatológicas nunca foram tão numerosas; elas mereceriam um estudo mais aprofundado.

DISCUSSÃO

KAHANE observa que Frey nem chegou a mencionar o delírio de grandeza dos poetas, atores e artistas. Ele se refere ao delírio de grandeza das nações, ao chauvinismo, e cita o "povo escolhido", impelido a esta glorificação compensatória pela enorme e constante pressão externa.

A fonte do delírio de grandeza é o sentimento de real insignificância. Onde há a possibilidade de ser subestimado, há também a condição ideal para o surgimento do delírio de grandeza; por exemplo, o ator que teme, a cada olhar, perder a graça do público e cair no esquecimento. Também na luta por uma posição na vida social está dada a possibilidade de formação do delírio de grandeza.

Em determinadas hordas de povos selvagens, o nome do povo é idêntico à palavra que significa ser humano, pelo que se deve indicar que os outros não seriam seres humanos.

No caso de poetas e artistas, o delírio de grandeza tem sua razão na falta de um controle efetivo de seu trabalho criativo; não haveria neste campo uma instância absoluta de deliberação.

STEKEL diz que trata do mesmo tema numa peça teatral, *O insaciável*, a qual está escrevendo. A razão de este fenômeno ter se tornado mais frequente reside, segundo ele, na perda de valor sofrida pelo indivíduo. O delírio de grandeza dos subordinados é a identificação com o superior. Este delírio tem certamente uma raiz sexual e a "insignificância" no campo sexual pode frequentemente se tornar razão para a manifestação da presunção (homens dominados pela esposa, pessoas cuja atividade principal é criar e fomentar toda sorte de clubes etc.).

HITSCHMANN sublinha que o sentimento de uma força demoníaca, produtiva, eleva o poeta acima de todos os outros; neste ponto ele é *muito* diferente das pessoas normais. Afirma que um certo grau de presunção ou de orgulho profissional serve para evitar o sentimento de vergonha associado à profissão (por exemplo, a prostituta da *Ressurreição*, de Tolstoi, não se envergonha de sua profissão). A pessoa em questão necessita, por assim dizer, de um antídoto contra a vergonha.

Ele aponta, então, para a tendência dominante na alma humana de querer se sentir bem e suprimir tudo o que é desagradável; a capacidade de se iludir também tem a ver com isso.

O que aumenta a autoestima de um homem é favorável à vida; o que a diminui, desfavorável (ascetismo, suicídio, a dor do mundo [Werther][132], desalento, pessimismo etc.)

[A.] DEUTSCH indica um elemento sempre presente na "etiologia" do delírio de grandeza: um indivíduo que observa e cumpre todos os mandamentos e leis crê ter o direito de julgar as pessoas que não fazem o mesmo; ele produz este sentimento de superioridade às custas dos recalques decorrentes do respeito às leis[133].

FREUD afirma que o delírio de grandeza das mulheres, a que Frey não aludiu, é interessante. Frey comentou brevemente sobre a origem do delírio de grandeza, e Deutsch complementou suas afirmações. Sua origem são as fantasias (sonhos diurnos) das *pessoas jovens*; o delírio de grandeza que se desenvolve mais tarde tem um caráter diferente, a saber, o de ser facilmente refutado pela lógica. Essas pessoas produzem a realização de seus sonhos de juventude na fantasia. Isto tem relação com a imortalidade dos sonhos humanos (o noivo falecido que vem buscar a noiva etc.): os desejos originários sempre retornam, mas sob formas diferentes. Além desta necessidade de realizar na imaginação as fantasias de grandeza da puberdade, há também a influência dos recalques e

---

132 Colchetes introduzidos por Otto Rank.

133 Esta frase é incompreensível tal como está escrita. Em vez de "às custas dos" deveria estar escrito "para compensá-los".

da renúncia (Deutsch): é assim que se constitui a presunção.

Freud menciona ainda o delírio de grandeza, sobretudo *dos* eruditos cujas realizações ficam aquém das próprias expectativas. Estas falhas reais são então supridas pela presunção. O delírio de grandeza típico dos artistas tem sua origem no fato de que nas artes é preciso ser extraordinário para obter reconhecimento, o que não ocorre nas outras profissões, em que para tanto basta ser bom. São precisamente os artistas menores que se tornam presunçosos.

A arrogância e o delírio de grandeza dos jovens não são, por assim dizer, o delírio de grandeza genuíno, definitivo. Encontramos nessas pessoas, por trás da aparência arrogante, uma autoestima diminuída e uma instabilidade interna.

O delírio de grandeza é fortemente alimentado pela parcela de autoerotismo conservada, em maior ou menor grau, por cada um[134]. Freud observa, a propósito da noção de "patológico", que esta não deve abarcar apenas os desvios da normalidade, mas tudo que tem o caráter de inutilidade na vida; num sentido muito preciso, todas as neuroses têm utilidade, e, *nessa medida*, não devem ser chamadas de patológicas. É nessa parcela de utilidade que reside a resistência à terapia.

REITLER, retomando a alusão de Freud ao autoerotismo como fonte do delírio de grandeza, afirma que as pessoas que superaram o onanismo da puberdade pela própria força de vontade demonstram enorme confiança

---

134 Mais tarde Freud dirá que o delírio de grandeza é alimentado pelo narcisismo.

em si mesmas (Freud faz uma intervenção: o onanismo infantil também se inclui aí); elas teriam motivo, por assim dizer, para se orgulharem.

O sentimento de potência também deve ter um papel importante no delírio de grandeza; ele crê que os eunucos nunca manifestarão traços de megalomania; de fato, eles só poderiam ser criados.

Reitler menciona ainda o poema *Dignidade Viril* (*Männerwürde*), de Schiller, em que a relação entre a sexualidade e a autoconfiança se exprime claramente.

No caso dos atores, a componente sexual é clara; fazer teatro é, por assim dizer, uma prostituição sublimada (vergonha da profissão).

RANK menciona que é muito mais comum o desprezo à própria profissão do que a estima ou superestimação; este é, por assim dizer, o avesso da moeda. Frey havia dito que enfraqueceríamos estas pessoas em sua luta pela vida se lhes abríssemos os olhos; Rank objeta que precisamente isso não é possível – é nisto que consiste parte de seu delírio. A autoconfiança exagerada decorrente do uso de uma roupa específica (uniforme) se deve, segundo Rank, ao sentimento de que ela teria algum efeito sobre o sexo oposto. A propósito do chauvinismo dos povos (Kahane), observa que os gregos e romanos chamavam os outros povos de bárbaros.

FEDERN nota que o oposto da autoconfiança excessiva e da megalomania, a saber, a modéstia e o sentimento de inferioridade, não é senão um delírio de grandeza disfarçado (por trás do pessimismo se esconde normalmente, de modo semelhante, seu oposto).

FREY nota, por fim, que o delírio de grandeza dos artistas tem como fundamento a incomensurabilidade de suas realizações. Menciona a presunção dos religiosos, que se esconde por trás da humildade e da devoção ao Senhor, e a megalomania das mulheres, que é de natureza sexual.

O Professor FREUD comunica o caso extremamente instrutivo de uma *paranoia requintada*. Trata-se de uma mulher de 32 anos, que, segundo o relato do próprio pai, desde criança nunca foi normal. Ela é de uma rica família aristocrática, mas colocou na cabeça que só iria se casar com um homem pobre. Aos 28 anos se casou, contra a vontade de seus pais, com um homem bonito, culto, de cerca de 30 anos; eles tiveram três filhos durante os cinco primeiros anos do casamento, a criança mais nova tem dez meses. Desde a metade de sua última gravidez, ela começou a se transformar: passou a ter ciúmes de seu marido. Este ciúme se revelou patológico, pois era totalmente imotivado. Ela tem certeza de que ele é infiel; esta suspeita não se dirige, inicialmente, a pessoas determinadas. Primeiro vem a ideia de que ele é infiel. Então ela começa a juntar experiências e estas formam um roteiro em sua mente. A babá foi a primeira pessoa que ela acusou.

Freud chama a atenção para como, neste caso, os motivos que são normalmente escondidos vêm à luz de modo claro; ela dá dois "argumentos" para justificar seu ciúme: seu marido é tão bonito, que todas as mulheres devem gostar dele, e ela acha a menina tão bonita, que ela deve agradar também a seu marido.

Ela começou a ouvir os criados e outras pessoas falarem mal de seu marido e construiu assim todo um sistema delirante, cuja técnica consistia em falar com as pessoas em voz baixa; quando seu marido falava em voz alta com outros, ela ouvia vozes em tom baixo: suas próprias ideias inconscientes.

Um médico consultado recomendou a separação do casal por um tempo. Na quarta semana da ausência de seu marido, seu estado piorou. Ela começou a escrever cartas a jovens de seu conhecimento, convidando-os para uma visita, insinuando que iria ser muito amável, etc. Também tentou fazer contatos na rua. Quando questionada sobre isso por seus pais, disse: "Se meu marido é infiel a mim, também tenho o direito de ser infiel a ele"[135].

Aqui fica claro que ela dissimula seus próprios desejos reprimidos de infidelidade sob a infidelidade do marido – que precisa da infidelidade dele para justificar a sua.

Ao retornar, o marido dá um relato franco de sua vida conjugal. Ele já havia observado algumas peculiaridades em sua mulher antes mesmo da eclosão de sua "mania". Por exemplo, quando saíam para passear na época em que eram noivos, ela tinha o costume de esbarrar (sem querer e por acaso, aparentemente) em homens de maneira estranha. No começo do casamento ela era normal, e eles teriam vivido felizes juntos; entre o nascimento do segundo e do terceiro filho, praticou *coitus interruptus*, o que o extenuava. Notou um aumento considerável de

---

135 Em seu trabalho *Alguns mecanismos neuróticos no ciúme, na paranoia e no homossexualismo – Über einige neurotische Mechanismen bei Eifersucht, Paranoia und Homoesexualität* (1922; O.C.). Rio de Janeiro, Imago, v.18, Freud mostrou que o ciúme patológico se funda na projeção e é, na verdade, uma forma de paranoia.

seus desejos sexuais (aproximadamente no terceiro mês de gravidez)[136].

Freud acrescenta que se trata de um caso de ninfomania, em que a paranoia tem papel secundário; a mania se caracteriza pela suspensão dos recalques e por esse motivo tudo é tão claro na paranoia[137].

Esse aumento no desejo libidinal se manifestou no fato de que ela nunca estava satisfeita, ao passo que, anteriormente, ela tinha sido capaz de se satisfazer. Passou a ter desejos perversos: exigia que seu marido a masturbasse, a olhasse por baixo e praticasse coito anal com ela. Ele associa estes desejos com a leitura de romances franceses, onde aparecem essas práticas. Ela perdeu o pudor em seus dizeres e em seu comportamento, desinibiu-se completamente (mesmo diante dos empregados), masturbava-se em sua frente, o requisitava sexualmente toda hora, e quando ele recusava satisfazer seus desejos, ela dizia que ele não lhe bastava, que ela precisava de outros homens. Ela também expressava o desejo de ter um filho negro; dele ela só tinha filhos loiros.

Ela produziu, portanto, a paranoia, para justificar seus desejos recalcados. A ninfomania, contudo, desempenha o papel mais importante. Para ultrapassar as barreiras psíquicas, ela cria o sistema delirante.

Freud extrai deste caso dois elementos gerais que já havia vislumbrado anteriormente:

---

136 Produz-se um aumento da libido imediatamente antes do desencadeamento da esquizofrenia.

137 A projeção é, como Freud demonstrou, característica da paranoia.

1) A fonte das ideias paranoicas são as estruturas psíquicas demolidas. O sistema delirante é fabricado a partir da vergonha, etc.

2) Trata-se, na paranoia, de um desenvolvimento regressivo da vida sexual; este não ocorre nas outras neuroses.

ADLER menciona que notou uma extraordinária abertura em três casos de paranoia que teve a oportunidade de acompanhar: as impressões infantis[138] [normalmente recalcadas] se encontram a céu aberto. Isto revela a inferioridade do sistema sexual; as formações psíquicas são aumentos compensatórios. Ele tenta aplicar seu esquema ao caso relatado por Freud.

REITLER menciona um caso em que uma paranoica o acusou de tê-la atacado; em uma carta a Freud, ela reclama de seu aluno (Reitler) e sublinha o fato de que ele é impotente. A mulher era virgem; seu marido não era capaz de ter ereções; ela tinha genitálias infantis (um útero infantil etc.); trata-se de um caso em que a inferioridade do órgão sexual está associada a uma neurose, o que fala em favor da teoria de Adler.

Reitler assinala que o delírio de grandeza parece ser um sintoma primário da paranoia.

FREUD acrescenta que o caso relatado por ele explica dois dos traços característicos da paranoia:

1) sua incurabilidade por meio de psicoterapia;

2) os produtos patológicos são, na paranoia, completamente conscientes, enquanto na histeria, por exem-

---

138 Adler não sabia e nem poderia ter sabido naquela época que o acesso ao material infantil é facilitado, na paranoia, pelo desmoronamento dos recalques.

plo, estes são inconscientes (se manifestam nas fantasias) e só chegam à consciência de maneira deslocada.

Ad 1: como já havia sido dito, trata-se, na paranoia, de um desenvolvimento regressivo da libido, da regressão do amor objetal ao autoerotismo.

No tratamento das neuroses, apoderamo-nos dessa cota de libido flutuante do paciente e fazemos com que seja transferida a sua pessoa; logramos, com esta transferência, fazer a tradução do inconsciente para o consciente. A cura acontece por intermédio do amor inconsciente. Na histeria e na neurose obsessiva, parte desta libido é movível, e é daí que o tratamento pode partir. Na paranoia, por conta do retorno ao autoerotismo, não há essa possibilidade. O paciente, assim como a criança, só crê nas pessoas que ama[139].

Ad 2: Freud explica o fato de os produtos da paranoia se tornarem obsessivamente conscientes da seguinte maneira: no paranoico, o amor autoerótico é despertado de forma total e completa, desemboca na consciência e, porque acreditamos no que é da alçada do eu (todos acreditamos em nossa própria pessoa), estas representações se tornam partes integrantes do eu consciente[140].

Uma regressão semelhante da libido parece também ocorrer na hipocondria e por vezes na velhice, etc.

---

139 Freud introduz posteriormente a diferenciação entre as neuroses narcísicas e as neuroses de transferência.

140 Estas observações de Freud sobre a paranoia contêm o germe de suas concepções posteriores deste tipo de doença mental, nomeadamente da esquizofrenia, bem como do caráter narcísico. Hoje ainda acrescentaríamos que uma das causas para os conteúdos se tornarem conscientes de maneira obsessiva na paranoia é o fato de o eu ser tomado pelo isso (*Es*).

Nas neuroses, encontramos com frequência constipações provocadas por fantasias de gravidez: cada ida ao banheiro é comemorada como gravidez. Freud menciona ter visto, certa vez, um caso de mania: a paciente o conduzia a um montinho de fezes que se encontrava em seu quarto e dizia: "este é meu filho".

Freud relata mais dois casos para provar que a criança associa às palavras representações muito diferentes do que os adultos e dá a elas uma importância muito maior:

Um menino que não parava de se masturbar, apesar das constantes advertências de sua mãe, é expulso da escola.

Em casa, ele passa a pintar o dia inteiro e se entusiasma com isso. Faz-se a descoberta de que, na escola, costumava se masturbar, com um colega, da seguinte maneira: cruzavam seus membros um sobre o outro e os esfregavam na parede até a ejaculação: a isso davam o nome "pintar".

O segundo caso é o de uma criança que, ao deixar o hábito de se masturbar (*tocar*), começou a *tocar* piano intensivamente.

[8]

REUNIÃO DE 28 DE NOVEMBRO DE 1906

Presentes: Freud, Adler, Bass, Federn, Frey, Kahane, Rank, Sadger, Stekel[141].

COMUNICADOS

FREUD lê uma carta de Jung (Zurique) enviada junto com uma resposta ao artigo de Aschaffenburg[142]. FREY devolve as atas 1 a 4.

CONFERÊNCIA: *Lenau e Sophie Löwenthal*

CONFERENCISTA: Dr. I. Sadger[143]

---

141 Graf, cuja contribuição se encontra registrada em ata, não foi mencionado na lista de presença.

142 Gustav Aschaffenburg (1866-1944), professor de psiquiatria e neurologia em Heidelberg, e posteriormente em Halle e Köln. Em 1939, emigrou para os Estados Unidos. Aschaffenburg havia atacado Freud e a psicanálise no Congresso de Neurologia e Psiquiatria do Sudoeste da Alemanha, no dia 17 de maio de 1906. Seu texto foi publicado sob o título *As relações da vida sexual com o surgimento das patologias nervosas e mentais – Die Beziehungen des sexuellen Lebens zur Entstehung von Nervenund Geisteskrankheiten*, in: Münchener Medizinische Wochenschrift, Bd. 53, Nr. 37, (11. September) 1906. É provável que aqui estejam falando deste artigo.

143 O trabalho de Sadger foi publicado no caderno 61 da coleção Schriften zur angewandten Seelenkunde, sob o título *Da vida amorosa de Nikolaus Lenau – Aus dem Liebesleben Nikolaus Lenaus*, Franz Deuticke, Leipzig und Wien, 1909. Lenau (1802-1850), grande poeta austríaco, morreu em uma instituição psiquiátrica.

O conferencista faz referência a um livro (de Castle[144]) sobre Lenau e Sophie Löwenthal, publicado recentemente; ele próprio já havia publicado, cerca de doze anos atrás, um estudo patográfico sobre Lenau; o novo material confirma suas considerações em alguns pontos e em outros proporciona melhores explicações. A relação entre Lenau e Sophie é estudada sob três pontos de vista pelo conferencista:

1) qual era a natureza dessa relação,

2) que influência teve na doença de Lenau e, por fim,

3) como influenciou o desenvolvimento de seu caráter e de seu espírito.

Ad 1: O conferencista expõe os fatos conhecidos acerca desta relação. Menciona que há provas de que Lenau e Sophie nunca tiveram relações sexuais. Mas não estavam longe de fazê-lo: ela permitia que ele a beijasse e abraçasse, ele a carregava nos braços, etc. Nos bilhetes de amor e nos sonhos, Lenau até mesmo atinge por vezes esse fim. Sadger acredita que a razão para o caráter platônico da relação reside na anestesia sexual (de Sofia). A culpa não era de Lenau. Sophie era histérica, o que já havia ficado claro em sua relação com Köchel[145], quando ela tinha 15 anos. Era muito sensual, porém evitava o coito.

---

144 Eduard Castle (1875-1959, historiador da literatura, professor da Universidade de Viena, organizou uma edição das obras de Lenau, bem como de sua biografia escrita por A. Schurz (ver abaixo a nota 148) e publicou o livro aqui mencionado sob o titulo *Lenau e a família Löwenthal: cartas e conversas, poemas e esboços,* M. Hesse, Leipzig, (*Lenau und die Familie Löwenthal; Briefe und Gespräche, Gedichte und Entwürfe*), 1906.

145 Ludwig Ritter con Köchel (1800-1877), advogado, naturalista e musicólogo, quase estava noivo de Sophie von Kleyle (mais tarde, Löwenthal), quando rompeu a relação de modo repentino.

Após o nascimento do menino (data desta gravidez sua relação mais próxima com Lenau), impôs ao marido que não tivessem mais relações sexuais (ela tinha 26 anos nesta época). Sadge acredita que essa anestesia explique a convicção de Löwenthal quanto à fidelidade de sua mulher.

Ad 2: É certo que a morte de Lenau se deveu a uma paralisia geral, o que só ocorre em quadros de infecção por sífilis. Esta deve ter sido contraída antes da relação com Sophie. O estado maníaco em que se encontrou mais tarde nos leva a crer que Lenau estivesse muito sobrecarregado. Mas em nenhum dos dois há indícios de neurose de angústia. Em Lenau predomina a neurose hereditária (*Belastungsneurose*), em Sophie a histeria. O conferencista conclui que a relação com Sofia não teve nenhuma influência determinante sobre o fim de Lenau.

Ad 3: Sadger menciona primeiramente a hipocondria de Lenau, suas ruminações noturnas (pensamentos obsessivos). Desde os 27 anos, era atormentado pelo pensamento de que teria perdido sua pureza moral. Talvez isto esteja relacionado a uma menina (Berta) com quem mantinha relações desde os 20 anos; ela o traiu várias vezes, e ele a julgou, posteriormente, indigna de sua pessoa.

Sadger passa a falar da relação de Lenau com sua mãe; ele era seu filho preferido (o que talvez se deva ao fato de ter tido um parto difícil). A mãe era verdadeiramente apaixonada por ele. Sua natureza era passional, algo patológica, quis morrer na ocasião da morte de seu marido e disse ao filho que não iria sobreviver a sua morte; se ele morresse, ela iria se matar (com veneno). Em seus sonhos, a morte da mãe é recorrente. Uma vontade semelhante de "morrer junto" também está presente em Sofia, em quem pode encontrar a junção da amante e da mãe (ele mesmo o diz a ela).

Desde o sexto ano de vida, Lenau é dominado pelo temor à morte. Quando Sophie o deixa, tenta o suicídio; este desejo de morte tem a ver com o fato de ela tê-lo consolado com a ideia de que no além todos os desejos seriam realizados. Sadger salienta que o melancólico não conhece outra punição senão a morte, mesmo para faltas pequenas. Isto parece estar relacionado às impressões infantis, isto é, à ameaça feita à criança de que morreria caso desobedecesse, etc.

A doença mental de Lenau se manifesta inicialmente na suspeita de que os Rheinbeck[146] o iriam acusar de assassinato. Sophie lhe havia dito que quando ela recebesse uma carta alegre sua, isto significaria que ela iria morrer em breve; esta carta de fato chegou e ele acreditou que ela tinha morrido e ele era o culpado da morte: um assassino, portanto. Um dia após o recebimento da carta, Lenau teve seu primeiro acesso delirante. Ele também afirmava que nenhuma outra carta havia chegado, o que tornava plausível sua morte, mas não correspondia aos fatos. Nas alucinações de Lenau é recorrente o pensamento de que ele tem de se matar por ter violado as leis morais.

No delírio de Lenau, uma tendência homossexual se manifesta claramente: ele tem uma queda por jovens

---

146 Georg de Reinbeck (1766-1849), escritor alemão e professor de literatura em Stuttgart, cuja casa era um ponto de encontro para literatos. Lenau, o mais famoso entre eles, frequentou este local de 1833 a 1844. Teve sua primeira crise nesta casa.

jardineiros, garotos de estábulo etc. Sophie diz que ele era apaixonado por Anastasius Grün[147]. Schurz[148] diz que Lenau era apaixonado por seu médico Schelling. O conferencista vê a raiz infantil dessa tendência homossexual na amizade do jovem Lenau, de 14 anos, com um pope solteiro que gostava muito de crianças e que teria ensinado Lenau a tocar violino. Uma lembrança de seu pai (de quando tinha cinco anos de idade) também se enquadraria aqui, talvez. O pai doente pula da cama para dar um tapa no filho que estava nu; nesta ocasião, Lenau teria visto os órgãos genitais de seu pai.

DISCUSSÃO

FREUD sublinha que Lenau teria sido, segundo o relato de L. A. Frankl[149], um onanista por toda sua vida, o que deve ser levado em consideração. Freud diz estar correta a observação de Sadger de que, devido à presença de outros fenômenos neuróticos, não há indícios de neurose de angústia em Lenau e Sophie. Na maioria das vezes, uma histérica suporta a relação sexual incompleta

---

147 Anton Alexander Graf Von Auersperg, pseudônimo: Anastasius Grün (1806-1876), poeta austríaco. Sua obra lírica é influenciada por Uhland e pelo círculo de poetas da Suábia. Em 1848, torna-se membro do Parlamento de Frankfurt. Seu livro *Passeios de um Poeta Vienense – Spaziergänge eines Wiener Poeten*, publicado em 1831, é considerado a obra mais importante da lírica política do Pré-Março austríaco. Em 1851, Grün publicou as obras póstumas de Lenau.

148 A. X. Schurz, *A vida de Lenau, segundo suas próprias cartas – Lenaus Leben, großenteils aus des Dichters eigenen Briefen*, 2 Bde., Cotta, Stuttgart 1855.

149 L. A. Frankl, Ritter von Hochwart (1810-1894), poeta austríaco, professor de estética, publicou uma biografia de Lenau com o título *Lenau e Sophie Löwenthal: Diário e cartas do poeta – Titel Lenau und Sophie Löwenthal; Tagebuch und Briefe des Dichters*, Stuttgart, 1891.

muito bem. A neurose de angústia aparece em sua forma mais clara nas pessoas normais[150].

Em sua opinião, deve-se evitar a expressão neurose hereditária (*Belastungsneurose*), empregada pelo conferencista, visto que esta não concerne ao essencial de um quadro sintomático.

Também não se pode dizer que Lenau sofria de uma loucura "circular"; não se deve superestimar a forma da doença: o nome "circular" não diz respeito à essência da doença, mas apenas ao seu caráter formal (o que Freud ilustra com um exemplo).

Freud diz ser acertado explicar a castidade da relação entre Sophie e Lenau a partir da relação deste com sua mãe; mas não se deve imaginar de modo grosseiro essa relação; na maioria dos casos, há apenas uma ternura excessiva. Não podemos nunca deixar de enfatizar que o menino aprende a amar com a mãe. Em geral, a maneira como a criança é tratada determina o caráter de sua vida amorosa. Os amantes chamam um ao outro pelos apelidos carinhosos que lhes foram dados na infância: no amor o homem se torna infantil. Este tema será tratado em detalhe num estudo que pretende escrever sobre a vida amorosa do homem[151]. Falará também das condições do amor. O amor é considerado algo irracio-

---

150 Esta constatação está de acordo com a concepção freudiana da neurose de angustia, à qual se manteve fiel por toda sua vida.

151 S. Freud, *Contribuições à psicologia do amor: (I) Um tipo especial de escolha de objeto feita pelos homens – Über einen besonderen Typus der Objektwahl beim Manne* (1910; O.C.). Rio de Janeiro, Imago, v.11. *(II) Sobre a tendência universal da depreciação na esfera do amor – Über die allgemeinste Erniedrigung des Liebeslebens* (1912; O.C.). Rio de Janeiro, Imago, v.11. *(III) O tabu da virgindade – Das Tabu der Virginität* (1918; O.C.). Rio de Janeiro, Imago, v.11.

nal; o momento irracional, contudo, pode ser reportado ao infantil: a compulsão que leva ao amor é infantil. Tal condição aparece em Goethe de modo muito bonito: o jovem Werther entra no quarto e se apaixona imediatamente pela menina; ele vê como ela passa manteiga no pão, e isso o faz lembrar sua mãe.

Freud cita também dois casos patológicos: um convidado, a quem é mostrado o álbum de família, faz um comentário depreciativo da fotografia de uma das irmãs, elogiando a outra: neste exato momento, esta se apaixona por ele. A condição do amor reside, para ela, no fato de ser por ele preferida. Num outro caso, a menina se apaixona repentinamente por um homem casado: ela o havia visto brincando com uma menina pequena, o que lhe fez lembrar de quando brincava com seu próprio pai.

A propósito do costume de Lenau de tocar violino à exaustão, Freud menciona a ideia frequentemente explorada pelos caricaturistas de que o violino representa a mulher, e o arco, o pênis.

Freud crê que Sadger dá demasiada importância às impressões acidentais ao conjecturar que as tendências homossexuais teriam sido despertadas em Lenau pelo fato de este ter visto a genitália do pai.

STEKEL: Embora a argumentação de Sadger esteja bem fundamentada, é possível uma outra interpretação. Lenau era onanista e sua potência sexual provavelmente não era grande. Ele conhece uma pessoa, se apaixona, fica noivo e então rompe a relação. Seja como for, podemos suspeitar de que ele praticava com as mulheres uma espécie de onanismo. Sua lírica pessimista – como todo lirismo pessimista – tem caráter masturbatório. O próprio Stekel o havia experimentado.

O fato de que se possa praticar *coitus interruptus* sem que se desenvolva uma neurose de angústia se explica, segundo Stekel, pela ausência de um "coflito psíquico" (por exemplo, um dos cônjuges deseja outro objeto sexual)[152].

FEDERN sublinha que Lenau possivelmente não desejava o coito; muitos onanistas não encontram mais prazer no coito. Federn considera que as afirmações de Sadger sobre a mãe de Sadger não são suficientes para comprovar uma patologia.

GRAF destaca que a relação entre Sophie e Lenau se assemelha à relação entre Wagner e Wesendonk[153].

Rank observa que o temor de Lenau, mencionado pelo conferencista, de que este fosse perder a estima de Sophie só pode ser interpretado como o temor a um fracasso sexual (impotência). Todos os poetas fazem a relação entre a morte e o amor (assim como também mencionam o incesto), e os sonhos de Lenau com a morte de sua mãe seriam sonhos de conteúdo sexual disfarçado. Tocar violino é uma atividade que envolve os dedos, o que faz dela, neste sentido, característica dos onanistas.

ADLER, a propósito da anestesia de Sophie, afirma conhecer casos semelhantes. A anestesia garante, por um lado, a virtude, mas conduz, por outro lado, à superficialidade. Cita como exemplo a anestesia das prostitutas

---

152 Stekel se opôs, desde o início, às posições de Freud sobre a neurose de angústia.

153 Mathilde Wesendonk (1828-1902), escritora, amiga próxima de Wagner, tinha grande influência em sua produção (na época do surgimento da obra *Tristão e Isolda*).

(Messalinas). A masturbação de Lenau deve ter sido precedida por eventos relacionados à atividade dos órgãos (zonas erógenas); ele lamenta não ter ouvido nada sobre a constituição orgânica de Lenau. A ausência de sintomas de angústia pode ser explicada, no caso dos poetas, pelo fato de estes sintomas não aparecerem de modo direto, mas transposto. Na poesia de Lenau aparecem muitas cenas de angústia.

Remetendo à fala de Freud, Adler sublinha que a relação com Sophie era sentida por Lenau como infidelidade a sua mãe. O medo da morte também é comum entre os neuróticos, mas como autocensura por desejarem a morte de outras pessoas; Lenau talvez tenha desejado a morte do pai.

FREY vê no jogo intelectual que Sophie fazia com Lenau um substituto para sua satisfação efetiva; a animada troca de cartas dá provas de que ela sabia cativá-lo continuamente mediante interesses intelectuais. Frey faz a leitura de uma carta de Lenau de novembro de 1836, em que mostra ser um "psicanalista" perspicaz de seus próprios estados de ânimo.

SADGER responde, por fim, aos comentários que foram feitos. Em relação ao onanismo de Lenau, mencionado diversas vezes, Sadger duvida da confiabilidade de Fränkel. Tenta fazer valer o conceito de neurose hereditária (*Belastungsneurose*), afirmando que certas coisas não podem ser explicadas pela via psicossexual.

Os sonhos noturnos e diurnos de Lenau, que tinham como tema o coito, contradizem a hipótese de que este fosse um onanista, já que os onanistas não têm este tipo de sonho. O onanismo, aliás, é frequentemente constatado como um sintoma histérico (no qual coexiste com o coito). Ele é um meio, aliás, quando o indivíduo foi rechaçado pelos pais, por exemplo, para que ele se torne independente dos outros. Quando Sadger menciona que Lenau jogava com a loucura ao mesmo tempo em que a temia, Freud chama sua atenção para o fato de que isto é precisamente um estigma da masturbação.

[9]

REUNIÃO DO DIA 5 DE DEZEMBRO DE 1906

Presentes: Freud, Adler, Bach, Federn, Häutler, Hitschmann, Hollerung, Kahane, Meisl, Rank, Reitler, Sadger, Stekel.

COMUNICADOS

FREUD menciona o livro de Bloch *A Vida sexual de nosso tempo [e suas relações com a cultura moderna]*, que acaba[154] de ser publicado; trata-se de uma compilação.
No dia 12 de dezembro de 1906 não haverá reunião.
No dia 19 de dezembro de 1906 não haverá reunião.
No dia 26 de dezembro de 1906 não haverá reunião.
No dia 2 de janeiro de 1907 houve reunião de confraternização.
No dia 9 de janeiro de 1907 não houve reunião.
No dia 16 de janeiro não houve reunião.

CONFERÊNCIA: *Sobre o opúsculo de Stekel: As causas da nervosidade*[155]

CONFERENCISTA: Hitschmann

A definição de Stekel de que a nervosidade é aquele estado em que o indivíduo reage de maneira anormal aos

---

154 Iwan Bloch, pseudônimo: Eugen Dühren (1872-1922), dermatologista em Berlin. É um dos criadores da sexologia moderna, escreveu sobre a história da sífilis e da prostituição.
155 *Die Ursachen der Nervosität*, Paul Kepler, Wien, 1907.

estímulos internos e externos é, para Hitschmann, insuficiente. Ele acredita que a afirmação de Stekel – de que as neuroses consistem em conflitos anímicos – contradiz as ideias de Freud.

Stekel enxerga a diferença entre o indivíduo são e o indivíduo nervoso no fato de que no primeiro os complexos representativos são conscientes, ao passo que no segundo, não. Em todos os casos de neurose se pode detectar duas condições: o conflito psíquico e os complexos representativos inconscientes – um determinando o outro.

O segundo capítulo trata da essência e do efeito do recalque, que acontece sem a intervenção da consciência. A força empregada para esquecer um acontecimento retorna então como doença. O desejo sexual e a aversão ao sexo produzem o conflito que serve de base às neuroses. Hitschmann sublinha aqui a contradição presente no trabalho de Stekel: o sexual não é em parte alguma admitido, mas é tido como causa frequente da nervosidade.

O capítulo seguinte trata da prevenção contra a nervosidade: a alegria, não importa sua forma, é o melhor remédio contra a nervosidade.

No tocante ao recalque, Hitschmann observa ainda que a criança aprende a "recalcar" ao lidar com a sexualidade, e que, mais tarde, usa este método na neurose. O desenvolvimento sexual da alma jovem é análogo, talvez, ao desenvolvimento posterior[156]. Uma psique de nature-

---

156 Esta frase provavelmente foi registrada de modo incorreto. Visto que o desenvolvimento sexual da puberdade é a reativação da sexualidade infantil, faria mais sentido dizer: "o desenvolvimento posterior é talvez análogo ao desenvolvimento sexual da jovem psique".

za específica procede de diferentes maneiras na juventude e na velhice.

Hitschmann faz as seguintes objeções ao trabalho de Stekel: não está claro em que medida as patologias sexuais são a causa da nervosidade. Além disso: os conflitos que Stekel diz serem responsáveis pelo surgimento das neuroses não são suficientes para causá-las. E, finalmente, a predisposição e o momento constitutivo são negligenciados.

DISCUSSÃO

FEDERN justifica certas insuficiências do trabalho ao assinalar que este foi escrito para o grande público. Ocasionalmente, um conflito psicológico pode sim bastar para desencadear uma neurose; na maioria dos casos, contudo, estas se originam de mudanças extremamente complexas. Tanto a repressão autoinfligida quanto aquela infligida pelos outros pode causar neurose. No caso de Grillparzer, Federn supõe uma outra causa para o nervosismo que não a sugerida por Stekel. A fim de se proteger do nervosismo, a pessoa normal não deve desejar levar a cabo o curso de seus pensamentos; há, na vida anímica dos normais, um processo abortivo das impressões (um esquecer). Menciona, por último, um dizer de Goethe: não se deve refletir sobre si mesmo.

HÄUTLER salienta que nem todo conflito psíquico leva ao nervosismo. Reportando-se aos argumentos de Adler, observa que a hereditariedade (*Belastung*) decide se o conflito psíquico será suportado ou não. Em todas as doenças nervosas, o que está em jogo é o somatório.

REITLER designa o trabalho de Stekel um "sintoma neurótico"; o autor foi tomado por uma "onda assexual". A base puramente psíquica das neuroses, tal como Stekel a concebe, é por ele contestada: em todos seus casos de histeria, Reitler constatou alterações orgânicas do sistema cerebral; a sífilis é particularmente frequente na ascendência de seus pacientes. Reitler critica a definição de Stekel da essência do nervosismo, afirmando que os nervosos *só aparentemente reagem de maneira anormal.* Em sua definição da consciência, Stekel negligencia a esfera afetiva, à qual a consciência[157] sem dúvida pertence. Na maioria dos casos citados por Stekel, a análise e a solução são insuficientes. O título do livro teria de ser: as causas *desencadeadoras* da nervosidade.

KAHANE designa a masturbação infantil como fonte de todos os conflitos psíquicos. A atitude do homem perante a masturbação é a componente sexual que determina sua disposição neurótica. Isso pode ser visto com clareza na neurose obsessiva, que é, talvez, a forma mais pura de psicose[158]. Kahane ilustra sua opinião acerca da terapia com uma "alegoria": o homem tem a necessidade de reagir contra todas suas inibições, de se tornar um porco. A melhor proteção contra a neurose é deixar cair o imperativo ético, isto é, tornar-se um porco.

FREUD concorda totalmente com as opiniões de Hitschmann sobre o trabalho de Stekel. A vulgarização é um trabalho muito difícil e algumas deformações são inevitáveis. Não obstante, Freud tem de fazer duas objeções

---

157 Consciência neste parágrafo traduz *Gewissen*: consciência no sentido moral. (NT)

158 "Psicose" foi provavelmente um erro de registro.

principais ao trabalho: 1) contra o conceito de "causa"; não há causa, ou seja, *a* causa; 2) Stekel ainda se atém, arbitrariamente, à concepção comum de sexualidade. Ele deixa de lado seu sentido mais amplo, o da sexualidade infantil; esta deve ser sempre levada em consideração.

Stekel deveria igualmente ter evitado as definições e dado preferência aos fenômenos. No tocante à definição da nervosidade, Freud comunica uma observação: quando se apreendem os mecanismos das psicoses, não se pode mais definir com precisão a saúde e a doença. É natural, para nós, que o doente reaja de determinado modo a certas impressões, o que não pareceria normal aos olhos do leigo. (Reitler tem toda a razão ao afirmar que as reações do nervoso só são aparentemente anormais.)

Freud faz um breve apanhado do desenvolvimento histórico [da compreensão] da etiologia das neuroses e mostra que Stekel ficou preso às concepções dos *Estudos*[159]. Sua noção de "conflito psíquico" equivale ao "recalque" dos Estudos. Mas isto é insuficiente tanto do ponto de vista terapêutico quanto do ponto de vista teórico. Assim chegamos ao tema do sexo (à segunda etapa, por assim dizer); os fatores sexuais geram os conflitos psíquicos: o conflito habitual tem de se soldar ao conflito sexual. Entretanto, este também é banal e, deste modo, chegamos à sexualidade *infantil* como novo fator decisivo. Por fim, tivemos de retornar à constituição, ou seja, à constituição sexual do indivíduo.

Sabemos, por exemplo, que nos conflitos entre subalternos e superiores (que Stekel afirma estarem na ori-

---

159 Ver S. Freud; J. Breuer, *Estudos sobre a histeria – Studien über Hysterie* (1893-1895; O.C.). Rio de Janeiro, Imago, v.2.

gem dos fenômenos nervosos), a componente homossexual desempenha o papel principal; este conflito é, na verdade, uma decepção amorosa (*Liebeskummer*).

Não é o recalque que origina a neurose, mas seu fracasso. À observação de Hitschmann, segundo a qual o método do recalque é aprendido no domínio da sexualidade e aplicado mais tarde na neurose, Freud acrescenta que é precisamente aí, no domínio sexual, que o recalque em princípio fracassa.

Freud comunica, como resultado de sua experiência, que os neuróticos só transferem suas perversões a algo aparentemente alheio a eles quando este adquire valor sexual (simbolismo). Duas classes de homens são, na maioria das vezes, isentas de neurose: os proletários e os príncipes[160].

SADGER não pôde confirmar a ocorrência de sífilis na ascendência dos neuróticos. Ele menciona a enorme frequência da nervosidade entre os judeus poloneses (em particular da neurose obsessiva e da histeria).

STEKEL admite ter escrito o trabalho sob forte depressão psíquica; ele se forçou a escrever o trabalho, ele não está bom. O tema é, na verdade, o seguinte: quando o conflito psíquico conduz à neurose? Quais pessoas se tornam nervosas? Em seus argumentos, ele só faz referência a sintomas neuróticos, e não à histeria e à neurose obsessiva. Ele não nega, aliás, o papel ativo da sexualidade nas neuroses.

---

160 Essa observação só pode ser explicada pelo fato de que, naquela época, nem os proletários, nem os príncipes se submetiam ao tratamento psicanalítico. Quando isso se modificou, após a Primeira Guerra, reconheceu-se logo que a neurose atinge todas as classes sociais.

Dr. REITLER[161]: O trabalho do Dr. Stekel aparenta ser um "sintoma neurótico". Seria interessante, neste caso, localizar o "conflito psíquico". É provável que uma onda momentânea de assexualidade tenha perturbado o autor, e esta perturbação tenha se expressado como "sintoma" no trabalho em questão.

Quanto ao conteúdo do trabalho, notamos que Stekel, na introdução (p. 6) se declara um dualista. Ele afirma que as neuroses funcionais não se baseiam em alterações orgânicas, que tais alterações nem mesmo podem ser constatadas e que as doenças psíquicas só podem ser reportadas a causas "psíquicas".

De meu ponto de vista mecanicista, creio ser necessário que refutemos, em nosso círculo, essa concepção mística de tipo *ignorabimus,* tanto mais pelo fato de as pesquisas freudianas não terem absolutamente nada a ver com problemas metafísicos.

Mas isso é uma mera digressão.

Para o leitor, é muito mais importante a definição de "nervosidade" dada na sequência. O Dr. Stekel considera nervoso aquele estado em que o indivíduo "reage de *maneira anormal*" a estímulos externos e internos.

Isso está totalmente errado.

Graças aos conhecimentos conquistados por Freud, sabemos que os neuróticos reagem de maneira completamente normal; as causas destas reações aparentemente anormais só não são evidentes. Quando desvelamos essas causas por meio da psicanálise, temos de admitir sem mais que todas as relações neuróticas, por mais estranhas

---

161 Esta contribuição de Reitler foi anexada ao manuscrito da ata (datilografada).

e grotescas que pareçam, são completamente plausíveis; podemos então compreender muito bem por que alguém se enfurece, por que o outro cai em estupor melancólico, em suma: descobrimos que as reações "anormais" são, na verdade, perfeitamente "normais".

A definição correta seria:

"Consideramos nervosidade aquele estado em que o indivíduo *parece* reagir de maneira anormal aos estímulos internos e externos."

Parece-me muito precisa a afirmação de Stekel, feita no capítulo "Cultura e Nervosidade", de que não é por acaso que a neurastenia se alastra com enorme facilidade nos Estados Unidos. Poder-se-ia acrescentar, aliás, que os excessos característicos da forma de vida puritana são uma consequência dos instintos criminosos originários dos primeiros imigrantes e seus descendentes, no sentido daquilo que se conhece em psicanálise como a "inversão com tendência ao exagero".

O autor se estende na polêmica em torno da "hereditariedade" (*erblichen Belastung*[162]).

---

162 *Belastung* é um termo de difícil tradução. Mesmo entre os membros da Sociedade Psicanalítica de Viena seu uso não parece ser bem claro. Foi em 1910 que Sadger publicou o livro *Belastung und Entartung: ein Beitrag zur Lehre vom kranken Genie* (*Belastung e degeneração: uma contribuição à doutrina do gênio doente*), no qual se precisa melhor o emprego desse termo. Sadger apresenta as características da nosografia freudiana associando os sintomas à etiologia sexual. Os quadros cuja etiologia sexual não era verificada foram atribuídos à nervosidade. Ele também destaca que, segundo Freud, é necessário que esteja presente uma constituição sexual especial como *conditio sine qua non* para que surjam as psiconeuroses. É essa constituição sexual especial que Sadger chama de *Belastung*. Os sintomas de *Belastung* são encontrados tanto na histeria quanto na neurose obsessiva. A *Belastung* hereditária vale como etiologia para certos quadros patológicos relacionados a defeitos físicos ou morais (tara), mas não é o nome da

Em relação a um dos grupos das psiconeuroses – a histeria –, posso afirmar com convicção que, em todos os casos *graves* observados por mim, a sífilis pôde ser detectada nos pais[163].

Em seguida, Stekel se volta com razão contra o movimento favorável à abstinência, que, se excessiva, pode ocasionar sérios conflitos psíquicos em pessoas incapazes de abrir mão do consumo excessivo de álcool. O homem moderno caracteriza-se, segundo Stekel, por sua angústia (*Angstmeier*)[164]. "São tantas as medidas de higiene que ele tem de adotar em sua vida, que acaba não vivendo; é essa angústia que o torna doente", afirma o autor. De modo algum se pode aderir a esses argumentos.

A angústia hipocondríaca certamente não é uma consequência das excessivas medidas de higiene, o neurótico não adoece "de angústia"; é o contrário: sente angústia porque está "doente", e a projeta no campo que estiver mais próximo.

Na verdade, ele não teme as consequências da nicotina, do álcool, de todas as infecções possíveis, sobretudo da sífilis e da gonorreia, etc. Em todos estes casos, a psicanálise mostra as reais causas da angústia:

1) trata-se de pessoas cuja libido não está completamente satisfeita, e

---

doença propriamente dita. Por fim, *Belastung* não é senão constituição ou disposição nervosa. (N.T.)

163 Naquela época, a sífilis era muito difundida na burguesia vienense. Paul Federn, que, assim como Reitler, era médico das famílias mais importantes de Viena, contou uma vez que os filhos de uma família vieram um a um o consultar, implorando-lhe cada um que não contasse a seus outros irmãos sobre sua doença venérea.

164 A palavra empregada por Freud é "*Angstmeier*": pessoa medrosa, acovardada. (N.T.)

2) os sentimentos de angústia que expressam têm sua origem no medo das consequências de uma atividade sexual anormal (onanismo, *coitus interruptus*, etc.) – medo que estes pacientes deslocaram para um domínio "inocente", higiênico, contra o qual nada se pode alegar[165].

Na página 20, o autor, tão hábil para o estilo, comete um deslize estilístico. Ele escreve: "Freud, *fazendo reviver uma antiga superstição*, atribuiu à sexualidade o papel principal na etiologia das neuroses". Certamente, o Dr. Stekel não quis dizer com isso que os resultados a que Freud chegou são apenas "uma antiga superstição" em roupagem moderna, científica. Dessa maneira, trata-se apenas de um lapso de estilo; ainda assim, o autor declara ter se de afastar um pouco "daquela rota traçada com esforço e artifício por Freud". Segundo Stekel, o fator determinante na etiologia das neuroses não é uma *vita sexualis* anormal, mas o "conflito psíquico".

"Apenas quando duas correntes lutam pelo poder dentro de nós, quando o sentir consciente e o inconsciente entram em conflito, quando grande parte de nossas energias tem de ser empregada na repressão e na inibição de conflitos psíquicos, uma neurose pode se desenvolver", escreve Stekel.

Cita os exemplos do onanista que se torna nervoso por ter decidido se manter casto e dispensa, nesta luta, "quantidades enormes de vigor", do "trabalhador intelectual" que se vê forçado a permanecer sentado em um escritório, e, por fim, do oficial que "tem de se deixar

---

165 Ambos argumentos se dirigem contra a concepção de Stekel de neurose atual, que difere da de Freud.

humilhar em silêncio pelo superior", quando adoraria dizer-lhe "umas boas verdades". Os três exemplos foram muito mal escolhidos, pois nos três casos o "conflito psíquico" acontece na esfera da consciência, ao passo que na página 21 o Dr. Stekel declara patogênica a luta entre *"sentimentos conscientes e inconscientes"* (provavelmente quis dizer "desejos" ou "pulsões").

Um conflito consciente pode, com efeito, tornar uma pessoa infeliz, mas nunca doente.

O Dr. Stekel continua dizendo: "Uma consciência robusta seria o melhor remédio contra a nervosidade. Chamo de 'consciência' a soma de todas as inibições que se inseriram entre nossos instintos e nossas ideias morais."

Essa definição é, sem dúvida, incorreta. Não se trata da "soma de inibições" em si e por si, mas de "como" cada indivíduo faz uso destas inibições em relação a suas pulsões imorais. É somente a *relação* entre as inibições e as pulsões que produz o sentimento a que denominamos "consciência", e não *um único* fator, tal como a "soma de inibições" de que fala o Dr. Stekel.

Na página 25, o Dr. Stekel acusa o "recalque" de ser "a causa de inúmeras doenças nervosas".

Ele afirma: "A força empregada para esquecer certos acontecimentos e fantasias não é perdida, ela retorna sob a forma de doença, de representação de angústia (*Angstvorstellung*), de neurose obsessiva, ou de alguma outra forma".

Estas considerações poderiam levar a crer que "recalque" = "energia cinética" e "neurose" = "energia potencial". Além disso, essa comparação demasiado física não pode ser admitida pela simples razão de que a energia empregada no trabalho do recalque não adquire "outra forma" na neurose, mas conserva a mesma forma de antes, a saber, a da resistência do paciente – no tratamento psicanalítico – contra a possibilidade de que as representações desprazerosas, e por isso recalcadas, venham à consciência.

Por fim, é necessário sublinhar que o "recalque", em si e por si – quando é realizado *usque ad finem* –, nunca gera neurose alguma; apenas os recalques "fracassados" têm efeito patogênico.

Na continuação do trabalho de Stekel se descrevem casos cujo tratamento psíquico pode ser denominado "análise-concerto", em analogia com a conhecida "pintura-concerto", que consiste produzir em dez minutos uma pintura a óleo completa.

O primeiro caso concerne a um homem com agorafobia, a qual é classificada por Stekel como neurastenia.

Se uma pessoa sem experiência psicanalítica ler a descrição de Stekel da entrevista do médico com o paciente, terá sem dúvida a impressão de que a psicoterapia é algo incrivelmente simples que pode – sob condições favoráveis – levar à cura numa única sessão, com fabulosa rapidez.

Infelizmente, a simplicidade e a rapidez só se devem ao fato de que Stekel não analisou as causas mais profundas do adoecimento. Por exemplo, o Dr. Stekel suspeita, entre outras coisas, que está diante de "um caso de homossexualidade; mas o paciente, que costuma confessar tudo com franqueza, o nega decididamente".

E o Dr. Stekel se dá por satisfeito com isto! É evidente que mesmo um paciente ideal que "tudo confessa" com a maior franqueza possível não pode responder afirmativamente à questão sobre suas tendências homossexuais, por melhor que seja sua vontade (com exceção, naturalmente, dos invertidos manifestos), pela simples razão de que o próprio paciente não tem a mínima ideia de sua perversão. Ele recalcou grande parte de sua pulsão sexual anormal e transformou em "sintoma" a parte desta que escapou ao recalque.

Ora, se Stekel dá o tema por encerrado tendo em vista a óbvia negação do paciente, isto prova que ele permaneceu apenas na "superfície" psíquica e que todas as determinações mais profundas lhe escaparam – o que não poderia ser diferente em se tratando de uma única sessão.

O Dr. Stekel encontra como causa da agorafobia de um paciente (um caixa) o "recalque do pensamento de desaparecer com uma grande soma de dinheiro". E recomenda-lhe como terapia que evite o "conflito psíquico". Seu conselho ao paciente: "Não vejo outro meio para sua cura senão que o senhor troque seu trabalho como caixa por outro que não lhe provoque tantas tentações". Ao seguir o conselho, o paciente, segundo relato de sua família, se curou em seis meses.

Não há dúvida de que a psicoterapia tal como Freud a ensina pode ter resultados infinitamente melhores do que os alcançados por Stekel numa única entrevista. Quando realizada de modo preciso, a psicoterapia não cura fazendo desaparecer os "conflitos psíquicos"; pois isso não é sequer possível, e a maioria dos pacientes seria incurável de acordo com o método de Stekel; a psicoterapia propriamente dita atinge seus objetivos, ao contrário, apesar dos conflitos existentes, ao fazer emergir na consciência de modo claro as séries de representações penosas cujo recalque não se realizou de maneira suficiente, possibilitando ao paciente formar um compromisso claro e consciente entre as pulsões mal reprimidas e as exigências do mundo exterior. No entanto, todo compromisso implica uma renúncia maior ou menor; e o paciente assim curado poderá com toda a razão se sentir infeliz, mas já não será mais um neurótico.

Por fim, a "cura" definitiva do caso apresentado por Stekel tem de ser seriamente questionada. Ele apenas descobriu a causa da "*agorafobia*" do paciente fóbico.

A determinação residia, como revela corretamente o autor, na desconfiança (mal reprimida) do caixa para consigo mesmo de que pudesse fugir com o dinheiro que lhe fora confiado. Era, portanto, muito conveniente que sua angústia se voltasse precisamente à locomoção, pois poderia deste modo se proteger de si mesmo, impossibilitando a fuga.

Quando o Dr. Stekel lhe dá a explicação deste mecanismo psíquico, quando ele muda de posto, a angústia relativa à locomoção perde o sentido para o paciente. Mas ele ainda estava longe de ser curado de sua fobia. Ele pôde abrir mão de sua "*agorafobia*", mas direcionou, por outro lado, seus sentimentos de angústia a outra esfera; um sintoma foi eliminado, mas a neurose permaneceu.

O segundo exemplo de cura psicanalítica rápida não é diferente.

Trata-se do caso de uma paciente que declarou "não poder permanecer no quarto se não estivesse acompanhada de uma segunda pessoa, a qual não poderia ser uma estranha, mas teria de ser uma parente próxima de seu marido. Nos últimos dias insistiu para que seu marido não saísse de seu lado".

O Dr. Stekel descobre que seu marido não dispõe de grande potência sexual e levanta a suspeita, com razão, de que a esposa insatisfeita sexualmente estaria alimentando fantasias de adultério. A fim de se defender destas, ela deseja compulsivamente a presença constante de seu marido ou de ao menos um membro da família, o que assegura sua fidelidade conjugal. Depois de ouvir esta explicação, já fornecida na primeira sessão, o estado da paciente teria "melhorado consideravelmente, desaparecido quase por completo".

Mais uma vez, a análise só tocou a superfície e não explicou por que a representação obsessiva se concentrou justo no desejo de não permanecer desprotegida e sozinha frente a suas fantasias sexuais. Também aqui só encontramos a explicação e eventualmente a eliminação do sintoma neurótico, mas de modo algum a descoberta das raízes mais profundas da própria neurose, e muito menos sua cura.

O mesmo vale *mutatis mutandis* para o terceiro caso citado, em que o conflito patogênico – totalmente consciente, aliás – entre a piedade e os pecados sexuais se resolveu por intermédio do confessor.

Muito interessante é o caso de número quatro.

Aqui havia, nas palavras de Stekel, "um conflito psíquico quase irresolúvel", e o autor declara com resignação: "Não é preciso dizer que nem mesmo um psicoterapeuta pôde ajudar neste caso".

Certamente não podemos concordar com esta resignação. A despeito das circunstâncias externas, uma psicoterapia efetiva e profunda teria atingido seu objetivo; é óbvio que uma análise meramente superficial teria de fracassar.

No quinto e último caso, para a sorte do paciente, as circunstâncias externas mais uma vez puderam ser modificadas: o funcionário foi transferido e "logo se tornou uma pessoa completamente saudável".

Não nos cansamos de insistir com Freud no fato de que as inconveniências banais da vida social só parecem ser a causa da neurose, elas no máximo determinam a forma dos sintomas neuróticos. Mas as verdadeiras raízes da doença são muito mais profundas e se associam regularmente à vida sexual cujas anormalidades não foram suficientemente recalcadas pelo neurótico.

O fato de Stekel simplesmente ignorar essas relações profundas com a sexualidade, de negá-las diretamente e só reconhecer o conflito superficial como causa da doença – este fato justifica a opinião expressa no início da reunião de que o trabalho só pode ser considerado um sintoma neurótico de defesa contra a própria pulsão sexual.

Em suma, depois de realizadas as correções de todos os seus erros, o trabalho poderia ser de grande serventia, mas o título teria de ser por fim também corrigido. Em vez de *As causas da nervosidade*, seria mais apropriado intitulá-lo *As causas de alguns sintomas neuróticos*.

[10]

REUNIÃO DE 23 DE JANEIRO DE 1907

Presentes: Freud, Adler, [A.] Deutsch, Federn, Hitschmann, Hollerung, Kahane, Meisl, Rank, Reitler, Stekel,
Sadger.
O Sr. Eitingon, da clínica de Bleuler, assiste como convidado[166].

COMUNICADOS

Anunciaram-se as seguintes conferências:

FREUD: Sobre o livro *A falta de esperança da psicologia – Die Hoffnungslosigkeit der Psychologie*, de Möbius.

STEKEL: Sobre a psicopatologia do vagabundo e
sobre a *Psicologia [psicopatologia] da demência precoce
(Psychologie [Psychopathologie] der Dementia praecox)*, de
Jung.

---

166 O futuro psicanalista e cofundador da Sociedade Psicanalítica de Berlim,
Max Eitingon (1881-1943), já havia terminado o curso de medicina, mas
ainda não havia feito as provas para a obtenção do título; por esse motivo
ele ainda é chamado aqui de senhor.
Sua visita ao grupo vienense foi particularmente importante, pois ele
inaugurou em certa medida uma nova fase na história do movimento psicanalítico. Eitingon era voluntário na clínica Burghölzli, e Eugen Bleuler
(comparar nota 96 da ata 4) o havia enviado a Viena para ver o que este
poderia aprender com Freud. Eitingon foi a primeira pessoa do exterior
a vir ter com Freud. Ele trouxe consigo uma série de questões, que foram
discutidas neste encontro e no seguinte. Seria incorreto supor que essas
questões tivessem sido formuladas pela primeira vez na ocasião da presença de Eitingon; elas já haviam sido discutidas anteriormente e foram
retomadas depois; algumas destas questões ainda são discutidas hoje.

ADLER: Análise de uma ideia obsessiva.

Já haviam sido anunciadas as seguintes conferências:

HÄUTLER

GRAF: As cartas de Wagner a sua família.

– A vida e a arte.

MEISL: *A fome e o amor*

(continuação: homossexualidade)

HITSCHMANN: *Törless*[167].

REITLER: *O despertar da primavera*[168].

BACH: Jean Paul e Schumann.

STEKEL: A psicologia da discussão.

Empréstimos: Deutsch: ata 5, Sadger: ata 8.

CONFERÊNCIA: *Fome e amor*

CONFERENCISTA: Dr. Alfred Meisl

Este trabalho dá sequência às investigações já publicadas[169] de Meisl. No presente trabalho (ainda fragmentário), Meisl busca traçar um paralelo entre a pulsão de nutrição e a de reprodução; tomando por base as pesquisas de Freud e as teorias psicofísicas, Meisl tenta compreender, sob novos pontos de vista, os processos psíquicos e físicos envolvidos em ambas as pulsões. Não

---

167 *O jovem Törless – Die Verwirrungen des Zöglings Törleß* (1906), de Robert Musil.

168 Tragédia de Wedekind, 1891.

169 Meisl publicou diversas investigações sobre os elementos da função psíquica. Dois deles, *O trauma psíquico – Das psychische Trauma* (*Wiener klinischeRundschau*, Bd. 20, 1906, S. 225 ff.), e *O Sonho – Der Traum* (*Wiener klinische Rundschau*, Bd. 21, 1907, S. 3 ff.), foram resenhados por Karl Abraham no *Jahrbuch für psychoanalytische und psychopathologische Forschungen*, Bd. 1, 1909, S. 584 f.

transcrevemos a conferência em detalhe, tendo em vista a publicação do trabalho[170] anunciada pelo autor.

DISCUSSÃO

STEKEL critica a reserva de Meisl em relação à prioridade de suas ideias, observando que ninguém quererá aplicar as poucas novidades que Meisl traz; todo o resto é antigo e conhecido há muito tempo. Stekel supõe recalques pessoais do autor por trás das "componentes assexuais da pulsão de autoconservação" postuladas por Meisl. O que Meisl chama de "apetite sexual" não é senão o "prazer preliminar" de Freud. Meisl deveria ter se atido mais à teoria sexual, o que o teria poupado de fazer tantas conjecturas[171]. Stekel diz faltar a indicação da origem comum de ambas as pulsões e de sua contrapartida comum, a saber, o asco.

No tocante à psicologia racial, Stekel observa que o conceito de raça foi completamente abandonado pelos biólogos modernos. Sublinha, mais uma vez, que em geral não concorda com os argumentos da apresentação e que dela não pôde extrair nada de novo. A distinção que Meisl faz entre os perversos em pensamento e aqueles que o são na realidade não é nova; todo neurótico (todo homem, na verdade) é um perverso em pensamento. Freud já havia nomeado a neurose o negativo da perversão.

---

170 *Fome e amor; estudos analíticos sobre os elementos da função psíquica – Hunger und Liebe; Analytische Studien über die Elemente der psychischen Funktion‹*, in: *Wiener klinische Rundschau*, Bd. 21, 1907.

171 Temos aqui um exemplo do tom pessoal que as discussões por vezes assumiam, o que já havíamos apontado na introdução. Freud menciona este fato em seu trabalho *Zur Geschichte der psychoanalytischen Bewegung*, aaO.

KAHANE não concorda com a crítica acerba de Stekel. O trabalho é respeitável, ainda que faça reviver alguns pontos que já teríamos ultrapassado. Meisl segue um caminho equivocado ao tentar amalgamar o psíquico e o fisiológico, e os conceitos que usa são muito indefinidos. Por outro lado, muito do que disse é correto. O trabalho como um todo teria o caráter de uma "psicologia da superfície"; a pesquisa teria de ir além dos fatos e questionar suas causas; as coisas não são tão simples quanto Meisl crê. No que diz respeito ao fetichismo, Meisl ainda adota a posição já ultrapassada de Binet[172]. A cada cem pessoas que recebem a mesma impressão, uma se torna fetichista; sendo assim, as causas têm de ser procuradas no indivíduo, e não nos fenômenos secundários concomitantes. Ele esperava que Meisl fosse dar o passo que nos levaria do dualismo da vida pulsional

---

172 Alfred Binet (1857-1911), psicólogo experimental francês. Em *Os três ensaios sobre a teoria da sexualidade – Drei Abhandlungen zur Sexualtheorie* (1905; O.C) – (Rio de Janeiro, Imago, v.7.), Freud havia escrito: "na escolha do fetiche, como afirmou primeiramente Binet [1888], e como inúmeros exemplos confirmaram depois, manifesta-se a influência persistente de uma impressão sexual infantil (...)". Em 1920, ele acrescenta uma nota a essa passagem: "a investigação psicanalítica mais profunda conduziu a uma crítica justificada da afirmação de Binet. Todas as observações feitas neste domínio indicam que o fetiche, quando aparece pela primeira vez, já domina o interesse sexual, sem que as circunstâncias concomitantes nos ajudem a compreender como ele chegou a isto. Essas "primeiras" impressões sexuais datam do quinto, sexto ano de vida, ao passo que a psicanálise tem dúvidas quanto à possibilidade de fixações patológicas tão tardias. O que realmente ocorre é que, por trás da primeira lembrança do surgimento do fetiche há uma fase esquecida e superada do desenvolvimento sexual, que é representada pelo fetiche como que por uma "memória encobridora", cujo resto e sedimentação são, portanto, representados pelo fetiche. A transformação em fetichismo desta fase dos primeiros anos da criança, bem como a escolha do fetiche, são determinadas pela constituição do sujeito".

a um "monismo", àquela pulsão que origina as demais outras. (Essa pulsão é, em sua opinião, a de autoconservação.) Aqui teríamos de recorrer ao campo da embriologia, que nos ensina que os órgãos sexuais surgem de uma excrescência do arquêntero. O caminho que Meisl crê ter encontrado para unir o ponto de vista fisiológico às intuições de Freud é infrutífero.

REITLER depreende de suas observações acerca do onanismo da pré-puberdade que as pessoas que se masturbam fantasiando com pessoas do outro sexo se tornam posteriormente altruístas, o que não ocorre com aquelas que o fazem com as sensações puramente autoeróticas. Ele, como Kahane, também gostaria que Meisl tivesse feito uma indicação ao "monismo" das pulsões. Escapou-lhe o fato de Freud já ter indicado que o trato digestivo é uma zona erógena.

SADGER considera que a componente assexual da pulsão de conservação da espécie não é senão uma forma de "sexualidade" deslocada e modificada. No que diz respeito à preferência por certos alimentos, ela nos é transmitida por intermédio dos pais e irmãos, e é uma forma de erotismo transferido das pessoas aos alimentos. Como causa do fetichismo podemos apontar, via de regra, com o auxílio da psicanálise, vivências sexuais em sua maior parte anteriores ao quarto ano de vida. No tocante ao efeito da hipnose (que Meisl menciona também no caso do fetichismo), ele afirma que este é muito pequeno e muito pouco duradouro. Um homossexual que Schrenck-Notzing[173] havia submetido ao tratamen-

---

173 Alfred Freiherr von Schrenck-Notzing (1862-1929), psiquiatra alemão, sexólogo e, posteriormente, parapsicólogo.

to com hipnose teve, após algum tempo, uma recaída; ele havia se apaixonado por Schrenck-Notzing, homem de aspecto imponente.

O Sr. EITINGON (da clínica de Bleuler) observa que o desejo ardente de ter um filho nem sempre é a expressão de uma insatisfação sexual da mulher. A "componente assexual do instinto de autoconservação" lhe parece ser apenas uma sublimação ou uma transformação da componente sexual.

Quanto aos judeus (de que Meisl também fala), ele (Eitingon) não crê na preservação da pureza racial; as possibilidades de escolha são apenas limitadas.

O Sr. Eitingon questiona, quanto ao fetichismo, se a influência do trauma sexual tem um papel tão importante em todas as perversões. Então pergunta como podemos explicar os ataques tão comuns de homens mais velhos a meninas jovens; aqui não estaria em jogo algo infantil?

(MEISL faz referência ao capítulo sobre "homossexualidade", do qual não havia falado na conferência. Segundo ele, estes ataques são motivados pela "fome de estímulos".)

STEKEL menciona o fato de certas inibições não se encontrarem nos dementes. Além disso, todo homem tem a necessidade de satisfazer o outro sexo; o homem mais velho, que se crê incapaz de tal satisfação, escolhe, portanto, um objeto inexperiente nesse sentido.

FREUD observa que, de um modo geral, não está de acordo com as críticas nem com as respostas às críticas; Stekel certamente foi muito longe em suas críticas. Desta vez, Meisl felizmente se manteve distante de suas teorias preferidas. É louvável a preocupação de Meisl com o estudo da vida pulsional, campo obscuro mas de extrema importância, e é de se esperar que possamos extrair algum conhecimento da comparação entre a fome e o. amor. A comparação é dificultada, contudo, por complicações no domínio na sexualidade. Dentre estes complicadores, três merecem destaque:

1) Na pulsão sexual humana há um momento de latência que não se aplica à fome. A satisfação sexual só aparece com a puberdade; em alguns casos, nós podemos de fato constatá-la mais precocemente. O surgimento tardio da satisfação sexual em relação à satisfação da fome explica por que não podemos obter da pulsão sexual uma imagem original. No caso dos animais (em que não há de fato um período de latência), as coisas são mais simples.

2) Falta-nos um importante ponto de comparação: não conhecemos os órgãos da sexualidade. As glândulas seminais só preparam a substância sexual, mas não "preparam", por assim dizer, a pulsão.

3) não há, na pulsão de nutrição, a bipolaridade que encontramos na pulsão sexual sob a forma da bissexualidade.

A comparação entre a fome e o amor só será profícua quando soubermos mais da pulsão sexual; quando tivermos resolvido o enigma dos órgãos sexuais, da bissexualidade e das modificações sofridas pela pulsão no período de latência.

Freud acrescenta algumas observações aos argumentos de Meisl: a diferenciação entre perversos de fato e perversos em pensamento já foi traçada por Krafft-Ebing[174]. As pessoas que gozam de fantasias perversas são *incapazes* de realizá-las (e não têm simplesmente uma aversão a isso). A suspensão da realidade (algo como no teatro) é, em muitos destes casos, condição para o aparecimento da fantasia.

A masturbação não pode ser equiparada (como faz Meisl) à geração do reflexo relativo[175].

Segundo Freud, o emprego da expressão "libido" para designar a fome sexual pura e simples (enquanto a outra é chamada por Meisl de "apetite sexual") não é conveniente. Se, por um lado, esta distinção é suficiente para a escala da fome, no caso do amor há duas escalas: o esquema de Meisl não contempla o apaixonamento – a psicose normal, por assim dizer.

Meisl enxerga uma distinção importante no fato de o apetite só se desenvolver depois de certas experiências, ao passo que o apetite sexual aparece antes de toda experiência. Freud observa, em relação a isso, que existe *um* caso em que também o apetite sexual só se desenvolve depois de certas experiências: a menina que foi educada de maneira convencional ("boa educação"), que se casa quase sem ter tido qualquer experiência sexual e só vem a adquirir apetite sexual no casamento (um caso que quase não ocorre entre os homens; aqui já é possível ver em que medida a bissexualidade dificulta a comparação).

---

174 Richard Freiherr von Krafft-Ebing (1840-1902), professor de psiquiatria na Universidade de Viena desde 1889, foi professor de Freud. Autor do livro *Psychopathia sexualis*, publicado em 1886.

175 Não é possível compreender esta frase sem o conhecimento do trabalho de Meisl.

Em relação à componente assexual do instinto de conservação da espécie, Freud observa que foi um descuido negar a componente sexual nos instintos altruístas, mas que, por outro lado, temos de nos perguntar se isto é tudo ou apenas a componente sexual.

Freud afirma que um ponto havia ficado obscuro na "Teoria da Sexualidade". A vida amorosa do homem pode ser dividida em dois períodos: o autoerótico e o do amor objetal; o encontro do objeto é, na verdade, um reencontro, e aqui nos questionamos se o primeiro objeto é de fato erótico. O amor da criança talvez seja determinado pela dependência. Nossa cultura repousa sobre três fatores que nos distinguem do animal: o andar ereto, o desamparo do recém-nascido e o período de latência da pulsão sexual. Isso nos torna humanos. É por intermédio da pulsão de nutrição que a criança toma conhecimento de seus primeiros objetos: a mãe ou a ama de leite. Nesse ponto, ambas as pulsões coincidem. A componente assexual sempre surge acompanhada da componente erótica. Faltam-nos os meios para responder a essa questão; isto está além dos limites de nossa experiência atual e pertence ao campo da "metafísica".

O desejo de ter um filho é o mesmo no caso de uma mulher satisfeita e insatisfeita. A sexualidade deve ser considerada em toda sua amplitude. A relação com a criança satisfaz aspectos da vida sexual que o homem nunca poderá satisfazer. Com a criança a mulher é sobretudo *ativa* (o que ela não pode ser com o homem). Neste sentido, à criança corresponderia o "homem doente". Além disto, a mulher nutre em sua infância um enorme desejo: o de ser mãe (isto é, de crescer e se tornar como seu pai e sua mãe – um desejo que provavelmente também dá origem à megalomania). A realização desse desejo é, portanto, inerente à satisfação completa da mulher.

Freud considera incorreta a explicação dada por Meisl às características raciais dos judeus. A seleção sexual desempenha um papel pouco importante nos seres humanos.

Fetichismo: As experiências acumuladas pela psicanálise mostram que aquilo que parece simples à primeira vista é produto de múltiplas componentes (por exemplo, a predileção de um homem para o coito com uma mulher grávida não se explica pelo fato de ter sido uma mulher grávida a primeira a excitá-lo sexualmente). O caso citado por Meisl do homem que atacava meninas não pode ser assim tão facilmente explicado; muitas pessoas tiveram suas primeira experiência de excitação sexual na infância com pessoas do sexo oposto da mesma idade. Por que todos os outros crescem junto com a menina, enquanto apenas este homem não a deixa crescer? Para ele, ela permanece pequena. Nós devemos supor um fator suplementar, uma fixação.

Há múltiplas razões para a predileção dos homens mais velhos por meninas pequenas. Freud destaca apenas uma: a libido de cada um de nós foi provavelmente estimulada por meninas pequenas. Podemos ver, no comportamento dos homens velhos, uma analogia com o comportamento dos povos: quando esses ainda são jovens, não se interessam por sua história genealógica. O mesmo vale para a humanidade: à medida que envelhece, faz avançar o conhecimento de seus tempos primitivos. No indivíduo acontece a mesma coisa: ele se ocupa, na velhice, de suas memórias infantis conscientes. A isto podemos atribuir o surgimento tardio das impressões infantis[176].

FEDERN declara estar de acordo com as considerações de Meisl, visto que desta vez ele se absteve de sua mania de falar de irrigação sanguínea. Ele não considera a tentativa de Meisl desprovida de valor. De acordo com observação feita em si mesmo, informa que sente fome somente na faringe. De forma semelhante, poder-se-ia transferir para a epiderme a sensação do apetite sexual. Ele notou que seu filho de 13 meses tem aversão aos mesmos alimentos que a mãe. Isto nos permite inferir a existência da hereditariedade (a idiossincrasia do homem). Ele supõe comportamentos semelhantes na escolha sexual.

Quanto maior for a ternura dispensada a uma criança, tanto mais altruísta esta será mais tarde, quando adulta[177].

ADLER também se vê obrigado a começar com uma crítica. Uma investigação de caráter tão fundamental só tem valor quando se baseia num grande número de experiências. Meisl, como sempre, quer decidir na teoria certas questões que só podem ser resolvidas na prática. Os casos particulares mencionados por ele não nos dão uma ideia clara; eles são inúteis para nós.

No contexto dessa discussão, não é possível fazer uma crítica aprofundada. Ele ressalta apenas alguns pontos: Meisl reduz o mundo ao reflexo da atenção e à associa-

---

176 Na demência senil, as vivências recentes são esquecidas, ao passo que as vivências do passado longínquo são revividas e mantidas.

177 Mais tarde, essa hipótese se revelou incorreta.

ção disponível que se acresce a esse reflexo[178]. Mas, se recorre à excitação originária, teria de abrir mão de toda associação.

O asco não pode ser apenas parafraseado (tal como faz Meisl) como a falta daquilo que não corresponde à fantasia; o asco é, antes, um fator da vida pulsional inconsciente e surge como uma defesa contra algo que foi originalmente desejado. Ele diz faltar em geral a indicação à teoria freudiana da sexualidade (em particular, às zonas erógenas). Meisl teria encontrado nesta teoria a analogia de ambas pulsões remetida a uma pulsão originária que visa à obtenção de prazer (como ele próprio [Adler] tentou explicar em seu trabalho).

O altruísmo é frequente em pessoas que foram muito sádicas na infância e recalcaram o sadismo.

HITSCHMANN salienta que a diferença característica entre ambas as pulsões reside em que não podemos viver sem a satisfação de uma, o que não é necessário no tocante à outra.

Ao tentar derivar todas as pulsões de uma única, encontraremos talvez, como sendo a soma de todas as pulsões, a força vital. A matéria animada e a inanimada se distinguem somente pela força vital que a habita.

O desejo de tocar o parceiro (*Kontrektation*) não está presente na pulsão de nutrição.

O fato de a satisfação não ser constante talvez explique por que conservamos na memória as primeiras experiências; o indivíduo se mostra cada vez mais refinado na escolha de seus alimentos e objetos de amor.

---

178 É impossível compreender a frase sem conhecer a exposição de Meisl.

HOLLERUNG considera o trabalho interessante e estimulante. O altruísmo provavelmente não se deve apenas ao sexual. Talvez se pudesse fazer aí uma ponte com a psicologia animal. As formigas operárias (e também as abelhas operárias), cujos órgãos sexuais são atrofiados, manifestam uma espécie de "altruísmo"[179].

RANK indica a tentativa que fez, na primeira parte de sua Psicologia sexual[180], de demonstrar a origem monista da fome e do amor. Em relação à componente assexual do instinto de autoconservação, observa que Meisl talvez esteja confundindo o assexual com o antissexual. Nos exemplos que Meisl traz da componente assexual (espírito de grupo, amizade etc.), a homossexualidade (a aversão ao sexo oposto) desempenha o papel principal.

É muito superficial dizer ser a "fome" que impulsiona a prostituta a seu ofício e um homem à realização de atos homossexuais. Já deixamos de atribuir ao fator social o papel principal nesses assuntos.

Em suas palavras finais, Meisl alude à continuação de seu trabalho, em que alguns mal-entendidos serão esclarecidos. Por enquanto, ele se limitará a responder aleatoriamente a alguns comentários: no tocante à importância da mucosa bucal, afirma, contra Reitler, que há dois tipos de sensações prazerosas nesta mesma região. Grande parte da população mundial, a saber, os chineses e os indochineses, não conhecem nosso beijo; a mucosa nasal desempenha o papel erógeno.

---

179 É difícil entender o que Hitschmann quer dizer aqui.

180 *O artista: princípios de uma psicologia sexual- Der Künstler; Ansätze zu einer Sexualpsychologie*, Heller, Wien und Leipzig 1907.

No tocante aos ataques realizados por dementes, Meisl explica que esses indivíduos, depois de terem conhecido todos os tipos de prazeres, passam a experimentar prazeres peculiares.

À observação de Freud de que não conhecemos os órgãos sexuais, Meisl acrescenta que também não conhecemos nenhum órgão com o qual sentimos fome: a sensação de fome certamente emana da parede interna do estômago, mas nós não a projetamos lá.

A objeção de Freud de que não há polaridade na fome não é importante; o objeto sexual é para nós o mesmo que o alimento para o faminto. A concentração no objeto perdura por mais tempo no apetite sexual do que na fome. Essa circunstância teria sido considerada por ele. O desenvolvimento do apetite sexual normal é abordado em outro momento do trabalho, em que também se analisa o apaixonamento.

O fato de Freud admitir a possibilidade de uma componente assexual no instinto de autoconservação lhe agradou muito; por outro lado, ele não tem dúvidas de que as componentes homossexual e sexual também desempenham um papel.

[11]

REUNIÃO DE 30 DE JANEIRO DE 1907

Presentes: Freud, Adler, [A.] Deutsch, Federn, Holle-rung, Kahane, Reitler, Rank, Sadger, Stekel, Sr. Eitingon como convidado.

DISCUSSÃO DAS QUESTÕES COLOCADAS PELO
SR. EITINGON ACERCA DA ETIOLOGIA E DA TERAPIA
DAS NEUROSES

Na sessão anterior, o Sr. Eitingon, da clínica de Bleuler, colocou as seguintes questões acerca da *etiologia e da terapia das neuroses*:

1) Quais outros fatores devem estar presentes, além dos mecanismos conhecidos por nós, para que se constitua uma neurose? (Em que consiste a predisposição à histeria?) Devem-se ter em conta fatores sociais[181]?

2) Qual é a essência da terapia? Volta-se ou não contra o *sintoma*? Substitui-se o sintoma (segundo a formulação de Jung, substitui-se um complexo por outro) ou "se o extirpa", como diz Freud em sua analogia com a escultura e a pintura? Papel da transferência!

---

181 Embora a questão da escolha da neurose tenha sido posta e formulada pela primeira vez aqui por alguém que não era membro do grupo, cabe mencionar que este problema já havia sido a discutido anteriormente nas reuniões, mas nunca havia sido formulado de modo tão preciso como aqui Acho que fica melhor "nesse momento", para não repetir o "aqui" logo acima.

3) O que acontece com a histeria depois do tratamento psicanalítico?

A noite de hoje será dedicada a essas questões.

HOLLERUNG, em resposta à primeira questão, gostaria de propor uma modificação na classificação etiológica estabelecida por Freud em sua "Crítica da neurose de angústia"[182], em que distingue causa específica, causa concorrente e causa auxiliar. Hollerung sugere a substituição do termo "causa" por "condição". Aquilo que denominamos causa é uma série determinada de condições; se uma dessas condições faltar, a causa não terá lugar. As consequências resultantes disso para a terapia são óbvias. Referindo-se a uma passagem dos *Estudos*[183], afirma não haver terapia causal, mas apenas uma terapia profilática; isto vale para toda terapia.

O senhor EITINGON observa que tais generalizações das teorias de Freud as privam do que têm de específico e mais importante; além disso, ele não está de acordo com esse pessimismo médico.

RANK afirma não poder responder a nenhuma das questões tomando por base a experiência. Ele gostaria de fazer apenas uma observação concernente ao domínio situado, por assim dizer, entre estas perguntas. Entre a doença e a cura, entre o sintoma e sua dissolução se encontra, por assim dizer, a vida normal do paciente; ali se manifestariam seus instintos sociais, religiosos e artísti-

---

182 S. Freud, *Respostas às críticas a meu artigo sobre a neurose de angústia – Zur Kritik der 'Angstneurose'* (1895; O.C.). Rio de Janeiro, Imago, v.3.

183 S. Freud, *Estudos sobre a histeria – Studien über Hysterie* (1895; O.C.). Rio de Janeiro, Imago, v.2.

cos, e aqui é possível se apoiar sem ter exercido a psicoterapia na prática.

FEDERN observa, quanto à disposição para a neurose, que há pessoas, por assim dizer, imunes a essa doença; frequentemente estão dadas todas as condições para a neurose sem que a pessoa se torne neurótica; por outro lado, muitas vezes um membro de uma família perfeitamente saudável se torna neurótico. Ele supõe que doenças infecciosas tidas na infância predisponham o sistema nervoso à neurose. Apesar disto, muito se deveria às vicissitudes do destino de cada um. Uma certa covardia (tendência neurótica à fuga) e a disposição à angústia (talvez de origem sexual) parecem colaborar para a etiologia da neurose. Federn descobriu que as neuroses graves sempre derivam de um casamento infeliz; poder-se-ia tentar demonstrar certa semelhança entre os conflitos da criança e os de seus pais.

No tocante à terapia, os casos mais simples costumam apresentar bons resultados. O êxito depende da juventude do paciente. O tratamento protege o indivíduo de neuroses ulteriores graves.

O senhor EITINGON observa que suas questões eram de ordem geral e não se referiam às determinações de cada um dos sintomas. Ele gostaria de saber se é necessário, de um modo geral, admitir a existência de uma disposição. Deveríamos supor, talvez, um sistema de estigmas como base da neurose? A análise não impede, por assim dizer, o adoecimento neurótico ulterior? Há mais casos de neurose entre os judeus? (A que todos os senhores presentes respondem: sim. SADGER acrescenta que teve a oportunidade de observar numerosos casos de neurose obsessiva [impotência, onanismo] entre os judeus poloneses.)

REITLER, referindo-se a Freud, afirma que a histeria se caracteriza por um aumento da libido perversa associado a uma defesa contra a sexualidade; em todas as histerias se pode observar a preponderância da zona erógena sobre a zona sexual[184]. Também se pode constatar um desenvolvimento específico do que Freud denominou pulsões parciais. Na histeria, a defesa contra o sexo (o recalque) fracassou. Em todos os casos que tratou, pôde constatar a presença de sífilis na ascendência dos pacientes como fator etiológico. Ele também gostaria de assinalar o fato do aumento da persistência (*Haftbarkeit*) – o qual Freud menciona por alto (Teoria da Sexualidade[185]); para o histérico, as memórias têm mais valor do que as vivências recentes. Ele supõe que, na histeria, a sexualidade infantil deixou traços tão profundos que a pessoa os carrega consigo na memória na vida adulta. A disposição constitutiva para a histeria reside, segundo Reitler (e ainda conforme a "Teoria da Sexualidade"), na debilidade do órgão genital, o que também explica a preponderância das zonas erógenas. Acontecimentos banais da vida social nunca podem desencadear um sintoma se não estiverem intimamente associados a aspectos sexuais.

Quanto à técnica terapêutica, Reitler observa que o ponto de partida são os sintomas; eles só desaparecem, contudo, uma vez que a neurose estiver completamente curada. No tocante aos resultados obtidos na histeria,

---

184 Reitler se refere naturalmente à "zona genital", e não à "zona sexual".

185 S. Freud, *Os três ensaios sobre a teoria da sexualidade – Drei Abhandlungen zur Sexualtheorie* (1905; O.C.). Rio de Janeiro, Imago, v.7.

afirma que, em geral, exige-se muito da terapia: as condições sociais desfavoráveis em que vive o doente não podem ser abolidas. É certo que o tratamento protege contra o reaparecimento da doença.

O senhor EITINGON declara que sua questão acerca dos fatores sociais fica enfraquecida se tudo é atribuído à sexualidade. Ele pergunta: é possível curar um doente ao remover-lhe o motivo da doença? O que o impede de adoecer caso surja um novo motivo forte?

(STEKEL responde: o conhecimento. REITLER concorda.)

ADLER: Os mecanismos encontrados nas neuroses são os mesmos que vemos nas pessoas normais, e a questão era saber quais fatores se devem acrescer para que se gere uma neurose.

A histeria, antes de tudo, pode ser considerada sob vários aspectos. Ele, de sua parte, gostaria de destacar a incongruência da constelação psíquica; deste ponto de vista, seria possível reconhecer um fortalecimento e um enfraquecimento em relação à psique normal.

O fortalecimento reside no caráter alucinatório dos histéricos (o que também podemos encontrar, até certo ponto, nas pessoas normais e nos gênios); no histérico, contudo, ele é mais intenso.

O enfraquecimento se manifesta como uma insuficiência no âmbito da introspecção. A terapia consiste principalmente no fortalecimento de certos campos psíquicos mediante um treinamento psíquico. Durante o tratamento, o histérico apresenta um desenvolvimento de suas qualidades psíquicas. O paciente nos surpreende com suas intuições (*Einfall*) e com o desvelamento de nexos associativos que por vezes deixam o médico boquiaberto. Durante e após o tratamento, o paciente supera coisas que antes lhe eram completamente estranhas. Ao aumentar sua compreensão, o paciente adquire a tranquilidade de que tanto necessitava. De joguete inconsciente das situações, fazemo-lo passar a alguém que combate ou padece conscientemente de seu destino.

Na prática, não tem importância saber se devemos ou não atacar o sintoma. O paciente fala daquilo que o preocupa mais. As mesmas forças pulsionais se manifestam quando descreve seu sintoma ou quando fala de outra coisa. O sintoma nos mostra claramente estas forças e se torna o fio condutor que nos levará ao núcleo da neurose. Uma série de sintomas superficiais desaparece no decorrer no tratamento, ao passo que outros, que já foram esclarecidos, não desaparecem enquanto o paciente não adquire a força psíquica suficiente para dar um curso diferente a suas forças pulsionais.

Ele só vê uma maneira de conceber a substituição de um complexo por outro, a saber, criar uma outra solução para a configuração neurótica da vida pulsional (por exemplo: a pintura, a música, a psicologia).

Em geral, o interesse do paciente pelo método é favorável ao êxito terapêutico; o valor da transferência reside sobretudo no fato de ser um instrumento terapêutico; graças a ela, inúmeras coisas desagradáveis se tornam digeríveis para o paciente.

Devemos estar convencidos da curabilidade da histeria pura. Visto que ele defende o ponto de vista da etiologia da inferioridade, não se pode esperar, em sua opinião, homens normais após o tratamento.

As condições sociais do paciente frequentemente impõem, na prática, barreiras a que ele se cure por completo. São constantes os conflitos entre os pais; as inferioridades já se encontram nestes, porém sob outras formas; talvez elas não cheguem a configurar uma neurose, nem mesmo uma doença, mas são singularidades com as quais o cônjuge não consegue se conformar, o que gera conflitos.

No sintoma neurótico, encontramos órgãos que buscam obter prazer por esta via. Nem tudo depende da força ou fraqueza da libido, mas de como o indivíduo suporta esta libido.

EITINGON esclarece que boa parte da exposição de Adler é incompreensível e obscura para ele; ele prefere aguardar a publicação de seu livro.

STEKEL observa de início que a classificação habitual das neuroses deve ser descartada; a escola de Dubois[186] reconhece apenas sintomas nervosos. Lá se busca fortificar o complexo egóico (*Ichkomplex*) mediante complexos ético-filosóficos. O conflito psíquico entre as representações de inibição (i) (*Hemmungsvorstellung*) e a vida pulsional (vp) produz as neuroses; se vamos além deste conflito, entramos no domínio da sexualidade. A proporção i/vp determina a saúde do indivíduo. No criminoso prepondera vp, no neurótico i.

Sobre as neuroses em particular cabe notar que: a neurastenia é a tragédia da impotência relativa; a potência

---

186 Paul Charles Dubois (1848-1918), naquela época professor de neuropatologia na Universidade de Berna, fundou uma escola psicoterapêutica que trabalha com o método de convencimento do paciente e outros métodos racionalizantes.

sexual entra em conflito com o desejo sexual (*sexuellen Verlangen*); por esta razão, só os homens se tornam neurastênicos; não conhecemos tal impotência na mulher. A histeria é a luta entre a tendência e a aversão ao sexo. Nesta doença, i e vp se contrapõem fortemente. No hipocondríaco, a pulsão sexual se choca com a pulsão de autoconservação (angústia sexual). Ele transfere as inibições do plano ético para o plano somático.

À pergunta referente a quais pessoas se tornam neuróticas, Stekel responde que é a quantidade de inibições que determina o surgimento da neurose.

O mais importante parecem ser as dificuldades impostas pelo meio (e não aquelas de natureza orgânica). O fator orgânico não tem nada a ver com a neurose. Os momentos sociais têm um papel importante, como demonstra a nervosidade dos judeus russos. Também nas epidemias de histeria se constata a ausência de determinações orgânicas; em todas elas estão presentes simplesmente os mesmos recalques.

A tarefa principal da terapia é transformar o aspecto individual em um aspecto humano, universal[187]. É preciso que o paciente aprenda a reconhecer o mecanismo do recalque e se torne seu próprio terapeuta.

SADGER inicia pela terapia: os insucessos terapêuticos se devem em parte ao médico, em parte ao paciente. Ao médico quando a transferência (que deve se estabele-

---

187 Stekel se refere aqui à ideia de Freud de que o tratamento psicanalítico busca transformar a miséria histérica em sofrimento ordinário ("Comum" não é melhor aqui? Pelo menos é a expressão mais clássica que conheço dessa afirmação de Freud). (Estudos sobre a histeria).

cer já na segunda ou terceira sessão) fracassa ou quando ele deixa passar o momento certo de esclarecer o paciente.

O fracasso se deve ao paciente quando este tem um motivo para não querer se curar; ou quando algum impedimento externo se opõe à cura. Na ausência de tais motivos contrários, tem lugar a chamada cura: o indivíduo nervoso, contudo, subsiste.

Sadger passa então a falar da distinção entre os conceitos de degeneração e de constituição sexual (*Belastung*); a fim de compreender os sintomas desta, ele estudou os caracteres patológicos presentes nos poetas; todos os sintomas da neurose hereditária conduzem ao eu, à esfera das sensações corporais, ao passo que na degeneração (debilidade mental) os centros associativos se encontram adoecidos.

Após a cura da histeria, o quadro da predisposição hereditária[188] subsiste. A "constituição sexual" encontrada por Freud no neurótico está ligada principalmente à esfera das sensações corporais. Nos casos graves, as pessoas denominadas saudáveis apresentam sintomas histéricos. Uma das razões para a doença nervosa é o fato de que não passamos por renovação sanguínea desde as invasões bárbaras (a besta loira de Nietzsche).

A histeria é a neurose de amor por excelência. As neuróticas são também as mulheres mais desejadas. Uma ferida grave no âmbito sexual (comumente de natureza homossexual) é o ponto de partida da neurose. Após

---

188 No original, *Entlastung*, que é o contrário de *Belastung*. Provavelmente um equívoco de Sadger, ou de Rank no registro da ata, ou da edição alemã. Optamos aqui por manter a tradução de *Belastung* para manter a coerência de raciocínio de Sadger. (NT)

a análise, o paciente se mantém saudável porque só se pode gerar um sintoma neurótico inconscientemente; mas esta via está bloqueada para ele (ao menos que o paciente ainda tenha ocultado algo). A terapia não ataca os sintomas em particular, visto que os sintomas crônicos estão entrelaçados uns nos outros. Há apenas uma maneira de substituir o complexo: todos os sintomas teriam de ser transferidos ao médico.

A disposição dos judeus à neurose obsessiva talvez esteja relacionada com seu hábito de ruminar pensamentos, que há milênios os caracteriza (estudo do talmude etc.).

KAHANE começa por afirmar que o psíquico só pode ser apreendido de maneira alegórica: todo o psíquico não é senão uma metáfora. Se a psique for considerada um órgão, as neuroses podem ser comparadas a doenças do metabolismo; elas seriam o efeito do metabolismo psíquico intermediário.

A constituição psíquica é dada de uma vez por todas. A psique vive graças às cargas que recebe. A primeira é certamente o afeto de angústia sentido durante a passagem através dos órgãos genitais maternos (dispneia); a primeira carga de prazer é certamente a primeira inspiração (ar) e a sucção do peito materno. A condição para a saúde é a assimilação correta das cargas. Se elas deixarem restos, surgirá a neurose; esses restos se fixam em locais inadequados. Os processos psíquicos concomitantes não se ajustam – como nas pessoas normais – aos processos somáticos. O histérico emprega restos psíquicos para realizar a catexia somática. Haveria também, por assim dizer, fezes psíquicas, e a neurose poderia ser comparada à obstipação (autointoxicação). Um bom remédio para isso seria uma espécie de ginástica mental. De tempos em tempos é preciso se libertar das inibições acumuladas e regressar ao nível primário da vida pulsional; essa possibilidade é negada às mulheres.

Para continuar com a metáfora do metabolismo, poder-se-ia dizer que a psicoterapia é como a cura mediante a água mineral (por exemplo, no caso da gota). Os depósitos são eliminados com o auxílio de complexos poderosos que são introduzidos.

[A.] DEUTSCH gostaria de recolocar a questão acerca da disposição neurótica. As análises de pessoas saudáveis poderiam, talvez, esclarecer por que algumas pessoas adoecem e outras não.

FREUD constata, em primeiro lugar, que a primeira questão colocada por Eitingon já contém outra, a saber, o que se deve acrescer aos mecanismos para que se produza uma histeria, uma neurose obsessiva etc. A componente sexual da vida psíquica tem maior influência na etiologia da neurose do que todos os outros momentos; essa afirmação só pode ser comprovada na mesma medida em que os aspectos psicológicos podem em geral ser comprovados. A questão do senhor Eitingon transparece, pelo visto, a recusa teórica da etiologia sexual das neuroses sustentada pela escola de Zurique. Mediante a sexualidade se produz a estreita relação entre o psicológico e o somático[189]. Teríamos de responder à questão

---

189 A concepção freudiana da pulsão como um "conceito limite entre o anímico e o somático" (ver S. Freud, A pulsão e seus destinos, *O instinto e suas vicissitudes" – Trieb und Triebschicksale* (1915; O.C.). Rio de Janeiro, Imago, v.14.); em trabalhos posteriores, nomeadamente nos escritos metapsicológicos, ele aponta para o fato de que aquilo que vivenciamos na consciência como impulso (*Drang*) é a representação (*Repräsentanz*) psí-

afirmando que é a constituição psicossexual o fator adicional para que se produza uma neurose. Ainda não é possível decidir se isso é tudo. Mas é possível que nada de novo tenha de ser adicionado à constituição psicossexual e aos mecanismos.

Teríamos de olhar a questão do ponto de vista do neurótico; ele não é tão doente como parece; uma parte de seu sofrimento se origina do fato de ele entrar em conflito conosco (a maioria dos acessos de fúria surgiria daí). Ele só está doente na medida em que ele mesmo sofre. Aqui deparamos com uma limitação da terapia: ela só pode curar o neurótico na medida em que este sofre; se ele não sofre, a terapia desliza[190]. Na maioria dos casos, contudo, encontra-se uma parcela de não-querer (*Nichtwollen*)[191].

Talvez sejamos todos um pouco neuróticos. Nas circunstâncias atuais haveria também uma histeria benéfica com o ganho correspondente da conversão. Apenas os momentos práticos devem ser considerados se quisermos designar alguém como doente. A diferença efetiva entre uma doença leve e uma doença grave residiria somente na localização, na topografia dos sintomas.[192] Enquanto

---

quica de uma pulsão, não a própria pulsão. "Pulsão" não pode ser definida psicologicamente. Teríamos de buscar na componente somática da pulsão o plano de fundo somático da neurose – sobretudo na histeria com sua tendência à conversão.

190 Essa é uma das razões pelas quais é tão difícil levar a cabo uma análise didática, fato a que eu [Herman Nunberg] fiz alusão no capítulo "Caráter e neurose" em meu texto *Teoria da neurose,* Hans Huber, Bern und Stuttgart, 1959, S. 377.

191 O ganho secundário da doença é uma das razões para o "não-querer".

192 Hoje diríamos que se trata de saber se o sintoma afeta mais o supereu ou o eu.

o elemento patológico estiver encontrando uma via de escape em atividades insignificantes, a pessoa está "sã". Mas quando ele ataca as funções vitais, ela é considerada doente. A doença surge, portanto, mediante o incremento quantitativo. Na histeria, a manutenção dos recalques exige certo dispêndio psíquico, de modo que a maior parte das forças psíquicas é empregada nas inibições. O efeito psicológico da cura é fazer com que essa energia fique à livre disposição[193]. Pela via quantitativa transformamos o doente em uma pessoa sã[194].

Quanto à questão da escolha da neurose (sob quais circunstâncias uma neurose específica se desenvolve), saberíamos dizer muito pouco. Teríamos de supor uma combinação da constituição psicossexual com outras constituições (como no caso do artista os diferentes dotes motores: a linguagem, a visão, o tato)[195].

O segundo aspecto é o das doenças regressivas; visto que a função sexual normal se constitui mediante determinado desenvolvimento, aqui também teria de haver (como em todos os casos em que se trata de um desenvolvimento) certos processos regressivos. Na histeria, tal regressão se produz; ela vai da função de reprodução a suas componentes isoladas. A neurose obsessiva, por sua vez, tem uma relação mais estreita com as *tendências perversas*. Neuroses obsessivas se encontram nos indivíduos normais mais desenvolvidos (Zola, um fanático da verdade, era um neurótico obsessivo). A moral nasce

---

193 "... do eu", acrescentaríamos hoje.

194 Já nessa época Freud enfatiza que tanto no adoecimento quanto na cura o fator quantitativo tem o papel principal. Ele sublinhou repetidas vezes esse fato.

195 Até hoje esse problema não foi resolvido.

às custas das perversões que reprime[196]. A suposição de Jung de que influências tóxicas são determinantes na escolha da neurose[197] é prematura.

A terapia é impotente diante do sintoma tomado isoladamente. O fim da técnica é (como Sadger disse) que o paciente faça tudo por si mesmo. O psicoterapeuta tem apenas de eliminar as resistências[198].

A essência da terapia pode ser designada de várias maneiras, a saber, enquanto preenchimento das lacunas da memória ou enquanto substituição do inconsciente pelo consciente. Tudo leva ao mesmo. Só haveria um poder capaz de eliminar as resistências: a transferência. Nós compelimos o paciente a abandonar as resistências *por amor a nós*. Nossas curas são curas de amor. Restar-nos-ia, portanto, apenas a tarefa de eliminar as resistências *pessoais* (aquelas contrárias à transferência). Pode-se curar na justa medida em que há transferência: salta aos olhos a analogia com a cura hipnótica. Na psicanálise, contudo, o poder da transferência é empregado para produzir mudanças *permanentes*, enquanto a hipnose é apenas um artifício[199]. O destino da transferência decide o êxito do tratamento. A autoridade é a única coisa que

---

196 Hoje diríamos que a moral surge sob a influência do supereu, o que não contradiz essa formulação de Freud, visto que o supereu se forma a partir do eu, em parte como uma reação contra o sadismo.

197 C. G. Jung, *Sobre a psicologia da demência precoce – Über die Psychologie der Dementia praecox*, in Psicogênese das Doenças Mentais, Vozes: Petrópolis, 3a. ed., 1999.

198 Nesse momento o tratamento já não se voltava à supressão do sintoma enquanto tal, mas à personalidade como um todo e à superação das resistências.

199 Ver S. Freud, *Psicologia de grupo e análise do ego – Massenpsychologie und Ich-Analyse* (1921; O.C.). Rio de Janeiro, Imago, v.18, e Nunberg, *Transference and Reality*, in: Int. J. Psycho-Anal., Bd. 32, 1951, S. 1 ff.

ainda falta ao método; o momento da sugestão deve ser acrescido do exterior. Mas a necessidade de libertação do inconsciente já está a nosso favor[200]. O neurótico não adoece novamente porque nós tornamos conscientes os conteúdos infantis inconscientes (o outro fator da formação de sintomas, além do recalque).

A questão referente à necessidade de uma psicologia específica das neuroses deve ser respondida de modo anfótero: sim e não. Se a psicologia reconhecida por todos estivesse correta, não precisaríamos de uma psicologia das neuroses. No entanto, precisamos de uma[201].

---

200 Uma das aspirações do inconsciente é justamente modificar seu estado: tornar-se consciente. Ao que parece, a terapia se funda sobre essa propriedade da vida pulsional inconsciente, do isso (*Es*).

201 Essa é sem dúvida uma das discussões mais importantes da Sociedade de Viena. Cada membro deu uma contribuição importante, mas a de Freud contém de fato o núcleo de suas concepções posteriores acerca da etiologia, da dinâmica e da terapia das neuroses. A dissolução das resistências e a transferência, que ele opõe à hipnose, têm o principal papel na cura. A questão principal colocada por Eitingon, o problema da escolha da neurose, não foi, contudo, respondida. Em seu trabalho *A disposição à neurose obsessiva: uma contribuição ao problema da escolha da neurose – Die Disposition zur Zwangsneurose; Ein Beitrag zum Problem der Neurosenwahl* (1913; O.C.). Rio de Janeiro, Imago, v.12, em que discute as contribuições específicas do eu para a formação do sintoma, Freud retoma esse tema.

[12]

REUNIÃO DE 6 DE FEVEREIRO DE 1907

Presentes: Freud, Adler, [A.] Deutsch, Federn, Frey, Hitschmann, Kahane, Rank, Reitler, Sadger, Stekel.

Frey toma de empréstimo a ata nº 11 e o suplemento de Reitler à ata nº 9 e adverte que os passará a Hitschmann.

CONFERÊNCIA SOBRE DOIS LIVROS: *A psicologia do vagabundo – um estudo clínico*, de Dr. K. Wilmanns[202]; *A psicologia da demência precoce – ensaio*, de Dr. C. G. Jung[203]

CONFERENCISTA: Stekel

O livro de Wilmanns contém 41 casos de demência precoce com toda a história clínica. As conclusões são extraídas daí. O valor desse livro consiste em apontar de maneira incisiva o sofrimento desses homens que são submetidos aos tratamentos mais absurdos em razão do parco conhecimento de psiquiatria dos médicos que atendem em hospícios e prisões. Por outro lado, o livro carece daquilo que mais nos interessa, a saber, de psicologia. Stekel não encontra nos casos a análise da motivação psicológica mais profunda, do afeto oculto por

---

202 *Zur psychopathologie dês Landstreichers*, Leipzig, 1906.
203 *Ueber die Psychologie der Dementia Praecox*, Halle, 1907.

trás do quadro e da transição do estado saudável para o patológico.

Uma tentativa nesse sentido é feita por Jung, que demonstra que as respostas aparentemente sem sentido dos dementes são determinadas de modo rigoroso (de acordo com os mecanismos freudianos)[204]. Os doentes compensam com seus "sintomas" as privações que lhes foram impostas pela vida.

Nos casos de Wilmanns encontramos alusões a anormalidades na vida sexual; mas apenas breves indicações; também são relatados delitos de ordem sexual cometidos na juventude que os fizeram entrar em conflito com a lei.

Stekel crê poder adivinhar a gênese de um dos casos: trata-se de um rapaz que agride fisicamente sua mãe – isso parece ser o oposto da inclinação à mãe. Stekel acredita que o impulso à fuga (deserção, vagabundagem) tem raízes mais profundas do que Wilmanns supõe.

A apresentação de Jung também deixa um enigma: por que algumas pessoas se tornam histéricas e outras dementes[205]? Jung admite a hipótese da presença de uma toxina no caso da demência precoce. Stekel gostaria de levantar uma hipótese diferente: visto que o cérebro humano se desenvolve por quase toda a vida (até o sexagésimo ano), e de maneira proporcional às atividades mentais, e posto que o recalque deve ser considerado uma

---

204 Jung foi o primeiro a tentar descobrir um sentido oculto por trás do "nonsense" das declarações dos esquizofrênicos. Seu livro é, sem dúvida, um ponto de inflexão da história da esquizofrenia; vale lembrar que nos relatos de casos daquela época eram frequentes constatações como: "O paciente fala coisas absurdas, bobagens..." etc.

205 Esse problema havia sido tratado na reunião anterior e tornará a aparecer repetidas vezes nas reuniões seguintes.

atividade mental, poder-se-ia supor que a predisposição a esse tipo de doença (demência etc.) aparece quando o cérebro, ao se desenvolver, depara com uma base craniana rígida.[206] As pessoas com essa predisposição particular com frequência sofrem de metopismo, isto é, de uma sutura frontal permanente (Buschen: *Cérebro e cultura*)[207]. Primeiramente teríamos de realizar medições cranianas nos paranoicos e compilar os casos de metopismo.

DISCUSSÃO

ADLER se admira da pouca quantidade de perspectivas que se pôde extrair do imenso material fornecido por Wilmanns. Ele lamenta ter à disposição tão pouco material. No tocante à questão do desenvolvimento do sintoma da vagabundagem e de sua relação com a realização do desejo, ele gostaria de ressaltar dois pontos:

1) Ao mudar de entorno, o vagabundo se põe na mesma situação que o histérico em sua fuga ao mundo; a fuga ao meio que o cerca.

2) A questão de saber a qual parte da vida pulsional se deve a vagabundagem pode talvez encontrar resposta em um caso observado por ele (não se trata de um vagabundo no sentido próprio do termo, mas a semelhança é grande; sua errância apresenta caráter pulsional). O homem em questão é inteligente e culto; de tempos em tempos vagueava sem destino pelas ruas

---

206 A fantasia de Stekel é verdadeiramente sem limites.
207 Georg Buschen, falecido em 1904. Seu livro, *Cérebro e cultura: problemas-limite da vida nervosa e psíquica*, foi publicado pela editora Bergmann (Wiesbaden).

e só se acalmava quando lograva fazer o que tentava evitar: visitar uma prostituta. Em seus passeios, não costumava levar dinheiro, mas regularmente pedia algo emprestado a algum conhecido.

(FEDERN questiona se ele roubava. ADLER: se ele tivesse roubado, a analogia seria de fato suspeita.)

De acordo com suas observações, os jovens infratores começam por vagabundear. Há um grupo de pessoas, os ciganos, que são vagabundos típicos (os ciganos são, em sua maior parte, também desertores do serviço militar). (HITSCHMANN menciona os nômades em geral).

Quanto à crueldade dos médicos e dos guardas, muitos deles são sádicos que praticam crueldade contra vítimas indefesas.

Considera simpática a parte da hipótese de Stekel referente aos indícios de degeneração craniana. Em sua opinião, eles têm um importante papel (metopismo: estigma de inferioridade). Não admite, no entanto, o aglomerado de relações causais vislumbrado na hipótese.

RANK estabelece uma relação entre as viagens feitas por muitos de nossos poetas, que têm um tom de fuga, com a "vagabundagem". A errância de Kleist pela Alemanha e a França é conhecida. A fuga de Schiller de Stuttgart, cujos motivos são muito mais profundos (inconscientes) do que afirmam os historiadores da literatura, talvez possa ser incluída aqui; a primeira viagem de Goethe à Itália, a fuga de Wagner de Dresden, a viagem de Hebbel a Hamburgo (e, mais tarde, seu ímpeto viageiro); a viagem de Shakespeare a Londres provavelmente também. A vocação de muitos poetas (Hebbel, Kleist) tem início com uma viagem (fuga), da mesma forma que a neurose do vagabundo. Vemos em muitos poetas como essa fuga é apenas uma emancipação de sua família (sobretudo dos pais e irmãos); Shakespeare, por sua vez, não se emancipa de pai, mãe e irmãos, mas de sua própria família: da mulher e do filho (o que é um simples deslocamento); Wagner também. Poder-se-ia supor, no caso do vagabundo, que sua paixão é animada pelo motivo de se emancipar de sua família? De acordo com a tese de Freud de que a defesa é o correlato psíquico da fuga, o aspecto neurótico poderia ser formulado assim: no caso do vagabundo, o mecanismo se inverte, por assim dizer, e a defesa psíquica se manifesta como fuga, como defesa motora. Talvez seja isso que Adler denomina fuga do meio circundante.

KAHANE sublinha que o tema tratado hoje é predominantemente sociológico. A vagabundagem não é um conceito absoluto, mas deve ser compreendida como um conceito novo no contexto de nossa sociedade. O vagabundo, se transplantado para o deserto, perderia de imediato seu caráter delinquente: ele só faria o que fazem todos os outros. A vagabundagem nem sempre está associada à psicose. Todos nós "vagueamos": nossas férias não são outra coisa. Kahane pontua novamente que também nós temos a necessidade de abandonar nossas inibições culturais de modo rápido e repentino. Comenta, acerca dos ciganos, a questão da hereditariedade da vagabundagem: o vagabundo talvez esteja mais próximo dos povos nômades do que nós.

FEDERN menciona primeiramente dois grandes poetas "vagabundos": Byron e Béranger[208]. O verdadei-

---

208 Pierre Jean de Béranger (1780-1857), poeta popular na França no século XIX.

ro vagabundo se caracteriza por sua falta de sentimento patriótico. O aspecto neurótico do vagabundo consiste em que não logra adequar sua vida pulsional às nossas relações sociais. Enquanto o verdadeiro vagabundo não tem pátria, pode-se dizer que o vagabundo sintomático está sempre em busca de uma pátria. Ele conhece um caso de vagabundagem sintomática: um homem que está sempre de mudança pelas mais vãs razões.

Federn questiona se as doenças infecciosas não teriam influência na etiologia da demência precoce; ele observou o surgimento de demência após uma coreia; talvez seja de fato uma doença tóxica.

Federn gostaria de defender, em certa medida, os médicos de hospícios e prisões contra as acusações de Stekel; em relação à incapacidade de influenciar os doentes, cita o Diário de Melschin (*Tagebuchblätter de Melschin*)[209].

Federn se mostra cético em relação à hipótese de Stekel. Menciona, entre outras coisas, que os hidrocéfalos também podem ser pessoas dotadas: Helmholtz; Gauss.

FREUD considera a demência precoce apenas uma nova denominação (Kraepelin). Ele próprio diagnosticou uma paranoia no caso que serviu de modelo à análise de Jung. Entre os sintomas da demência precoce não se encontra nem demência, nem "precocidade". O termo abrange o que anteriormente se denominava hebefrenia (cuja característica é a imbecilidade precoce); acrescen-

---

209 Peter Filippowitsch Jakubowitsch (1860-1911), escritor russo, escreveu sob os pseudônimos Melschin, Ramsew e Grinewitsch. Em 1887, foi condenado, enquanto revolucionário, à realização de trabalhos forçados na Sibéria. Essas experiências foram descritas por ele no *Diário de um preso siberiano, Tagebuchblättern eines sibirischen Sträflings*, Insel Verlag, Leipzig, 1904.

tou-se a isso um grupo pertencente à paranoia. Em todos os casos em que há manifestação de paranoia, é melhor que a doença seja designada paranoia[210].

O tema do vagabundo é predominantemente sociológico. O tratamento absurdo a que essas pessoas são submetidas nas prisões (enquanto dementes) é apenas um aspecto da prevaricação generalizada no atendimento aos pobres. Se houvesse tratamento para esses quadros (demência precoce), o encarceramento dessas pessoas seria crime.

Um leigo, R. M. Meyer, afirmou certa vez em um artigo (no periódico semanal vienense *Die Zeit*) que é impossível a um homem normal dizer um verdadeiro *nonsense*. Poder-se-ia, mediante deslocamentos e substituições, adivinhar o sentido oculto por trás de tais discursos. Jung fez o mesmo. Ele extraiu das falas absurdas dos pacientes um sentido completo. O mecanismo do desejo e do recalque é o principal responsável pela alteração [distúrbio]. A paranoia foge da vida para a doença. Assim como em todas as neuroses e psicoses, tem lugar um recalque do real.

No início da doença, é impossível fazer um diagnóstico correto; o quadro é o mesmo em muitos casos. Freud relata o caso de uma mulher que havia tratado como histérica (com pouco sucesso). Algum tempo após a interrupção do tratamento, ela começou a ver espíritos; era nítido que sofria de uma paranoia espiritualista;

---

210 Bleuler reunia todos esses grupos sob a denominação de esquizofrenia, termo não muito feliz; como Freud sublinha, o eu do neurótico também é cindido – ainda que em menor medida do que o do esquizofrênico.

a paranoia já estava anteriormente lá, mas não pôde ser reconhecida de início.

Freud não considera a hipótese de Stekel a resposta mais direta. Entre a resposta correspondente ao estado atual de nosso saber e a resposta de Stekel, há certamente uma série de causas.

Rank esbarrou no cerne do problema ao tentar mostrar o que há de comum na fuga dos poetas e dos vagabundos.

Freud retoma a divisão feita por ele da vida amorosa em amor objetal e autoerotismo e a regressão já enfatizada (da libido), com o que relaciona a paranoia. O vagabundo que foge tem a mesma motivação: *a fuga* à pulsão, ao amor objetal.

A histeria, ao contrário, se distingue da paranoia por uma acentuação excessiva do objeto; a histeria é o apaixonamento extremo; adotamos como medida terapêutica o afastamento do lar; fazemos com isso o que o vagabundo faz por si mesmo. O histérico é (ao contrário do paranoico) um homem preso ao lar e às pessoas, ele se angustia quando se afasta um pouco mais do que o habitual; o histérico exagera o amor objetal e por esse motivo se imobiliza: ele se fixa. O vagabundo arrebata de si seu objeto.

(ADLER sugere, estabelecendo uma relação com o sonambulismo, que *o andar* é a atividade autoerótica do vagabundo.)

Não há vagabundos de natureza violenta (assassinos), o que corrobora a falta de amor objetal (eles não odeiam o próximo, porque também não o amam).

A tendência a ver simulações por toda parte é explicada por Freud com base na psicologia do funcionário público. Visto que neste a tentação à simulação é grande – em decorrência do salário fixo (a despeito do baixo rendimento) –, eles são inclinados a julgar que todos os outros são também simuladores.

SADGER considera a demência precoce uma psicose "moderna" – a que muito se atribui do que de fato pertence ao campo da hereditariedade (*Belastung*). Também na vagabundagem e na necessidade de viajar encontramos sintomas de neurose hereditária. A aversão ao estabelecimento de vínculos é um de seus sintomas[211]; a pessoa não suporta relações duradouras e reluta com seu eu. Sadger associa a fuga, frequente nas histéricas, às tendências infantis de provocar medo, chamar a atenção etc.: a mulher não costuma ir muito longe, de modo que possa ser buscada com facilidade e carinhosamente apaziguada – assim como a criança.

Stekel é contrário à hipótese junguiana da toxina e à teoria craniana de Stekel.

Afora o sadismo, a homossexualidade também desempenha um papel importante na enfermagem: esta é uma profissão tipicamente homossexual. Também os neuróticos exprimem o desejo homossexual de entrar na instituição hospitalar.

HITSCHMANN remete primeiramente ao livro *Memórias de um trabalhador*[212], em que o autor constrói o retrato típico de um vagabundo (sem demência precoce); o livro não apresenta conteúdo erótico; ao lê-lo temos a impressão de que o homem se masturba.

---

211 Comparar com a ata nº 22.

212 Karl Fischer, *Recordações e memórias de um trabalhador – Denkwürdigkeiten und Erinnerungen eines Arbeiters*, 3 Bde., Leipzig, 1904–05.

Viajar sempre tem para nós o caráter de conquista. Mas só se torna herói quem supera o amor por sua mãe. Por vezes, o lar representa também uma inibição erótica. Tem-se de considerar, no caso do vagabundo, a série de vicissitudes que o acorrentam a seu meio. Na escolha da vagabundagem reside, aliás, uma profunda falta de cultura que deve ser decorrente de graves defeitos.

Hitschmann diz faltar a indicação da idade dos pacientes para que se possa fazer a distinção entre demência precoce e paranoia.

A insatisfação com o meio é na maioria das vezes uma insatisfação consigo mesmo, uma espécie de estado hipocondríaco.

(FREUD observa: se é correto dizer que o equivalente somático da histeria é a neurose de angústia, também deve haver um correlato somático que se comporte de modo análogo à paranoia: a hipocondria. Nesta também se dá o retorno da libido para o eu, sempre acompanhado de sensações desagradáveis[213].)

[A.] DEUTSCH menciona a amizade (homossexual) entre Rimbaud e Verlaine[214]; um dia ambos desapareceram de casa e partiram juntos em uma viagem que durou anos; separaram-se repentinamente e se uniram novamente depois.

STEKEL menciona um caso de demência precoce após reumatismo com coreia.

---

213 Essa ideia se cristaliza em trabalhos posteriores.
214 Arthur Rimbaud (1854-1891) e Paul Verlaine (1844-1896), os dois grandes poetas líricos franceses.

O mais importante na vagabundagem é a razão que impele à fuga. Aponta, por fim, a semelhança entre a neurose de angústia e a *doença de Basedow*.

[13]

REUNIÃO DE 13 DE FEVEREIRO DE 1907

Presentes: Freud, Adler, Federn, Heller, Hitschmann, Kahane, Reitler, Rank, Sadger.

Hitschmann devolve a ata nº 11 e o suplemento de Reitler à ata nº 9.

CONFERÊNCIA: *O despertar da primavera, de Wedekind*[215]

CONFERENCISTA: Dr. Reitler

---

215 Frank Wedekind (1864-1918) intitulou sua peça *O despertar da primavera, uma tragédia infantil* (1891). De fato, ele se interessava menos pelo indivíduo do que pelas tragédias mais ou menos graves de pessoas jovens que, sem qualquer orientação ou esclarecimento, descobrem sua sexualidade e são mal compreendidas e desprezadas por seus pais e professores. O enredo da peça é simples: o estudante Melchior e Wendla, de 14 anos, encontram, em uma granja, as respostas para suas perguntas. Wendla fica grávida; em seu leito de morte, após o aborto, ela pergunta a sua mãe por que não lhe havia dito nada acerca de tudo aquilo.

O amigo de Melchior, Moritz, comete suicídio por ter tirado notas baixas na escola. Ao revistar o quarto do filho, o pai desesperado depara com um texto obsceno sobre o coito, escrito numa letra que lhe é desconhecida. Ele descobre depois que se trata da letra de Melchior. Melchior é expulso da escola. Ao fugir de seus pais, que o querem enviar a um reformatório, ele chega ao cemitério. Ao ler a inscrição no túmulo de Wendla, é surpreendido pela visão de Moritz levantando de seu túmulo e vindo ao seu encontro com a cabeça entre as mãos. Moritz tenta levar seu amigo para o reino dos mortos, mas então surge o "senhor de máscara", que faz o fantasma retornar ao túmulo e leva Melchior consigo. A vida é personificada na figura do "senhor de máscara", a quem a peça é dedicada.

Reitler começa por caracterizar as três personagens principais: Moritz Stiefel, cujo desenvolvimento sexual para no estágio infantil (autoerotismo), seu amigo Melchior Gabor, que ultrapassa a sexualidade infantil e alcança a sexualidade normal (coito com Wendla), e por fim Wendla, que tem tendências claramente masoquistas. Já na primeira cena, Wendla manifesta sua angústia em relação ao despertar da sexualidade normal (pensamentos de morte etc.).

Reitler percorre a obra cena por cena, dando suas interpretações. Ele sublinha, por exemplo, como Wedekind relaciona o ateísmo nascente à perda simultânea da autoridade dos pais e à tomada de conhecimento de sua vida sexual. Ele assinala que manter um diário é uma maneira de se livrar das cargas psíquicas.

A história da rainha sem cabeça (Moritz) e do rei de duas cabeças que cede uma à rainha é compreendida por Reitler como uma representação simbólica da bissexualidade.

Na cena final, Reitler interpreta o fantasma de Moritz como representante do desejo de retornar à sexualidade infantil; o senhor de máscara, por outro lado, representa a sexualidade dos adultos. Ambas as figuras são apenas projeções do conflito que se passa na alma de Melchior.

Wedekind não comete nenhum erro do ponto de vista da teoria da sexualidade. A única crítica que poderia ser feita é de que não enfatizou o suficiente a importância das zonas erógenas na vida pré-sexual.

Quanto à natureza do trabalho de Wedeking, Reitler se refere ao fato assinalado pelo Prof. Freud de que a

Gradiva[216] de Jensen relata de maneira correta, do ponto de vista clínico, o surgimento de uma representação delirante (*Wahnvorstellung*); ao ser questionado sobre isso por Freud, Jensen responde que o fez de modo instintivo, sem ter conhecimento dos mecanismos do delírio. Não podemos pressupor o mesmo desconhecimento no caso de Wedekind.

DISCUSSÃO

FREUD qualifica o livro de Wedekind como um escrito digno de apreço; ele não possui grande importância artística, mas é valioso como documento histórico e cultural. Temos de supor, no caso de Wedekind, um profundo conhecimento da sexualidade, como demonstram as constantes alusões ao sexo nos diálogos. Mas assim como no caso de Jensen, não se justifica supor no autor uma intenção consciente. Alguém pode produzir o mais belo ato sintomático (*Symptomhandlung*) sem conhecer o conceito e a natureza deste. Freud menciona um lapso linguístico extraído do *Wallensteins Lager*[217] de Schiller

---

216 Jung chamou a atenção de Freud para a novela *Gradiva; Ein pompejanisches Phantasiestück* (Dresden und Leipzig 1903). Comparar a análise feita por Freud da novela no texto S. Freud, *Delírios e sonhos na Gradiva de Jensen – Der Wahn und die Träume in W. Jensens ›Gradiva‹* (1907; O.C). Rio de Janeiro Imago, v.9.

217 A passagem mencionada aqui se encontra no drama *Die Piccolomini* (ato um, cena cinco), e não no *Wallensteins Lager*. Max Piccolomini, coronel e filho do chefe dos inimigos de Wallenstein, acabara de acompanhar sua filha em uma viagem. Em conversa com seu pai, exalta as bênçãos da paz. Isto soa suspeito ao conde Piccolomini, visto que seu filho era um soldado entusiasta. Schiller também se serve do fato de que a corte imperial de Wallenstein o acusava de negociar a paz com o inimigo e planejava seu assassinato. Freud cita este exemplo de modo detalhado em *A psicopatolo-*

que este não teria podido explicar. Após a conversa de Questenberg com Otávio (e Max), Otávio diz: "vamos" ["venha"]; e à pergunta de Questenberg: "aonde?", responde: "à casa dela", corrigindo-se de imediato: "à casa dele" ["à casa do duque"]. Passa pela cabeça de Questenberg, enquanto falava, que a viagem de Max com a princesa só havia sido empreendida para que ele se apaixonasse por ela e se unisse ao partido [de Wallenstein]. Por esse motivo, diz "à casa dela", quando se dispõe a ir ao encontro do duque: ele está pensando na intriga com a princesa. O motivo deste lapso linguístico também é expresso na cena do pai com o filho (na quarta cena do primeiro ato).

Um tema digno de ser explorado são as teorias sexuais infantis: como as crianças descobrem a sexualidade normal. Em todas as ideias errôneas que concebem a esse respeito há um fundo de verdade.

No tocante ao sonho do menino que vê pernas vestidas de meias de tricô subirem na cadeira do professor, deve-se notar que a escola é, para ele, um meio de se manter distante da sexualidade: por detrás do tirano da escola ele vê a mulher.

Os diários também podem ser considerados um instrumento do recalque. Freud está tratando um paciente que costumava manter um diário; agora que este pode ser esclarecido à luz da psicanálise, notamos que o essencial, isto é, o material inconsciente, é sempre omitido.

No ateísmo, a crença em Deus coincide, em regra, com a crença no pai. Freud faz menção a uma paciente

---

gia da vida cotidiana – Zur Psychopathologie des Alltagslebens (1901; O.C.). Rio de Janeiro, Imago, v.6.

que deixou de crer em Deus ao mesmo tempo em que perdeu a crença em seu pai. O castigo de colocar a criança dentro de um saco lembra a punição usual à masturbação.

Um traço sutil destacado por Wedekind é o empuxo (*Drängen*) ao amor objetal sem escolha de objeto: Melchior e Wendla não chegam a se apaixonar um pelo outro. O fato de Wendla, a masoquista, não ser agredida fisicamente por seus pais mostra que Wedekind não caiu no clichê habitual segundo o qual a criança teria apanhado em sua infância: ela reclama, ao contrário, de ter apanhado muito pouco; as crianças que são surradas não se tornam masoquistas.

Freud considera incorreta a interpretação de Reitler da fantasia da rainha sem cabeça. Ele gostaria de sublinhar apenas alguns elementos: a fonte poética anuncia o destino futuro de Moritz; ele próprio aparecerá depois como uma pessoa "sem cabeça". Ao se suicidar, Moritz realiza uma antiga fantasia (como Adler certa vez afirmou acerca de todos os suicídios). A fonte orgânica da fantasia é o anonimato da mulher fantasiada; Moritz é ainda muito tímido para amar uma mulher específica. As mulheres frequentemente fantasiam com homens sem cabeça (máscaras). A fantasia do rei de duas cabeças também lembra as fantasias sexuais de Platão[218]. Um indivíduo "sem cabeça" também não pode aprender nada, e Moritz á atormentado por sua incapacidade de aprendizagem.

O caráter fortemente humorístico da última cena é totalmente justificado pela necessidade poética: o humor

---

218 A crença platônica na bissexualidade do homem é expressa no capítulo "A origem do gênero humano e o surgimento do amor" do *Banquete*.

dessa cena não quer dizer senão que, no fundo, tudo aquilo não passa de uma brincadeira. Os dois personagens devem ser interpretados como diferentes propensões na alma do menino: a tentação do suicídio e a tentação de viver. O suicídio é, aliás, o ápice do autoerotismo negativo: nesse sentido, a interpretação de Reitler está correta. O negativo da autossatisfação é o suicídio.

O interrogatório a que é submetido o senhor de máscara não tem caráter meramente humorístico; há algo por detrás disso: o demônio da vida é ao mesmo tempo o diabo (o inconsciente); a vida é, por assim dizer, submetida a um exame. Esse questionamento caracteriza os estados de angústia. No acesso de angústia, a pessoa começa a se examinar, supostamente para descobrir se ainda está em posse de sua razão. O exame a que se submete Édipo também está relacionado à angústia; atrás da Esfinge se encontra a angústia (esfinge significa estrangulador)[219]. A questão que motiva todos esses exames é provavelmente aquela suscitada pela curiosidade sexual da criança: de onde vêm os bebês? A esfinge faz a pergunta inversa: o que é que vem depois[220]? Algumas neuroses teriam início com esse questionamento; Freud lê a carta escrita por uma menina de onze anos a sua tia, a quem pede que a

---

219 A questão da esfinge é: "qual é a criatura que tem ora duas pernas, ora três, ora quatro e que quanto mais fraca fica, mais pernas ganha?" Édipo responde: "o homem", pois ele engatinha quando criança, anda sobre as duas pernas quando adulto, e usa uma bengala quando velho. (Comparar com *Mythen der Völker*, Bd. 1. hrsg. von Pierre Grimal, Fischer Taschenbuch Verlag, Frankfurt am Main, 1967, S. 280.)

220 No inconsciente, a causalidade só pode ser representada por uma sequência. O desenvolvimento do homem é expresso mediante uma série de pessoas que começa com o bebê e termina com o velho: cada um deles gera o seguinte.

esclareça sobre a origem dos bebês. Aos 23 anos, a menina é acometida por uma grave neurose obsessiva.

RANK considera o caso Wedekind um excelente exemplo da teoria adleriana da inferioridade e da compensação. É certo que Wedekind sofre de uma inferioridade do sistema genital. Basta fazer menção à enurese de que sofria, a qual pode ser constatada de modo certeiro por seus "sintomas": o pirômano de uma de suas primeiras novelas *(O incêndio de Egliswyl – Der Brand Von Egliswyl)* já levanta suspeitas, mas a cena de *pisse-en-lit* em uma de suas últimas peças *(A caixa de Pandora – Die Büchse der Pandora)* é uma prova conclusiva. Teríamos de buscar outras passagens. Reitler já mencionou a masturbação (solitária e mútua), as poluções e os sonhos de polução *(O despertar da primavera)*. Aludiu também à relação homossexual entre os meninos na vinha; também há um sonho de polução em *Rabbi Esra*. Em muitos poemas encontramos alusões claras à homossexualidade propriamente dita. A prova indicial da inferioridade dos órgãos genitais (enurese, poluções, masturbação – solitária e mútua–, homossexualidade) pode ser assim estabelecida. O segundo órgão inferior é a boca: ele é conhecido por ser um beberrão (enurese), anda sem barba[221], e em suas obras frequentemente aparecem perversões orais claras (como em *O incêndio de Egliswl* e em muitos poemas).

A prevalência oral se manifesta no fato de Wedekind ter se tornado orador (ator) e cantor.

---

221 Naquela época, a maioria dos homens europeus usava barba.

Rank crê que o simbolismo sexual de Wedekind seja em sua maior parte inconsciente.

KAHANE enfatiza que a obra de Wedekind é uma crítica à sociedade e que esta tem de ser defendida. Toda civilização se funda, como mostrou Freud, no recalque da sexualidade. A educação tem de proceder em conformidade com isso ainda que alguns padeçam nesse processo: essa é a pedra de toque que a sociedade oferece ao indivíduo. Não se deve buscar na obra, como faz Rank, por exemplo, apenas o próprio poeta. Wedekind não parece ter trabalhado de modo consciente, pois alcança demasiado êxito em sua produção.

Quanto à rainha sem cabeça, deve-se notar que a cabeça significa o pênis e que o pênis do menino é, por assim dizer, um pênis ainda sem cabeça. Kahane também vê aqui uma ligação com o fato de não se conseguir olhar nos olhos da mulher com quem se teve relações sexuais. A cabeça (a razão) também é um entrave à sexualidade (inibição).

Observação: os onanistas que creem ter memória fraca frequentemente se submetem a uma auto-observação; o próprio Édipo talvez seja um representante daqueles que não se entregaram tanto ao autoerotismo de modo a não mais poder responder à questão.

SADGER interpreta a roupa branca de Wendla (primeira cena) como o representante de uma mortalha (morrer: anseio sexual insatisfeito). Ele chama a atenção para a mudança que o esclarecimento sexual provoca nas crianças: se este for feito pelos pais, sua admiração por eles aumentará, em especial pela mãe, que sem dúvida deverá ter "se atormentado e sofrido". Se o esclarecimento for feito por outra pessoa (empregada etc.), a criança pensará: como a mãe deve ter se deleitado.

Também é preciso destacar que Wendla não tinha pai; ela só conhece o amor sexual pela mãe e inveja a amiga, que apanha do pai. Seu anseio pela surra é, portanto, anseio de heterossexualidade[222]. O chicote é um símbolo do pênis (pontiagudo e flexível); ela anseia, portanto, ser acarinhada pelo pai. Etiologia do masoquismo: primeiro acariciar.

A falta de cabeça se relaciona ao pênis (a cabeça significa também o traseiro). A rainha sem cabeça é a mãe "recalcada" (Rainha dos Corações – *Coeur-Dame*). Sadger menciona, por fim, um fato marcante: após o suicídio de Moritz, seu pai afirma que ele não é seu filho. Desta maneira, ele se defende contra um fato desagradável. (FREUD: este é seu consolo).

HELLER também acredita que a produção de Wedekind não seja tão consciente como disse Reitler. Heller não está de acordo com a afirmação de Kahane de que a luta sexual é um instrumento da seleção social. Há uma série de estados intermediários entre perecer por algo e dominá-lo. Não há um homem que saia ileso desta etapa, e os que perecem não são exatamente os piores.

FEDERN enfatiza que Wedekind foi o único dentre os grandes autores psicólogos modernos (Dostoiévski, Musset, Jakobsen etc.) a reconhecer a importância da sexualidade infantil. Talvez isso fosse uma marca daquele

---

222 Bater é uma prova de amor. Comparar com o texto de Freud *Bate-se em uma criança (Uma criança é espancada: uma contribuição ao estudo da origem das perversões sexuais) – Ein kind wird geschlagen* (1919; O.C.). Rio de Janeiro, Imago, v.17.

tempo. A obra de Wedekind não deixa de ter influência na cura da humanidade dos tormentos da sexualidade. Nossa educação faz bem em manter as crianças por um bom tempo afastadas da sexualidade e de seus tormentos (mediante seus firmes preceitos morais etc.). As tendências cruéis e violentas inerentes à humanidade também são refreadas por nossa educação judaico-cristã. Mas nossa educação moral tem de fato que mudar.

ADLER diz que nunca considerou Wedekind um poeta, mas um homem extremamente engenhoso. Na época em que escreveu *O despertar da primavera*, vivia em Zurique em companhia de pessoas desregradas e era visto como um indivíduo depravado. Quando lhe perguntavam o que fazia, costumava responder: "pereço". Com esse estado de ânimo chegou à solução de seus problemas. Em seu caso, o recalque não se manifesta sob a forma poética: ele *sabe* de tudo.

Ele também retrata a masoquista Wendla como uma sádica que satisfaz seus impulsos cruéis fazendo o bem.

No discurso de Wendla sobre roupas curtas e longas não se manifesta o desejo de se despir.

A rainha sem cabeça contém o germe da ideia paranoica. Wedekind não exemplifica sua teoria, como afirma Rank.

HITSCHMANN sublinha que Wedekind vivenciou a maioria das experiências que retratava. Mas ele está longe de ter posto em sua obra tanta moral e intenção quanto nela se quer enxergar.

Sem cabeça: a mulher só obtém a cabeça por intermédio do homem. A analogia com o saco é evidente: a cabeça e o corpo da criança são separados. Fazer-se de ignorante dos assuntos sexuais é um índice de histeria; atrás disso se oculta o prazer de ouvir falar dessas coisas. É duvidoso que a criança pressinta as tendências sádicas de seus pais. (ADLER: Wedekind sabe disso.)

O fato de Melchior zombar da benevolência de Wendla revela o caráter sutil de suas observações: na sedução [de uma mulher], é importante que o homem combata a atitude moral desta. Hitschmann diz que em seu tempo de escola os meninos dotados de sexualidade normal costumavam ser expulsos (como em Wedekind). Durante o coito, Melchior diz que não ama Wendla e ela diz também não o amar: aqui o sexo se encontra apartado do erotismo. Por fim, Hitschmann questiona: de onde vem a dor do mundo (*Weltschmerz*) dos onanistas?

REITLER afirma ainda sustentar sua interpretação da cena final (autoerotismo – sexualidade normal), e...

FREUD observa que o conceito de autoerotismo é empregado por [Havelock] Ellis nos casos em que há apenas uma pessoa envolvida (portanto também nos sintomas histéricos, por exemplo), enquanto ele (Freud) o emprega quando não há objeto (os onanistas que se servem de imagens, por exemplo, não seriam considerados como autoeróticos).

[14]

REUNIÃO DE 20 DE FEVEREIRO DE 1907

Presentes: Freud, Adler, Bach, [A.] Deutsch, Federn, Heller, Häutler, Hitschmann, Hollerung, Kahane, Meisl, Rank, Reitler, Sadger, Stekel.

CONFERÊNCIA: *O Prof. Freud comenta a obra*
A falta de esperança de toda psicologia, de Möbius[223]

O pessimismo do título parece estar relacionado ao fato de Möbius ter escrito a obra pouco antes de sua morte. O livro é importante e de especial interesse para nós porque Möbius, tomando um caminho diferente, chega aos mesmos resultados com os quais já estamos familiarizados há bastante tempo. Freud, todavia, não está de acordo com todos seus resultados. Ele não consegue entender como Möbius pode ter ignorado suas teorias, posto que as conhecia (como fica claro em uma passagem de seu prefácio à tradução do livro de Sanctis[224] sobre o sonho) e que defende, em seu último trabalho, ideias muito semelhantes às suas. O livro é, aliás, uma resposta ao trabalho *Assoziationstätigkeit und Bewusstsein*[225], de Bleuler. O conferencista lê alguns trechos de

---

223 *Die Hoffnungslosigkeit aller Psychologoie*, Marhold, Halle, 1906. Paul Möbius (1853-1907), psiquiatra e docente em Leipzig. Escreveu diversas patografias de homens importantes (Rousseau, Goethe, Schopenhauer, Nietzsche, etc.).

224 Sante de Sanctis (1862-1935), médico italiano e estudioso do sonho.

225 O título correto do trabalho é *Consciência e associações – Bewusstsein und*

Professor Freud
  spricht über Möbius Buch:
„Die Hoffnungslosigkeit aller Psychologie."
                                        (Verlag, Halle 1906).

Der Pessimismus des Titels scheine psychologisch damit zusammenzuhängen, dass die Schrift kurz vor dem Ableben
Möbius verfasst sei. Das Buch sei bedeut und für uns
darum von besonderem Interesse, weil Möbius auf einem andern
Weg zu Ergebnissen komme, die uns schon lange geläufig wären.
Mit allen Resultaten jedoch könne sich Ref. nicht einverstanden erklären. Ein für ihn unlösbares psychologisches
Rätsel sei es, dass Möb... sich Zeit seines Lebens über
die freudschen Lehren hinwegsetzen konnte, besonders da
er sie (nach einer Stelle in Werth'scher Übersetzung von
Janetis Traumbuch) gekannt habe und in seinen letzten Arbeiten
vielfach die gleichen Anschauungen vertritt. Das Buch sei
übrigens eine Gegenschrift auf Bleulers:, Associationen hätigkeit,
und Bewusstsein. —
    Ref. bringt einige Stellen aus Möbius Schrift zur
Verlesung, die für ihn besonderes Interesse haben und knüpft
daran einige Bemerkungen. —

So sagt Robier, daß unsere Sinnesorgane nur zur Wahrnehmung
der Außenwelt eingerichtet seien und nicht zur Selbstbe-
obachtung, wozu Prof. Freud bemerkt, es sei ganz richtig,
daß die Funktion, mit der das Bewußtsein verbunden sei,
nur auf die oberflächlichen Wahrnehmungen eingestellt sei,
während von den inneren Rindenvorgängen nichts wahrge-
nommen werde. Trotzdem lernen wir durch einen Kunst-
griff die Aufmerksamkeit auf gewisse innere Vorgänge

maior interesse do escrito de Möbius e acrescenta alguns comentários.

Möbius afirma que nossos órgãos sensoriais são estruturados apenas para a percepção externa e não para a auto-observação, o que Freud diz estar correto: a função ligada à consciência só recebe as percepções superficiais; os processos interiores do pensamento não são percebidos. Só mais tarde aprendemos, por meio de um artifício, a direcionar a atenção a certos processos internos; estes vêm à consciência na medida em que são ligados às representações-palavra (*Wortvorstellung*). A percepção de nossos processos de pensamento só se dá mediante o auxílio de palavras. Möbius também afirma que tudo o que sabemos de psicologia estaria sedimentado na linguagem. Segundo ele, agora seria necessário produzir uma nova psicologia, baseada na auto-observação e no emprego da linguagem[226].

Möbius parte do elementar, da psicologia animal. Ao observar a vida animal, chega a duas conclusões: a vida anímica (*Seelenleben*) do animal é *pulsional* (*Triebleben*) e predominantemente *inconsciente*. O Prof. Freud afirma ter obtido os mesmos resultados observando os fenômenos anímicos mais complexos, os patológicos.

Então Möbius compara a alma do animal com a humana e descobre que a atividade lógica no homem foi superestimada em detrimento da atividade inconscien-

---

Assoziationen. Ele foi publicado no periódico *Diagnostische Assoziationsstudien*, editado por C. G. Jung, Leipzig 1906.

226 As ideias formuladas aqui já haviam sido expressas de modo claro no capítulo teórico de *A interpretação dos sonhos – Die Traumdeutung* (1900; O.C.). Rio de Janeiro, Imago, v.4, em que Freud afirma que a função do sistema cs. é a percepção.

te; a maior parte dos processos anímicos é inconsciente. Freud acrescenta que isso não teve de ser descoberto: é um fato da experiência comum que a maioria destes processos seja inconsciente.

Möbius diz que as pulsões só podem ser supostas quando há alvos ou capacidades em jogo. No caso do homem, contentou-se em admitir dois tipos fundamentais de pulsão: a pulsão de nutrição e a de autoconservação. A notícia mais importante que temos da pulsão de vida é a angústia (medo). O medo (*Furcht*), traduzido em termos racionais, quer dizer: "não quero morrer". O Prof. Freud sugere, como complemento a essa noção de certo correta, que a angústia não neurótica (medo), que é uma manifestação da pulsão de vida, seja contraposta à angústia neurótica, que é a expressão de uma perturbação e de uma ameaça à pulsão sexual[227].

Möbius traça uma clara distinção entre os sentimentos e as pulsões, mas não sabe bem como classificar os sentimentos. Está certo de que têm origem nas representações conscientes[228].

As relações de força entre as pulsões são denominadas "caráter", ao que Freud acrescenta que a localização destas talvez também tenha de ser levada em consideração[229].

---

227 Naquela época, Freud já via na angústia – ainda que de modo vago – uma reação às exigências pulsionais que não podem ser satisfeitas imediatamente. Esta ideia foi formulada mais tarde em S. Freud, *Inibições, sintomas e ansiedade (Inibição, sintoma e angústia) – Hemmung, Symptom und Angst* (1926; O.C.). Rio de Janeiro, Imago, v.20.

228 Rank deve ter registrado esta frase de modo incorreto, visto que as emoções e os afetos são, segundo Freud, modificações na inervação que são percebidas pela consciência.

229 Ao menos do modo como está registrada, esta formulação não é clara: estão se referindo à força pulsional em relação ao eu? Ao falar da localização,

Möbius conclui que o núcleo de nosso ser é oculto para nós; o Prof. Freud contradiz esta afirmação com uma indicação ao processo individual e geral do desenvolvimento; o adulto sabe mais de sua vida interior do que a criança; haveria em nós um processo responsável por revelar nosso psiquismo interno (de que lançamos mão, em pequena escala, na psicoterapia): podemos nomear este processo de conquista do inconsciente[230].

Möbius passa então a falar do conceito de inconsciente, o qual define exatamente como estamos acostumados. Ele considera uma série de aspectos da atividade anímica, demonstrando quão pequena é sua parte consciente (Freud menciona também que os duendes dos contos de fadas simbolizam o trabalho do inconsciente). Möbius distingue um inconsciente relativo (que pode temporariamente se tornar consciente) e um inconsciente absoluto (de que fazem parte, por exemplo, as pulsões). Freud remete aqui a sua distinção entre o pré-consciente e o inconsciente.

Constata-se então que o triste título do livro de Möbius só se referia à psicologia empírica, àquela que se detém perante o inconsciente.

Freud já entende o caráter no sentido de "estrutura psíquica"?

230 Na terminologia do escrito de metapsicologia O eu e o isso, publicado bem mais tarde, S. Freud, *O ego e o id (O eu e o isso) – Das Ich und das Es* (1923; O.C.). Rio de Janeiro, Imago, v.19, essa ideia é expressa da seguinte maneira: "A psicologia é um instrumento que deve possibilitar ao eu a conquista progressiva do isso". Mediante o processo terapêutico, o isso torna-se acessível ao eu: "onde isso estava, o eu deve advir". S. Freud, *Novas conferências introdutórias sobre psicanálise – Neue Folge der Vorlesungen zur Einführung in die Psychoanalyse* (1933; O.C.). Rio de Janeiro, Imago, v.22.

Por fim, Möbius faz um questionamento totalmente injustificado e supérfluo: como são possíveis os processos inconscientes (uma questão que pode muito bem ser colocada também em relação aos processos conscientes)?

Möbius anuncia, por fim, a seguinte tese: se os processos inconscientes não são acessíveis a nossa consciência, ou eles não são acessíveis de um modo geral, ou eles são acessíveis a uma outra consciência. Möbius decide que eles são acessíveis a outra consciência. O Prof. Freud considera o questionamento de Möbius incompreensível e totalmente dependente do emprego incomum da expressão: "ser acessível à consciência" (*ins Bewusstsein fallen*). Os processos anímicos são essencialmente inconscientes, tornar-se consciente ou ser consciente não são características essenciais do psiquismo[231]: o questionamento de Möbius pressupõe que o psiquismo é consciente. Disso ele não conseguiu se libertar; essa hipótese invalida todo o seu raciocínio.

No final, Möbius diz ser partidário de uma espécie de "monismo idealista" ao considerar que o psiquismo é algo verdadeiramente imperecível e essencial. O Prof. Freud julga este ponto de vista insuficiente e gostaria de esclarecê-lo à luz dos sentimentos pessoais (*Regungen*) do autor: da mesma forma que a "a falta de esperança" do título faz pensar no pressentimento da morte, manifesta--se, no final, a esperança na vida eterna.

---

231 Uma formulação quase idêntica é encontrada no último trabalho de Freud, *Esboço de psicanálise – Abriß der Psychoanalyse* (1938; O.C.). Rio de Janeiro, Imago, v.23: "Não é necessário caracterizar o que chamamos de consciente, trata-se da mesma consciência dos filósofos e da acepção comum. Para nós, todo o resto é o inconsciente".

Tais fatores pessoais nunca podem ser completamente eliminados: a pessoa tem de ser completamente normal para fornecer uma imagem puramente objetiva, caso contrário esta é sempre deformada.

DISCUSSÃO

KAHANE, sem conhecer o livro de Möbius, diz ter tido a seguinte ideia: o psíquico deve ser a continuação de algo que é espacialmente exterior e temporalmente anterior ao indivíduo. O psiquismo contém muito mais elementos herdados do que adquiridos. A consciência é o resultado do trabalho realizado pelo indivíduo com o material herdado. É necessário retornar à concepção e ao desenvolvimento embrionário e – por mais estranho que isso possa parecer – decidir-se por uma "psicologia do embrião". Os processos anímicos inconscientes já estão aí preparados. O inconsciente foi herdado no decurso de uma série evolutiva infinita. Todos os fatores que determinarão o adulto já estão presentes na criança (pode-se dizer que Goethe já era inteiramente "Goethe" no berço). Möbius está certo em partir da psicologia animal; contudo, seria preciso considerar as formas mais primitivas da vida animal. A psique mais simples é tão dependente das "cargas" externas que só funciona na medida em que as recebe; a psique mais complexa não depende tanto das cargas. A assimilação incompleta das cargas é a fonte do pensamento abstrato, que também está relacionado à debilidade dos órgãos sensoriais. Um ser dotado de órgãos sensoriais agudos não terá uma vida psíquica superior. Temos de concluir, a partir da inteligência de alguns animais mais evoluídos (os cães), que estes são capazes de atividades psíquicas mais complexas.

É necessário supor uma estratificação do inconsciente: um inconsciente passível de se tornar consciente, o motor dos processos psíquicos, e um "eterno" inconsciente por detrás.

A questão de saber por que Möbius não dava atenção às teorias de Freud é respondida por Kahane da seguinte maneira: Möbius simplesmente as ignorava. Trata-se de uma defesa contra o fato de seus resultados já terem sido obtidos por um predecessor. Há apenas duas atitudes possíveis em relação às teorias de Freud: aderir a elas ou ignorá-las.

STEKEL assinala que, numa crítica inédita ao livro de Möbius, contestou a falta de esperança em relação a *toda* psicologia, restringindo-a à psicologia escolar. Há muitos outros pontos do livro que despertam oposição: por exemplo, a definição de caráter, cuja essência consiste, para Stekel, na relação entre as representações inibidoras (*Hemmungsvorstellungen*) e as pulsões. Ao introduzirmos no debate o problema da evolução animal, ressurge a velha questão de saber em que estágio aparece a consciência. Teríamos talvez de atribuir (como Haeckel[232]) a cada célula uma certa forma de consciência. O erro está em pensarmos em termos antropomorfos. O cão possui uma representação verbal (*Sprachvorstellung*): ele pensa com as palavras que aprendeu com o homem.

---

232 Ernst Haeckel (1834-1919), zoólogo e filósofo natural, professor em Jena, adepto fervoroso da doutrina darwiniana da evolução na Alemanha. Com sua teoria da criação e sua lei biogenética fundamental, tentou embasar a teoria da descendência e aplicá-la na evolução humana.

HOLLERUNG afirma que Möbius, em seu primeiro escrito (início dos anos noventa), intitulado *Sobre as três formas de pensar*[233], defende o ponto de vista fechneriano[234] do panteísmo. Ele foi talvez o primeiro médico a adotar o ponto de vista psicológico. Ele considerava a linguagem de maneira peculiar.

Na parte final, filosófica, de sua última obra, Möbius professa um monismo. O psíquico e o somático devem ser apreendidos como uma unidade, a qual só apresenta aspectos aparentemente diferentes conforme a observemos de diferentes pontos de vista: o introspectivo e o objetivo.

HITSCHMANN lamenta que se saiba tão pouco, quase nada, sobre a pessoa de Möbius. Seus escritos, contudo, nos dizem algo sobre ele. Ao que tudo indica, ele era um típico repressor de mulheres (*Weiber-Verdränger*); ele escreveu sobre a debilidade mental fisiológica da mulher[235], era solteiro, adorava cães etc. Ele se assemelha muito a Schopenhauer, a quem também venerava. Eles têm em comum o pessimismo, que também encontra expressão no fato de considerarem todos os homens "degenerados". A "desesperança" também vem daí, está relacionada ao seu sofrimento. Ele dá a impressão (em suas críticas, por exemplo) de ser um homem perturbado pelos afetos. Mas ele é incapaz

---

233 O artigo é de 1891 e está publicado nas obras completas, v.6.
234 Gustav Theodor Fechner (1801-1887), físico, psicólogo e filósofo. Professor de física em Leipzig, e depois de psicofísica, estética e filosofia natural. Tornou-se, com suas obras no campo da psicofísica, o fundador da fisiologia experimental dos sentidos.
235 O livro de Möbius *Über den physiologischen Schwachsinn des Weibes (Da imbecilidade fisiológica das mulheres)*, Halle 1900, foi muito lido e discutido na época.

de olhar para si mesmo; jamais saberia que seu escrito contra as mulheres provém de um afeto inconsciente. Möbius não parece ter ignorado as doutrinas freudianas conscientemente; tratava-se, antes, de uma aversão instintiva (recalque).

Devemos encarar como um progresso o fato de Möbius ampliar o conteúdo do inconsciente em vez de nele procurar, a cada vez, como nós, apenas o conteúdo sexual[236].

Não se podem fazer inferências sobre o homem tendo por base os animais. As coisas não são tão simples.

Parte das considerações de Kahane não são novidades. Teríamos de questionar acerca das representações linguísticas e do pensamento dos surdos-mudos, o que seria muito instrutivo do ponto de vista psicológico.

Por fim, teríamos de perguntar: a que lugar conduz a expansão da consciência? Devemos esperar que ela opere uma completa transformação na poesia? O drama ainda depende essencialmente da noção de responsabilidade, noção que será abandonada. Em Ibsen, ela já é posta em questão[237].

---

236 Esta nunca foi a acepção freudiana de inconsciente.

237 Afirmação incorreta; comparar com a análise feita por Freud de "Rosmersholm" em *Alguns tipos de caráter encontrados no trabalho psicanalítico – Einige Charaktertypen aus der psychoanalytischen Arbeit* (1916; O.C.). Rio de Janeiro, Imago, v.14.

[15]

REUNIÃO DE 27 DE FEVEREIRO DE 1907

Presentes: Freud, Adler, [A.] Deutsch, Federn, Häutler, Kahane, Sadger, Stekel, [Rank].

COMUNICADOS

O Prof. Freud informa que o Dr. Guido Brecher, médico internista de Gastein, se candidatou à admissão na Sociedade. Este assunto será discutido no próximo encontro. Comunica, além disto, que o Dr. Bresler, editor da *Psychiatrisch-neurologischen Wochenschrift*, o convidou para ser coeditor de uma nova revista: *Theologisch--psychiatrische Grenzfragen*; ele aceitou o convite e enviou uma contribuição ao primeiro número (*Atos obsessivos e práticas religiosas*[238]).

CONTINUAÇÃO DA DISCUSSÃO ANTERIOR
(Möbius: a falta de esperança de toda psicologia)

Antes da abertura da discussão, o Prof. Freud relata a solução extraordinariamente clara de um caso de ataque histérico. Trata-se de uma menina inteligente que sofre de histeria grave (ausências). O ataque, acompanhado de convulsões leves, costuma começar quando ela se angustia e exclama: "Oh, que terrível opressão!" Posto que es-

---

238 S. Freud, *Atos obsessivos e práticas religiosas – Zwangshandlungen und Religionsübungen* (1907; O.C.). Rio de Janeiro, Imago, v.9.

ses ataques frequentemente ocorrem no bonde, contexto em que ela sempre se dirige a homens desconhecidos de modo condescendente, faz sentido pensar em uma fantasia de prostituição. Ela é uma pessoa visual: quando nada lhe vem à mente, durante a sessão, ela olha para o papel de parede e vê imagens, formas: certa vez, viu a figura de um homem apertando duas crianças pequenas até a morte. Depois, lembrou-se de uma vivência infantil: na época em que ela e suas irmãs ainda eram pequenas, a mãe costumava perguntar: "Quem quer ser apertada até morrer?" Quando uma das meninas se oferecia, a mãe a pegava no colo e a apertava. A paciente não apreciava este tipo de afago. Ela tinha aproximadamente cinco anos quando isto aconteceu pela primeira vez. A governanta certa vez perguntou à mãe por que o fazia e o que ganhava com isso. A mãe riu. A paciente pensava que isso a excitava sexualmente, visto que os pés da criança eram pressionados contra os genitais da mãe. É mais provável que a paciente sentisse uma pressão sobre seus próprios genitais durante esses abraços, e isso a excitasse. (Ela se masturbava pressionando as coxas uma contra a outra.) Passou a temer esses abraços e, por essa razão, faltava-lhe o ar. Repetia isso agora nos ataques. O fato de perder o ar é, naturalmente, o "recalque" (quando a mulher não se excita durante o coito, ela se queixa da pressão, do peso do homem). A origem dessa experiência infantil é, portanto, o amor pela mãe[239].

Mais tarde, a fantasia de prostituição também se

---

239 Comparar com S. Freud, *Algumas observações gerais sobre ataques histéricos – Allgemeines über den hysterischen Anfall* (1909; O.C.). Rio de Janeiro, Imago, v.9.

explicou: ela disse que a solução do ataque lhe agradava muito. Acrescenta que seu irmão era ávido por esses abraços, enquanto ela os temia. Mas como a mãe sempre prometia uma moeda a cada uma das crianças, ela o fazia. Já naquela época, ela se dispunha a trocar o prazer sexual por dinheiro. A prostituição reduz-se aqui à sua forma mais simples[240].

Como se pode ver, a imagem do papel de parede também é proveniente da vivência infantil. A mulher (a mãe) apenas se transformou em um homem (torna-se irreconhecível; mudança de sexo)[241]. Pouco antes do fim desses abraços, a paciente começara a se exibir.

DISCUSSÃO (continuação)

STEKEL afirma mais uma vez que considera desonesta a maneira como Möbius "deixa de lado" as teses de Freud. Möbius era um sensacionalista e seus livros eram verdadeiras bombas (escreveu *A patografia de Goethe*, *A Imbecilidade da mulher*[242]). O presente livro é sua última bomba. É valioso o que diz das pulsões como *primum movens*. Mas falta a indicação aos pares pulsionais

---

240 Um bom exemplo da sobredeterminação de um sintoma.

241 No sintoma, a vivência traumática é repetida de modo distorcido. Comparar com S. Freud, *Estudos sobre a histeria – Studien über Hysterie* (1895; O.C.). Rio de Janeiro, Imago, v.2. e S. Freud, *Fantasias histéricas e sua relação com a bissexualidade – Hysterische Phantasien und ihre Beziehung zur Bisexualität* (1908; O.C.). Rio de Janeiro, Imago, v.9., em especial com a primeira fórmula usada para descrever os sintomas histéricos: 1) o sintoma histérico é o símbolo mnêmico de certas impressões e vivências efetivas (traumáticas).

242 *Über das Pathologische bei Goethe*, J. Barth, Leipzig 1898, e *Über den physiologischen Schwachsinn des Weibes*.

(Adler), como fome-asco etc. A propósito da memória, ficaram faltando as referências a Freud. A afirmação de que o menino é indiferente ao sexo oposto mostra claramente que Möbius, no tocante ao desenvolvimento sexual, defende o ponto de vista das teorias correntes, segundo as quais a vida sexual começa somente na puberdade.

Möbius não consegue explicar o instinto: ele é apenas a memória do inconsciente[243].

Stekel resume seu veredicto da seguinte maneira: há passagens memoráveis no livro; o título está errado, a obra se refere unicamente à psicologia escolar. Não se trata, aliás, de um trabalho honesto. Möbius é, por vezes, um adepto de Freud − o que não revela: forma-se, em seu coração, um compromisso entre diferentes tendências psíquicas.

ADLER só leu o livro parcialmente. É uma pena que Möbius não tenha podido continuar desenvolvendo as ideias do livro. As bombas que ele adorava lançar (*Bombenwerfentum*) talvez tivessem dado ensejo a um ato revolucionário no campo da psiquiatria. Muitas passagens de seu trabalho parecem indicar que ele conhecia os escritos de Freud. Como filósofo, merece nosso reconhecimento por ter dado pouca importância à psicologia associacionista. Os fenômenos da psicologia andam em paralelo com os da vida pulsional: são manifestações exteriores, adaptadas a nossos órgãos sensoriais. O próximo passo de Möbius, passo dado também por Adler, teria sido retroceder da pulsão ao órgão. Möbius não compreendeu tão profundamente os "sentimentos"

---

243 Tal como está registrada, a frase é incompreensível. A última parte poderia ser: "... um espelhamento do inconsciente".

como as pulsões. Adler diz que as pulsões são a faceta da vida pulsional que é adaptada à nossa percepção. Möbius estabelece uma distinção demasiado aguda entre pulsão e sentimento.

Em alguns pontos, sobretudo no que diz respeito à filosofia (imperativo categórico), somos obrigados a ficar do lado de Möbius. Não faz sentido discutir se os animais têm alma ou não. Se esta for apenas a manifestação perceptível da vida pulsional, ela caberá tanto ao animal quanto ao homem. São as pulsões que temos de desvendar.

[A.] DEUTSCH cita uma passagem do livro em que Möbius afirma que o conceito de inconsciente é desprovido de sentido. Deutsch pensava o mesmo; ele passou então a pressupor a existência de estratificações (Kahane). Ele não concorda com a afirmação de Möbius de que o inconsciente é sempre "salvador"[244].

Deutsch questiona se seria possível corrigir a ideia do antropomorfismo, esta fonte constante de enganos, por meio de uma reformulação conceitual. Möbius comete um erro em considerar derivações ou manifestações de pulsões originárias (*Urtrieben*) como pulsões independentes.

SADGER considera o livro a obra mais importante de Möbius. Ele se expressava de modo claro, levava a cabo suas especulações, era hábil na escrita e foi um dos raros neurologistas que também se dedicavam à psicologia.

Sadger menciona cinco recensões do trabalho de Freud escritas por Möbius (com exceção do *Livro do so-*

---

244 Esta passagem não é compreensível sem a leitura do livro.

nho[245] e da *Teoria da sexualidade*), publicadas nos *Schmidtschen Jahrbüchern*. Os comentários não são entusiásticos, mas demonstram compreensão.

Sadger afirma que talvez estejamos inclinados a superestimar a importância das teorias freudianas para a psicologia, isto é, a importância da sexualidade para a psicologia e para o inconsciente[246]. Há também um inconsciente não-sexual, como nos ensina a psicologia do cotidiano, em que não podemos, por esta mesma razão, penetrar de maneira profunda. Há uma série de "estados inconscientes" que a psicanálise até hoje não pôde explicar[247]. Möbius tenta preencher esta lacuna ao considerar as pulsões independentemente da pulsão sexual. Com efeito, só podemos descobrir o inconsciente quando este está ligado à sexualidade e somente na medida em que ele é ligado à sexualidade.

Há coisas de que não podemos tomar conhecimento, por exemplo, o que é uma percepção, como se dá o pensamento, como a vontade se transforma em ação. Nisto reside, segundo Möbius, a falta de esperança de toda psicologia. Por conseguinte, seu mérito é apenas crítico e negativo. Não é pouca coisa ter enunciado pela primeira vez algo evidente em si mesmo.

---

245 Para o Schmidts Jahrbuch (1901, S. 269 ff.), Möbius havia recenseado apenas o texto de Freud *Sobre os sonhos – Über den Traum* (1901; O.C.). Rio de Janeiro, Imago, v.5.

246 Vê-se aqui – e futuramente isto fica ainda mais nítido – quantas dúvidas eram nutridas pelos alunos de Freud e como eles ainda não haviam compreendido de fato suas ideias.

247 Nesta época, Freud já havia postulado os três estados da vida psíquica: consciente, pré-consciente e inconsciente. Sadger certamente ainda não o havia compreendido.

Möbius poderia muito bem ter encontrado independentemente em Homero a citação, tirada da Odisseia, sobre as sombras bebedoras de sangue.

HÄUTLER já encontra em passagens anteriores prenúncios do pan-psiquismo que despontará no final; todo o modo de pensar de Möbius está, por assim dizer, impregnado disto. A polêmica de Möbius com Darwin, em que se opõe à tese da fecundidade do acaso, é uma consequência essencial da concepção segundo a qual o mundo foi criado de acordo com um plano inteligente. Sua noção de caráter implica uma visão semelhante.

De sua concepção do mundo como cosmos e de cada ser vivo como parte deste grande cosmos, resulta sua "falta de esperança": há, em cada ser humano, tantos elementos que nunca virão à consciência e que, não obstante, terão uma influência tão grande no desenvolvimento contínuo encontrado por ele em cada indivíduo, que lhe parece necessário crer na falta de esperança da psicologia. A psicologia se ocupa do indivíduo já constituído, não do aspecto cósmico; nosso intelecto pode apenas reconhecer o que é da mesma natureza que ele. Möbius deveria ter dito: há muito do passado em nós para que fôssemos capazes de analisá-lo com nossa inteligência, especialmente por esta ser o elemento mais recente e heterogêneo[248].

A decisão de Möbius pela matéria no questionamento acerca da prioridade da ideia ou da matéria é um mandamento da lógica que busca atingir a totalidade[249].

---

248 Passagem de difícil compreensão, provavelmente em razão de a ata ter sido registrada de modo condensado.
249 Incompreensível.

Möbius, como tantos outros, compreende mal o imperativo categórico: Kant não postula uma lei moral individual, mas apenas constata que o homem, ao agir, experimenta o dever.

Não é possível escapar ao antropomorfismo ([A.] Deutsch): não ultrapassamos os limites de nossa psique.

RANK vê uma certa semelhança (em parte, por contraste) entre um trabalho escrito por ele dois anos atrás (*O artista: Elementos de uma psicologia da sexualidade*) e o livro de Möbius. Seu trabalho pode ser considerado uma resposta ao livro de Möbius; onde este constata a falta de esperança, Rank é otimista.

A semelhança concerne apenas ao fundamental: Rank parte igualmente do animal, mas, como exigia Kahane, ele parte do organismo mais primitivo. Rank também esbarra primeiramente com a vida pulsional. Mas, ao contrário de Möbius, tenta desenvolver uma concepção monista da vida pulsional. Há, primeiramente, uma pulsão que consiste em evitar o desprazer (pulsão de vida); dela resulta a pulsão que visa ao ganho de prazer (pulsão sexual). Haveria, conforme as condições externas, diferentes "pulsões de vida". Cada uma delas poderia, contudo, se transformar em uma "pulsão sexual" (em sentido freudiano), como vemos nas perversões excrementícias. A aparente variedade e multiplicidade das pulsões se deve à capacidade de transformação das pulsões fundamentais. O surgimento do psiquismo e da cultura a partir das pulsões também se torna claro com a ideia de transformação.

De qualquer forma, a vida pulsional não é tão inacessível como pensa Möbius. A conquista do inconsciente, mencionada da última vez pelo Prof. Freud, também é claramente indicada em seu trabalho, bem como a decadência que ameaça a poesia no decorrer deste processo. Se Möbius tivesse vivido mais tempo, ele provavelmente teria se tornado um discípulo de Freud.

FEDERN não nota no último trabalho de Möbius uma mudança de curso que teria sido ensejada pelo pressentimento da morte. O mesmo ponto de vista pode ser encontrado em seus primeiros escritos. No tocante ao inconsciente e à indiferença ao trabalho de Freud, Möbius não estava preocupado em descobrir o inconsciente; para ele, este era uma prova a mais da necessidade de se adotar um ponto de vista metafísico. A conclusão a que chega seu trabalho já estava determinada de antemão, e o novo livro só endossa sua concepção antiga: trata-se daquele tipo de livro que sempre aparece após a descoberta de um novo princípio, com a pretensão de tudo explicar com base em tal princípio; este é seu maior erro.

Möbius supõe pulsões especiais para cada um dos dons. Neste sentido, poderíamos perguntar se no curso do desenvolvimento não surgem novas pulsões (a pulsão de beleza, de verdade etc.).

Também teríamos de considerar se não haveria algo como uma percepção interna. O conceito é a sensação (*Sensation*) de um processo interno; nossa consciência não depende apenas da linguagem. Os sentimentos seriam dados de modo exato; saberíamos dele da mesma maneira que sabemos do vermelho e do branco.

O Prof. FREUD responde aos participantes obedecendo a ordem de suas falas.

Ele não considera simpática a reação brusca de Stekel contra Möbius. Ele também supervalorizou seus méritos (de Freud) (a observação de Sadger está certa neste ponto): ele não esgota, com as poucas observações que faz em relação a isso, o tema da memória. A questão da memória e do esquecimento ainda não foi tratada em toda sua dimensão por ele, nem por outros.

Em relação à atitude de Möbius frente a suas teorias, Freud não considera que este tenha ocultado propositalmente o fato de que conhecia suas teorias; ele apenas o critica por não ter se posicionado perante todo o movimento psicanalítico.

A objeção feita por Adler à distinção categórica entre os sentimentos e as pulsões estabelecida por Möbius não se justifica. A tentativa de Möbius de fundar uma nova psicologia elementar dentro dos limites de uma obra tão curta estava, naturalmente, fadada ao fracasso. Entretanto, se quiséssemos criar uma psicologia elementar deste tipo (uma metapsicologia que ignore a diferença entre consciência e inconsciente)[250], teríamos de fazer a distinção entre a pulsão e o sentimento. Em primeiro lugar, seria necessário estabelecer que a pulsão é um conceito, um nome para a influência dinâmica ou perturbadora exercida pelas necessidades orgânicas (estruturais) no psiquismo. A pulsão conduz do orgânico ao psíquico. O sentimento, por outro lado, pertence apenas ao psíquico. A consciência (o sentido interior) se regula pelos extremos de um processo que exibe a forma de um arco,

---

250 Esta observação metapsicológica indica que Freud já naquela época considerava o aparelho psíquico de diferentes pontos de vista, o que se torna cada vez mais claro em seus trabalhos posteriores.

nomeadamente, pelas percepções e pelos sentimentos. Todo o resto não é consciência. A representação esquemática deste aparelho psíquico seria a seguinte:

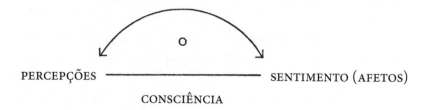

PERCEPÇÕES ——————————— SENTIMENTO (AFETOS)
CONSCIÊNCIA

(A pulsão significa a dependência deste esquema da estrutura orgânica[251]).

A psique é excitada (*angeregt*) por estímulos externos (*Reize*), e estas estimulações (*Anregungen*) são as percepções. No lugar dos movimentos (da extremidade motora) teríamos de por os afetos na outra extremidade; os afetos (= sentimentos) são algo motor: são sempre descargas internas. Os estímulos externos provocam em nós sentimentos (este é um processo secretório centrífugo. *Interpretação dos sonhos*[252]): o mundo anímico terminaria aí (um penitente indiano se enquadraria neste esquema).

O sistema nervoso faz a mediação entre nós e o mundo lá fora: as percepções despertam sentimentos; estes sentimentos são ações internas. Esses processos internos só fazem as vezes de um novo aparelho sensorial (*Senso-*

---

[251] A concepção dinâmica da pulsão é expressa aqui de forma clara. A pulsão é de origem orgânica e, enquanto tal, inconsciente. Sentimentos e percepções são conscientes; no entanto, eles dependem do substrato orgânico, assim como a pulsão. Na obra posterior de Freud, este conceito fica cada vez mais claro.

[252] S. Freud, *A interpretação dos sonhos – Die Traumdeutung* (1900; O.C.). Rio de Janeiro, Imago, v.4.

rium) para a produção de funções motoras. Essas ações no mundo exterior se dão automaticamente, delas não percebemos nada; percebemos apenas as modificações produzidas no mundo exterior. Esta lacuna deixada por Möbius deve ser preenchida com algo positivo[253].

A questão de [A.] Deutsch referente ao antropomorfismo pode ser respondida da seguinte maneira: não é necessário ultrapassar os limites de nossa consciência; nossa compreensão tem a mesma extensão que nosso antropomorfismo. Ao questionarmos o que é o inconsciente não podemos de modo algum supor que o anímico (*seelisch*) é consciente. O inconsciente é o anímico (o qual não é idêntico ao consciente). A essência do inconsciente só pode ser apreendida mediante a indicação de seus processos[254].

Sadger observa que não devemos supervalorizar a importância para a psicologia dos resultados obtidos pela psicanálise, visto que esta só trata da sexualidade. Essa afirmação não se sustenta se levarmos em conta que a psicanálise não nos revela os traços patológicos, mas os traços normais da psique. É necessário algum exercício e alguma reflexão para que possamos tirar as devidas conclusões. O caráter sexual é apenas o conteúdo, os mecanismos são totalmente independentes dele. A psicanálise é a principal fonte de conhecimento dos processos psíquicos *normais*.

---

253 Este elemento positivo é evidentemente o inconsciente, como afirma Freud em *Esboço de psicanálise – Abriß der Psychoanalyse* (1938; O.C.). Rio de Janeiro, Imago, v.23. Ver também *Projeto para uma psicologia científica – Entwurf einer Psychologie* (1895; O.C.). Rio de Janeiro, Imago, v.1.
254 O inconsciente não pode ser observado diretamente, mas apenas deduzido. Freud o enfatizou repetidas vezes.

Federn captou a essência do livro quando disse que Möbius só faz uso do inconsciente para apoiar sua visão de mundo.

Häutler: se o imperativo categórico nada mais fosse que a observação de que o homem possui uma consciência[255] (*Gewissen*), o trabalho de Kant não teria valor algum.

Rank: a "pulsão" que visa ao ganho de prazer não é algo primário. Em sua origem, as pulsões não têm intenção (*Absicht*) alguma; é apenas no psiquismo que o "prazer" e a intenção lhes são acrescentados.

As visões de Möbius acerca da singularidade ou da pluralidade das pulsões é justa, haja vista a sua orientação pelo uso comum da língua (plural de pulsões)[256].

A neurose obsessiva é particularmente adequada para esclarecer a natureza das atividades e processos intelectuais. Sua análise permite ver como o aparelho psíquico é constituído em suas camadas superiores[257].

---

255 Consciência no sentido moral. (NT)

256 Möbius fala, na maioria das vezes, de pulsões, raramente de pulsão.

257 Freud se refere certamente às formações reativas, às medidas de proteção (medidas de precaução), à dúvida, às especulações e em especial às manifestações da consciência (*Gewissen*).

[16]

REUNIÃO DE 6 DE MARÇO DE 1907

Presentes: Freud, Adler, [A.] Deutsch, Federn, Graf, Häutler, Heller, Hollerung, Kahane, Sadger, Stekel, Rank.

O Dr. Jung e o Dr. Binswanger, de Zurique, assistem como convidados[258].

O Dr. Sadger toma de empréstimo a ata nº 15 (e a devolve no dia 20 de março).

CONFERÊNCIA: *Uma psicanálise*

CONFERENCISTA: Dr. Adler

O paciente é um jovem estudante russo de família rica que se apresenta como gago. Vem se submetendo a diversos tratamentos para os nervos desde os seis anos de idade.

Em sua infância sofria de dores de cabeça, *pavor nocturnus*, insônia e, após a puberdade, de melancolia, de medo ao contato físico e de fortes palpitações. Recorda-se de que aos quatro anos lhe disseram que só mamou no peito por alguns dias e logo lhe deram a mamadeira; durante muito tempo sofreu de enterite. O paciente demonstra, em termos gerais, ter um trato digestivo inferior. Ele chupava o dedo e adorava guloseimas. Entre os sete e os dez anos de idade, tornou-se uma pessoa mui-

---

258 Presentes pela primeira vez na Sociedade de Viena.

to moderada em relação às suas próprias necessidades; tornou-se avaro e passou a ter aversão pela comida. Com os demais, era generoso. Era considerado uma criança ruim, maldosa. Era o "orador" da família (discursos etc.). A comida e as memórias sexuais lhe causavam asco. Borborigmos no intestino, dentes tortos e hemorroidas indicam um trato digestivo inferior.

A análise revela um sadismo e um exibicionismo fortemente reprimidos[259]. O exibicionismo era um traço familiar. Ele costumava dormir com seu pai em sua cama, onde este lhe contava sobre suas infidelidades à mãe (exibicionismo mental).

O paciente rivalizava com seu irmão menor. Memória do terceiro (ou quarto) ano de vida: quando os irmãos iam para a cama, brincavam com os órgãos genitais. O paciente fez comparações e descobriu que o pênis do irmão era maior que o seu.

Em seus relatos, o pai aparece como um gigante capaz de superar todas as dificuldades. Quando questionado acerca do tamanho do pênis do pai em comparação ao seu, respondeu: "O pai, oh, o dele é enorme" (ele quer dizer que não é possível comparar). Também o perturbava o fato de seus pelos pubianos crescerem mais devagar do que os de seu irmão.

O paciente também brincava de se despir com outras crianças; punha a mão debaixo da saia de sua governanta; lembra-se de ter se fantasiado de menina (bem como de ter sonhado com isso); apresenta indícios de enurese, cuja memória aparece quando menciona um balneário

---

259 Naquela época ainda não se fazia a distinção entre "repressão" e "recalque".

de que seu pai era dono. Ao ver um quadro na galeria de arte, pergunta qual é a diferença externa entre os sexos.

Adler analisa a compulsão do paciente, que está vinculada ao banho.

A compulsão: ao se banhar, *tinha* de ficar completamente submerso e *tinha* de permanecer debaixo d'água até terminar de contar – até 3, 7 ou 49 (ou também até os três números juntos); muitas vezes esteve prestes a se asfixiar. Explicava este ato dizendo que cresceu sob circunstâncias difíceis (sendo judeu, havia estudado em um colégio antissemita; seu "complexo judeu" era muito marcado); se pudesse suportar este procedimento na água, seria capaz de superar também as dificuldades da vida.

Associações: 3 é o número sagrado; conta-se até 3 quando se toma impulso para saltar. 7 é o número sagrado dos judeus, 7 X 7 = 49 é o jubileu judaico.

Associações relativas ao banho: Talvez tivesse, quando submerso, as palpitações habituais; também as tinha em Berlim quando andava de bicicleta na frente de outras pessoas. Motivo: as calças podem cair com muita facilidade quando se está andando de bicicleta. O paciente era inclinado a manter-se de calça. Ao ter "relações" com meninas também não costuma tirar a calça; ele inclusive a mantém abotoada embaixo. Na Rússia, diz, as pessoas se banham sem calças; há pessoas lá que põe a mão na frente de seus genitais; ele também fazia isso. Por quê? "Talvez porque eu seja um judeu."

Ele ficava submerso a fim de não ver nada. Ao considerar agora este hábito, de maneira retrospectiva, afirma que ele se assemelha a um batismo.

Adler assinala brevemente o caráter de compromisso deste ato compulsivo e observa que o paciente deixará de gaguejar quando se livrar de seu fardo psíquico.

DISCUSSÃO

FEDERN questiona, a propósito dos defeitos infantis, se a pessoa não poderia, modificando as causas, evitar que o desenvolvimento seguisse um curso desfavorável; seria interessante observar em que medida tais sintomas patológicos não podem desaparecer espontaneamente. Não se pode depreender a inferioridade de um órgão de uma enterite.

A compulsão a se manter vestido talvez tenha a ver com o temor de sujar as calças (Federn conhece um caso semelhante).

A gulodice não é indício de um momento sexual recalcado? A mania de fazer discursos está relacionada ao exibicionismo.

HELLER pergunta em que medida o exibicionismo está relacionado à compulsão de se manter vestido.

HÄUTLER crê que a significação dos números e sua determinação não foram suficientemente explicadas. A imersão pode também remeter às brincadeiras infantis: as crianças medrosas costumam ser forçadas a ficar com a cabeça debaixo d'água por seus colegas; a submersão voluntária seria uma reação a isso.

GRAF aponta o aparecimento simultâneo da avareza e da prodigalidade no paciente. Brincadeira infantil: competição de mergulho: ver quem aguenta permanecer mais tempo debaixo d'água. A gulodice remete a uma forte acentuação da zona oral, e é análoga ao hábito de fumar.

SADGER considera que nenhum sintoma foi esclarecido de maneira completa. Pensa que se deu demasiada ênfase à inferioridade orgânica. Seria muito mais simples explicar as náuseas do paciente por uma identificação com a mãe (que era acometida por vômitos histéricos). Sua paixão por fantasiar-se e o fato de dormir com seu pai confirmam sua identificação com a mãe. Os objetos envolvidos no ato de petiscar são em sua maioria símbolos sexuais substitutivos; principalmente no caso das frutas (cleptomania).

Um de seus pacientes recorda ter sido retirado do peito materno aos seis meses e ter reagido com vômitos.

O exibicionismo remonta à primeira infância (o bebê é acariciado ao ser embrulhado e desembrulhado). As ideias masoquistas também podem remeter à vulnerabilidade do bebê.

Antissemitismo: um de seus pacientes, cujo pai é antissemita, tem ideias antissemitas contra ele (Sadger); ele imita o pai. Certa vez, o paciente se apaixonou por um judeu (sem sucesso). Agora ele quer que o médico seja o judeu a amá-lo homossexualmente. Ao mesmo tempo, ele faz uma transferência do pai ao médico.

STEKEL considera infeliz a escolha do caso. Adler negligenciou diversos pontos. O paciente fica submerso sobretudo para não ser visto. O número 3 talvez seja determinado pelo fato de o paciente ter começado a brincar com seus genitais nesta idade.

Ele considera o gaguejar um sintoma histérico (o gago não gagueja quando está sozinho).

Dois casos: um pregador judeu teve de interromper certa vez sua pregação; ele era um homem "santo" de fantasias sumamente voluptuosas. Interessou-se, quando menino, por uma passagem do Talmude em que as letras do nome Jeová eram interpretadas como símbolos sexuais. Ele havia recalcado essa memória; mais tarde ela veio à tona. Interrompeu sua pregação quando estava prestes a pronunciar este nome. Após a cura, Stekel lhe deu um presente: uma maleta com diversos jogos (traço homossexual).

O segundo caso era de um menino que acreditava que suas olheiras denunciavam o fato de ele se masturbar. A convicção do contrário o livrou de sua gaguez.

RANK supõe que os números 7 e 49 representam o jubileu menor e o maior, o pênis menor e o maior. A aversão à comida (a mãe o forçava a comer) é uma vingança contra a mãe que não o amamentou.

FREUD observa que o 3 talvez represente o pênis cristão, o 7 o judeu menor e o 49 o judeu maior. O pênis menor dos judeus é representado na compulsão pelo número maior. A determinação naturalmente não se esgota aí; é como nos sonhos com números em que tudo é determinado até o último detalhe e nada é casual. Como prova do caráter preciso da determinação psíquica, relata algumas compulsões de uma paciente (não tomamos nota do relato porque em breve será publicado[260]). Neste caso, a tarefa do médico consistiu apenas em eliminar

---

260 Comparar com o trabalho de Freud, *Atos obsessivos e práticas religiosas – Zwangshandlungen und Religionsübungen* (1907; O.C.). Rio de Janeiro, Imago, v.9.

continuamente as resistências; e então o sentido desses atos de repente se tornou claro para ela.

A teoria adleriana da inferioridade certamente fez avançar o conhecimento da base orgânica das neuroses. No entanto, a evolução do paciente contradiz a concepção de Adler; o paciente era um "orador", e só mais tarde começou a gaguejar. A fala tem relação com o exibicionismo, e a gaguez é um sintoma da repressão (*Unterdrückungssymptom*). É característico da neurose obsessiva que o sintoma surja de um impulso (*Regung*) destinado a ser reprimido[261].

A observação de Sadger sobre o exibicionismo é muito rica. Não devemos, contudo, dar crédito a uma memória do sexto mês de vida. As memórias confiáveis começam com um ano e meio ou um ano e nove meses de idade. Na verdade, nós não temos memórias verdadeiras de nossa primeira infância; todas elas são construídas posteriormente (*nachträglich*)[262]. Para isto, o indivíduo recolhe as memórias de sua infância e as mistura com o material fornecido pela observação de crianças pequenas[263].

Avareza e prodigalidade formam um par de opostos; elas são encontradas sempre juntas, mas em diferentes

---

261 Mais tarde este processo será designado "formação reativa" da neurose obsessiva.

262 Freud quis dizer com isto que não há memórias não alteradas da primeira infância.

263 Em outras palavras, as memórias são transformadas regressivamente em fantasias. Esta observação é posteriormente empregada para explicar as fantasias infantis típicas. Ver o relato de caso do "Homem dos lobos" no texto de Freud *História de uma neurose infantil – Aus der Geschichte einer infantilen Neurose* (1918; O.C.). Rio de Janeiro, Imago, v.17.

domínios. A prodigalidade do paciente não é uma forma de recalque de sua avareza.

[A.] DEUTSCH não considera a análise incompleta. Adler apresentou seus traços principais. Questiona se o paciente experimentava um sentimento de triunfo com o número 49. As palavras vociferadas a ele por um professor talvez sejam importantes para a gaguez que teve início após esta cena. (ADLER: o professor era antissemita.) O fato de as bebês serem embrulhadas não parece ter influência na formação do masoquismo (Sadger), pois as crianças inglesas, que nunca foram embrulhadas, frequentemente se tornam masoquistas.

KAHANE define a representação obsessiva (*Zwangsvorstellung*) como a fachada de um complexo psíquico coerente que desponta na consciência. Esse complexo se enraíza no inconsciente e fornece material à religião e à sexualidade. A imersão do paciente talvez deva ser interpretada simbolicamente como o retorno à água: ele gostaria de começar uma nova vida. Aqui também poderia estar a origem de sua gaguez: uma vez começada, a vida não pode mais ser anulada. O mesmo se dá com as palavras pronunciadas.

HOLLERUNG faz perguntas sobre a atividade sexual do paciente.

O Dr. BINSWANGER pergunta se o paciente não experimentava sensações voluptuosas (sadomasoquistas) durante a submersão.

O Dr. JUNG afirma que não é capaz de fazer uma crítica minuciosa, pois só agora começou a galgar às ideias de Freud. Ele ainda vê as coisas de outra maneira. Freud as vê de dentro, ele as vê de fora. Uma vez admitida a enorme influência da constelação de sentimentos na escolha dos números, devemos pensar também no valor de frequência de certos números. Em suas experiências com associação, aprendeu a observar a escolha repetida de números frequentes (*Frequenzzahlen*) (número de filhos, de membros da família etc.).

A tendência a se fantasiar (*Verkleidungen*) é um enigma para ele.

A crítica à teoria da inferioridade orgânica lhe pareceu muito dura; em sua opinião, a ideia é brilhante; não temos experiência suficiente para criticá-la.

ADLER responde brevemente a alguns comentários: o exibicionismo vem do voyeurismo.

Em relação ao aparecimento da avareza, Adler observa que o paciente sofria de enterite e não podia comer certos alimentos; esta é a origem das privações que se impôs posteriormente. Padecia também de defecação involuntária. Quando se excitava sexualmente não conseguia segurar as fezes (por exemplo, quando falava com uma menina de que gostava). Seu medo de fazer provas tem a ver com isto (temor às evacuações involuntárias)[264].

Adler rejeita a interpretação de Stekel da gaguez.

Sobre a atividade sexual do paciente: por volta dos 17 anos, teve relações sexuais com prostitutas após se embriagar (ejaculação precoce). Era impotente com sua noiva; seu exibicionismo recalcado e sua avareza (a menina era pobre) provocavam essa circunstância. Agora,

---

264 Aparentemente ainda não se sabia que o neurótico obsessivo regride ao estágio anal-sádico do desenvolvimento da libido e que a gaguez se funda numa fixação anal.

depois de ter sido esclarecido, consegue ter relações sexuais normais.

Os números de frequência (*Frequenzzahlen*) são os preferidos, pois podem ter sentido duplo.

A interpretação do pênis menor e maior está totalmente correta. Em um sonho numérico do paciente, aparece a constelação 27.03. Associações: 7^2 (em vez de 27): sete ao quadrado = 49, e em linguagem matemática, 7 > 3; 7 é maior que 3.

O fato de nos vermos nas memórias infantis demonstra que estas são construções.

O paciente se abstém dos atos generosos quando está com fome: sua tendência à prodigalidade é alimentada por uma avareza recalcada. É de se supor que a cólera da água[265] e os estados nervosos durante as curas de emagrecimento tenham raízes semelhantes. (Ele conhece um paciente que sempre fica com raiva de seu sogro quando está fome, pois este o enganou no dote.)

As sensações voluptuosas experimentadas durante o banho se explicam pela constituição enurética, que também justifica a escolha do lugar do ato compulsivo. O ato de fantasiar-se está relacionado à forte componente homossexual.

DISCUSSÃO LIVRE

O Prof. FREUD enfatiza a relação da avareza e da prodigalidade com a acentuação da zona anal; estas pessoas se distinguem em sua vida adulta por traços de

---

265 Cólera da água traduz *Brunnenkoller*. Trata-se de um efeito colateral do tratamento com águas minerais. (NT)

caráter específicos; elas são organizadas, limpas e escrupulosas, obstinadas e peculiares em sua relação com o dinheiro[266].

Por fim, cabe indicar o caráter de compromisso dos conteúdos sintomáticos; ele diz: "eu quero me batizar, mas o pênis judeu é maior (logo, sigo sendo judeu.")[267]

---

266 Ver S. Freud, *Caráter e erotismo anal – Charakter und Analerotik* (1908; O.C.). Rio de Janeiro, Imago, v.9.

267 "Ser batizado" é o mesmo que submergir na água e voltar à superfície, o que também é a expressão simbólica do renascimento. Também significa purificação, característica da rejeição à analidade na neurose obsessiva.

[17]

REUNIÃO DE 20 DE MARÇO DE 1907[268]

Presentes: Freud, Adler, Federn, Häutler, Hitschmann, Kahane, Rank, Stekel (em parte da reunião), Sadger, Brecher.

COMUNICADOS

O Dr. Sadger propõe a candidatura de seu sobrinho, o Dr. Fritz Wittels. O Dr. Brecher é admitido na Sociedade. Hitschmann toma de empréstimo a ata nº16.

CONFERÊNCIA: *Misticismo e conhecimento da natureza*

CONFERENCISTA: Häutler

O conhecimento da natureza tem sua origem no misticismo. A aspiração[269] ao misticismo muitas vezes coexiste com a aspiração ao conhecimento da natureza. Com frequência, elas coexistem no mesmo indivíduo (como é o caso de alguns românticos). Isso se dá sobretudo nas épocas de florescimento histórico-cultural: na Grécia dos séculos VI e VII, no Renascimento e no Romantismo (especialmente em Schelling). Essa coexistência nos leva

---

268 "Não houve encontro no dia 13 de março devido a uma indisposição do Prof. Freud." Esta nota se encontra no livro de presença.
269 A palavra "aspiração" traduz *Trieb*. (NT)

à conclusão de que há uma relação estreita entre as duas aspirações. Os principais aspectos do misticismo são:

1) A tendência à unidade (o sentimento de unidade entre o homem e Deus, entre Deus e a natureza e entre o homem e a natureza). Essa tendência a unir todos os aspectos da vida e um certo recalcamento da impressão múltipla e variada da realidade só são possíveis no caso de uma intensa vida emocional com traços patológicos (algo semelhante ao estado báquico). Essa unificação se dá, como no sonho e na neurose, por intermédio de uma representação visual. Esse *sentimento* de unidade é então projetado na natureza e transformado em conhecimento. Tales, o primeiro filósofo natural, já busca unificar tudo. Ele diz: tudo é um. Desde então esse princípio se faz presente na ciência europeia. No entanto, assim como os outros princípios, ele não foi descoberto empiricamente nem demonstrado pela lógica; determinado por uma experiência interna, ele foi projetado na natureza.

2) O sentimento de oposição. Quando o místico desperta de seu estado de beatitude e retorna à sóbria realidade, ele sente a necessidade de estabelecer uma relação ente esses opostos. Isso o conduz a construir o mundo sobre duas sensações contrárias, como já o havia feito Anaximandro[270], para quem o mundo surge do "frio" e do "calor". Esse princípio dos opostos não desapareceu mais da ciência. Nós ainda o encontramos na teoria da eletricidade positiva e negativa. Esse

---

270Anaximandro de Mileto, filósofo da natureza grego, viveu entre 610-546 a. C. Era conterrâneo e discípulo de Tales.

princípio também é projetado da vida emocional na natureza. O mesmo vale para:

3) o conceito de infinito, introduzido por Heráclito. Esse conceito, que posteriormente será tão importante para a ciência, também tem sua origem no sentimento religioso do sublime, em que Deus é sentido como algo que é sem limites.

Esses três princípios do conhecimento da natureza foram, portanto, transpostos do domínio da vida emocional para o campo do conhecimento. O misticismo caminha, por conseguinte, de mãos dadas com a ampliação da consciência; e visto que o misticismo é proveniente de uma vida emocional intensificada de modo anormal, o desenvolvimento do intelecto deve ser considerado uma manifestação patológica.

O conceito de causalidade, de enorme importância para o conhecimento da natureza, advém das coações religiosas: o cerimonial religioso é a escola do conceito de causalidade; lá o homem aprende que toda falta implica uma consequência. Esse princípio também não é encontrado empiricamente, mas obtido mediante analogia e aplicado à natureza.

Finalmente, o conceito de harmonia, que dissolve os opostos, é introduzido por Pitágoras; esse conceito provém igualmente das regiões órficas.

A predileção grega pelo logos, pela palavra, exerce ainda hoje uma influência catastrófica sobre a ciência. Pela palavra, os gregos humanizam a natureza. É característico dessa idolatria da palavra que a filosofia natural grega tenha surgido após a expansão da escrita e o misticismo da Renascença após a invenção da imprensa.

DISCUSSÃO

HITSCHMANN afirma que considera o tema muito específico. Além disso, preferiria as filosofias da natureza mais recentes; lá se pode observar que os grandes pensadores da natureza se entregaram a alguma filosofia mística como uma maneira de se contrapor, por assim dizer, à sua constante ocupação com o real. Swedenborg[271], que tinha formação técnica, se torna um dos maiores místicos. Mach[272] relata que chegou à concepção do monismo em uma bela manhã de domingo (durante um passeio). Essa proveniência da visão de mundo de um estado anímico sempre lhe pareceu a objeção mais grave que se pode fazer a essa filosofia.

O sentimento de unidade com o mundo é um sentimento igualmente suscitado pelo primeiro amor. A música também produz em nós um estado anímico semelhante, descolado do mundo.

ADLER aponta a interpenetração entre a visão de mundo (*Weltanschauung*) e as sensações mais pessoais. Ele não concorda que um estado de excitação esteja sempre presente. A compreensão filosófica do mundo se assemelha mais à escolha de uma profissão: trata-se

---

271 Emanuel von Swedenborg (1688-1772), filósofo da natureza, místico e teósofo sueco.

272 Ernst Mach (1838-1916), físico e psicólogo austríaco. Foi professor de filosofia em Viena de 1895 a 1901. Sua filosofia preparou o terreno para a teoria da relatividade. Mach esforçou-se por obter uma teoria científica coesa e teve enorme influência sobre o desenvolvimento do neopositivismo.

de uma mescla do mundo com os desejos e ambições mais pessoais de cada um. Outras determinações, mais profundas, se acrescem a isso; na situação descrita por Häutler havia também outras. Valeria a pena investigar para que tipos de pessoas os números desempenham um papel tão importante (pessoas que têm o senso de ritmo especialmente desenvolvido).

A concepção do desenvolvimento intelectual como um sintoma patológico é muito importante.

O uso dos membros posteriores como pés influiu enormemente no desenvolvimento intelectual de alguns macacos.

FREUD observa que a metafísica é uma projeção das percepções chamadas endopsíquicas. O estudioso da natureza pode, contudo, por meio da prática, ter aguçado sua capacidade de observação a tal ponto que se torna possível aplicá-la no mundo exterior. Mas o pedacinho de mundo exterior que ele é capaz de conhecer é sempre relativamente pequeno. O resto, "pensa" ele, é provavelmente como eu sou, ou seja, o resto se torna antropomorfo. Ele põe em seu lugar a percepção obscura de seus próprios processos psíquicos. Para estudar a questão da origem psicológica dos conceitos filosóficos devemos nos voltar à filosofia antiga, em que os conceitos ainda conservam seu frescor. Mas também lá o problema é difícil de abordar. Teríamos, portanto, de estudá-lo tomando por base um objeto mais palpável, mais reduzido e mais acessível, como é o caso dos delírios. Estes são o produto de uma atividade combinatória de caráter sistemático. Os doentes creem que os sintomas resultam diretamente dos delírios. Esses delírios, de que há diversos tipos, podem ser considerados análogos aos grandes sistemas [filosóficos]. Além dos delírios conhecidos pela psiquiatria, os chamados delírios confusos (*verworrene Delieren*), que têm de ser traduzidos [em linguagem corrente], distinguimos outros dois tipos de delírio: 1. delírios de angústia (*Angstdelieren*), 2. delírios obsessivos (*Zwangsdelirien*).

1. Os delírios de angústia são sistemas de pensamento conscientes com os quais as pessoas tentam fundamentar e compreender sua angústia. Esses delírios são apenas projeções. São traduções de uma série de aspirações psíquicas do inconsciente desconhecido para um campo consciente conhecido em que os sintomas se manifestam. Em um caso de angústia locomotora, o paciente explicava sua incapacidade de andar mediante um sistema lógico de condições. Esse delírio é um meio de transportar os motivos e os impulsos (*Regungen*) do campo sexual para o campo da locomoção. Um exemplo científico de um sistema desse tipo é a psicologia delirante, por assim dizer, de Wernicke[273]. Ele transpôs sua anatomia cerebral diretamente ao campo da psicologia.

2. Por meio de uma complexa atividade psíquica, esses delírios se tornam o reflexo dos processos inconscientes.

A vida anímica da criança é importante para o conhecimento psicológico dos conceitos filosóficos. Deve-se observar a que idade a criança lança as bases de uma or-

---

273 Carl Wernicke (1848-1905), professor de psiquiatria em Breslau e Halle, é considerado o fundador da teoria localizacionista (*anatomisch-lokalisatorisch*) da afasia. Suas concepções foram fortemente criticadas por Freud em seu estudo pré-psicanalítico *Sobre a compreensão da afasia – Zur Auffassung der Aphasien*, Wien, 1891. Wernicke descobriu o centro sensorial da linguagem no cérebro e cunhou o conceito de "ideia prevalente" (alucinações, representações delirantes [*Wahnvorstellungen*], que estão na origem das doenças mentais (comparar com a ata 4, nota 99).

denação moral do mundo e quando ela começa a transferi-la ao mundo externo (por exemplo, justiça, causalidade etc.). No curso dessas observações, esbarramos em processos que se fundamentam em situações banais da vida cotidiana. Ao considerarmos o momento infantil, temos de abstrair, contudo, da ideia (mais engraçada do que comprovável) de que Tales, para quem tudo surge da água, era enurético e Heráclito, por suas alucinações auditivas e senso de ordem, era um erótico anal.

A supervalorização da palavra parece implicar que as percepções só se tornam conscientes quando se lhes atribui um nome[274].

FEDERN supõe que os estados de êxtase não são tão desconhecidos assim do conferencista, e considera compreensível a contradição suscitada naqueles que não conhecem o êxtase. O conferencista nos advertiu de que as coisas que hoje nos parecem óbvias foram conquistadas a duras penas.

O êxtase parece ser a condição para as grandes descobertas. A redução do campo de representações aliada ao sentimento de prazer produzido no êxtase faz com que essas pessoas experimentem um eu completamente diferente; daí provém seu sentimento de unidade com Deus[275].

---

274 Essa ideia já havia sido formulada por Freud na parte teórica da Interpretação dos Sonhos. Elas também aparecem mais tarde em seus escritos metapsicológicos.

275 Ver também Helene Deutsch, *Sobre a satisfação, a felicidade e o êxtase – Über Zufriedenheit, Glück und Ekstase* (in: Z., Bd. 13, 1927, S. 410 ff.) e os trabalhos de Federn sobre o sentimento do eu (Federn, *As psicologias do eu e as psicoses – Ichpsychologien und die Psychosen*, Hans Huber, Bern und Stuttgart, 1956).

RANK observa que um dia, talvez, a etiologia específica das atividades intelectuais possa ser estabelecida, assim como o Prof. Freud estabeleceu a etiologia específica das "doenças mentais" (histeria, neurose obsessiva etc.). Tem-se a impressão inevitável de que o filósofo, por exemplo, é um onanista típico (de modo análogo ao neurótico obsessivo, cuja neurose também remete à masturbação infantil). Filosofar tem um caráter decididamente autoerótico. O poeta, ao contrário (o dramaturgo, em particular), corresponde exatamente ao histérico; ambos estão muito próximos do amor objetal. O místico estaria na metade do caminho entre ambos, muito mais próximo à neurose. A aspiração mística de Fausto é um autoerotismo refinado; ele se cura assim que arranja uma mulher.

BRECHER coloca a questão: de que forma a metapsicologia se relaciona com a psicologia praticada comumente pelos filósofos. A necessidade de causalidade provém exclusivamente dos fatores inconscientes?

HÄUTLER: A ligação entre culpa e punição na vida religiosa deu origem à lei científica da causalidade.

FREUD: A religião corresponderia então à neurose obsessiva, e o sistema filosófico, ao delírio[276].

SADGER supõe que o filosofar remete à pergunta da criança acerca de como são os genitais do outro sexo, isto é, da mãe ou do pai.

(O Prof. FREUD diz que a pergunta infantil se restringe à origem dos bebês; pois a criança nada sabe de

---

276 Ver S. Freud, *Atos obsessivos e práticas religiosas – Zwangshandlungen und Religionsübungen* (1907; O.C.). Rio de Janeiro, Imago, v.9, e S. Freud, *Totem e tabu – Totem und Tabu* (1912-1913; O.C.). Rio de Janeiro, Imago, v.13.

outros genitais; ela supõe que todos têm genitais iguais aos dela).

SADGER afirma ter descoberto isso em suas análises. Além disso: a ideia da unidade do mundo provém do desejo de ocupar o lugar do pai.

O estado de êxtase pode ser comparado ao sentimento suscitado durante o coito (compare-se com o êxtase dos monges e das monjas; os genitais de Jesus e Maria).

O sentimento de oposição provém da desproporção entre uma sexualidade excessiva e a vida real.

As leis religiosas são, em última instância, os preceitos do pai. Princípio de causalidade: para a criança, o pai é a causa de todas as coisas.

O sentimento "harmônico" se instaura quando a criança assume o papel do pai.

KAHANE questiona se as sensações materiais da esfera sexual não teriam constituído o ponto de partida de certos conceitos filosóficos. Assim, o conceito de ordem tem sua origem na menstruação, a expansão do eu na ereção etc. A circunstância de que só seja dada ao homem a possibilidade de indagar o mundo talvez se deva ao fato de que o êxtase é um fenômeno que acompanha os processos físicos sexuais masculinos.

Os fenômenos psíquicos que aparecem na pré-puberdade são talvez aqui o mais importante. A pré-puberdade é, por assim dizer, o período filosófico do homem, e podemos fazer uma analogia entre esse período e a época da filosofia da natureza grega. No curso de seu desenvolvimento psíquico, cada homem tem de passar por todos os estágios da espécie.

[18]

REUNIÃO DE 27 DE MARÇO DE 1907

Presentes: Freud, Adler, [A.] Deutsch, Federn, Hitschmann, Kahane, Reitler, Sadger, Stekel, Rank.

COMUNICADOS

O Prof. FREUD anuncia que será publicada no outono a segunda edição ampliada da *Psicopatologia da vida cotidiana*[277] e que acaba de ser publicado *O artista*[278], de Rank.

O Dr. Wittels é admitido como membro na Sociedade por unanimidade dos votos.

O Dr. KAHANE anuncia que não poderá participar regularmente das reuniões, visto que está coordenando a edição da *Enciclopédia*[279].

Quanto à divisão das cotas relativas ao material, resolve-se que fixarão uma quantia na primeira reunião de maio.

O Dr. STEKEL anuncia uma conferência sobre a "neurose de angústia". Para o dia 17/04.

[A.] Deutsch toma de empréstimo a ata nº 17.

---

277 S. Freud, *A psicopatologia da vida cotidiana – Zur Psychopathologie des Alltagslebens* (1901; O.C.). Rio de Janeiro, Imago, v.6.

278 Der Künstler; Ansätze zu einer Sexualpsychologie, aaO. (O artista: princípios para uma psicologia da sexualidade).

279 Ver as "Notas sobre os membros da Sociedade Psicológica". Kahane se refere ao *Dicionário de Medicina – Medizinisches Handlexikon*.

CONFERÊNCIA: *O sonambulismo*

CONFERENCISTA: Dr. Sadger

Sadger fala inicialmente das crenças populares em torno do sonambulismo (influência da lua). Na literatura científica, há pouquíssimas explicações do fenômeno. As únicas obras de ficção de seu conhecimento que tratam do tema são *Lady Macbeth*, de Shakespeare, *O Príncipe de Homburg* [de Kleist], *Maria*, de Otto Ludwig[280], e Lene Tarn, em *Jörn Uhl*[281].

O conferencista examina o estreito parentesco entre o sonambulismo e a vida onírica, tomando como ponto de partida dois casos analisados por ele; ele salienta que sempre se trata da realização de desejos, sobretudo de desejos sexuais (atos exibicionistas e relações homossexuais com os pais ou professores etc.). As ações concretas realizadas durante o sono são movidas exclusivamente por desejos sexuais.

Uma das análises revela que a menina finge estar dormindo a fim de poder realizar uma série de atos de natureza sexual que normalmente lhe são proibidos. (O culto a Maria se funda, de modo análogo, no desejo de ter prazer sem sentir culpa.) Ela também falava durante o sono, sem, contudo, trair seus segredos sexuais. Esta menina nutria uma paixão homossexual por sua mãe e dormiu por muito tempo na cama dos pais. Seu sonam-

---

280 Otto Ludwig (1813-1865), escritor alemão; o conto "Maria" foi publicado em 1843.
281 O autor do romance *Jörn Uhl* (1901) é o escritor alemão Gustav Frenssen (1864-1945).

bulismo expressava sua vontade de voltar a dormir na cama da mãe.

Uma fonte intensa de luz também desempenha um papel no sonambulismo (lua: a luz natural[282]). A paciente diz que a luz a conduz inconscientemente para a mãe. Ela sofre de enurese. O costume de alguns pais de deixar iluminado o ambiente da criança (sobretudo quando está doente) para acalmá-la também influencia o sonambulismo.

O segundo caso concerne a um homem jovem, neurótico obsessivo, que está apaixonado por seu pai; sua mãe havia realizado brincadeiras sexuais com ele em sua infância. A satisfação noturna de suas necessidades excrementiciais também desempenha um papel em sua neurose, bem como a tendência homossexual (como no primeiro caso). Também nesse caso as manifestações de sonambulismo se revelam como o desejo de dormir na cama dos pais. Ele identifica o pai à lua[283]. A mãe lhe havia dito que a lua é o pai que observa a criança à noite para ver se esta dorme comportada. Quando a lua aparece, a criança pensa que é o pai que veio vê-la, e finge estar dormindo.

Em sua novela *Maria*, Otto Ludwig mostra claramente que o sonambulismo da menina expressa seus anseios amorosos insatisfeitos. A "mulher branca" é a virgem em traje de dormir. O sonambulismo das meninas provém do desejo de desfrutar o prazer sexual sem sentir culpa. Algo semelhante foi retratado por Kleist em *A marquesa de O.* (uma fantasia comum da histérica é ter sido abu-

---

282 *Mondsucht* é a palavra alemã para sonambulismo. *Mond* = lua, *Sucht* = anseio, necessidade. (NT)

283 Lua, em alemão, é um substantivo do gênero masculino. (NT)

sada pelo médico enquanto estava desmaiada). Em *Lady Macbeth*, o quadro clínico é distorcido em função das exigências do drama.

DISCUSSÃO

HITSCHMANN não considera que a exposição de Sadger tenha esclarecido o fenômeno do sonambulismo.

FEDERN assinala o significado da lua não apenas como fonte de luz para o sonâmbulo, mas também a influência que ela exerce nos processos sexuais de um modo geral: o acasalamento dos peixes se dá na lua cheia; os protozoários também copulam durante esse período.

KAHANE menciona que o sonambulismo é, por assim dizer, a transição dos sonhos motores, das ações sentidas durante o sono, para as ações efetivas da vida desperta.

RANK duvida que os resultados particulares de ambas as análises possam ser generalizados e aponta a semelhança entre as atividades sonâmbulas e os atos sintomáticos.

FREUD assinala que o conferencista não tocou no cerne do problema. A realização (*Erfüllung*) dos desejos sexuais não caracteriza apenas o sonambulismo, mas todos os fenômenos neuróticos. É correto relacioná-lo ao sonho; o enigma é apenas saber como o impedimento à motilidade, característico do sonho, pode ser superado no sonambulismo sem que o sonho se interrompa.

O sonambulismo frequentemente aparece na infância e desaparece posteriormente. Devemos ter cautela e não tomar as afirmações dos doentes (como na primeira análise) por um material científico valioso. Eles precisam ser submetidos a uma crítica rigorosa, visto que transmitem uma imagem falsa, uma mistura de fantasia e realidade. A fantasia preenche as lacunas da memória de modo apropriado e muito hábil. Essas fantasias do passado também podem ser encontradas nos normais: por exemplo, os pares amorosos que não podem suportar a ideia de que sua relação é algo novo, logo passam a crer que se conhecem de longa data. O histérico para quem a sedução, por exemplo, não desempenhou um papel na etiologia de sua doença e cuja infância se caracterizou pelo autoerotismo, também o transforma em amor objetal, por meio de fantasias que se adéquam ao seu modo de pensar atual. O historiador procede da mesma maneira ao transplantar as intuições acerca de seu tempo para o passado[284].

Otto Ludwig tocou no núcleo da questão em seu conto *Maria*, em que nos dá a única explicação válida para o sonambulismo. A personagem sonâmbula entra em um dos cômodos da casa e se deita na cama que está no lugar onde ficava seu berço. A essência do sonambulismo consiste em ir para onde se costumava dormir na infância.

Na primeira análise, a mãe sonâmbula da paciente também não encontra a cama (nem o urinol), pois está sugestionada pela memória antiga. Seu comportamento

---

284 Freud formula ideias similares sobre a fantasia em seus textos tardios, por exemplo, em *Conferências introdutórias sobre psicanálise – Vorlesungen zur Einführung in die Psychoanalyse* (1915-17; O.C.). Rio de Janeiro, Imago, v.15, e em O Homem dos Lobos (S. Freud, *História de uma neurose infantil – Aus der Geschichte einer infantilen Neurose* (1918; O.C.). Rio de Janeiro, Imago, v.17.).

se torna compreensível quando levamos em conta a localidade anterior. O desejo de dormir com os pais é apenas uma causa secundária; o fenômeno principal consiste em ir para a cama.

Lady Macbeth não sofre de sonambulismo comum, mas de delírio noturno. O primeiro caso é emblemático no sentido de que as pessoas que falam dormindo nunca traem seu segredo; o que elas dizem é apenas um sucedâneo daquilo que calam (pessoas que falam muito guardam um segredo). Lady Macbeth, todavia, trai o segredo; mas não se trata de um segredo seu, de Lady; pois ela está a todo momento fazendo o papel do marido. Ela só delata algo que tem uma relação com seu segredo.

STEKEL diz que a conferência foi muito estimulante. Menciona um livro (*Lagerlöf*[85]) em que dois amantes vão ao encontro um do outro em estado de sonambulismo. Quanto à explicação do fenômeno, nota que o sono se transforma em um estado auto-hipnótico no momento do sonambulismo. O desejo se torna tão poderoso que conduz a uma espécie de hipnose.

Stekel descobriu que para algumas pacientes a lua simboliza os testículos.

A importância biológica da lua para o homem também não deve ser subestimada (fases da lua).

REITLER não crê ainda ser possível dar uma explicação válida para todos os casos de sonambulismo.

Ir para a cama dos pais equivale não ao desejo de dormir, mas ao desejo de vivenciar algo.

Há alguns anos, Reitler teve a oportunidade de observar uma menina enurética de oito ou nove anos de ida-

---

285 A lenda da mansão, de Selma Lagerlöf (1858-1940), escritora sueca.

de. À noite, sem despertar, ia urinar; saía de seu quarto e se dirigia ao quarto do irmão ou de seus pais para usar o urinol. Sofria de uma compulsão que consistia em lavar o ânus e a parte posterior das pernas até sangrar durante o dia para purificá-los do uso dos urinóis "masculinos".

Um caso rapidamente observado por ele de uma menina de seis anos cuja cama nunca foi mudada de lugar contradiz a explicação dada pelo Prof. Freud.

ADLER concorda com a opinião de Kahane de que o sonambulismo deve ser incluído entre os fenômenos motores do sonho. Dessa forma poderemos abordá-lo pela via psicanalítica. Não podemos descartar uma possível diferença entre o sonambulismo infantil e o adulto. Este nem sempre começa na infância. A inibição da motilidade não é vencida completamente no sonambulismo. A fonte do sonambulismo infantil são as sensações de prazer originadas nos órgãos motores.

As pessoas que sonham com ações motoras ousadas de fato realizaram movimentos semelhantes em sua infância; são pessoas com impulsos motores originalmente mais fortes. O fato de o sonâmbulo também se levantar e não apenas se deitar contradiz a explicação de Freud.

SUPLEMENTOS

HITSCHMANN observa que o sonambulismo não é um estado de sono propriamente dito; assemelha-se mais ao estado hipnótico ou histérico (talvez à *double consciousness*).

STEKEL: O sonâmbulo busca o objeto sexual.

[19]

REUNIÃO DE 10 DE ABRIL DE 1907[286]

Presentes: Freud, Adler, Bach, [A.] Deutsch, Federn, Graf, Heller, Hollerung, Hitschmann, Rank, Reitler, Sadger, Stekel, Wittels.

COMUNICADOS

FREUD informa sobre um curioso ensaio escrito por um tal Dr. [D.] Bezzola, de Zurique[287], e sobre uma resenha do *Artista* de Rank, publicada no *Tag*[288].

ADLER chama a atenção para um artigo do Dr. M. Friedmann acerca das ideias obsessivas (publicado nos últimos dois cadernos da *Monatsschrift für Psychiatrie und Neurologie)*[289].

STEKEL menciona um artigo publicado na *Zeitschr. f. Fortschr. d. Ärzte*[290].

Hitschmann toma emprestada a ata nº 14, [A.] Deutsch as atas nºs 5, 6 e 17.

---

286 A reunião de 3 de abril não se realizou devido aos feriados. (Nota do livro de presença.)

287 *Zur Analyse psychotraumatischer Symptome*, in: *Journal für Psychologie und Neurologie*, Bd. 8, 1907.

288 Jornal vienense.

289 Sobre a delimitação e as *bases das representações obsessivas (Zwangsvorstellungen)*, in: Monatsschrift für Psychiatrie und Neurologie, Bd. 21, 1907.

290 Referem-se provavelmente à *Zeitschrift für ärztliche Fortbildung*, Gustav Fischer, Jena.

[A.] DEUTSCH anuncia uma conferência sobre Walter Calé.

CONFERÊNCIA: *Tatjana Leontiev* [291]

CONFERENCISTA: Dr. Wittels

Wittels tenta expor as motivações profundas do ato cometido por Leontiev. Para o psicólogo, não há heroínas. Infelizmente, não é possível psicanalizá-la; talvez a comparação de Leontiev com outras revolucionárias da história e da literatura revele alguns traços típicos. No livro dos Juízes, capítulo quatro, narra-se como *Jael* assassina o comandante Sísera. Ela convida o fugitivo para entrar em sua tenda e o cobre com um manto, mas ele a envia para fora a fim de evitar a entrada de intrusos. Ela então o mata, martelando um cravo em sua têmpora. Ela certamente esperava que o homem a abordasse sexualmente e vingou, dessa maneira, seu amor desdenhado. O cravo é um símbolo do pênis.

O caso de Judite é semelhante: ela decapita Holofernes com uma espada; a espada é menos adequada do que o cravo para simbolizar o pênis. Diz-se que o pai de Judite, um general, havia matado os pagãos por terem desnudado as vergonhas femininas, provavelmente também as de Judite. Esta acreditava, como todas as mulheres que viviam em cidades sitiadas naquela época, que seria violentada em breve (o que Holofernes já havia, aliás, anunciado). Por conseguinte, era natural que

---

291 Revolucionária russa que havia tentado assassinar um alto funcionário do governo czarista chamado Durnovo. Supunha-se que este estaria residindo na Suíça.

esta se adiantasse a ele e transformasse em ação glorio-
sa a satisfação do grito carnal. O aspecto reprimido que
foi liberado sempre busca se satisfazer sob a proteção de
um motivo ideológico. Judite também é desdenhada por
Holofernes, e isso a aborrece. Hebbel[292], nesse ponto, diverge da tradição; em sua obra, Judite cede a Holofernes
antes de matá-lo; a viúva, em sua peça, é virgem, o que se
explica de maneira curiosa: ela já era esposa de Manassés,
o qual, na noite de núpcias, se revelou incapaz de ter relações sexuais (Nestroy: impotência)[293]. O conferencista
tende a pensar que tudo o que Judite diz de Manassés se
aplica, na verdade, a ela própria. Talvez ela também seja
virgem, pois a ação que tem em vista fará correr sangue.
Quando seu pai a conduzia para o casamento, ela levanta os olhos em sua direção e diz: Manassés é certamente
bem diferente. Aqui se destaca pela primeira vez a importância do pai. Podemos supor, em todos esses casos, a
primeira inclinação sexual da menina pelo pai, pois esse
amor é sempre um amor desdenhado.

Nesse contexto, dever-se-ia mencionar também Joa-
na d'Arc; embora não tenha cometido um atentado, ela
é uma heroína. Ela ouvia vozes, gostava de se vestir como
homem e dormia com outras meninas na mesma cama.

Por fim, Wittels menciona Charlotte Corday. Ela
amava um jovem que teve de ir para a guerra; Charlotte

---

292 Friedrich Hebbel (1813-1863), autor da peça *Judite* (1840).

293 Johann Nepomuk Nestroy (1801-1862), famoso escritor satírico vienense, escreveu uma paródia da peça de Hebbel, a qual intitulou *Judite e
Holofernes* (1849). Em ambas as peças, Judite descreve como Manassés,
seu marido, de repente, durante a noite de núpcias, não conseguiu mais se
mover. No drama de Hebbel, Judite o denomina um doente mental; no
de Nestroy, faz-se alusão à impotência.

assassinou Marat; após o ato, disseram que teria feito melhor assassinando Robespierre. Ela mandou confeccionar um belo vestido (pois de outra maneira não a teriam deixado entrar); Leontiev também pôs um vestido novo para o ato, e Judite pediu a Deus que a tornasse bela.

O recalque se tornou mais intenso no decorrer do tempo, mas o simbolismo também se torna mais claro. Na Bíblia há um cravo, no caso de Corday há um punhal com cabo de madeira de ébano introduzido numa bainha e no caso de Leontiev há um revólver Browning. O revólver é conhecidamente um símbolo do órgão genital masculino. Durante o julgamento, Corday empurrou o punhal com horror; Leontiev, a quem perguntaram se o revólver era seu, respondeu: sim, se ele não tivesse sido trocado. Do ponto de vista psicológico, o revólver teria sido outro no momento do crime.

Leontiev: seu pai vivia em Varsóvia, ela e sua mãe moravam na Suíça havia muito tempo. A mãe e a filha não se amavam (tinham ciúme do pai).

Durnovo e Müller[294] não eram nem um pouco parecidos; quando a confrontaram com esse fato, assinalando as diferenças de seus cortes de cabelo e de suas barbas, ela diz: cabelo e barba podem ser mudados. Esses pensamentos são frequentes em paranoicos. Müller, morto por ela, é, por assim dizer, o primeiro a aparecer; ela também imaginou que Durnovo teria saído do hotel sob o pseudônimo de Müller. As cenas feitas por ela ao se despir[295] e ser fotografada (ela cuspiu no rosto do juiz

---

294 Müller era um inocente que foi morto por Leontiev no lugar de Durnovo.
295 Antes do julgamento, ela teve de se submeter a uma revista para se certificarem de que não ocultava armas.

de instrução) talvez possam ser explicadas por seu desejo de se passar por virgem.

O conferencista manifesta, por fim, sua antipatia pessoal por Leontiev e por todas as histéricas.

DISCUSSÃO

STEKEL assinala que o conferencista projetou, com sua atitude, o desagradável conhecimento de sua própria e insignificante histeria em uma classe de pessoas totalmente inofensiva. Cabe destacar que os grandes feitos só se realizam sob uma enorme pressão (*Zwang*) psíquica, capaz de produzir tal estreitamento do campo da consciência. O conferencista indicou de modo correto a enorme importância do simbolismo (que é típico dos sonhos); o amor ao pai também não deixa dúvida.

BACH acredita que tudo pode ser explicado de modo mais simples. A doença mental de Leontiev é uma manobra de defesa; seu comportamento perante o juiz de instrução tinha por objetivo provocar sevícias, que são parte do papel de mártir dos revolucionários russos.

Na maioria das vezes, são filhas de generais que cometem tais atos pseudorrevolucionários. Seria preciso levar em consideração as verdadeiras revolucionárias russas; trata-se de uma patologia de toda uma época e de toda uma classe, e não apenas de indivíduos isolados que partilham das condições éticas e sexuais dessa classe.

O relato bíblico de Judite foi inventado posteriormente e a retratou como uma heroína pura, imaculada.

ADLER considera a apresentação engenhosa, porém inaplicável ao caso de Leontiev. Quem está familiarizado com as circunstâncias não pode ser levado a extrair tais conclusões. Também não se pode concordar com a tese de Wittels de que a ideologia possa ser totalmente dissociada, num acontecimento concreto, daquilo que chamamos vida emocional ou ambiente. A ideologia não pode explicar nada, mas podemos explicar a ideologia.

O simbolismo do revólver está, em si, correto, mas não desempenha um papel no caso de Leontiev; trata-se simplesmente da arma mais moderna e confiável. Não apenas Leontiev, mas toda a colônia russa achava que Müller era Durnovo. A questão da toalete se explica pelo local do ato, um hotel da moda. O distanciamento da mãe é um fenômeno frequente entre as russas etc.

Tem-se de levar em consideração, sobretudo, a atitude ascética perante a vida da maioria dos revolucionários (homens e mulheres). Leontiev fazia parte de uma seita que menosprezava e reprimia toda atividade sexual livre. Na Rússia, a repressão exercida de cima levou ao desencadeamento do sadismo. Em geral, todos os revolucionários são benevolentes, misericordiosos e modestos, mas de tempos em tempos seu sadismo vem à tona. Esse desencadeamento se deve, no fundo, à repressão sexual.

HOLLERUNG julga as conclusões do conferencista muito ousadas; sua investigação não conduziu a nenhum resultado. De resto, concorda com as afirmações de Adler sobre o sadismo.

HITSCHMANN critica a superficialidade da apresentação, a supervalorização do simbolismo e as determinações de ordem obsessiva (*Zwangsdeterminationen*). Ele esperava uma explicação do ato heroico em geral, uma resposta à questão acerca das raízes do heroísmo no indivíduo. O ato da revolucionária é uma espécie de suicídio. Abstinência e ascetismo certamente desempenham aí um papel.

SADGER partilha a opinião de Wittels concernente à importância e ao significado do simbolismo. Ele menciona a análise de uma estudante russa que também "lamentava" não ter sido profanada (ela esperava o ato sexual).

A fantasia em torno de sua mãe impede Manassés de realizar o ato sexual.

A escassez de material impossibilita a explicação psicológica do ato de Leontiev.

GRAF também sublinha a escassez de material. A precisão com que tais atentados normalmente são cometidos é digna de admiração. No entanto, Leontiev é, por assim dizer, uma assassina sem habilidade; em seu caso, a compulsão à imitação (*Nachahmungszwang*) é desprovida de talento. Os frequentes atentados cometidos por mulheres têm sua contrapartida nas epidemias de suicídio feminino. A teoria do ascetismo nem sempre se aplica.

HELLER defende Wittels das objeções feitas por Bach referentes ao simbolismo do revólver. O conferencista explicou o ato apenas em linhas gerais e não pela via da sublimação.

FREUD afirma que o conferencista disse algo muito sincero de maneira engenhosa (e com complexos pessoais). Ele expôs corretamente a psicologia dos autores de atentados: segundo ele, é o erotismo reprimido que põe a arma na mão dessas mulheres. Toda ação que envolve ódio tem sua origem em tendências eróticas. É sobretudo o amor desdenhado que torna possível essa transformação[296]. Ele se apodera da componente sádica (Adler). Na maioria das vezes, gira-se em torno do pai, e a afirmação de Bach de que as mulheres em questão normalmente são filhas de generais confirma isso.

A dificuldade da conferência reside nas conclusões práticas; não devemos condená-los fortemente, nem desmascará-los tomando por base seus motivos inconscientes. A severidade de tais juízos seria repulsiva. Deve-se praticar uma certa tolerância em relação a essas motivações (*Regungen*) secretas: o motivo inconsciente tem direito à indulgência.

O simbolismo foi compreendido de modo correto, e as objeções feitas a esse respeito não se sustentam. Nós, com efeito, buscamos em geral as motivações inconscientes para os atos; mas estes também não prescindem de motivos conscientes. Em um dos casos, o simbolismo está dado; no outro, ele ainda tem de ser procurado. Não é por acaso que o instrumento que dá a vida e o que a tira têm a mesma forma.

Encontramos, no caráter dos histéricos, os dois extremos. Reina aqui uma desfusão (*Entmischung*) dos opostos, que se encontram bem unidos nas pessoas normais[297].

Hebbel apenas reproduziu, na história de Judite e Holofernes, o estado de coisas original atenuado pela

---

[296] Freud fala aqui da *transformação* do amor em ódio. Mais tarde, ele rejeita essa ideia e distingue uma da outra, as pulsões amor e agressividade. Depois não se aceita mais que uma pulsão possa se transformar na outra.

[297] Nessa expressão, "desfusão dos opostos", encontra-se talvez o germe do conceito de "desfusão das pulsões" ou "desfusão pulsional" formulado bem mais tarde.

tradição bíblica (Bach). O motivo do desdém é deslocado para a figura de Manassés a fim de se obter um grande efeito contrastante. A fantasia de Manassés em torno de sua mãe é inferida por Sadger, provavelmente, com base na teoria da impotência psíquica.

FEDERN assinala que aos lapsos da língua (*Versprechen*) e da ação (*Vergreifen*) devemos acrescentar agora os das armas (*Verschießen*). Ele critica a superficialidade do diagnóstico, desprovido de fundamentos. Ele reencontra aqui os erros cometidos por aqueles que estão completamente imbuídos do modo de pensar freudiano e ignoram todos os outros pontos de vista.

RANK considera a relação com o pai o elemento mais importante. Ela também está presente, ainda que indiretamente, no caso de Leontiev, que tenta incitar as filhas de um general a matá-lo.

Algo semelhante ocorre no *Wilhelm Tell* de Schiller, em que o ódio ao pai implícito no assassinato de Gessler desponta em uma cena completamente diferente, a saber, a do parricídio. A decapitação (Judite) também fala em favor do pai, cujo anonimato (defesa) é assim estabelecido (comparar com a rainha sem cabeça da obra *O despertar da primavera*, de Wedekind[298]).

WITTELS torna a sublinhar, por fim, que a sexualidade está presente em tudo o que a mulher faz e sente. E este fato não pode ser explicado ideologicamente. Não devemos supervalorizar nosso pequeno fragmento de consciência.

---

298 Comparar com a ata nº 13.

[20]

REUNIÃO DE 17 DE ABRIL DE 1907

Presentes: Freud, Adler, Bach, Federn, Hitschmann, Rank, Sadger, Stekel, Wittels.

COMUNICADOS

RIKLIN[299] ofereceu à coleção um artigo sobre o conto de fadas.

Uma comunicação sobre as teorias modernas da histeria será apresentada no *Congresso de Psicologia e Psicoterapia* que será realizado em Amsterdã, em setembro de 1907. Freud recusou. Jung e Aschaffenburg[300] apresentarão trabalhos.

Decidiu-se que as contribuições com vencimento em aberto deverão ser notificadas aos membros por escrito.

CONFERÊNCIA: *Jean Paul*[301]

CONFERENCISTA: Dr. Bach

---

299 Dr. Franz Riklin (1878-1938), médico psiquiatra suíco, trabalhava no Burghölzli e era assistente de Bleuler. O artigo mencionado aqui foi publicado em 1908 sob o título *Realização de desejo e simbolismo nos contos de fadas – Wunscherfüllung und Symbolik im Märchen*, Heller, Wien und Leipzig, na coleção Schriften zur angewandten Seelenkunde, Caderno 2.

300 Ver acima a ata 8, 142.

301 Ver a ata 2, nota 54. O pai de Jean Paul era professor de escola, organista e pastor protestante. A obra original e muito peculiar de Jean Paul influenciou enormemente os artistas de sua época.

Bach menciona o escrito de Möbius sobre Schumann[302], em que demonstra que o compositor sofria de *dementia praecox,* demência precoce; sua música é tão nervosa quanto ele. O conferencista não partilha dessa opinião: a música de Schuhmann é a típica e sonolenta música de salão alemã. De um modo geral, é difícil e muito ousado tirar conclusões sobre um compositor a partir de sua música; quando há um texto, como em Wagner, isto é mais factível. Os interesses literários do compositor também poderiam nos dar algumas pistas. Há uma carta desconhecida por Möbius, datada dos tempos de estudante de Schumann, em que este escreve que se ocupava veementemente da leitura da obra de Jean Paul e que temia, por isso, perder a razão.

As obras de Jean Paul sempre exerceram e continuam exercendo uma enorme influência sobre os músicos. O próprio Jean Paul era muito inclinado à música: seu coração ansiava por ela. Talvez isto se explique pelo desejo de ocultar ao máximo o que se passava em seu interior e pela angústia de que pudesse revelá-lo demasiadamente. Neste sentido, o caráter empolado, exuberante e estranho de suas obras é notável. Ele sempre conta algo de si, temendo que outra pessoa pudesse tentar adivinhar seus segredos; ele apresenta a loquacidade daqueles que têm algo a esconder. Bach deixa em suspenso a questão de saber se essa dissimulação e esse temor estão relacionados a uma constituição enurética (Adler).

---

302 A patografia do compositor Robert Schumann (1810-1856) foi publicada em 1906, sob o título *Sobre a doença de Robert Schumann – Über Robert Schumanns Krankheit*, C. Marhold, Halle.

Em seus breves escritos humorísticos, ele se atreve a dizer abertamente algumas coisas para as quais busca um disfarce espiritualista em suas obras maiores. Parece que ele não considera vergonhosos esses pequenos defeitos humanos nas pessoas das classes sociais mais baixas, descritas por ele em seus contos (as ações repugnantes de Katzenberger e seu asco[303] são frutos da imaginação).

Seus heróis morrem de "amor excessivo". Eles são completamente incapazes de fruir o amor de modo verdadeiro. Ele diz: o primeiro beijo é o túmulo do amor. Suas mulheres são doentes dos nervos, tomam veneno, etc. Os túmulos desempenham um papel importante em seus romances. Descreve com frequência a felicidade alcançada após a morte; na maioria das vezes, em relação direta com cenas eróticas.

Ele mantinha quatro ou cinco relações ao mesmo tempo; muitas mulheres da aristocracia o idolatravam (ele as chamava de Titânides), entre elas Charlotte von Kalb[304] e a Sra. von Stein[305]. Por fim, casou-se com uma menina chamada Rosinette. O casamento foi feliz apenas no início. Mais tarde, separou-se de sua mulher porque, conforme dizia, ela lhe fazia muitas exigências. Sua mulher havia tentado o suicídio aos 14 anos por amor a uma atriz.

---

303 *A viagem do Dr. Katzenberger ao balneário – Dr. Katzenbergers Badereise*, 2 Bde., 1809.

304 Charlotte von Kalb (1761-1843), amiga de Schiller e depois de Hölderlin. Jean Paul a homenageou na figura de Linda, personagem de seu romance *Titã – Titan* (1800–03).

305 Charlotte von Stein (1742-1827), amiga de Goethe em Weimar, exerceu enorme influência em sua vida e obra.

Ele tinha aversão a qualquer tipo de especulação; filosofar era para ele uma forma repulsiva de se ocupar consigo mesmo; ele é o criador da expressão "onanismo da razão pura e impura"[306].

Dados biográficos: sua mãe, Rosina, aparece menos. Ele a tratava com indiferença. Ela era uma daquelas mulheres cuja vida é, nas palavras de Jean Paul, lavada, cozida e costurada. Seu pai, um pastor, acreditava em assombrações e infundiu em seus filhos a crença em espíritos e fantasmas. Jean Paul era seu filho preferido e dormia junto com ele em seu quarto. Muitas vezes o filho ficava esperando o pai chegar em casa tarde da noite, atormentado por sonhos e angústia.

Mais tarde, teve amizades intensas e estes amigos determinaram seu destino. Seu irmão mais novo cometeu o suicídio precocemente, seu irmão Samuel abandalhou-se (roubava dinheiro, fugia de casa, etc.), seu irmão Adam padecia do impulso à vagabundagem (*Wandertrieb*) (tornou-se barbeiro e soldado). Jean Paul gostava muito de viajar a pé; por esse motivo escapa de uma viagem que fazia com Berlepsch[307].

Seu primeiro amor foi uma vaqueira muito mais velha do que ele cheia de cicatrizes deixadas pela varíola; todas as mulheres que amava eram consideravelmente mais velhas.

Bebia muita cerveja e dizem que era avarento. Seu filho se entregou ao misticismo e morreu jovem.

---

306 Trata-se, naturalmente, de uma alusão à *Crítica da razão pura*, de Kant.

307 Emilie von Berlepsch (1757-1831), escritora, divorciou-se de seu marido para se casar com Jean Paul, mas no último momento o abandonou.

Jean Paul viveu até os 62 anos; sua doença teve início com transtornos gástricos, que foram seguidos de febre intermitente, erupção cutânea e finalmente hidropedese. Ele também ficou cego.

Seus sonhos tornaram-se célebres.

DISCUSSÃO

FREUD sublinha a abundância de ideias estimulantes trazidas pelo conferencista. A natureza de Jean Paul era complexa, ele é um santo estranho. Ele parece ser um daqueles homens que se fixaram no estado de onanismo psíquico; este aspecto é importante para a compreensão do artista; ele se expressa na decepção física que esses causam em suas mulheres. No *Siebenkäs*[308], única obra conhecida por ele (Freud), há uma clara aversão às esposas. As amizades masculinas são mais valorizadas do que o casamento. Seria interessante investigar quantos anos tinha quando escreveu suas obras.

HITSCHMANN, ele próprio muito afeiçoado às patografias[309], elogia a apresentação de Bach, mas crê que só um médico com enorme conhecimento dos assuntos humanos seria capaz de cumprir essa tarefa de maneira satisfatória.

A decepção física causada pelo poeta na mulher (satisfazendo-as no plano intelectual) é representada na obra

---

308 *Morte e casamento de Siebenkäs, o advogado dos pobres – Tod und Hochzeit des Armenadvokaten F. St. Siebenkäs* (1796/97). Blumen, Frucht und Dornenstücke oder Ehestand.

309 A designação "patografia" foi introduzida por Möbius. Trata-se de uma biografia escrita do ponto de vista médico, com enfoque especial nas anomalias psíquicas.

[Dr.] Katzenbergers Bedereise, em que a jovem se encanta com o poeta, mas se casa com o soldado.

WITTELS não conseguiu ler nada de Jean Paul até o fim.

A mulher ideal, fruto da invenção dos homens (especialmente dos alemães) se torna para eles uma fonte de sofrimento, visto que não pode ser encontrada na vida real. É natural que essa imagem ideal só dure até o primeiro beijo e que o homem depois se desconcerte diante dela.

Com as mulheres mais velhas, como as preferia Jean Paul, essa atitude respeitosa conserva seu sentido, visto que elas encarnam a figura da mãe.

A embriaguez alcoólica é um substituto e sucedâneo do êxtase sexual.

FEDERN assinala que se quisermos compreender os personagens de Jean Paul temos de penetrar o espírito de seu tempo. O caráter antinatural se explica pela dificuldade de digerir a enorme quantidade de estímulos intelectuais. A repressão sexual das mulheres (isto é, seu desenvolvimento sexual insuficiente) contribuiu para a criação desse "ideal". Encontramos em alguns pacientes os mesmos desejos abomináveis que Bach encontrou em *Katzenbergers Reise*.

STEKEL menciona que, ao ler um relato da juventude de Jean Paul, teve a impressão de que o poeta era sexualmente precoce. Sua natureza só pode ser compreendida pela via da neurose. Ele dormia no mesmo quarto que os pais; é aí que devemos buscar a fonte de suas angústias posteriores; suas alusões à morte e ao túmulo remetem à sua angústia. Ele não era capaz de criar laços com uma mulher; destarte, casou-se com a primeira que lhe apareceu (como Goethe). É, como todos os neuróticos, bissexual; daí o caráter evidente da componente homossexual. É ousado inferir a possibilidade de uma ejaculação precoce (suspeita de Bach, contrária à hipótese levantada por Freud de um onanismo psíquico).

SADGER lamenta que o conferencista não tenha explorado nexos mais profundos. Alguns traços podem ser reconhecidos como sintomas de neurose hereditária; por exemplo, o impulso à vagabundagem (Kleist, Karl, o irmão de Grillparzer etc.) e o alcoolismo.

A forte tendência homossexual remete ao fato de ter dormido com seu pai, e o desprezo em relação à mãe tem raízes homossexuais. O fantasma branco ou assombração podem ser o pai, a mãe ou a irmã de camisolão.

RANK conhece ainda uma outra frase de Jean Paul, além do Schmelzle[310] (Adler), que corrobora sua condição enurética: "A luz tem efeito excitante sobre a genitália". O desprezo para com sua mãe talvez tenha surgido, como no caso de Byron, como uma reação à afeição que sentia originalmente por ela. Nos poemas *ad Mentulam*, de Catulo, encontramos uma designação simbólica semelhante à que Jean Paul deu à sua propriedade – *Mittelspitz* (ponto médio) [311].

ADLER menciona que as conclusões só interessam a nós; a maioria das inferências são corretas deste ponto de vista. A preferência por mulheres mais velhas se faz presente sobretudo quando o amor à mãe é recalcado.

---

310 *A viagem do capelão Schmetzle à Flätz – Des Feldpredigers Schmelzle Reise nach Flätz* (1809).

311 O grande poeta romano (84-54 a. C.). "*Mentula*" também significa pênis.

O amor pela mãe assume às vezes, como diz Rank, uma forma peculiar: a criança anseia, talvez em razão de ter sido mal tratada, por *uma* mãe.

Ele acredita que Jean Paul possa ter padecido de uma nefrite hereditária[312].

A cegueira é uma doença ocupacional dos músicos. O músico cego configura um tipo.

BACH afirma em seus comentários finais, em resposta a algumas objeções, que não teve a intenção de buscar mais interpretações. Ele estava apenas interessado em explicar a forma dos escritos de Jean Paul a partir de sua constituição psíquica.

DISCUSSÃO LIVRE

À afirmação de Sadger de que as pessoas que sofrem de taras hereditárias (*Belastung*) manifestam uma necessidade anormal de estimulantes, FEDERN responde que o degenerado faz coisas prejudiciais a ele mesmo, ao passo que a pessoa normal o evita.

FREUD diz estar correta a interpretação de Sadger acerca da origem psicossexual da crença em fantasmas como a aparição de um visitante noturno que vem ver a criança (masturbação, enurese etc.).

Nas patografias, deve-se evitar classificar o material conforme a tipificação da psicologia das neuroses; há ainda outros tipos que são, por assim dizer, mais capacitados para existir. A psicologia das neuroses só deve ser usada para esclarecer o material patográfico. Cada caso deve ser tratado por si mesmo. Nossa apresentação só

---

312 Mais uma alusão à inferioridade orgânica.

adquire força de prova (*beweisfähig*) com os mínimos detalhes[313].

A relação com a mãe desempenha um papel importante na etiologia apenas nos casos das pessoas que:

1) durante a puberdade se separam de modo peculiar de seu objeto sexual: por um lado, colocam a mulher em um pedestal tão alto que não ousam relacioná-la ao prazer sexual; por outro lado, abrem para a mulher comum, por assim dizer, uma outra conta; nesta mulher procuram então o prazer sexual. Se ambas as tendências convergem, podem surgir diversos conflitos: ou eles sublimam a prostituta, ou se desiludem com o objeto elevado e se tornam misóginos[314].

2) misturam de maneira peculiar a fidelidade e a infidelidade; eles sempre buscam a salvadora, a redentora (Wagner) e o fazem com todas as mulheres possíveis;

3) só se interessam por mulheres comprometidas; as mulheres livres não os atraem.

Podemos concluir que a relação com a mãe é determinante na etiologia apenas se essas três características estiverem presentes; [Richard] Wagner é um caso raro.

No caso de Jean Paul, nenhum dos requisitos é preenchido. A explicação de Rank também não parece cor-

---

313 A ideia de que devemos analisar o artista individual e não os artistas em geral para que possamos descobrir algo do processo de criação é mais bem desenvolvida nos escritos posteriores de Freud.

314 Essas ideias são discutidas posteriormente por Freud em seus trabalhos *Um tipo especial de escolha de objeto feita pelos homens – Über einen besonderen Typus der Objektwahl beim Manne* (1910; O.C.). Rio de Janeiro, Imago, v.11; *Sobre a tendência universal da depreciação na esfera do amor – Über die allgemeinste Erniedrigung des Liebeslebens* (1912; O.C.). Rio de Janeiro, Imago, v.11; e *Tipos libidinais – Über libidinöse Typen* (1931; O.C.). Rio de Janeiro, Imago, v.21.

reta; como se sabe, os efeitos psíquicos só podem surgir de duas maneiras: diretamente ou mediante uma reação. Não é possível ver de que modo surgiram: temos de ser cautelosos ao tirar conclusões.

É duvidoso que a enurese se deva à inferioridade do rim (Adler); ela parece ser a consequência de uma estimulação sexual precoce e, portanto, uma inferioridade sexual.

O Prof. Freud relata, por fim, o caso de um rapaz de 17 anos que acompanhou recentemente em Gorlitz; ele foi afastado dos pais aos 12 anos e teve de ser internado em razão dos horríveis gritos que costumava dar. Diagnosticaram-no com *dementia praecox*.

O paciente havia sido uma criança indomável que buscava alcançar a satisfação de seus desejos por intermédio de seus gritos. Ele sempre foi alimentado, cuidado, criado e educado por sua mãe. O pai o tratava com desprezo. Entre dez e onze anos obteve de seus colegas de escola explicações sobre o sexo; o estado de total inimizade com seus pais data dessa época; ele descobriu, por assim dizer, a infidelidade da mãe e não quis mais saber dela, mesmo na instituição. Durante uma visita, diz ao pai que, em seu lugar, teria vergonha de fazer algo assim e, se tivesse sido ele, teria preferido cortá-lo fora.

O paciente dá a impressão de ter uma inteligência superior; ele ouve vozes (supostamente a de sua avó, que só viu uma única vez, com um ano e meio de idade, e que morreu logo depois. Impressão deixada pela primeira experiência de morte!).

Durante suas crises, o paciente grita, ruge, cospe e passa os dois dedos para cima e para baixo numa ranhura vertical da porta, enquanto conta: ele representa, dessa maneira, uma série de atos sexuais (ato de contar), enquanto o ato de cuspir imita a ejaculação. Ao mesmo tempo, tem alucinações. Trata-se evidentemente de um ataque histérico. Aos nove anos de idade, o paciente começou a moderar sua braveza pela via da coerção. A histeria então se enxertou nesta neurose obsessiva[315], e pela seguinte razão: em resposta à explicação de seu ataque, diz que não ter nada a ver com *isso* e não se importar nem um pouco: sua natureza é orgulhosa. Ele próprio afirma que seus genitais pararam de se desenvolver e de fato apresenta genitais infantis. Seu orgulho, contudo, não suporta que esta descoberta o faça cair em estado de melancolia, e então ele diz que isto lhe é indiferente; mas isso só é possível se ele põe o afeto reprimido em outro lugar. Para ser capaz de disfarçar sua indiferença perante o médico, ele primeiro tem de se livrar do afeto em uma crise; por esse motivo, teve um ataque quando lhe foi anunciada a segunda visita do Prof. Freud. Depois do ataque, ele pôde continuar a representar, para o médico, o papel da indiferença.

A fantasia do coito remete aos pais, em cujo quarto dormiu até os dez anos de idade. A representação do coito é influenciada pelo fato de os meninos da escola o terem "imitado".

---

315 Freud assinalou diversas vezes em sua obra que um tipo de neurose pode se enxertar em outro, que uma neurose pode regressivamente substituir a outra, e que até uma psicose pode se curar transformando-se, pela via progressiva, em neurose, normalmente em neurose obsessiva.

[21]

REUNIÃO DE 24 DE ABRIL DE 1907

Presentes: Freud, Adler, [A.] Deutsch, Federn, Frey, Hitschmann, Rank, Reitler, Sadger, Stekel, Wittels, Graf, Heller.

CONFERÊNCIA: *Psicologia e patologia da neurose de angústia*

CONFERENCISTA: Dr. Stekel

Stekel parte do sonho de uma paciente em que a sexualidade e a morte se fundem de modo claro; nele aparece um homem que é Eros e Tânatos em uma só pessoa. Temos de aceitar a tese de que toda angústia é angústia em relação à morte. (Algumas formas intermediárias que tendem à normalidade são: medo do palco, vertigem, medo de falar em público etc.) Freud reportou a neurose de angústia à prática do coito interrompido; ele vê a fonte da angústia no desvio da excitação sexual somática do campo psíquico. Contrariando essa tese, Stekel assinala que na neurose de angústia o conflito psíquico também é essencial (como em toda neurose). Neste caso, o conflito se dá entre a excitação sexual e a recusa ao sexo. O desejo mais fraco se transforma em angústia. Visto que alguns estados de angústia estão relacionados a intoxicações, seria necessário investigar se a angústia não é causada pelo efeito de alguma toxina. Stekel menciona a doença de Basedow, que na verdade corresponde a uma intensificação da neurose de angústia. Assim, faz-se necessário supor uma relação intrínseca entre a neurose de angústia e a tireoide. (Crença popular: verificar a virgindade de uma pessoa tocando-a no pescoço – Catulo). [Wilhelm] Fliess[316] considera a angústia um sentimento sexual (*Sexualgefühl*); segundo ele, ela é a parte da libido correspondente ao sexo oposto.

Para provar a importância do conflito psíquico no surgimento da neurose de angústia, Stekel comenta em detalhe alguns casos:

No primeiro caso, foi possível estabelecer três componentes da neurose:

• *coitus interruptus,*
• conflito psíquico (peso na consciência),
• representação da morte de uma pessoa querida.

É muito frequente a projeção da ideia de morte no cônjuge e nos filhos.

O segundo caso nos leva a conclusões semelhantes. A interpretação dos sonhos revela: ideias de adultério, desejo da morte do marido etc.

No terceiro caso, trata-se da impotência relativa do marido (é difícil excitar a esposa).

No quarto caso, a componente mais importante é a angústia relacionada à descoberta da infidelidade da

---

316 Wilhelm Fliess (1858-1928), médico otorrinolaringologista de Berlim, autor do livro *O decurso da vida – Der Ablauf des Lebens* (1906) e criador da teoria dos períodos, foi amigo íntimo de Freud nos anos noventa. Ver a introdução ao livro *Aus den Anfängen der Psychoanalyse*, aaO, de Ernst Kris.

paciente. Os aspectos já conhecidos também aparecem aqui: coito interrompido, conflito psíquico, ideias de morte; além disso, a representação de um pênis gigante, que também aparece nos outros casos e que remete a uma cena ou fantasia infantil.

Simbolismo sexual dos sonhos: o marido como ama de leite; filho menor e filho maior: pênis flácido e ereto. A pequena (a menina) = vagina, o pequeno (o menino) = pênis. O policial: nos casais, o cônjuge que vigia o outro (infidelidade).

A angústia enquanto tal deve ser examinada do ponto de vista da vida pulsional. Não há pulsões isoladas. A pulsão sexual sempre aparece acompanhada de outras duas pulsões: a de vida e a de morte. A pulsão de vida e a pulsão sexual são frequentemente identificadas uma à outra (gozar a vida). Quanto mais forte for a pulsão de vida, mais desenvolvido será o sentimento de angústia[317]. Segundo Swoboda[318], o coito é sempre uma morte parcial. A neurose de angústia é o jogo entre a pulsão de vida e a pulsão de morte. Ela não pode ser reportada unicamente ao fator do coito interrompido: o conflito psíquico também tem de ser levado em consideração.

---

317 Nesta discussão se fazem talvez as primeiras alusões à classificação das pulsões em pulsão de vida e pulsão de morte, elaborada posteriormente por Freud em *Além do princípio do prazer – Jenseits des Lustprinzips* (1920; O.C.). Rio de Janeiro, Imago, v.18.

318 Hermann Swoboda (1873-1963), filósofo vienense, psicólogo e biólogo, autor da obra *Os períodos do organismo humano e sua importância psicológica e biológica – Die Perioden des menschlichen Organismus in ihrer psychologischen und biologischen Bedeutung* (1904) (comparar com a introdução de Ernst Kris à obra *Aus den Anfängen der Psychoanalyse*, aaO, S. 42 f.).

DISCUSSÃO

REITLER afirma que não está de acordo com a concepção puramente somática da neurose de angústia. Os casos de Stekel não são conclusivos, visto que não se trata de neuroses de tipo simples, mas de histerias acompanhadas de angústia. Talvez não haja histeria sem angústia. A obsessão e a angústia também andam juntas. Os mecanismos da histeria, da neurose de angústia e da neurose obsessiva são idênticos até um certo ponto: se o afeto desencadeado não se converte no corpo, ele se transforma em angústia ou em compulsão. Por trás de toda neurose obsessiva revela-se a angústia. A representação ou a ação compulsiva vêm à tona na medida em que a angústia busca um objeto. A angústia pertence evidentemente ao campo psíquico. Ela não é um desvio *do* psíquico (Freud), mas *para o* psíquico. A satisfação da pulsão sexual masculina também não tem a ver com o esvaziamento dos testículos, como diz Freud. Reitler não está certo de que a representação da morte de uma pessoa querida desempenha sempre um papel.

Reitler comenta então o caso de um suposto lapso da ação acompanhado de sentimentos de angústia, que pretende publicar.

FEDERN afirma que não há provas para certos pontos (especialmente no tocante à interpretação do simbolismo sexual). A ideia de que toda fobia pode ser reportada a uma representação sexual recalcada não se sustenta nesta formulação. A explicação de Freud de que a insatisfação sexual se transforma em angústia também não é compreensível. Em sua opinião, a mulher se angustia antes de cada ato sexual (e não apenas do primeiro); essa angústia permanece no coito anormal e é suprimida no ato sexual normal.

A pulsão de morte não é algo originário; ela é, antes, uma fuga à angústia: o desejo de morte (*Todeswunsch*) é uma consequência da angústia relacionada à morte (*Todesangst*).

HITSCHMANN afirma que a conferência de Stekel baralhou completamente tudo o que sabia antes. Freud descreveu a neurose de angústia quase como um estado puramente físico, associado a uma angústia sem conteúdo específico.

A pulsão de morte é incompreensível para ele. Hitschmann faz ainda algumas objeções a alguns pontos que carecem de aprofundamento. A neurose de angústia lhe parece ter causas complexas. A vulnerabilidade cardíaca, por exemplo, desempenha um papel importante. A satisfação sexual é muito importante nos casos de cardiopatia.

FREY concorda em linhas gerais com as afirmações de Hitschmann. Ele próprio sofre de uma deficiência cardíaca; é tomado por angústia quando, em estado de ereção, reprime a ejaculação.

Stekel quis esclarecer a face psíquica da neurose de angústia; falta-lhe, contudo, o liame mental entre esta face e a face somática. A contradição deparada pela "pulsão de morte" se deve unicamente à escolha infeliz da palavra. O conceito não é tão injustificado (jogo passional para escapar aos sentimentos de angústia, por exemplo). Ela [a pulsão de morte] não é algo primário e só surge em decorrência de uma base patológica. Os exemplos de Stekel são casos de histeria.

ADLER elogia a tentativa de Stekel de abordar os processos orgânicos da neurose de maneira mais ampla. Atualmente ainda não é possível revelar as bases puramente orgânicas da neurose de angústia. Adler sublinha o caráter brilhante do resumo feito por Stekel de suas interpretações dos sonhos. Stekel vai longe demais em algumas de suas conclusões, para cuja comprovação ainda nos faltam os meios. A neurose de angústia está presente em todos os casos de deficiência orgânica, sobretudo nas alterações cardíacas, nas afecções genitais e nas doenças gastrointestinais. Pessoas completamente normais não adquirem neurose de angústia.

Não é necessário ir tão longe quanto Freud, que vê a angústia no ato de nascer, mas essa pode ser rastreada até a vida infantil. A ausência de angústia só é garantida, no caso da criança, mediante a satisfação de uma certa quantidade de necessidades amorosas.

WITTELS afirma que não tem nada a dizer sobre a neurose de angústia que seja proveniente de sua própria experiência. A ideia de que a pulsão de morte acompanha o amor é tão velha quanto o mundo. Wittels não está certo de que toda angústia é angústia em relação à morte. Não temos angústia de algo, a angústia é um sentimento originário (*Urgefühl*). Ela provavelmente deu à luz o primeiro filósofo.

A angústia das crianças provavelmente está relacionada ao que Adler chama de adaptação ao meio (*Zurechtfindung im Milieu*); mas essa adaptação coincide com a descoberta do eu (*Ichfindung*). Grande parte da angústia infantil pode ser explicada filosoficamente.

SADGER critica inicialmente a confusão conceitual que Stekel tentou instaurar. Nos casos de neurose de angústia pura, esta pode ser suprimida sem psicanálise, por intermédio de relações sexuais normais. A angústia é sempre uma repetição tardia dos primeiros anos de vida da criança. Em muitos casos, a primeira angústia infantil pode ser reportada ao fato de ter ouvido os pais praticando coito. A criança pensa que os pais estão lutando (a mãe está sendo assassinada): isso gera angústia. A educação irrefletida também favorece o surgimento da angústia erótica; por exemplo, quando os pais ameaçam a criança de mandá-la embora (de privá-la, portanto, do amor) etc.

Sadger observa que os sintomas compulsivos (*Zwangssymtome*) histéricos mais graves surgem por razões homossexuais.

É necessário contradizer a observação de Adler de que um homem normal não poderia sofrer de neurose de angústia: em geral, essas pessoas têm uma saúde excelente. O coito interrompido geralmente não causa danos aos histéricos, já que a neurose mais importante anula a menos importante.

A parte mais valiosa da conferência de Stekel consistiu na aplicação das ideias junguianas à psicanálise.

(Suplemento à conferência: Quando o paciente apresenta grande resistência durante a interpretação, Stekel costuma pedir para que eles digam, rapidamente, palavras associadas a uma palavra-chave dada por ele (retirada do sonho) e analisa então essas palavras com auxílio das associações feitas pelo paciente com cada uma delas.

Desse modo, a série de palavras aparentemente desprovida de sentido adquire um sentido)[319].

FREUD considera corretas as análises dos sonhos e julga úteis as inovações técnicas. Ele próprio modificou sua técnica da seguinte maneira: quando o paciente não quer falar, ele deixa de lado o material e tenta primeiramente eliminar as resistências. Os pacientes calam em duas ocasiões: quando não querem reconhecer o simbolismo sexual, ou quando a transferência os impede[320].

Freud também concorda com as afirmações de que os casos apresentados por Stekel se caracterizam como histerias, em que a angústia é central.

Freud diz que Sadger tem razão quando afirma que as pessoas que não dão indícios de sua neurose (especialmente os homens) se revelam os mais belos casos de neurose de angústia.

A caracterização dos casos como histerias invalida a psicologia da "neurose de angústia" que Stekel tentou apresentar. Trata-se, no máximo, de uma psicologia da angústia na histeria. A questão da angústia é o problema mais difícil e central da teoria da neurose. A angústia neurótica, enquanto contrapartida da angústia perante da vida (*Lebensangst*), surge da ameaça à pulsão sexual, assim como a angústia habitual tem sua origem na

---

319 Comparar com a obra de Jung *Estudos diagnósticos de associações; contribuições à psicopatologia experimental – Diagnostische Assoziationsstudien; Beiträge zur experimentellen Psychopathologie*, Barth, Leipzig 1906. A experiência nos mostrou que a técnica psicanalítica não pôde tirar benefícios da aplicação do experimento associativo de Jung.

320 Estas observações mostram que Freud praticava desde cedo a análise das resistências. Aqui ele formula algumas ideias que já havia mencionado em seus primeiros escritos (por exemplo, no *Projeto para uma psicologia científica – Entwurf einer Psychologie* (1895; O.C.). Rio de Janeiro, Imago, v.1.

ameaça à pulsão de vida[321]. A hipótese de uma angústia de caráter puramente somático se justifica. A angústia é um fenômeno que abrange manifestações corporais e sensações psíquicas; sua origem, contudo, não pode ser entrevista. Portanto, não é correto dizer que toda angústia deriva do psiquismo; a distinção entre a angústia habitual (perante a vida) e a angústia neurótica também invalida a afirmação de que toda angústia está relacionada à morte (*Todesangst*).

O ponto de vista de Fliess difere do seu. Fliess acredita, por exemplo, que a angústia do homem é sua libido feminina recalcada. Sua concepção se encontra pela metade na teoria da sexualidade: a libido é masculina; cabe acrescentar que a angústia é feminina.

Há provavelmente uma relação com a doença de Basedow, mas as hipóteses de Stekel não a elucidam. A teoria química, acerca da qual não podemos afirmar muita coisa, deve ser afastada.

A questão é saber por que há histerias com muita angústia e histerias sem angústia alguma. A diferença entre a histeria de conversão e outras formas de histeria talvez deva ser buscada no fato de que a excitação da angústia pode ou não ser ligada psiquicamente. Uma histeria sem angústia se constitui quando essa é usada para a inervação corpórea; a angústia ligada psiquicamente, por outro lado, produz uma histeria acompanhada de fobia[322].

---

321 Freud já havia suposto duas causas para a angústia: as pulsões sexuais e as pulsões de autoconservação.

322 Ver S. Freud, *Fragmento da análise de um caso de histeria – Bruchstück einer Hysterie-Analyse* (1905; O.C.). Rio de Janeiro, Imago, v.7. e S. Freud, *Analise de uma fobia em um menino de cinco anos – Analyse der Phobie eines fünfjährigen Knaben* (1909; O.C.). Rio de Janeiro, Imago, v.10.

É correta a observação de Reitler de que há angústia por trás da compulsão; a angústia é ligada psiquicamente, isto é, impedida por uma constelação psíquica determinada (formação reativa.)[323] Se esta formação estiver ausente e a angústia estiver ligada a uma representação específica, constituir-se-á uma histeria acompanhada de angústia. A angústia histérica está ligada a certas representações no inconsciente e é transposta, na consciência, a outras representações[324].

Finalmente, também é possível que a angústia não se ligue de modo algum a elementos psíquicos. Há casos mistos, em que parte da angústia é ligada, parte não. A prevalência da angústia em relação à morte (*Todesangst*) se deve ao fato de que esta substitui na consciência a angústia relacionada aos complexos sexuais, proveniente da pulsão de vida.

A angústia infantil, quase universal, é favorecida pelo fato de que nela ambas as fontes de angústia coincidem: a criança só ama o objeto que satisfaz sua pulsão de autoconservação (é assim que ela encontra o objeto); se ela for ameaçada com o afastamento deste objeto (recurso educativo muito apreciado), abre-se caminho às duas fontes da angústia.

RANK se limita, em razão da hora avançada, à crítica da forma de apresentação da conferência: a leitura da primeira parte foi feita de modo atropelado.

---

323 Ver S. Freud, *Notas sobre um caso de neurose obsessiva – Bemerkungen über einen Fall von Zwangsneurose* (1909; O.C.). Rio de Janeiro, Imago, v.10.

324 Este processo está associado ao problema do recalque. Comparar com os trabalhos metapsicológicos de Freud e com o texto *Inibições, sintomas e ansiedade (Inibição, sintoma e Angústia) – Hemmung, Symptom und Angst* (1926; O.C.). Rio de Janeiro, Imago, v.20.

STEKEL, por fim, rejeita a objeção de que seus casos são mistos, declarando que são precisamente os casos que consideramos anteriormente como casos de pura angústia que se revelaram depois como psiquicamente determinados. Não há casos puros de neurose de angústia.

[22]

REUNIÃO DE I DE MAIO DE 1907

Presentes: Freud, Adler, Federn, Frey, Heller, Rank, Reitler, Sadger, Steckel, Wittels.

COMUNICADOS

RANK presta contas das despesas. Cinco membros ainda não pagaram sua cota para a primeira compra de material: Bass, Frey, Hollerung, Meisl, Reitler. (Frey e Reitler acertam imediatamente.) As despesas de porte somam até o dia 01/05/07 (inclusive) a quantia de 7,30 Kronen. Cada um dos membros deve pagar 0,50, o que totaliza 10. O excedente de 2,70 Kronen será contabilizado no orçamento do próximo ano. Todos os presentes abonam a cota de 0,50. 9 x 50 = 4,50.

FREY toma de empréstimo as atas 13 a 20.

WITTELS anuncia uma conferência sobre "A grande cortesã".

CONFERÊNCIA: *Discussão sobre a degeneração*

CONFERENCISTA: Sadger

SADGER gostaria inicialmente de distinguir – já segundo o sentido puro da palavra – os conceitos de taras hereditárias e de degeneração, reservando o último para os casos de debilidade mental (*Schwachsinnig*) e de imbecilidade (*Blödsinn*). Nas neuroses, por outro lado, são comuns certos sintomas que não podem ser explicados psicanaliticamente e que devemos atribuir a alguma tara hereditária (as fobias graves e as ideias obsessivas, em particular, devem se constituir sobre a base de uma tara).

Os sintomas físicos das taras hereditárias foram descritos na literatura de modo adequado; os sintomas psíquicos, pouco ou quase nada; estes sintomas são frequentemente considerados falhas de caráter. Sadger estudou diversos poetas afetados por ela e constatou os seguintes sintomas:

1) Mau humor (*Verstimmung*) desproporcional às circunstâncias reais; alternância entre uma profunda melancolia e um estado de alegria extrema, sintoma por vezes encontrado na infância, mas mais frequente na puberdade. Desejo de morrer, que pode levar ao suicídio.

2) Aversão a todo tipo de laço, ao vínculo duradouro com o próprio eu.

a) oscilação entre uma ciência e outra, entre uma profissão e outra (medo de ocupar um cargo ou de exercer uma profissão). Diferentes trabalhos sem finalidade; empuxo à liberdade incondicional – o que conduz a:

b) uma tendência patológica a empreender viagens (*Reisedrang*); são ciganos natos, viajantes que partem para a América etc. Schubart[325] experimentava essa necessidade patológica de viajar.

Algumas profissões correspondem a essa aversão ao laço: a de ator, de navegador etc. A ela estão ligadas: a misantropia, a fala acelerada (tropeçar nas próprias pala-

---

325 Christian Friedrich Daniel Schubart (1739-1791), poeta e compositor alemão. Crítico veemente do despotismo e do obscurantismo. Seu lirismo crítico, de cunho político, exerceu uma enorme influência sobre Schiller.

vras), a incapacidade de conservar uma paixão (as pessoas que sofrem de taras hereditárias são, com frequência, péssimos maridos; eles não conseguem amar a mesma pessoa por muito tempo), falta de organização (por exemplo, em assuntos financeiros).

3) enorme descomedimento e passionalidade: o hereditário vive quase sempre nos extremos. Vaidade, orgulho e consciência de si são muito marcados. Hipersensibilidade.

4) Emotividade e impressionabilidade excessivas; no corpo: empalidecimento, enrubescimento etc., necessidade anormal de consumir estimulantes (álcool, tabaco, café) ou intolerância a estes. Reações anormais do sistema nervoso central a estímulos fisiológicos normais.

Na maioria das vezes, isto é acompanhado de uma tara que compromete a esfera sexual (o que Freud chama de constituição sexual).

No que concerne à base anatômica, pode-se dizer que as taras hereditárias são um adoecimento das sensações corporais, ao passo que a debilidade é uma adoecimento dos centros de associação.

Por fim, Sadger gostaria de propor dois novos conceitos: neurose hereditária e psicose hereditária. Boa parte dos casos que designamos como *dementia praecox* deveriam ser chamados de psicose hereditária.

DISCUSSÃO

REITLER não considera necessário distinguir ambos os conceitos, tendo em vista também o sentido da palavra em alemão e em francês (*dégénérer*). Trata-se de saber se o que Sadger chama de taras hereditárias (*Belastung*) não é compreendido pelos outros também como degeneração.

Segundo Möbius, não deveríamos qualificar de degenerados todos aqueles que diferem do tipo médio da grande massa, mas apenas aqueles que apresentam certas desarmonias em seu comportamento psíquico. Freud postulou, em sua *Teoria da Sexualidade*, dois fatores principais para a degeneração: um número considerável de desvios graves da norma e distúrbios também na vida social.

Talvez seja mesmo necessário admitir o caráter hereditário da anomalia psíquica. Os poetas não constituem material confiável, porque nada sabemos de sua *vita sexualis*[326]. Muitos dos "sintomas da tara" podem ser explicados pela psicanálise (a fuga, a mudança de domicílio são talvez tentativas de encontrar um objeto de amor adequado etc.).

FREUD precisa sua própria posição antes de comentar as considerações de Sadger. Ele não distingue a degeneração ou deterioração das taras hereditárias.

O conceito de degeneração deriva de três fontes observáveis:

1) o adoecimento dos pais também se manifesta nos filhos; degeneração hereditária.

2) os desvios em relação ao que é considerado normal, encontrados na maioria dos homens.

---

326 Sadger recorre frequentemente às biografias dos poetas a fim de aprofundar seus conhecimentos da vida psíquica. Naquela época, havia muito pouco material clínico à disposição, de modo que era comum tentar compensar esta falta lançando mão de materiais biográficos e artísticos.

3) certos desvios prejudiciais, encontrados em alguns homens.

Ad[327] 1) Não fazemos objeções à redução do conceito de degeneração a uma única família, mas à sua ampliação e generalização.

Ad 2) e 3) são inadequados, nocivos e retiram do conceito seu valor. O conceito deve ser completamente rejeitado no tocante a seu sentido histórico: a ideia de que existiu de fato uma geração perfeita cujos descendentes gradativamente se degeneraram. Isso é falso; tais homens nunca existiram e nós não somos mais degenerados do que nossos antepassados de 100 ou 1.000 anos atrás.

As marcas da degeneração não são sintomas, mas distúrbios de caráter, e não temos direito algum de subsumi-los a um quadro clínico. De um modo geral, não fazemos a menor ideia de como se constitui um caráter. Os sintomas são produtos do recalcado (*Verdrängte*), mas o caráter é determinado pelas forças recalcantes (*Verdrängende*)[328]. Não conhecemos o material psíquico que deve ser levado em conta ao analisarmos a questão acerca do que é a degeneração.

O posicionamento engenhoso e independente de Sadger é digno de reconhecimento, embora tenhamos algumas reservas em relação a ele. É muito acertado enfatizar o estado de mau humor (*Verstimmung*) e a aversão ao estabelecimento de vínculos; as outras coisas (fortes estimulantes etc.) não mereceriam tanta atenção. As

---

327 Adendo.

328 Hoje diríamos que o sintoma é uma consequência do fracasso do recalque e uma formação de compromisso, enquanto o caráter é o resultado de um recalque bem sucedido e de uma assimilação do recalcado pelo eu.

peculiaridades das pessoas que sofrem de tara hereditária talvez possam ser derivadas da constituição psicossexual, e não de vivências isoladas. No que diz respeito às taras hereditárias, supostas por Sadger como base das neuroses obsessivas, fobias etc., podemos dizer que a *tendência* a tais manifestações caracteriza o degenerado. É notável, aliás, que o neurótico obsessivo manifeste em muitos aspectos um comportamento oposto ao dos degenerados. É necessário fazer uma objeção à tentativa de Sadger de situar a base anatômica em um adoecimento da esfera das sensações corporais e, respectivamente, em um adoecimento da esfera de associação; isto é supérfluo e não tem valor epistemológico algum. Os novos conceitos de neurose e psicose hereditárias também devem ser rejeitados.

STEKEL acredita que Sadger tenha confundido causa e efeito; estamos abordando as neuroses; Sadger introduz o conceito de taras hereditárias como causa da neurose. A tara oriunda do ambiente, postulada por Freud, já é o bastante. (Dois casos em que sintomas semelhantes presentes em dois irmãos e duas irmãs podem ser atribuídos ao mesmo trauma sexual.)

A aversão ao vínculo afeta apenas as relações duradouras. Depois, a pessoa sempre busca novos laços.

O mau humor (*Verstimmung*) é comum entre os onanistas (acusações etc.), a fuga ao eu corresponde à busca por um ideal sexual.

Uma psicanálise baseada na biografia dos poetas é impensável; por outro lado, quando partimos de suas obras, o resultado é fecundo.

FREY destaca que ele, por sua vez, frequentemente testemunhou (em tais casos) temor em relação às mudanças de lugar. O valor do trabalho de Sadger poderia ser expresso da seguinte maneira: a partir da negação das características da constituição psicofísica atribuída por Sadger aos hereditários, constrói-se a imagem do filisteu.

O homem normal só existe enquanto ideal (o homem natural de Rousseau).

WITTELS designa os conceitos de degeneração e de taras hereditárias, do ponto de vista artístico, como hostis à arte e à vida. Não é por acaso que coube a Freud destruir também a suposta verdade da degeneração.

ADLER sublinha a falta de precisão do conceito de taras hereditárias e crê que Sadger se limitou a compilar a sintomatologia das pessoas que são denominadas loucas. Apesar do caráter arbitrário desta compilação, ele encontrou alguns "sintomas" bem conhecidos. O mau humor é um dos sintomas mais comuns de todas as psicoses e neuroses possíveis. O único conceito original é o de aversão ao vínculo, mas essa aversão foi sempre acessível à psicanálise e demonstra ser determinada de múltiplas maneiras.

Os fenômenos degenerativos não afetam o indivíduo como um todo, mas apenas alguns órgãos, e parecem estar relacionados, como afirma Sadger, a um adoecimento da esfera das sensações corporais (*Körperfühlsphäre*).

HELLER pode afirmar, por experiência própria, que os fenômenos opostos mencionados na discussão frequentemente coexistem em um mesmo indivíduo (tendência a mudar de lugar e, em outro momento, o temor de fazê-lo).

RANK pensa que os artistas analisados por Sadger talvez não mereçam o diagnóstico de degeneração ou de taras hereditárias e que muitas outras pessoas que não apresentam nenhum destes "sintomas e atos sintomáticos" são provavelmente afetadas por essas doenças.

FEDERN assinala a importância de todo o questionamento e crê ser muito necessário nos ocuparmos intensivamente da questão, apesar de termos pouco conhecimento neste campo (ao contrário de Freud).

Coloca-se a questão de saber quais doenças já estão presentes no embrião e quais só aparecem com seu desenvolvimento. Adler foi o primeiro a tentar dar uma resposta a essa questão.

É provável que os pequenos indícios da degeneração estejam situados mais no campo somático; para explicar a degeneração, é necessário remontar ao atavismo, pois a maioria dos sintomas corporais são atávicos. Esse ponto de vista não vale, contudo, para o domínio psíquico. Essa inferioridade é mais bem caracterizada pela fórmula: inibições muito fracas contra impulsos fortes (normais).

Ele está disposto a admitir o conceito de neurose hereditária (*Belastungneurose*).

SADGER esperava mais objeções. Os fenômenos que mencionou por último e algumas manifestações bem conhecidas foram extraídos da psiquiatria geral. Ele escolheu os poetas porque são casos extremos em que mesmo um leigo pode reconhecer traços patológicos.

Há tara sem degeneração, mas não há degeneração sem tara. Sadger tem dúvidas quanto à explicação psicossexual dos sintomas das taras hereditárias. As pessoas gravemente afetadas por ela quase não apresentam sintomas, especialmente sintomas crônicos. Estes indivíduos não são afetados por outras impressões e os distúrbios neuróticos que possam eventualmente surgir se enquadram na categoria da neurose hereditária (Lenau, por exemplo, não adquire neurose de angústia, a despeito das constantes frustrações que experimenta).

As famílias dos indivíduos afetados por graves taras hereditárias se extinguem no máximo na terceira ou quarta geração; ao que parece, a única função dos gênios é promover avanços culturais, enquanto a espécie é regenerada pela massa.

Não se trata meramente de peculiaridades do caráter, mas de um grave desvio em relação ao tipo considerado normal ou seminormal.

As *obras* dos poetas não podem ser avaliadas do ponto de vista psicológico, já que desconhecemos o grau e o gênero de idealização (deformação).

[23]

REUNIÃO DE 8 DE MAIO DE 1907

Presentes: Freud, Adler, [A.] Deutsch, Federn, Hitschmann, Rank, Sadger, Wittels, Stekel (em parte da reunião).

CONFERÊNCIA: *Walter Calé* [329]

CONFERENCISTA: Dr. [A.] Deutsch

O Dr. Deutsch fala sobre o jovem poeta Walter Calé, que recentemente cometeu suicídio. Trata-se de um notável caso particular, pois nos permite demonstrar o problema sexual e a influência exercida por ele na vida do indivíduo. A curta biografia que precede a coletânea de escritos póstumos de Calé (ver Fischer, Berlin, 1907) nada diz a esse respeito. Constata-se muitas vezes uma discrepância entre o que o poeta diz sobre si e as afirmações de seu biógrafo.

Deutsch faz um pequeno resumo da vida de Calé (ginásio, estudos jurídicos), a que pôs termo aos 23 anos de idade. Além dos conflitos externos que o afetavam, o poeta deve também ter sido afligido por uma profunda dúvida interior. Deste ponto de vista, Deutsch busca

---

329 Walter Calé (1881-1904), jovem estudante berlinense de jurisprudência e filosofia. Destruiu muitos de seus trabalhos por acreditar que não tinham importância. Algumas de suas obras (poemas, novelas, fragmentos de dramas, diários) foram conservadas por amigos, e publicadas em 1907 pela Fischer Verlag. O livro sofreu diversas reedições até 1920.

reconstruir o curso da vida de Calé. A reserva e a timidez que relatam acerca de Calé caracterizam o autoerotismo intelectual dos jovens, bem como seu estado "nervoso" e sua melancolia. Quando tinha entre 14 e 15 anos, começou a escrever poesia. Aos 17 anos, escreveu o drama arturiano *Klingsor*, cujo tema revela sua personalidade: Klingsor se castra para chegar ao poder. Calé reitera que "é uma criança" e se sente como uma criança; ele também relata de maneira repetida e unívoca a persistência de suas impressões infantis.

As obras de Calé falam por si mesmas: elas dão a impressão de um sonho de angústia. Quase todos seus poemas são endereçados à irmã e denunciam um amor profundo por ela (Deutsch cita alguns trechos de poemas e diários). Não é possível saber ao certo se esta tendência permaneceu como um sentimento, ou se levou ao ato incestuoso. Algumas passagens em que fala de uma culpa e de sua expiação levantam a suspeita de que o ato teria se concretizado.

O poeta expressa repetidas vezes o medo de que sua irmã voltasse a atenção a outro homem; é difícil saber se ele próprio voltou a atenção a outra mulher; mas é provável que ele quisesse se refugiar no amor de outra mulher. Ao buscar uma saída, talvez tenha fantasiado uma relação homossexual (*Franciscus*). Seu desenvolvimento sexual pode ser resumido da seguinte maneira: o amor desse menino precoce e carente se dirigia provavelmente à mãe e depois se transferiu para a irmã; é questionável, mas não improvável, que o ato incestuoso tenha se concretizado. O conflito proveniente dessa tendência não pôde se resolver; ele não encontrou refúgio no amor de outra mulher, tampouco encontrou a salvação no amor homossexual: assim, cometeu o suicídio.

DISCUSSÃO

ADLER não crê que o caso mereça um estudo sério. Calé apenas acentua de modo claro seu amor pela irmã, o que fazem muitos poetas jovens. Não se pode inferir a concretização do ato incestuoso. Se este tivesse ocorrido, o poeta não teria chegado a expressar poeticamente estes sentimentos. Trata-se antes de pensamentos e fantasias incestuosas que buscam uma forma de expressão adequada.

SADGER sublinha que Calé manifesta alguns sintomas de taras hereditárias, sintomas que encontrou também em outros poetas: acanhamento excessivo, medo do público, alternância entre o estado melancólico e a alegria indiferente (*Ausgelassenheit*), aversão ao vínculo e muitos outros. É duvidoso que o suicídio seja um sintoma desta doença. Mas a tendência ao suicídio certamente pertence ao quadro das taras graves (o suicídio duplo de Kleist). O ato de queimar papéis relatado por Calé e outros poetas também é um sintoma que lhe pode ser atribuído, enquanto expressão da aversão ao vínculo.

No que diz respeito ao problema sexual, é notável que Calé fale de sua irmã de maneira tão aberta; há outra coisa por trás disso: provavelmente o amor pela mãe. Algo parecido ocorre em Goethe: o amor pela irmã oculta o amor pela mãe (= Frau von Stein). Desse ponto de vista, as tendências homossexuais de Calé remontam a seu pai. Os pais são sempre os primeiros objetos de amor.

HITSCHMANN observa que Calé é obviamente um homem incomum e unilateral. Não é necessário insistir tanto nestes aspectos para demonstrar seu caráter patológico. Afinal de contas, devemos nos limitar às conjecturas. Hitschmann destaca o papel importante da abstinência também no caso de Calé (cita uma passagem em que se fala da luta contra o mundo da sexualidade, considerado mau). Deutsch não esclareceu o suicídio.

FEDERN aconselha que se tenha cuidado ao falar de "casos de incesto". Vemos em Calé que uma relação desta natureza também pode conduzir à incapacidade de viver, mesmo na ausência de taras hereditárias. Nossa experiência ainda não nos permite tirar conclusões a respeito de tais relações a partir das obras (Rank).

Sadger está errado quanto ao suicídio. Houve épocas em que o suicídio era considerado normal (Sófocles), e as pessoas que se matam movidas por uma paixão não são de modo algum degeneradas.

FREUD inicia fazendo uma correção: os conceitos *degeneratio superior* e *inferior* não dizem respeito à anatomia, mas a distinções intelectuais (superioridade). A única novidade apresentada por Sadger da última vez foi o conceito de aversão ao vínculo. O diagnóstico de taras hereditárias não tem valor algum e, no caso de Calé, é algo totalmente arbitrário.

Freud confirma a influência da mãe no caso de Goethe, influência destacada por Sadger; ela se exprime principalmente em suas relações amorosas posteriores. Werther se apaixona à primeira vista por Lotte ao vê-la passar manteiga no pão: essa impressão o faz lembrar da mãe repartindo a comida entre os irmãos.

o provérbio "o caminho que leva ao coração passa pelo estômago" remete ao fato de que a mãe é ao mesmo tempo a mulher que nutre e a que é amada. Tais condições para o amor estão presentes em todas as pessoas; elas remontam em sua totalidade à vida infantil. O caminho do amor, da psicose normal, é escolhido a fim de desviar de outros caminhos que levariam a neuroses mais graves. As histórias matrimoniais das pessoas são extremamente interessantes: muitas se casam para se punir etc.

No tocante ao caso de Calé, a maioria das objeções feitas se justificam. Como disse Federn, é provável que se trate de relações amorosas *infantis* que posteriormente sofreram sublimação, transformando-se em anseio de amor. Quanto ao fato de o amor à mãe ser encoberto sob o amor à irmã, é certo que a fantasia do poeta naquele momento se voltava, de fato, somente à irmã. É possível, em outros casos, revelar a mãe em tais fantasias. Calé, que delira com estes sentimentos, apresenta no plano mental um reflexo da dissociação das componentes sexuais.

O suicídio de Calé o faz lembrar de um jovem que atirou em si mesmo porque não pôde suportar a gravidez de sua irmã (o fato de ela não estar grávida dele!). Aqui, a existência do complexo da irmã se confirma por um detalhe (a gravidez). Deutsch não demonstrou esta conexão no caso de Calé.

RANK crê que a suposição de que houve incesto pode ser excluída. Freud sublinhou algumas vezes que estes impulsos (*Regungen*) são extremamente sutis na maioria dos casos (em especial no caso dos poetas). No único caso em que se afirma que houve de fato incesto, no caso de Byron, o tratamento poético do tema diverge completamente do habitual entre os poetas ("Manfred" [1818], "Caim"[1821]). Manfred representa diretamente a neurose, com o recalque e a crise (Freud assinala, em Caim, a interessante escolha da única situação em que o incesto é permitido e não constitui um crime; Freud mostra que o complexo do incesto fica em segundo plano, enquanto o fratricídio e a morte são postos em destaque).

O suicídio, conclui Rank, deve ser compreendido, na maioria dos casos em que é cometido por pessoas jovens, como o fracasso da busca pelo objeto sexual.

[A.] DEUTSCH sublinha, por fim, que estava ciente de que suas alusões não tinham caráter de certeza; mas o material de que dispunha era de fato muito escasso.

[24]

REUNIÃO DE 15 DE MAIO DE 1907[330]

Presentes: Freud, Adler, Federn, Graf, Hitschmann, Rank, Reitler, Wittels.

COMUNICADOS

FREUD faz a leitura da resposta de Wilhelm Jensen ao envio da *Gradiva*[331].

Reitler toma emprestado o *Journal [für Psychologie und Neurologie]*.

DISCUSSÃO SOBRE O ARTIGO DE WITTELS: *As mulheres médicas* [332]

---

330 A ata da reunião seguinte, de 29 de maio de 1907, a última do ano de trabalho 1906-1907, não foi conservada. Apenas encontramos as anotações do livro de presença.
Presentes: Freud, Adler, Federn, Frey, Häutler, Heller, Hitschmann, Kahane, Rank, Stekel, Wittels.
Frey devolve as atas 13 a 20.
Conferência de WITTELS: *A grande cortesã*.
A conferência de Wittels foi concebida certamente como uma continuação de seu artigo sobre "As mulheres médicas". A cortesã encarnava, em alguns círculos progressistas, o ideal de feminidade, e tinha um enorme papel na luta pela igualdade sexual da mulher. Este ideal, contudo, se fundava numa ideia errônea do papel da cortesã na Grécia Antiga. De toda maneira, este ideal se adequava ao protesto das jovens burguesas contra o casamento por dinheiro, denominado por elas de prostituição legalizada. Se tem de haver prostituição, diziam, que seja à maneira das cortesãs, e não do casamento.

331 Ver a ata 1, nota 29. As cartas de Jensen a Freud foram publicadas em *Psa. Bewegung*, Bd.1, 1929, S. 207 ff.

332 O artigo de Wittels foi publicado na revista *Die Fackel* (Vol.9, nº225, 3 de maio de 1907), sob o pseudônimo "Avicenna", nome do grande médico

e filósofo árabe (980-1037). O editor da revista Fackel era Karl Kraus (1874-1936), renomado escritor satírico vienense. Kraus empreendeu uma cruzada contra a hipocrisia da sociedade burguesa de sua época. As mulheres eram vistas ou como escravas exploradas pela sociedade burguesa e por seus membros do sexo masculino, ou como perigosas representantes daquela burguesia. As mulheres demoníacas de Frank Wedekind ou as deusas prostitutas de Peter Alterberg são exemplos destas concepções radicais. (Alterberg [1859-1919], foi um importante moralista e poeta.) Para uma melhor compreensão da discussão, incluímos um breve resumo do artigo de Wittels sobre "as mulheres médicas".

Wittels faz uma distinção entre as profissões impostas pela sociedade às mulheres, como a de professora, por exemplo, e a profissão de médica, escolhida voluntariamente. As primeiras são uma consequência das circunstâncias sociais, que impedem as mulheres de seguirem sua verdadeira vocação, a saber, a de atrair os homens. A profissão de médica remete, ao contrário, ao próprio desejo.

A mulher estuda medicina a fim de sobrepujar as outras mulheres. Quanto mais histérica for, tanto melhor será seu desempenho como estudante, pois a histérica é capaz de desviar sua pulsão do alvo sexual. Ela pode ser tão imoral quanto quiser sem ter de se envergonhar. Os homens que afirmam ser feministas, mas que na verdade não são senão masoquistas, aprovam que as mulheres estudem medicina; mas o estudante comum e relativamente normal considera sua colega uma prostituta.

Enquanto ainda é estudante de medicina, a mulher prejudica apenas a si mesma; quando começa a exercer a profissão, torna-se um perigo para os outros. As pacientes mulheres não confiam nela, as enfermeiras não gostam dela, e um homem doente jamais se submeteria a um exame realizado por uma mulher sem alimentar pensamentos de cunho sexual.

Wittels menciona dois exemplos para ilustrar que as médicas são um absurdo: 1) a psiquiatra: enquanto mulher, ela nunca poderá entender os mistérios psicológicos do homem; 2) a mulher no serviço público de saúde, cargo que talvez lhe seja aberto no futuro. Ela nunca deve ocupar um cargo superior ao de um colega homem, pois sempre abusará dessa posição. Elogios poderiam levá-la a conceder favores injustificados; ela também poderia tender a tratar as pacientes como rivais.

Em nenhum momento Wittels vislumbra a possibilidade de que uma médica possa se casar e ter uma vida familiar normal.

Wittels conclui, em resumo, que o desejo feminino de estudar medicina e de lutar pela igualdade se funda na histeria. A supressão do princípio feminino fez desaparecer a "verdadeira mulher", tal como a Grécia Antiga a conheceu.

FEDERN assinala que Wittels não abordou a verdadeira questão do estudo feminino.

Ele comete um grande erro ao afirmar que a sexualidade é a única pulsão do ser humano. A questão do trabalho e da busca de satisfação na vida também merecem atenção quando analisamos o estudo realizado por mulheres. A necessidade de trabalhar não se funda somente na condição social, mas é um dos instintos que apareceram tardiamente no desenvolvimento do homem.

Como um contraponto à visão unilateral de Wittels, Federn menciona a perversidade lasciva de muitos médicos e a exploração sexual a que muitas mulheres são submetidas por médicos homens. É inadmissível censurar justo as mulheres afirmando que, ao estudar medicina, dão livre curso a sua sexualidade. É uma posição pudica. Entretanto, pode-se concordar com Wittels que as mulheres não devem ser autorizadas a apalpar os órgãos genitais masculinos em público.

Por fim, Federn menciona uma série de pequenos detalhes para caracterizar o ponto de vista enviesado de Wittels.

GRAF, sem entrar em detalhes, destaca apenas a intensa paixão com que Wittels abordou este tema socio-psicológico. Esse afeto impróprio só pode ser atribuído à raiva de Wittels de que as mulheres estudem medicina em vez de praticar coito. As realizações do homem provêm de fontes sensuais, a questão seria saber se isso prejudica a mulher. Graf acredita que sim.

No que diz respeito à profissão de médica, em particular, a mulher nunca poderá realizar algo importante como o homem, pois carece da grande influência pessoal, do poder sugestivo que, além do conhecimento, é indispensável à boa formação do médico. Mesmo nos dias de hoje o médico não pode prescindir deste elemento sacerdotal (os primeiros médicos eram sacerdotes), e sua autoridade, que é uma extensão da autoridade paterna, desempenha um papel importante no tratamento e na cura. As médicas, que não dispõem desta autoridade, são mais qualificadas para atuarem como substitutas da mãe, isto é, para serem enfermeiras.

REITLER subscreve a maioria das considerações de Wittels, na medida em que se referem ao conhecimento psicológico.

Por outro lado, tende a rejeitar alguns detalhes, como o ódio à histeria ou o princípio de que as mulheres estão sempre à procura de um homem; a maioria das mulheres que estuda medicina voluntariamente renunciou aos homens (por conhecerem seus próprios defeitos físicos).

HITSCHMANN observa que nós não conhecemos "as médicas" propriamente ditas, mas apenas as estudantes. Conhecemos as pioneiras, com as quais ainda não se encontraram formas de interagir, e que precisam ser respeitadas justamente em razão da posição de exposição em que se encontram.

Quando as acusa de histeria, Wittels emprega esse conceito de modo injustificado e amplo. A rica formação que recebem é uma verdadeira profilaxia contra a histeria.

Além de acusá-las de histéricas, Wittels censura ainda seus defeitos físicos; este juízo estético nada tem a ver com uma censura. No entanto, temos de admitir que a maioria das estudantes é feia e que as verdadeiras amazonas não têm seios. Wittels as acusa de agredirem sexualmente os homens e também de rejeitarem o sexo, o que é um claro deslize lógico.

O recalque sexual tão deplorado por Wittels na mulher é uma característica geral das boas meninas, e Wittels, enquanto pai, achá-la-ia simpática em suas filhas. A recusa feminina da sexualidade se deve às condições difíceis da mulher, que pertence à tribo daquelas Asra, que quando amam, devem engravidar[333].

Temos de reconhecer, como Wittels, que as experiências eróticas fazem parte do desenvolvimento pleno de uma personalidade. Por outro lado, não devemos supervalorizar o papel da sexualidade e ver o mundo da perspectiva do passarinho[334], reduzindo-o à formula: *coito ergo sum.*

O princípio feminino é ter filhos, mas este é o princípio da espécie. Nem tudo tem de ser *actu*, algumas coisas podem ser apenas *potentia.*

O perigo de ser capturado por um tal "monstro", que, segundo Wittels, ameaça os estudantes do sexo masculino, não é tão grande assim, e o destino deste jovem estudante é preferível ao de tantos outros que dissipam sua juventude com prostitutas. O comportamento em certo sentido livre das estudantes (segundo ele, elas são prostitutas) é ainda preferível à hipocrisia mentirosa de algumas *virgo tacta* (Gersuny[335]).

---

333 Alusão ao famoso poema de Heinrich Heine, *O Asra – Der Asra* (in Romanzero, inspirado em uma passagem da obra *De l'amour*, de Stendhal), que termina com o verso: "(...) und mein Stamm sind jene Asra, welche sterben, wenn sie lieben" (e minha tribo são aquelas Asra, que quando amam, devem morrer).

334 *Vögelperspektive* significa tanto a perspectiva ampla, voo de pássaro, quanto a perspectiva sexual; *vögel* = pássaros e *vögeln* = ter relações sexuais. (NT)

335 Robert Gersuny (1844-1924), cirurgião vienense.

O artigo de Wittels se baseia no ideal póstumo da mulher grega, a cortesã, ideal que nos é estranho (como fica claro no fim de seu trabalho). Mas isto já está mais para "*Griechengasse*" do que para Grécia. Wittels está encantado com a era pré-sifilítica e quer cultivar em nós "*das Übermensch*"[336].

Em seu artigo ouvimos o veado no cio gritar de satisfação.

FREUD começa por expressar seu reconhecimento ao trabalho original, pleno de temperamento e sagaz de Wittels. Por outro lado, ele encontra ali algumas meias verdades e alguns quartos de verdade.

Em primeiro lugar, censuramos em Wittels sua extrema falta de delicadeza. A mulher, a quem a civilização impôs o fardo mais pesado (sobretudo o da procriação), deve ser julgada com tolerância e generosidade nos aspectos em que ficou atrasada em relação ao homem.

Além disto, falta ao artigo o senso de justiça: ele demonstra ceticismo em face do novo, mas não contesta o que é antigo, ainda que seja repreensível. Os desarranjos da profissão médica não foram introduzidos pela mulher, mas existem há muito tempo.

Wittels está correto em dizer que a sexualidade é a mola propulsora do estudo; mas ele negligencia a diferença entre a sexualidade sublimada e a sexualidade bruta, que para ele são a mesma coisa. O deslocamento da sexualidade para a sede de saber está na base de toda pesquisa.

---

336 A "*Griechengasse*" era uma rua de Viena em que circulavam prostitutas. Hitschmann, homem muito espirituoso, não pôde evitar fazer um chiste atrás do outro. "*Das Mensch*" é uma expressão do dialeto vienense para designar a mulher solteira, frequentemente com a conotação de "prostituta".

Wittels representa um ponto de vista juvenil, aquele do jovem entusiasmado com as mulheres e que não se atreve a atribuir às meninas essas mesmas emoções humanas. Aos poucos ele aprende a reconhecer que a mulher não tem aversão à sexualidade; mas toda vez que ele "descobre seu segredo", censura-a por isso. Ele logo se torna misógino; ele despreza a mulher (assim como o fez, inconscientemente, com sua mãe). O artigo também procura desmascarar o objeto que um dia foi venerado[337].

É correto que as mulheres não ganharão nada com os estudos e que seu destino também não mudará para melhor com ele. As mulheres também não se comparam ao homem no tocante à sublimação da sexualidade.

O ideal da cortesã é inútil para nossa cultura. Esforçamo-nos para revelar a sexualidade; mas uma vez que isso se estabeleceu, exigimos que todo esse recalque sexual se torne consciente e que se aprenda a subordiná-lo às necessidades da cultura. Nós substituímos o recalque pela repressão normal[338]. A questão sexual não deve ser dissociada da social, e quando se prefere a abstinência às condições miseráveis em que o sexo é vivenciado, não se o faz sem protesto.

A consciência do pecado que impede a sexualidade é muito disseminada, e mesmo aqueles que são livres sexualmente se sentem grandes pecadores.

---

337 Comparar com o texto de Freud *Sobre a tendência universal da depreciação na esfera do amor – Über die allgemeinste Erniedrigung des Liebeslebens* (1912; O.C.). Rio de Janeiro, Imago, v.11.

338 Recalcar significa: esquecer as representações, mas conservar o afeto que se vincula, por vezes, a uma representação substitutiva. Reprimir significa: conservar a representação, porém controlar ou disciplinar o afeto. Hoje isso seria denominado "condenação".

Uma mulher que não é confiável em matéria de sexo, como a cortesã, não vale nada, ela é uma miserável.

RANK, deixando de lado o artigo de Wittels, assinala uma das fontes infantis dos estudos de medicina. A questão de saber de onde vêm os bebês (Freud) desempenha o papel principal. O estudante de medicina a soluciona na prática, ele é, por assim dizer, o menos neurótico. O filósofo a soluciona pela via da defesa (neurose obsessiva), ampliando-a: de onde vem o homem, o mundo? O teólogo a responde afirmando: "Eles vêm de Deus" etc.

Retomando a observação de Freud sobre a misoginia, Rank acrescenta que a opinião de Wittels segundo a qual tudo o que a mulher faz é sexual (veja-se Leontiev, em particular) é apenas uma manifestação reativa de um estágio anterior de desenvolvimento em que o autor considerava a mulher um ser assexuado.

ADLER crê que Wittels diz coisas muito conhecidas, fazendo mau uso de uma terminologia menos conhecida. Sabe-se bem que limitações se impõem às mulheres que estudam medicina. Na ocasião de uma enquete, fez-se a proposta de que se organizassem cursos sobre as afecções genitais reservados especificamente às estudantes.

A impressão que o artigo provocou em Adler poderia ser expressa com as seguintes palavras: Wittels levanta a saia das estudantes e diz: "Vocês têm genitais femininos". Mas isso não caracteriza apenas a estudante.

Wittels traiu uma parte de seu segredo, a saber, que a arte médica opera com energias sexuais. Existe o perigo de que a massa o compreenda mal, assim como Wittels o fez.

Freud ressaltou há pouco que as componentes inconscientes merecem um certo grau de indulgência e tolerância.

WITTELS se sentiu tão afetado por um comentário de Freud (a cortesã é uma miserável) que neste momento não pode responder detalhadamente às objeções.

Seu objetivo era apresentar uma visão de mundo que fizesse jus à diferença fundamental entre homens e mulheres, diferença que ainda não foi totalmente compreendida.

Tomando como ponto de partida a grande cortesã, que vive livremente todos os aspectos de sua sexualidade, ele foi levado a subestimar sua contrapartida, a estudante que mutila todas as suas pulsões sexuais. Ele é incapaz de ter em alta conta a mulher que não escuta o chamado da menstruação[339].

---

339 Como já mencionado, a ata do último encontro científico do ano de trabalho 1906-1907 não foi conservada. O livrinho de presença contém os seguintes comunicados:
Reunião de confraternização no dia 3 de julho de 1907 (Reunião final).
Presentes: Freud, [A.] Deutsch, Federn, Bass, Häutler, Hitschmann, Stekel, Wittels.
Comunicados:
HITSCHMANN propõe que no ano seguinte se instaurem algumas noites dedicadas à leitura de recensões.
RANK comunica a saída de Meisl.
FREUD anuncia a dissolução da Sociedade no outono e a imediata constituição de uma nova sociedade. [ver, na ata seguinte, a carta de Freud de 22 de setembro de 1907, redigida em Roma.]
Federn toma de empréstimo as atas 1-5.
Contabilidade:
O Dr. Hollerung ainda não pagou a cota correspondente ao segundo semestre de 1907.
Contribuições relativas ao material, no valor de 1,36 K, de Meisl, Hollerung e Bass; uma contribuição de, 50 K de Bach, Brecher, Häutler, Kahane.

[25]

REUNIÃO DE 9 DE OUTUBRO DE 1907[340]

Presentes: Freud, Adler, [A.] Deutsch, Federn, Graf, Heller, Hitschmann, Hollerung, Rank, Reitler, Steiner, Sadger, Schwerdtner, Stekel, Wittels.

COMUNICADOS

O Dr. Federn propõe a admissão do Dr. Hans Abels (pediatra) na Sociedade.

O Prof. Freud, o Dr. Schwerdtner e o Dr. Steiner pagam suas cotas de membro.

Sadger toma emprestada a ata nº 24 (devolvida em 24/10).

CONFERÊNCIAS ANUNCIADAS Adler: *Fragmento de uma análise da paranoia*

Stekel: [sem título]

Graf recebe de volta a quantia de 0,86 K (cometeu-se um erro).

Os gastos de porto de 1º de maio até o fim totalizaram 2,70 K, e se saldaram com o crédito de 2,70 K.

Empréstimos

Federn: atas.

Reitler: "Das illustrierte franzosische Witzblatt" (revista cômica francesa ilustrada).

Sadger: ata 8.

340 Primeira reunião do novo ano de trabalho.

Rank começa a numerar as reuniões desse ano de trabalho a partir da "primeira reunião". Nós optamos por dar sequência à numeração anterior, a fim de manter a unidade com a primeira publicação americana das atas.

Freud: *Início de uma história clínica*
Sadger (para janeiro): *C.F. Meyer*

ANEXO[341]

Roma, 22 de setembro de 1907.
Prezado colega,

Comunico-lhes que tomei a decisão de dissolver, no início deste ano de trabalho, a pequena Sociedade que se reunia em minha casa todas as quartas-feiras à noite, para imediatamente a refundar. Uma breve declaração que os senhores devem enviar por escrito ao nosso secretário, Sr. Otto Rank, no endereço IX. SimonDenkGasse, nº8, até o dia 1º de outubro deste ano, será suficiente para renovar sua adesão à Sociedade; caso esta declaração não seja enviada, consideraremos que o Senhor não participa mais da Sociedade. Não é necessário dizer o quanto ficaria feliz com sua participação.

Permita-me justificar esta medida aparentemente supérflua. Temos em vista levar em conta as mudanças naturais que se produzem nas relações humanas, quando supomos que para um ou outro membro de nosso grupo a participação em nossa Sociedade possa já não significar o mesmo que nos anos anteriores, seja porque se esgotou o interesse, ou porque seu tempo livre e forma de vida o impedem de participar de nossa sociedade, ou ainda por razões pessoais que o apartam de nós. Ele permanecerá na Sociedade supostamente porque teme que sua saída

---

341 Esta carta foi anexada à ata. Comparar com a nota 339 da ata anterior. Ao que parece, a carta foi enviada a todos os membros.

seja considerada um ato inamistoso. Em todos esses casos, a dissolução e a refundação da Sociedade devem restabelecer a liberdade pessoal de cada um e permitir seu afastamento da Sociedade, sem que suas relações pessoais com os outros membros sejam comprometidas. Também devemos levar em consideração que assumimos, ao longo dos anos, obrigações financeiras, tais como a admissão de um secretário, que não estavam previstas no início.

Se, após esta explicação, o senhor considerar oportuno reconstituir a Sociedade nestes termos, certamente então também não se oporá a que este procedimento seja repetido em intervalos regulares, digamos a cada três anos.

Acredite, caro colega, na expressão de minha consideração e receba minhas saudações cordiais.

[Assinado] Dr. Freud

Lista de membros 1907-1908

Prof. Dr. Sigm. Freud	IX. Berggasse 19.
Dr. Alfred Adler	II. Czerningasse 7.
Dr. D. I. Bach	VII. Wimbergergasse 7.
Dr. Alfred Bass	VI. Mariahilferstr. 105.
Dr. Adolf Deutsch	I. Spiegelgasse 4.
Dr. Paul Federn	I. Riemergasse 1.
Dr. Max Graf	III./2 Untere Viaduktgasse 35.
Hugo Heller	I. Bauernmarkt 3.
Adolf Häutler	XVIII. Herbeckstr. 98.
Dr. Eduard Hitschmann	I. Gonzagagasse 16.
Dr. Edwin Hollerung	IV. Favoritenstr. 79.
Otto Rank	IX. Simondenkg. 8.
Dr. Rudolf Reitler	I. Dorotheerg. 6.

Dr. Maxim. Steiner	I. Rotenturmstr. 29.
Dr. Isidor Sadger	IX. Liechtensteinstr. 15.
Dr. Hugo Schwerdtner	I. Weihburgg. 4. IV./1 Karlsgasse. 7.
Dr. Wilhelm Stekel	II. Kastellergasse. 2.
Dr. Fritz Wittels	I. Graben 13. (XIII. Hofstetter 19) [riscado] Hospital [riscado]
Dr. Rudolf Urbantschitsch[1]	IX. Pelikangasse 10. [riscado] XIX. Dittesgasse 48.
Dr. Hans Abel	XVIII. Sternwartestr. 33. [Nome e endereço riscados]
Dr. Albert Joachim[2]	XVIII. Währingergürtel 5. Rekawinkl [riscado] Wien XVIII. Karl Beckg. 33. [riscado]

1 Desde 15/01/1908
2 Desde 12/02/1908

CONFERÊNCIA: *Os equivalentes somáticos da angústia e seu diagnóstico diferencial*

CONFERENCISTA: Dr. Stekel

Stekel começa por evocar os trabalhos de Hecker[342], que pela primeira vez chamaram a atenção para os equivalentes da angústia, sem mencionar, contudo, sua motivação psicológica. Em seu trabalho sobre as neuroses de angústia[343], Freud ressaltou a importância dos equiva-

---

342 Ewald Hecker, psiquiatra alemão.
343 S. Freud, *Sobre os fundamentos para destacar da neurastenia uma síndrome específica denominada neurose de angústia – Über die Berechtigung, von der Neurasthenie einen bestimmten Symptomen-komplex als 'Angstneurose' abzutrennen* (1895; O.C.). Rio de Janeiro, Imago, v.3. Freud menciona lá o trabalho de Hecker *Sobre estados de angústia mascarados e abortivos na neurasthenia – Über larvirte und abortive Angstzustände bei Neurasthenie*

lentes. Mais tarde, Fliess[344] demonstrou numericamente a relação entre a angústia e seus equivalentes.

Os equivalentes da angústia mais comuns são:

1) sintomas cardíacos (palpitações etc.)

2) sintomas respiratórios (asma nervosa, isto é, sexual)

3) sintomas estomacais (singulto, vômito, dores etc., diarreia nervosa, tenesmo, espasmos da faringe etc.)

4) sintomas da bexiga (enurese etc.)

5) sintomas cutâneos (apenas em casos isolados)

6) sintomas musculares (espasmos etc.)

7) sintomas nos nervos periféricos (parestesias e nevralgias)

Stekel apresenta a seguir uma série de casos observados por ele, a partir dos quais se deve concluir que *o equivalente possivelmente se fixa em uma zona erógena*.

Caso 1: Um homem que está há muito tempo em abstinência, em razão de uma impotência psíquica, sente forte ardência e fisgadas ao redor dos olhos. Ele consulta uma enciclopédia e acredita ter *buracos ao redor dos olhos*. Ele prefere fazer sexo com mulheres mais velhas (pensamentos incestuosos; fonte da impotência psíquica). Certa manhã, enquanto estava deitado na cama, ele é beijado na testa por sua empregada; eles praticam coito e o paciente fica curado. Quando perguntado, explica que

---

(in: *Zentralblatt für Nervenheilkunde*, Bd. 16, 1893, S. 565 ff.). E em seu escrito *Resposta às críticas a meu artigo sobre a neurose de angústia – Zur Kritik der Angstneurose* (1895; O. C.). Rio de Janeiro, Imago, v. 3, Freud escreve: "Eu descobri, e isto E. Hecker já havia descoberto, que os sintomas neuróticos em causa podem ser compreendidos em sua totalidade como uma expressão da angústia..." (1895; G. W., Bd. 1, S. 357).

344 Comparar com a nota 316 da ata nº 21. Stekel se refere aqui a dois livros de Fliess: *O curso da vida – Der Ablauf des Lebens* e *A estrutura da vida – Der Aufbau des Lebens* (ambos de 1906).

ela o beijou da mesma maneira que sua mãe o costumava beijar.

Caso 2: (Não é um equivalente puro.) Uma dama acorda de manhã com fortes dores no pescoço, vertigem e sensações de angústia. As dores não cedem com nenhum tratamento; à noite, injeção de morfina, o que a faz passar a noite em claro: ela morde o nariz (morder o nariz = brigar[345]). Seu marido é fraco (*coitus interruptus*); ela se relaciona com um jovem bonito: primeiro o beija no pescoço, e, durante o coito, o morde no mesmo lugar. Quando as dores não passam, o marido chama o jovem e ele promete retornar se o estado da mulher não melhorar. Pouco tempo antes da crise, ele havia terminado a relação (briga).

Caso 3: Um homem sente fortes dores no estômago após o almoço: estas só melhoram quando ele enfia o dedo na garganta e vomita todo o conteúdo estomacal. Antes, ele tinha crises de angústia. À noite, quando está em casa, isso não acontece.

Sua mulher é, segundo ele, uma puta. Ele não copula com ela, visto que ela obviamente o trai. Mas à noite, quase dormindo, supostamente, ele faz sexo com ela. Antes eles também mantinham relações na hora do almoço. (suposta felação: dedo na garganta) a devoção (*Anhänglichkeit*) parece se fundar, em tais casos [de infidelidade], em uma satisfação perversa.

Stekel menciona ainda um caso de espasmos na faringe, um outro de diarreia nervosa e um terceiro de dormência na mão. Apoiando-se nesses casos, acrescenta

---

345 Segundo um velho provérbio, "quando o nariz coça, haverá um aborrecimento". (NT)

algumas notas explicativas sobre o desenvolvimento da angústia e de seus equivalentes. Toda crise de angústia é talvez um equivalente do coito (Fliess). Ouvir os pais copulando provoca sentimentos de angústia na criança, que têm sua origem no inconsciente. A angústia é a contribuição do inconsciente à excitação sexual. Toda excitação sexual acompanhada de libido recalcada se transforma em angústia. Os equivalentes se formam em parte pela conversão e são em parte o produto da libido reprimida que foi desviada de seu alvo.

DISCUSSÃO

GRAF menciona apenas que a irmã de Goethe sofria de eczema no rosto sempre que queria ir a um baile.

[A.] DEUTSCH relata o caso de uma menina que nutria uma relação platônica e cujas notáveis habilidades artísticas em diferentes campos (canto, piano, pintura etc.) desapareceram em um curto espaço de tempo. Com isso ela queria provavelmente dizer: minha vida não tem valor, já que eu não posso alcançar seu único objetivo.

Além disso, questiona o papel da diarreia do viajante (em casa, com sua mulher, ele tinha diarreia; na viagem, quando podia ter relação sexual com outras mulheres, não). STEKEL: ela substituía para ele o coito.

REITLER supõe que Stekel compreende os sintomas que acompanham a angústia como equivalentes; ele não crê que essa designação esteja correta. Um equivalente deveria ser reversível (a=b e b=a)

HITSCHMANN observa que não pôde extrair nada de novo da conferência. Stekel apresentou exemplos interessantes, mas nem todos têm relação com o tema. No caso 1, ele não vê "angústia" alguma. A coceira no nariz, do caso 2, é uma consequência da injeção de morfina. Em nenhum desses casos podemos excluir completamente a existência de afecções orgânicas. Não podemos descartar, em especial, a possibilidade de afecções cardíacas.

STEINER traz uma recordação pessoal. Em uma época em que estava em abstinência, veio a conhecer a mulher de um amigo que era impotente em razão de uma grave doença. De início, ele não se aproximou da mulher, pois temia não obter êxito. Começou a sofrer de insônia, mal-estar físico (que afetava sobretudo o trato intestinal) e dores de estômago. Melhorou tão logo iniciou uma relação íntima com ela. Sempre que esta ia viajar, ele voltava a se sentir mal.

No caso 1, o beijo na testa é uma clara memória da infância. As mães costumam beijar suas crianças para livrá-las da dor.

ADLER sublinha que o trabalho apresentado revela todas as vantagens e as desvantagens que caracterizam o procedimento de Stekel. Vantagens: ele traz muitos dados e provas e os ordena de modo coerente. Desvantagens: ele se permite cometer distorções que nem todos aceitam e se dá por satisfeito com conjecturas que estão longe de esgotar o material.

O caso 1 é uma representação obsessiva; mas isso lhe é indiferente, já que a representação obsessiva é um equivalente da angústia. Também não importa se a fonte da angústia é a própria angústia ou seu equivalente. De todo modo, a localização dos equivalentes permanece sem demonstração. A escolha não é determinada apenas pelo acontecimento, mas antes pela constituição e pelo desenvolvimento do indivíduo. A maioria dos equivalentes se concentra num órgão inferior.

O sintoma da mão paralisada requer uma análise mais profunda; ele frequentemente o constata em meninas mais velhas (e não nas esposas insatisfeitas, como Stekel), estando sempre estritamente relacionado à masturbação.

FEDERN sublinha a incongruência entre o título e o conteúdo do trabalho. O título deveria ser: a dissolução dos sintomas da sexualidade recalcada. O trabalho toca a questão fundamental da etiologia da neurose. Stekel não demonstrou novas conexões. Ele apresentou os equivalentes de uma satisfação sexual frustrada. Dever-se-ia investigar melhor se, em vez da angústia, pode ter lugar um sentimento de repugnância sem angústia, dor sem angústia, uma sensação de desprazer sem angústia e uma sensação de fome sem angústia.

No tocante à definição que Stekel dá de angústia, devemos notar também que as demais funções sexuais não são mais ou menos inconscientes do que a angústia. A angústia é apenas uma sensação local do coração. Talvez a componente da angústia presente no coito seja também somente uma sensação do coração.

Há ainda equivalentes da angústia de natureza neurótica que são produtos dos afetos de angústia da infância (por exemplo, a postura encurvada etc.).

SCHWERDTNER relata o caso de um cantor que sempre gozou de uma boa condição, e que há algum tempo vem apresentando estados de angústia (rouquidão). Antes, tinha muitas relações; desde que se casou, é fiel à mulher; atualmente ela está grávida, e ele não se satisfaz com ela.

RANK diz que, no caso 1, ele também não teve a impressão de que se tratasse de um equivalente da angústia, mas antes de um mero sintoma neurótico. Ele não saberia dizer se a ideia obsessiva deve ser considerada também um equivalente da angústia, como disse Adler. O vínculo com a parceira perversa tem razões mais profundas do que o simples temor de não encontrar uma parceira nova. Um dos elementos que os une é um sentimento profundo e intenso de gratidão que dificilmente pode ser encontrado em outras relações. Este sentimento de gratidão está provavelmente ligado ao sentimento de felicidade que a satisfação de sua perversão produz no perverso. (FREUD: a felicidade é a satisfação desinibida da perversão.)

WITTELS lamenta que a teoria dos equivalentes da angústia tenha provocado certa confusão. Ela nos reconduz à posição anterior em que tudo era considerado neurastenia; agora se diz "equivalentes da angústia", em vez de dividir as neuroses atuais, como faz Freud, em neuroses com angústia e sem angústia, e de fazê-las derivar das perturbações sexuais próprias a cada uma.

Stekel não demonstrou que esses equivalentes estão ligados à angústia.

SADGER enfatiza que só podemos falar de equivalentes da angústia quando os sintomas surgem isoladamente (sem angústia). Mas encontramos com frequência nas neuroses obsessivas sintomas de angústia ou equivalentes da angústia. Do ponto de vista terapêutico, o elemento decisivo é que a angústia pura desaparece uma vez que as perturbações sexuais atuais foram suprimidas; no caso da angústia mista, isso não ocorre.

Sadger examina então as diferentes fontes da angústia (químicas, isto é, tóxico-sexuais etc.). A angústia dos histéricos e dos neuróticos obsessivos é a angústia do amor perdido (angústia de perder o amor dos pais).

As crianças que testemunharam atos sexuais no escuro temem a escuridão.

O fato de ouvir o coito, sublinhado por Stekel, desperta angústia na criança porque lhe dá a impressão de que os pais estão lutando; mas a criança ainda não se decidiu de quem tomará partido.

FREUD enfatiza primeiramente que a angústia é a questão central de toda neurose. Em primeiro lugar, Stekel deve ser criticado por empregar os termos de modo impreciso. No artigo sobre a neurose de angústia (de Freud), não se trata de equivalentes *da angústia*, mas *do acesso de angústia*[346]. Produzem-se, no lugar do acesso de angústia, acessos em que há apenas traços de angústia. Ela é substituída por um ou mais sintomas que normalmente só aparecem acompanhados de angústia. Esse mal-entendido de Stekel explica uma série de objeções feitas a seus casos e sua caracterização dos sintomas como equivalentes da angústia. Tudo o que é neurótico é um

---

346 Em *Sobre os fundamentos para destacar da neurastenia uma síndrome específica denominada neurose de angústia – Über die Berechtigung, von der Neurasthenie einen bestimmten Symptomen-komplex als 'Angstneurose' abzutrennen* (1895; O.C.). Rio de Janeiro, Imago, v.3, Freud diz: "Há *acessos de angústia rudimentares* e *equivalentes do acesso de angústia* que têm provavelmente a mesma significação e que manifestam uma grande variedade de formas, variedade até agora pouco explorada" (*grifo de Freud*).

equivalente da angústia, pois todos os sintomas provêm da libido e a libido pode se transformar em angústia[347].

A questão é saber por que algumas pessoas têm sintomas somáticos em vez de acessos de angústia, sintomas que elas não reconhecem como angústia e que também enganam o médico.

Por razões de princípio, Freud rejeita totalmente as ampliações feitas por Stekel. Freud só qualifica o caso como neurose de angústia quando seu mecanismo não é psíquico; quando ele é psíquico, o quadro é de histeria.

Podemos distinguir dois tipos de histeria:

1) histeria em que a libido recalcada se manifesta como sintoma no corpo (histeria de conversão) e

2) histeria em que a libido recalcada se manifesta como angústia vinculada a todos os elementos possíveis (histeria de angústia).

Os casos de Stekel são histerias de angústia. A neurose de angústia é, por assim dizer, o fundamento somático da histeria. A histeria implica um desvio pelo psíquico. A neurose de angústia nos apresenta apenas alguns poucos quadros típicos; a variabilidade é psíquica.

A terminologia frequentemente nos induz ao erro[348]. A designação "neurose de angústia" não tem absoluta-

---

347 Esta era a concepção teórica da angústia daquela época. Mais tarde em *Inibições, sintomas e ansiedade (Inibição, sintoma e angústia) – Hemmung, Symptom und Angst* (1926; O.C.). Rio de Janeiro, Imago, v.20, ela foi modificada.

348 A compulsão provém do inconsciente, ou seja, do isso (*Es*). Mais tarde, Freud desenvolve essas ideias com maior clareza, bem como suas concepções acerca da angústia. Comparar com os textos de Freud *O estranho – Das unheimliche* (1919; O.C.). Rio de Janeiro, Imago, v.17; e *Inibição, sintoma e angústia*, citado na nota anterior.

mente nada a ver com isso. O mesmo ocorre com a angústia: ela também está em toda parte.

Os equivalentes típicos da angústia se manifestam nos órgãos mais relacionados ao coito (órgãos respiratórios etc.), o que não implica que estes sejam inferiores (Adler).

Em suas conclusões teóricas, Stekel alia os resultados de Freud aos de Fliess (a angústia é a excitação sexual do sexo oposto), o que o leva a uma definição completamente inadequada: a angústia é a excitação sexual proveniente do inconsciente. Isso é abusar das palavras.

O caso 3 é uma histeria pura.

O caso 1 não é, como diz Adler, uma ideia obsessiva: o sintoma só pode ser caracterizado como uma ideia delirante histérica de origem hipocondríaca.

Sadger dá demasiada importância ao trauma sexual; a angústia infantil relacionada à escuridão, isto é, a angústia neurótica das crianças, é primária. Trata-se de um anseio (*Sehnsucht*) pela pessoa amada (comparar com a *Teoria da sexualidade*, nota 23, p. 83)[349].

Essa é a raiz comum da angústia neurótica e da angústia fisiológica.

---

349 A nota a que Freud se refere aqui é a seguinte: "O esclarecimento acerca da origem da angústia infantil me foi dado por um menino de três anos. Certa vez, quando este se encontrava em um quarto escuro, eu o ouvi pedir: 'tia, fale comigo; eu estou com medo, pois está muito escuro'. A tia lhe responde: 'mas de que isto lhe serve, se você não pode me ver?' 'Isto não importa', diz a criança, 'quando alguém fala, fica claro'. Ele não teme, portanto, a escuridão, mas se angustia com a falta de uma pessoa amada, e promete se acalmar tão logo tenha recebido alguma prova de sua presença". S. Freud, *Os três ensaios sobre a teoria da sexualidade – Drei Abhandlungen zur Sexualtheorie* (1905; O.C.). Rio de Janeiro, Imago, v.7.

O caso descrito por [A.] Deutsch é muito frequente nas mulheres abstinentes. O prejuízo causado nas mulheres pela abstinência está estreitamente relacionado com a questão da emancipação feminina. Uma escultora perde sua destreza quando começa a modelar corpos masculinos. Uma jovem que é abraçada por seu professor todas as vezes em que faz um bom trabalho se torna incapaz de realizar a menor tarefa.

STEKEL, para concluir, faz referência a um trabalho seu que acaba de ser publicado (arquivo nº 22) e ressalta que não há casos puros de neurose de angústia[350].

---

350 Stekel provavelmente se refere ao trabalho *Estados nervosos de angústia e seu tratamento – Nervöse Angstzustände und ihre Behandlung* (in: Medizinische Klinik, Bd. 3, 1907, S. 1064 ff.), publicado sob a forma de livro, com um prefácio de Freud em 1908.

[26]

REUNIÃO DE 16 DE OUTUBRO DE 1907

Presentes: Freud, Adler, [A.] Deutsch, Hitschmann, Schwerdtner, Sadger, Steiner, Stekel, Wittels, Federn, Rank.

COMUNICADOS

O Dr. Hans Abels[351] é admitido na Sociedade por unanimidade.

[A.] Deutsch e Stekel realizam o pagamento de suas cotas de membro.

CONFERÊNCIA: *Sobre a impotência funcional*

CONFERENCISTA: Dr. Steiner

Steiner comunica antecipadamente que sua conferência se destina aos leigos. Ela trata da forma de impotência que é, até onde sabemos hoje, desprovida de todo fundamento orgânico. Ela é o sintoma – em muitos casos, o mais importante – de uma neurose geral. A anamnese revela: masturbação, excitação sexual frustrada ou uma combinação das duas. Mas isso ainda não nos esclarece muita coisa. Como esses fatores aparecem com muita frequência, outros devem ser acrescidos.

---

351 Dr. Abels, pediatra e amigo de Federn, deixa a Sociedade poucos encontros depois.

Deve haver uma certa predisposição (*Disposition*) para essa doença. Sendo assim, Steiner distingue:

1) impotência inata,
2) impotência adquirida
   a) na infância
   b) em idade avançada

Ad 1) Trata-se, neste caso, de uma inferioridade hereditária (na maioria das vezes de natureza sifilítica) que se manifesta na conduta como um todo. Pouca vivacidade na infância, traços femininos, timidez; enurese duradoura. Adolescentes desajeitados, adolescência prolongada. Masturbação. Começam a ter relações sexuais tardiamente e sob coação. Mais tarde, tornam a se masturbar, apresentando todos os fenômenos colaterais (poluções etc.) Eles procuram o médico antes do casamento ou após o fracasso do coito conjugal.

Ad 2a) O grupo que mais nos interessa. Todos os pacientes desse grupo cresceram na ausência de irmãs, ou ao menos de irmãs da mesma idade. Razão pela qual eles jamais aprenderam a se relacionar com uma mulher de modo satisfatório. Mais tarde, eles não se satisfazem com o coito, mas se esgotam em formas de excitação frustrantes.

Ad 2b) Essa forma pode ter diferentes causas: influências externas, medo de infecções, má compreensão da ética, falta de oportunidade, medo da concepção etc.

O diagnóstico de todos esses estados é muito simples: ausência de ereção ou ereção insuficiente, em particular nas relações com as mulheres. *Ejaculatio praecox.*

O prognóstico é determinado pela etiologia. Steiner relata dois casos tratados com psicoterapia.

Um deles é o de um homem de 38 anos que ainda não havia tido relações sexuais. No decurso do tratamento, manifestou-se seu amor recalcado pela mãe.

Por vezes, a impotência é apenas relativa, como, por exemplo, no caso de um homem que é impotente com sua jovem esposa, mas que se mostra muito potente com sua cozinheira (uma mulher muito enérgica).

Finalmente, cabe mencionar o tratamento local.

DISCUSSÃO

SADGER: Ad 1) São talvez os verdadeiros homossexuais. Ad 2) trata-se, quase sempre, da neurose obsessiva (como no caso do homem com a cozinheira). De acordo com a experiência de Sadger, todos os judeus poloneses que teve a oportunidade de ver em Gräfenberg[352] eram onanistas e neuróticos obsessivos, e ¾ deles eram impotentes. A impotência psíquica é um sintoma da neurose obsessiva.

SCHWERDTNER menciona um caso que acredita ser típico: o estímulo era tão forte que o homem, por essa razão, não lograva ter uma ereção. Talvez o cérebro iniba o centro de ereção.

[A.] DEUTSCH menciona um caso de impotência decorrente do medo da concepção.

WITTELS sublinha que a impotência do grupo 1 não pode ser de natureza puramente funcional, visto que a inferioridade da personalidade como um todo implica também a inferioridade dos órgãos sexuais.

---

352 Estância termal da Silésia.

A impotência relativa (incapacidade de satisfazer a mulher) pode ser superada por meio de exercícios ou da prolongação do coito. A satisfação da mulher é um apaziguamento psíquico.

Por fim, cita uma observação de Raimann[353]: aquele que afirma não poder prescindir da componente psíquica nas relações sexuais (por exemplo, com uma prostituta) é um caso patológico.

A pessoa tem de se apaixonar, de outro modo não será capaz de praticar o coito.

As irmãs de nada servem quando há uma predisposição para a neurose: nesse caso, os sentimentos incestuosos desencadearão ou a neurose ou a impotência. O álcool é um bom remédio para a impotência psíquica.

RANK afirma que faltou elucidar os casos em que a impotência só se manifesta em relação a certos objetos sexuais. O apaixonamento não explica esse fenômeno de maneira satisfatória, já que ele tem raízes mais profundas que devem ser buscadas na recusa da sexualidade (*Sexualablehnung*). Tal recusa está na base de muitos casos de impotência. Assim como a repugnância às prostitutas.

FEDERN acusa o conferencista de ter confundido, de maneira injustificada, a impotência funcional com a impotência psíquica. Os casos que têm uma causa lo-

---

353 Emil Raimann, professor de psiquiatria forense na Universidade de Viena. Segundo Jones (*A vida e a obra de Sigmund Freud*, op. cit., v. 2, p. 136), Raimann era assistente na Clínica Psiquiátrica de Viena; mais tarde, foi oponente de Freud na comissão de pesquisa sobre neuroses de guerra (15 a 17 de outubro de 1920). (Comparar com Henry F. Ellenberger, *A descoberta do inconsciente – Die Entdeckung des Unbewussten*. Hans Huber, Bern, Stuttgart, Wien 1973, v. 2, p. 1126-28.)

calizada não devem ser considerados psíquicos. Muitas vezes, eles se devem apenas a uma deficiência muscular.

Federn duvida de que o fato de não ter irmãs seja suficiente para causar a impotência e menciona casos que contradizem a afirmação de Steiner.

Ele chamaria o terceiro tipo de impotência pré-senil.

HITSCHMANN relata o caso de um médico que se sentiu tão repugnado na ocasião de sua primeira visita a uma prostituta que essa memória, posteriormente, o impedia de ter relações sexuais. Sua impotência se manifestou em uma época em que tinha à disposição um bom número de mulheres. Ele estava apaixonado pela governanta de sua mãe, e teve, em seguida, uma relação exitosa com ela.

É sabido que o homem pode se tornar impotente quando está demasiadamente excitado por uma mulher ou quando ela lhe inspira excessiva admiração (*Reigen*[354]; um poema de Goethe).

Hitschmann afirma que o conferencista deixou de mencionar a impotência psíquica da mulher. É compreensível que em muitos casos a ausência de preliminares psíquicas (esperar até que se manifeste a necessidade) engendre a impotência psíquica.

No caso dos homossexuais não se pode falar de uma impotência psíquica, visto que eles são potentes com os rapazes.

O fato de não ter uma irmã certamente influi em todo o desenvolvimento do homem.

---

354 Referência ao diálogo dramático *Reigen* (1900), de Arthur Schnitzler (1862-1931).

FREUD, em resposta a algumas objeções, sublinha que o conferencista só pretendia dar uma orientação de cunho geral aos praticantes.

A objeção de Hitschmann a propósito dos homossexuais, por exemplo, não é válida, já que essa predisposição só se manifesta posteriormente.

Toda uma série de causas e diversas condições deve confluir para que se dê a impotência. O fato de não ter irmãs não parece realmente importar. Há aí uma analogia com as pessoas cujas tendências homossexuais se tornam mais fortes quando o equilíbrio na escolha do objeto é perturbado pela perda de um dos pais (o que vale tanto para os homens quanto para as mulheres).

Do ponto de vista psíquico, temos de adotar uma classificação diferente da de Steiner. A condição fundamental da impotência é o fato de que para essas pessoas a atividade sexual não pode prescindir do fator psíquico; há nelas uma preponderância da vida imaginária, ou, dito de um modo mais geral: sua atividade sexual é de tipo feminino. Todos nós, por sermos homens civilizados, tendemos um pouco à impotência psíquica[355].

No tocante ao *mecanismo*, podemos conceber três possibilidades:

1) Quando há fortes (contra-)representações inibidoras (inconscientes). Fundamentalmente: homossexualidade, apaixonamento etc.[356]

2) Quando a libido não está disponível, pois está liga-

---

355 S. Freud, *Moral sexual civilizada e doença nervosa moderna – Die kulturelle Sexualmoral und die moderne Nervosität* (1908; O.C.). Rio de Janeiro, Imago, v.9.

356 Freud parece se referir aqui àqueles casos em que a sexualidade está dissociada do erotismo.

da a representações inconscientes (recalcadas). Esse é o mecanismo típico de todas as paralisias psíquicas. Uma histérica, por exemplo, não consegue falar quando inconscientemente lhe surge a ideia de que ela gostaria de ser beijada.

3) Após uma excitação excessiva; por trás disso, há o contraste entre a imaginação e a percepção. Quando antecipamos algo com muito prazer, torna-se difícil desviar o interesse da imaginação para a realidade.

As grandes e frequentes decepções sofridas na noite de núpcias etc. se devem a isso.

O poema de Goethe: fixação na amada ausente.

Contra Sadger: normalmente, os neuróticos obsessivos não são impotentes, mas levam uma vida sexual "normal". Para eles, contudo, essa vida sexual não é normal, pois a causa mais comum das ideias obsessivas é o sadismo reprimido.

Todos os sintomas neuróticos das mulheres são, na verdade, entraves a sua capacidade de amar. Por essa razão, todos os seus sintomas deveriam se manifestar nos próprios órgãos genitais. Mas é por intermédio das zonas erógenas que se produzem os diversos sintomas que na verdade são manifestações de uma impotência psíquica deslocada a uma outra esfera. A impotência psíquica é o sintoma principal de todos os neuróticos[357].

---

357 Comparar com S. Freud, *Contribuições à psicologia do amor: (I) Um tipo especial de escolha de objeto feita pelos homens – Über einen besonderen Typus der Objektwahl beim Manne* (1910; O.C.). Rio de Janeiro, Imago, v.11; (II) *Sobre a tendência universal da depreciação na esfera do amor – Über die allgemeinste Erniedrigung des Liebeslebens* (1912; O.C.). Rio de Janeiro, Imago, v.11; (III) *O tabu da virgindade – Das Tabu der Virginität* (1918; O.C.). Rio de Janeiro, Imago, v.11.

ADLER destaca o papel da condição orgânica em *todos* os casos de impotência psíquica; a condição orgânica pode ser demonstrada em todos esses casos, seja em sua forma pura, seja pelo desvio da esfera psíquica. Em muitos casos, é o órgão que cria ou seleciona o fenômeno psíquico.

Adler não encontrou, em seus materiais, o motivo da irmã; mas é possível que ele tenha um papel.

A impotência frequentemente decorre de relações sexuais com mulheres que não são de fato amadas.

STEINER, referindo-se a Freud, destaca que o homem civilizado é sempre impotente em alguma medida. Por trás de algumas impotências há um excesso de libido: a potência é normal, mas a libido é excessiva.

[27]

REUNIÃO DE 23 DE OUTUBRO DE 1907

Presentes: Freud, Abels, Adler, Federn, Hitschmann, Rank, Reitler, Sadger, Schwerdtner, Steiner, Stekel.

COMUNICADOS

Adler, Federn, Hitschmann, Reitler, Sadger pagam suas cotas.

Stekel toma emprestado "Archiv" nº 24 (Friedmann, *Münchener Allgemeine*[358]). Reitler toma emprestada a ata nº 2 (correspondente à ata nº 26) (devolvida em 30/10).

CONFERÊNCIA: *O sono*

CONFERENCISTA: Dr. Schwerdtner

Não encontramos na literatura uma definição satisfatória do sono. As opiniões sobre esse tema ainda são muito divergentes. O conferencista comenta algumas teorias (fisiológicas) do sono; a mais reconhecida entre elas diz que o sono resulta do acúmulo de substâncias que produzem o cansaço. De acordo com essa teoria, a causa do sono é o dispêndio de energia nervosa etc.

O conferencista resume em seguida sua crítica a todas essas concepções e demonstra a invalidade da tese supracitada, apoiando-se em exemplos tirados da vida cotidiana.

---

358 Não foi possível esclarecer o significado deste registro.

As observações imparciais revelam que o sono tem a função de tornar possível a integração de novas impressões e representações que se produziram (*empfangen*) durante o dia. Dormir é: realizar um trabalho suplementar de apercepção.

O cérebro quer estar só; por esse motivo, qualquer perturbação destitui o sono de seu caráter restaurador. Por sua capacidade de ordenar as coisas, o sono opera uma limpeza na memória (provérbio: "aconselhar-se com o travesseiro"). [No sono], o homem comum se transforma em um artista genial.

No sono, as representações se desenrolam sem restrições; tal estado foi simbolizado como o sabá das bruxas. O sono é um dos principais instrumentos da psicoterapia individual; a arte é o segundo (Rank). Além disso, a produção artística é análoga ao sono, sobretudo no que diz respeito ao obscurecimento quase total da consciência. A única diferença é que o artista tem um fio condutor que domina sua consciência com força. A "hipnose do artista" não é senão um estado mais amadurecido, mais claro, mas, no fundo, trata-se de um estado idêntico. Portanto, estando dormindo fazemos o mesmo que quando criamos.

O próprio conferencista nunca sonha, mas sente, durante o dia, a necessidade de escrever. Quando não cede a esse impulso, tem insônia.

O conferencista compara longamente ambos os estados e cita várias analogias (também confirmadas por Sören Kierkegaard[359]). O artista, portanto, também não precisaria dormir. O trabalho criativo puramente intuitivo não apenas não cansaria, mas restauraria. O sono

---

359 Filósofo dinamarquês (1813-1855).

não é uma pausa para o restabelecimento da energia nervosa que foi gasta, mas um isolamento dos sentidos que permite elaborar o recalcado.

Por fim, o conferencista discute o *efeito dos soníferos* do ponto de vista de sua teoria.

Apenas os indivíduos que têm uma necessidade psíquica de morfina se tornam morfinômanos. O efeito hipnótico da morfina consiste em suprimir os estímulos sensíveis provenientes do exterior (luz, barulho) mediante a paralisia da percepção.

Finalmente, o conferencista apresenta os seguintes *princípios*:

O sono é aquele estado em que o cérebro não recebe estímulos do mundo exterior e em que a cristalização psíquica pode então se dar sem interrupção.

O sono é indispensável para a manutenção do bom funcionamento psíquico (razão pela qual apenas os seres vivos mais desenvolvidos dormem; cães de caça e outros animais domesticados sonham).

A duração do sono é ilimitada. Quanto mais tempo concedermos ao sono, tanto melhor será o funcionamento da memória.

O sono e a hipnose são idênticos.

DISCUSSÃO

ABELS não crê criticar a concepção psicológica do conferencista ao sustentar a tese fisiológica de que o sono tem a função de reconstituir as energias que foram gastas. Em seguida, tenta refutar as diferentes objeções feitas pelo conferencista à teoria fisiológica.

O sono desprovido de sonhos pode decorrer também de um profundo esgotamento físico.

SADGER não pode dar uma opinião conclusiva, mas apenas compartilhar alguns pensamentos e ideias. Parece-lhe que não é tão impossível conciliar ambas as teorias. Para a atividade psíquica há uma única reparação possível, que é o sono; ele seria um processo eminentemente psíquico.

No verão passado foi publicado na *Neuen Freien Presse* um artigo de Lindau[360] em que este descreve como escreveu seu primeiro drama: ele trabalhava por 36 horas ininterruptas, sem sentir cansaço, fome ou sede; depois dormia por 8 horas.

Sabe-se que os doentes mentais não sentem necessidade de dormir. Os poetas (Goethe, por exemplo) sentem uma enorme necessidade de dormir nos períodos mais produtivos.

O conferencista não mencionou a influência da satisfação ou insatisfação da pulsão sexual no sono.

No tocante à questão da ausência de sonho durante o sono, temos de considerar que talvez sonhemos sem termos consciência disso.

STEINER crê que a função do sonho é restaurar o calor corporal consumido durante o dia e cita exemplos que confirmam sua tese.

REITLER afirma que a conferência não lhe trouxe nada de novo, visto que as relações entre o sono e o inconsciente constituem o tema da *Interpretação dos sonhos*.

Ele está de acordo com a explicação da morfinomania.

---

360 Paul Lindau (1839-1919), escritor e diretor de teatro alemão.

HITSCHMANN pensa que o sonho foi discutido de maneira muito pessoal. Seria necessário considerar também o sono da criança, dos animais e dos homens (sãos) que levam uma vida tranquila, assim como as diferenças raciais, entre outros. É inaceitável explicar o sono apenas a partir do recalcado e da neurose (e ainda deixar de lado a sexualidade propriamente dita) e supor que nos tornaríamos histéricos se não dormíssemos. O provérbio "aconselhar-se com o travesseiro" não é algo em que poderíamos nos apoiar, mas uma simples superstição.

RANK supõe que o sono cumpre todas as funções fundamentais e particulares que foram mencionadas e também outras que ainda desconhecemos. Essa suposição modifica a comparação com a arte no seguinte sentido: ela não cumpre apenas a função que foi mencionada, ainda que esta seja a mais importante, mas serve igualmente a outros fins que não nos interessam tanto agora.

Do ponto de vista psicológico, é extremamente interessante que o conferencista, que sofre com distúrbios do sono (no sentido mais lato: ele disse que talvez ninguém tenha dormido tanto quanto ele), tenha proposto uma teoria do sono.

ADLER sublinha que Schwerdtner tentou mostrar o que se passa em nós quando dormimos. Um outro problema é: o que é o sono? O conferencista cometeu o erro de identificar a essência do sono com o próprio sono.

Entretanto, seu trabalho apresenta um avanço em relação ao que sabíamos até então. Sua tese da integração das ideias é irrefutável. As teorias teleológicas devem, contudo, ser postas em segundo plano.

Todos deveriam relatar suas experiências pessoais relativas ao sono.

Muitas pessoas adormecem imediatamente (o que parece ser hereditário), outras precisam de mais tempo. Isso provavelmente tem a ver com a natureza do sono.

Não são apenas os seres vivos mais desenvolvidos que dormem; o sono é um fenômeno encontrado já no nível celular.

FREUD ressalta que o conferencista fez uma exposição muito instigante. No entanto, quando se trata de fenômenos psíquicos, devemos nos abster de propor definições.

Seria necessário começar com a gênese biológica do sono. Ele está relacionado sobretudo à alternância da luz e da escuridão (astros etc.). Em seguida, teríamos de considerar individualmente o sono da criança; o sono é o estado natural da criança; apenas suas necessidades podem tirá-la desse estado: uma vez que estas foram satisfeitas, a criança volta a dormir. Assim, a criança prolonga seu estado fetal[361].

Pouco a pouco, quando a criança aprende a utilizar a escuridão para dormir, estas condições se fundem. No caso das crianças, o cansaço não parece desempenhar um papel. Mais tarde aparecem certos fatores secundários, em vista dos quais não podemos simplesmente rejeitar a tese teleológica. Em um momento posterior desta série surgem então as funções que, de acordo com o confe-

---

361 Estas são ideias que Freud continuou desenvolvendo. Elas o levaram a afirmar, por fim, que com o nascimento surge também uma tendência ao sono (*Schlaftrieb*) – uma pulsão cujo alvo é o retorno ao ventre materno. (Comparar com o texto de Freud *Esboço de psicanálise – Abriß der Psychoanalyse* (1938; O.C.). Rio de Janeiro, Imago, v.23.)

rencista, são a finalidade do sonho: a proteção contra o mundo exterior.

Em um breve artigo, Flournoy[362] incluiu o sono entre os mecanismos de defesa, o que coincide com a concepção do conferencista. Segundo essa teoria, produz-se uma inversão: a criança é primeiramente despertada pelo mundo, e depois este a faz dormir.

Partindo da teoria dos sonhos, também podemos chegar à concepção de Schwerdtner. Estamos familiarizados com o enorme papel desempenhado pelo material recente e com o fato de que por trás deste se oculta o passado. É precisamente esse material recente que é elaborado durante o sono e que Schwerdtner atribui erroneamente ao inconsciente (a elaboração acontece simplesmente na esfera psíquica)[363]. O sono serve, desse modo, para proteger a psique, para que esta possa realizar suas tarefas.

Até o momento, dois pontos concernentes à questão do sono já se tornaram acessíveis ao nosso conhecimento:

---

362 Theodore Flournoy (1854-1920), psicólogo suíço, professor da Universidade de Genebra, era conhecido por suas obras sobre misticismo, religião e parapsicologia. Freud o confunde aqui com o psicólogo suíço Edouard Clarapède (1873-1940), que também era professor em Genebra e editava, junto com Flournoy, os *Archives de Psychologie*. A passagem a que Freud se refere se encontra no artigo de Clarapède intitulado *Esquisse d'une théorie biologique du sommeil* in den Archives de Psychologie, Bd. 4, 1905: "Le sommeil est une fonction de défense, un instinct qui a pour but, en frappant l'animal d'inertie, de l'empêcher de parvenir au stade d'épuisement: ce n'est pas parce que nous sommes intoxiqués ou épuisés, que nous dormons, mais nous dormons pour ne pas l'être"; ["O sono é uma função de defesa que, ao levar o ser vivo ao estado de inércia, impede que este atinja o esgotamento: nós não dormimos porque estamos intoxicados ou esgotados, mas para não alcançarmos este estado."].

363 Em outras palavras, o material recente é elaborado no pré-consciente mediante o estabelecimento de um vínculo com o inconsciente.

A interpretação dos sonhos nos ensina algumas coisas sobre os estados psíquicos em que nos encontramos quando dormimos: o estado de sono se caracteriza por um enfraquecimento das catexias (da censura psíquica)[364].

O problema do adormecimento, considerado por Flournoy[365] como um ato voluntário, uma autossugestão (o que está de acordo com a teoria do sono como defesa contra o mundo exterior), deve ser tratado separadamente.

Freud não defende as teorias fisiológicas predominantes, visto que são unilaterais e indeterminadas. Não obstante, a influência dos produtos da fadiga não deve ser descartada; mas isso nos conduz à teoria da sonolência, não do sono. É possível que o corpo se sirva dos produtos do sono[366] como um sinal que indica o momento de adormecer.

É correto afirmar que só se tornam morfinômanos aqueles que buscam compensar um defeito psíquico com a morfina.

O fato de as catexias operadas em uma etapa mais avançada da vida psíquica serem mais estáveis é um mecanismo que poderia explicar o estado de sono; essa circunstância é talvez utilizada de tal forma que apenas o eu secundário (na concepção de Meynert[367]) dorme. Muitos quadros clínicos patológicos (bem como a senilidade) fazem desaparecer diversas catexias tardias e desvelam, por assim dizer, o eu primário.

---

364 Isto é, as resistências do eu são reduzidas.

365 Freud se refere novamente a Clarapède. Comparar com a nota 362.

366 Freud se refere provavelmente aos produtos da fadiga.

367 Theodor Meynert (1833-1892), professor de psiquiatria na Universidade de Viena, um dos professores de Freud.

A questão de saber se há um sono sem sonhos é ociosa. Sonhar significa tomar consciência de um conteúdo onírico[368]. Mas, se entendermos o sonhar como o trabalho inconsciente que não produz necessariamente um sonho, então responderemos afirmativamente à questão de saber se sonhamos todas as noites. Temos pensamentos oníricos todas as noites, mas nem todas as noites temos um conteúdo de sonho.

FEDERN gostaria de dividir a conferência em duas partes: a que foi escrita pelo conferencista na embriaguez de um *"gourmand* do sono" e a que ele escreveu como médico, na sobriedade de seu pensamento. Schwerdtner teve o mérito de ressaltar que a verdadeira finalidade do sono só é alcançada no sono desprovido de sonhos (Heiterthey[369], esta sã criatura da natureza, não sonha). A teoria de Schwerdtner, segundo a qual o sono serve para integrar as ideias, não é senão uma hipótese: nós também as integramos no estado de vigília. No sono, não elaboramos as representações e não as combinamos entre si; antes, elas se dissociam (portanto, não se realiza trabalho algum).

Dormir significa toda sorte de coisas, até mesmo processos fisiológicos, embora Federn não possa defender as teorias fisiológicas.

---

368 Esta afirmação parece que contradizem as teorias contemporâneas dos sonhos "sem conteúdo", invisíveis, segundo as quais o "vazio" de um sonho tem de ser interpretado como um conteúdo, significando, por exemplo: "eu não quero dizer nada". Isso corresponde à concepção atual de que o sonho não elabora apenas conteúdos do isso, mas também do eu e do supereu.

369 Personagem principal de um conto humorístico de mesmo nome de Otto Ludwig.

Existe um sono desprovido de sonhos, o que pode ser deduzido da falta da sensação do tempo (*Zeitempfindung*) no sonho.

Uma paciente sofreu de insônia por 29 dias depois de lhe tirarem a morfina (por fim, curou-se da insônia mediante a sugestão coercitiva). Portanto, também deve haver alguma compensação das excitações no estado de vigília.

SCHWERDTNER responde, por fim, a cada uma das objeções que lhe foram feitas: a fadiga física não pode ter um papel tão importante, senão ela sempre provocaria o sono, o que não é o caso. Uma fadiga excessiva frequentemente nos impede de dormir (Abels). No caso de Lindau, os efeitos tóxicos devem ter desempenhado algum papel. A pulsão sexual está entre os estímulos que se devem evitar, e, por essa razão, não foi mencionada em particular (Sadger). A integração das ideias se realiza de modos diferentes no estado de repouso e na vigília. No processo de integração, as ideias teriam de se dissociar (Federn).

Finalmente, Schwerdtner afirma que se esforçou para esclarecer o que escapou aos fisiólogos.

[28]

REUNIÃO DE 30 DE OUTUBRO DE 1907

Presentes: todos os membros, exceto Häutler.

COMUNICADOS

Hollerung paga sua cota.
[A.] Deutsch toma emprestada a ata nº 3
[correspondente à ata nº 27].
([observação estenografada:] Devolvida
em 11/12/1907.)

CONFERÊNCIA: *Início de um caso clínico* [370]

[CONFERENCISTA:] Prof. Freud

REUNIÃO DE 6 DE NOVEMBRO DE 1907

Presentes: Freud, Abels, Adler, Federn, Graf, Häutler,

---

370 As reuniões de 30 de outubro e 6 de novembro foram registradas em uma única ata. Paul Federn publicou esta ata (com algumas modificações e notas de rodapé) na revista indiana Samiksa: *Indian Journal for Psychoanalysis* (v. 1, p. 305 s), e um ano depois, também no volume 4 do *Yearbook of Psychoanalysis* (New York, S. 14 ff.). Nós incluímos aqui as notas de Federn, que aparecem entre colchetes com indicação das iniciais P. F.. Freud apresentou este caso clínico no 1º Congresso Internacional de Psicanálise de Salzburg, em 1908. Ele foi publicado em 1909 no *Jahrbuch für psychoanalytische und psychopathologische Forschungen* (Bd. 1 [2], S. 357 ff.) com o título S. Freud, *Notas sobre um caso de neurose obsessiva – Bemerkungen über einen Fall von Zwangsneurose* (1909; O.C.). Rio de Janeiro, Imago, v.10. O caso se tornou célebre sob o título de "O homem dos ratos". Visto que a conferência seria publicada em breve, Rank decidiu registrá-la de forma resumida e reunir os dois encontros em uma única ata.

-44-

IVter Vortragsabend
am 30. Oktober 1907.
Anwesend: alle bis auf Häutler. —

Hollerung erlegt den Mitgliedsbeitrag.
Deutsch entlehnt Prot. VI. (f. 18. 11. XII. 07)

Vortrag: Prof. Freud : Beginn einer Krankengeschichte.

Vierter und fünfter Vortragsabend
am 30. Okt. u. 6. November 1907.

Prof. Freud:

Beginn einer Krankengeschichte.

Es handelt sich um einen sehr lehrreichen Fall von Zwangsneurose (Zwangsdenken), der einen 29jährigen jungen Mann
(Dr. jur.) betrifft. Sein Leiden datiert seit 1903, eigentlich aber
schon seit seiner Kindheit.

Er hat Zwangsideen, dass zwei Personen, die er sehr liebe etwas
geschehe (diese unbestimmtheit des Ausdrucks, das Verlegen der Inhalte,
charakterisire die Zwangsneurose).

Diese zwei Personen seien der Vater und eine Dame, die er sehr
verehrt.

Er habe Jahre hindurch abstinent gelebt, die Onanie habe eine
sehr geringe Rolle gespielt. Erster Koitus mit 26 Jahren. —

Er folgt nun die ausführliche Mitteilung der Analyse in der
ersten paar Sitzungen. —

Die Technik der Analyse habe sich insofern verändert
als der Psychoanalytiker jetzt nicht mehr das mitteilt, was ihn
interessiert, sondern dem Pat. die natürliche Aufeinanderfolge
seiner Gedanken gestattet.

Es handelt sich in diesem Falle, in groben Zügen dargestellt,
um den Kampf des Pat. zwischen seinem Zug zum Manne hin und
dem zum Weibe (der Zug zum Manne ist stärker).

Er hat verdrängte Todeswünsche gegen seinen Vater (Zwangsvorstellungen sind eigentlich Zwangswünsche).

Besonders deutlich tritt in diesem Fall hervor, was man in keinem Fall von Zwangsneurose vermisst:

dass es sich um unterdrückte böse, aggressive, feindselige, grausame Gefühle (um sadistische und Mordgelüste) handle. Diese grausame Komponente könne man mit Recht als „männlich" bezeichnen. — Sie sei eben auch bei Frauen dieselbe. Es ergebe sich also aus dem Verhältnis der Sexualität zu den Neurosen eine theoretische Folgerung: es sei unmöglich, dass der Unbewusste beim Manne einen andern Handelscharakter habe als beim Weib. Die Neurose entstehe immer auf Kosten verdrängter aktiver Triebe. —

Hitschmann, Hollerung, Rank, Reitler, Sadger, Schwerdtner, Steiner, Stekel, Wittels.

COMUNICADOS

HÄUTLER anuncia uma conferência sobre o opúsculo de Hellpach[371]: epidemias mentais.

Federn devolve as atas de nᵒˢ 1 a 5 e toma emprestadas as de nᵒˢ 6, 7, 9, 10 e 11.

CONFERÊNCIA: *Início de um caso clínico (continuação)*

CONFERENCISTA: Prof. Freud

Trata-se de um caso muito instrutivo de neurose obsessiva (pensamento obsessivo) que afeta um jovem de 29 anos (jurista). Sua doença data de 1903, mas ela na verdade tem início em sua infância. Ele teme que algo ocorra a duas pessoas que ama muito. (O caráter indeterminado da expressão e a ocultação do conteúdo são característicos da neurose obsessiva.)

Essas pessoas são seu pai e uma senhora que admira muito.

Ele viveu por anos em abstinência, o onanismo teve um papel muito pequeno. Primeiro coito aos 26 anos.

Segue o relato detalhado da análise nas primeiras sessões.

A técnica da análise se modificou no seguinte sentido: o psicanalista já não vai mais em busca do que lhe

---

371 Willy Hellpach (1877-1955), psicólogo e político alemão. O escrito *Epidemias mentais* foi publicado em 1906.

interessa, mas permite que o paciente siga o curso natural de seus pensamentos[372].

Nesse caso, o conflito se dá no paciente, em linhas gerais, entre sua inclinação ao homem e sua inclinação à mulher (a inclinação ao homem é mais forte).

Ele tem desejos de morte recalcados contra seu pai – representações obsessivas (*Zwangsvorstellungen*) são na verdade desejos obsessivos (*Zwangswünsche*).

Nesse caso aparece com muita clareza o que sempre encontramos em toda neurose obsessiva, a saber, sentimentos reprimidos (*unterdrückte*) que são maus, agressivos, hostis e cruéis (apetites (*Gelüste*) sádicos e assassinos)[373].

Essa componente cruel pode ser com razão designada "masculina". Mas ela é igual nas mulheres. A relação entre a sexualidade e as neuroses nos conduz então

---

372 Esta observação tem interesse histórico, pois foi feita em 1907. [P.F.] Trata-se do primeiro relato (*Mitteilung*) de uma análise realizada por meio da associação livre. Freud escreveu sobre essa modificação na técnica psicanalítica em seu texto *Um estudo autobiográfico – Selbstdarstellung* (1925; O.C.). Rio de Janeiro, Imago, v.20: "Chegou o momento de nos voltarmos às modificações que foram gradativamente sendo feitas na técnica do método psicanalítico. [...] Ela [a tentativa inicial de superar as resistências] deu lugar a um outro método, em certo sentido oposto a ela. Em vez de induzir (*antreiben*) o paciente a dizer algo sobre um determinado tema, pedimos a ele que se entregue (*überlassen*) à 'associação livre' [...]". Em *Uma breve descrição da psicanálise – Kurzen Abriß der Psychoanalyse* (1924 [1923]; O.C.). Rio de Janeiro, Imago, v. 19, Freud diz que teve a ideia de substituir o método da hipnose pela associação livre.

373 Encontramos aqui a primeira indicação da formulação posterior de Freud de que analidade e sadismo são, do ponto de vista pulsional, o fundamento da neurose obsessiva. Essa ideia ainda não está presente no trabalho *Obsessões e fobias: seu mecanismo psíquico e sua etiologia – Obsessions et phobies: leur mécanisme psychique et leur étiologie* (1895; O.C.). Rio de Janeiro, Imago, v.3.

à seguinte conclusão teórica: é impossível que o inconsciente do homem tenha um caráter fundamentalmente diferente do inconsciente da mulher[374]. A neurose se constitui (*entstehen*) sempre à custa das pulsões ativas que foram recalcadas[375].

DISCUSSÃO

STEKEL sublinha que a crença do paciente é o fator mais importante no tratamento. Devemos nos resguardar de uma padronização da técnica; nem todos os casos se encaixam no modelo que foi exposto. Deve-se levar em consideração o aspecto individual. Stekel costuma poupar suas descobertas sobre as conexões mais profundas até ter completo domínio sobre o paciente.

No caso apresentado, é possível que o paciente, quando criança, tenha rivalizado com seu pai por causa da governanta (e não por causa da mãe, como observou Rank[376]).

SADGER pergunta se a compulsão do paciente no "episódio do correio"[377] não se deve em primeiro lugar a tendências homossexuais.

---

374 Esta observação vai contra a concepção de Rank de que o inconsciente do homem seria sua feminilidade e o da mulher, sua masculinidade. [P. F.]

375 Mais tarde, Freud modificou seu ponto de vista ao reconhecer que as tendências masoquistas recalcadas também desempenham um importante papel na neurose. No entanto, como uma das fontes do masoquismo é sempre o sadismo transformado em seu contrário, outra fonte é a feminilidade e uma terceira é a ligação biológica entre a dor e a sexualidade, a mudança de opinião é apenas parcial. [P. F.]

376 Rank, aparentemente, já havia falado durante a discussão, mas não registrou em ata suas observações.

377 A expressão se refere provavelmente a um episódio da parte 1 (C) do caso clínico concernente ao pagamento de uma remessa postal.

No tocante à observação de Stekel de que alguns pacientes insistem em ser hipnotizados, Sadger afirma que esse desejo está estreitamente relacionado com seu caráter homossexual e masoquista[378].

HITSCHMANN assinala que a avareza desempenha um papel muito importante no "episódio do correio". A homossexualidade do paciente não foi comprovada. Sua neurose obsessiva poderia ter se formado da seguinte maneira: além das experiências feitas por todas as crianças, o paciente pode ter desenvolvido desde muito cedo um mecanismo de pensamento compulsivo, e a confluência de ambos esses fatores produziu a neurose.

SCHWERDTNER coloca duas questões:

1) Por que as pulsões sádicas são recalcadas de modo desfavorável em alguns casos e sublimadas em outros?

2) Por que desejamos experimentar sentimentos uniformes (e não, por exemplo, afeto e aversão lado a lado) apenas em relação às pessoas que nos são muito próximas e queridas[379]?

RANK destaca mais uma vez (contra Stekel) que todos os momentos apontam claramente para o amor pela mãe, embora a análise ainda não tenha trazido nenhuma indicação direta disto. A luta entre a tendência ao homem e a tendência à mulher se especifica nesse caso como em uma luta entre o amor pelo pai e o amor pela

---

378 Quase todos os pacientes querem ser hipnotizados. Sadger parece ter intuído que o desejo pela cura hipnótica se funda em uma atitude passiva e masoquista.

379 São questões que até hoje não foram respondidas satisfatoriamente.

mãe. Todos esses "casos de incesto" se complicam com o elemento homossexual.

As tendências homossexuais (e estas são as únicas em questão) não são apenas atestadas pelas inequívocas indicações do material analítico, mas também pelo tipo de identificação, presente nas fantasias do paciente, do pai com a mulher amada. Ele tortura a ambos analmente e trata a mulher como trataria um homem.

FEDERN questiona se é evidente que a crueldade seja especificamente masculina[380].

Não devemos dar demasiada atenção aos traumas *isolados*, mas antes afirmar que todo trauma sexual implica um trauma crônico[381].

---

380 Federn coloca uma questão que até aquele momento ainda não havia sido respondida: quais são os critérios para considerarmos um traço como feminino ou masculino? Comparar com Paul Federn, I. *Contribuições à análise do sadismo masculino – Die Quellen des männlichen Sadismus* (in: Z., Bd. 1, 1913, S. 29 ff.); e II. *As fontes libidinais do masoquismo – Die libidinösen Quellen des Masochismus* (in: Z., Bd. 2, 1914, S. 105 ff.). Comparar também com S. Freud, *Os três ensaios sobre a teoria da sexualidade – Drei Abhandlungen zur Sexualtheorie* (1905; O.C.). Rio de Janeiro, Imago, v.7; S. Freud, *Algumas consequências psíquicas da distinção anatômica entre os sexos – Einige psychische Folgen des anatomischen Geschlechtsunterschieds* (1925; O.C.). Rio de Janeiro, Imago, v.19; S. Freud, *Uma criança é espancada: uma contribuição ao estudo da origem das perversões sexuais (Bate-se em uma criança) – Ein kind wird geschlagen* (1919; O.C.). Rio de Janeiro, Imago, v.17; S. Freud, *Sexualidade feminina – Über die weibliche Sexualität* (1931; O.C.). Rio de Janeiro, Imago, v.21; S. Freud, *Esboço de psicanálise – Abriß der Psychoanalyse* (1938; O.C.). Rio de Janeiro, Imago, v.23. Ver também Nunberg, *Problems of Bisexuality as Reflected in Circumcision*, Imago Publishing Company, London, 1949.

381 Na versão que publicou, Federn, a fim de facilitar a compreensão desta frase, reformulou-a da seguinte maneira: "He thinks, furthermore, that the single event is not traumatic because of its immediate importance but because every single event creates a chronic impairment and that these impairments accumulate to create a lasting trauma" ("Ele crê que o acontecimento isolado não tenha um efeito traumático em razão de sua impor-

GRAF gostaria de saber por que o recalque é bem--sucedido em alguns casos e em outros não.

ADLER levanta dúvidas sobre a possibilidade de que a psicanálise seja ensinada ou aprendida.

Em muitos casos, um certo número de questões deve permanecer sem resposta; trata-se de tomar apenas algumas posições estratégicas do inimigo cuja rendição garantirá a vitória; não é necessário exterminar todos os inimigos[382].

Por outro lado, não devemos deixar passar as conexões importantes descobertas pelo paciente. As regras estabelecidas por Stekel conduzem à "psicodiplomacia".

Quanto ao caso em questão, Adler está certo de que as condições orgânicas serão descobertas. Adler acredita se tratar de um caso de autoerotismo muito marcado que não deu lugar à heterossexualidade. A avareza também é oriunda de impulsos (*Regung*) autoeróticos (região anal). Há muitos caminhos na psicanálise[383].

STEINER assinala que também outras crianças passam por experiências semelhantes.

---

tância imediata, mas antes porque cada um desses acontecimentos acarreta um dano crônico e tais danos se acumulam dando origem a um trauma permanente"). Esta citação já dá indícios da enorme tentação de alterar o texto original à luz de novos conhecimentos.

382 Em 1907, época em que estas observações foram feitas, a terminologia da guerra e do combate não era tão comum como é nos dias de hoje. Por essa razão, as observações de Adler trazem consigo um tom psicológico acentuado.

383 O afastamento iminente de Adler não se prenuncia apenas por sua ênfase constante à base orgânica de todos os sintomas, mas, como fica claro nesta observação, pela tendência de encontrar a sua própria via no campo da técnica, tendência de que provavelmente ainda não havia tomado consciência.

O ódio aos pais é oriundo dos castigos sofridos (por fazer xixi ou cocô). Devemos presumir uma certa disposição, uma inferioridade (mas não como Adler a entende).

A mulher também é cruel; portanto, essa pulsão não pode ser considerada "masculina"[384].

O homem neurótico tem traços femininos.

FREUD responde a cada um de seus interlocutores na sequência em que falaram: ele concorda com a crítica feita por Adler a Stekel. No caso de Stekel, em que o paciente afirma que o pai batia nos filhos e lhes pedia para urinar em sua frente, o relato apresenta o traço característico de uma fantasia[385].

Suplemento à análise: visto que o paciente já tinha desejos de morte relacionados a seu pai antes de seu oitavo ano de vida, era natural averiguar se nessa época ou antes alguém da família havia morrido. Quando o paciente tinha três anos e meio ou quatro, morreu sua irmã. As primeiras memórias infantis do paciente são:

1) que sua irmã foi deitada na cama;

2) que ele foi perguntar ao pai o que havia;

---

384 Esta observação é precursora da ideia de que a crueldade e a destruição pertencem a uma pulsão específica que é igual no homem e na mulher. Posteriormente, ao desenvolver essa teoria, Freud chega à concepção da dualidade das pulsões: Eros e Tânatos. [P.F.]

385 Naquela época, Freud já sabia que as fantasias também podem ter efeito patogênico, ainda que não na mesma medida que os traumas reais. Por essa razão, Freud recorria ocasionalmente a testemunhas e diários para verificar se o material analítico que havia obtido consistia em fantasias ou de vivências reais. Quando ele finalmente descobriu que as fantasias que dificilmente poderiam provir da experiência determinavam a neurose do paciente tanto em sua forma geral quanto na forma de um sintoma particular, concluiu que haveria certas fantasias típicas, herdadas, que posteriormente se transformariam em memórias de vivências supostamente reais. [P.F.]

3) que sua mãe chorava e o pai se inclinava sobre ela.

Esta irmã era três ou quatro anos mais velha do que ele. Foi por seu intermédio que percebeu pela primeira vez a diferença entre os sexos (aproximadamente aos três anos).

A explicação de Hitschmann acerca da neurose obsessiva reflete uma opinião puramente pessoal; as condições reais são muito mais complicadas. A avareza desempenha um papel muito importante na vida do paciente, mas não é um fator primário; anteriormente, o paciente era perdulário e muito generoso.

A questão levantada por Schwerdtner e Graf é oriunda, em certa medida, da injustificada desilusão com os resultados da psicanálise. Não podemos esperar encontrar a diferença entre a doença e a normalidade, porque, ao menos do ponto de vista qualitativo, essa diferença não existe[386].

Nos neuróticos, a atividade precoce é seguida de períodos de oposição, de recalque. Em geral, a coexistência dos opostos não é tolerada; o esforço em prol da unificação é denominado por nós caráter[387]. Mas os afetos só são intensos para com as pessoas próximas (Schwerdtner).

---

386 Freud sempre defendeu que não há uma diferença qualitativa entre os homens sãos e os doentes. Há diferenças quantitativas relativas à distribuição da energia que não são mensuráveis.

387 Hoje diríamos que as grandes oposições não são toleradas pelo eu. A função de síntese do eu unifica no caráter justamente seus traços particulares. Ver Nunberg *A função de síntese do eu – Die synthetische Funktion des Ich* (in: Z., Bd. 16, 1930, S. 301 ff.) e o capítulo sobre o caráter na segunda edição da *Doutrina geral da neurose – Allgemeinen Neurosenlehre* (Hans Huber Verlag, Bern 1959.)

Um ódio tão intenso ao pai como o desse caso só pode ser oriundo de perturbações sexuais ensejadas pelo mesmo.

Rank provavelmente está certo ao supor que os desejos incestuosos pela mãe desempenham um papel, embora a relação se complique com a presença de quatro irmãs (duas mais velhas e duas mais novas).

É correta a observação de Federn de que o paciente já manifestava claras tendências heterossexuais em uma idade tão precoce, o que contrasta fortemente com sua homossexualidade posterior. As análises de três homossexuais declarados, passíveis de punição na esfera penal, revelaram a existência de uma relação muito precoce com uma mulher, que mais tarde foi reprimida[388]. Inversamente, todos os homens submissos e mulherengos tendiam mais, em sua primeira infância, à homossexualidade.

A classificação das pulsões em masculinas ou femininas é uma questão de convenção. Mas em nenhum caso é permitido considerar alguém como homossexual ou heterossexual conforme seu objeto[389].

Em resposta a Adler, Freud afirma que não resta dúvida de que o método psicanalítico possa ser aprendido. Ele poderá ser aprendido uma vez que regras seguras es-

---

388 Estas condições aparecem em quase todas as análises de homossexuais.

389 Com esta observação, Freud sublinha a importância da homossexualidade sujeito (*Subjekthomossexualität*) e rejeita a homossexualidade objeto (*Objekthomossexualität*). Pelo que sei, Freud adota posteriormente a concepção de Ferenczi de que existem estes dois tipos de homossexualidade. Mesmo assim, se ateve à ideia de que a qualidade da pulsão é primordial, ao passo que a escolha de objeto depende das experiências infantis, das resistências e dos deslocamentos. [P. F.]

tabeleçam limites à arbitrariedade dos psicanalistas individuais[390].

Às vezes uma solução parcial é suficiente para fins terapêuticos, mas ela de modo algum constitui um limite teórico. Às vezes, também por razões terapêuticas, é necessário conduzir a análise até o fim[391].

A Steiner: não se deve subestimar as experiências vividas em comparação aos farores constitucionais.

Os neuróticos transformam a atividade em passividade, de modo que o homem neurótico poderia de fato ser qualificado de feminino[392].

---

390 Esta opinião conduziu posteriormente à fundação das instituições psicanalíticas.

391 Em diversas ocasiões, Freud se pronunciou contrário à ideia de uma análise breve. Ele afirmou certa vez que a análise renuncia a curar *"cito, tuto et jucunde"* [de modo rápido, seguro e confortável]. Mas às vezes, por razões práticas, aceitava a análise breve, sobretudo quando se tratava de curar um paciente de um sintoma predominante, como nos casos de impotência psíquica. [P. F.]

392 Cada uma das respostas de Freud aos participantes da discussão foram retomadas, desenvolvidas e reformuladas em seus trabalhos posteriores.

[29]

REUNIÃO DE 13 DE NOVEMBRO DE 1907

Presentes: Freud, [A.] Deutsch, Federn, Hitschmann, Rank, Sadger, Schwerdtner, Stekel, Wittels.

COMUNICADOS

O Prof. Freud comunica a demissão do Dr. Abels.

CONFERÊNCIA: *As doenças venéreas* [393]

CONFERENCISTA: Dr. Wittels

DISCUSSÃO

HITSCHMANN gostaria primeiramente de expor as motivações pessoais [da conferência de Wittels]. Três coisas atrapalham a sexualidade de Wittels: a concepção, a castidade das estudantes de medicina e a sífilis; é por essa razão que ele combate essas coisas.

A sífilis representa o perigo maior.

A sífilis do gênio (Nietzsche etc.) se deve a sua "imprudência sexual". As famílias em que há um caso de sífilis tendem a adotar uma atitude casta anormal, o que prejudica o desenvolvimento psíquico de seus descendentes.

---

393 O texto foi publicado na revista *Die Fackel* nº 238 em 12/06/1907.

Em última análise, a histeria e a neurastenia devem ser consideradas doenças venéreas[394].

Dever-se-ia instituir um serviço público para a distribuição de pessários a fim de reduzir o perigo da concepção.

STEKEL sugere que na frase "temor de que uma geração se torne neurastênica", a palavra neurastênica seja substituída pela palavra "histérica", pois a neurastenia é muito rara em comparação à histeria. Ele aconselha a Wittels suavizar a terrível descrição que faz inicialmente da sífilis em consideração aos leitores mais impressionáveis.

Stekel crê que o excesso de ternura e afeto dos pais responde pela relação entre a sífilis e a neurose.

FREUD: No tocante à relação entre a sífilis e a Reforma, Freud observa que na época do Renascimento a Igreja católica estava prestes a se dissolver; duas coisas a teriam salvado: a sífilis e Lutero. A ideia de que o surgimento da sífilis consolidou a Igreja católica é expressa por Panizza com muita clareza em seu poema *O concílio de amor*[395]. É preciso corrigir o que Wittels disse: a sífilis não foi considerada depreciável e tratada com desprezo logo que surgiu, mas *somente algum tempo depois*.

Do ponto de vista psicológico, é duvidoso que o prazer não seja algo positivo e consista sempre na remissão do desprazer. O prazer é um processo psicológico muito

---

394 Hitschmann se refere aqui provavelmente à observação de Freud de que é comum encontrar sífilis nos ascendentes de pacientes histéricos.

395 Oskar Panizza (1853-1921), escritor alemão. Escrevia panfletos e sátiras contra a religião, a Igreja, o imperador e o papa. Ele foi condenado a um ano de prisão pela publicação, em 1895, da obra *O concílio de amor: uma tragédia celeste*.

específico. Ele é de fato tanto maior, quanto maior for a tensão; mas a tensão nem sempre corresponde ao desprazer.

O principal prejuízo da masturbação consiste no curto-circuito, na curta distância entre o desejo e sua satisfação. O indivíduo desaprende a investir a energia e o mundo perde importância para ele. Outro prejuízo importante é o dispêndio de energia com o conflito interno[396].

A gonorreia também tem um aspecto positivo; ela possibilita (mediante a esterilização da mulher) que muitos homens tenham uma vida sexual normal.

SADGER sublinha que o temor à infecção não é a causa principal da masturbação: como se explicaria a masturbação infantil? Ele se pergunta se o pudor não seria uma espécie de prazer preliminar; ele aumenta o prazer do homem e, com isso, o prazer da mulher. O desprezo pelas mães solteiras se deve à atração sexual que as virgens exercem sobre os homens.

FEDERN assinala que é possível reconhecer a influência pedagógica de Freud sobre o trabalho de Wittels comparando seu primeiro artigo[397] com o de hoje. O começo do artigo deve ser atenuado. Federn não compartilha do pessimismo de Wittels em relação ao prazer. As lutas dos animais não servem para provocar desprazer. As pessoas robustas suportariam muito bem a abstinên-

---

396 Comparar com as discussões sobre a masturbação no segundo volume dessas atas.

397 Não fica claro a que trabalho Federn se refere, se ao registrado na ata 19 ou na 24.

cia. A educação sexual proposta por Wittels não deve ser dada às *crianças*, mas só aos meninos.

RANK diz que faltou mencionar o caráter masoquista de todo o movimento cristão, especialmente em seu início. A relação entre a produção artística e o sexo não é tão simples e banal como Wittels a apresentou (quando ele não pratica coito, ele escreve poemas); Schwerdtner também imaginou, ao afirmar que o homem (artista) que sonha (produz) durante o dia não sonha durante a noite, que as coisas seriam muito simples, racionais e matemáticas. Wittels também dá demasiada importância aos fatores exteriores envolvidos na masturbação (timidez, inacessibilidade do objeto) em detrimento dos fatores internos, mais importantes. Não é recomendável dar educação sexual às crianças, visto que o desconhecimento ou conhecimento parcial deste assunto constitui um dos principais estímulos à aprendizagem.

(FEDERN acredita que essa opinião se funda em uma compreensão errônea das ideias de Freud.)

SCHWERDTNER, em primeiro lugar, tece elogios ao estilo brilhante e encantador de Wittels, que nos faz esquecer completamente a causa defendida por ele.

A educação sexual é imprescindível, mas não da maneira que Federn a propõe ou que Rank a rejeita. Não se trata de derrubar uma barreira, como pensam; ela deve ser feita gradualmente, passo a passo[398].

---

398 É impressionante como esses homens eram capazes de tirar conclusões práticas de conhecimentos que haviam acabado de adquirir e que mal haviam elaborado e de aplicá-los na vida cotidiana. A questão da educação sexual permanece sem solução até os dias de hoje.

A produção artística depende diretamente da vida sexual. O prazer da ascese é descrito por Kierkegaard.

WITTELS critica, em suas palavras finais, a arrogância de alguns senhores (Hitschmann, Stekel) que ignoram sistematicamente os fatos e só dão importância aos aspectos da teoria psicológica.

A relação entre a sexualidade e a criação literária só será compreendida pelas pessoas se a explicarmos tal como ele (Wittels) a explicou. A prevenção às doenças venéreas é mais importante que a sede de saber das crianças.

Ele abrandará o começo de seu artigo.

FREUD afirma que a impotência desempenha um papel na exigência de que a mulher seja virgem: o homem quer uma mulher que não possa fazer comparações a respeito de sua potência[399].

---

399 Comparar com o texto de Freud *O tabu da virgindade – Das Tabu der Virginität* (1918; O.C.). Rio de Janeiro, Imago, v.11. Este trabalho foi apresentado pela primeira vez perante a Sociedade de Viena em 1917.

[30]

REUNIÃO DE 20 DE NOVEMBRO DE 1907

Presentes: Freud, Adler, Federn, Hitschmann, Sadger, Schwerdtner, Stekel, Wittels, Rank.

Sadger toma emprestado o Archiv nº 26 (devolvido)[400].

CONFERÊNCIA: *Análise de um caso de histeria de angústia*[401]

CONFERENCISTA: Dr. Stekel

A análise será publicada em detalhe.

O paciente é um cantor litúrgico que padece de uma neurose profissional. Em algumas circunstâncias (cujo caráter preciso é revelado posteriormente), o paciente é incapaz de prosseguir com a oração: ele se detém perante algumas passagens e é obrigado a saltá-las. Nesses momentos, tem acessos de angústia.

Ele está insatisfeito com sua profissão. Em todos os casos em que a neurose está relacionada à profissão, é característico que o neurótico busque fugir desta[402].

O desejo da morte do cônjuge também é característico de todas as neuroses de angústia; esse pensamento intensifica demais o sentimento de culpa dessas pessoas.

---

400 Registro estenográfico. A devolução ocorreu em 27/11/1907.

401 Esta análise constitui o capítulo 22 do livro *Os estados de angústia neurótica e seu tratamento – Nervöse Angstzustände und ihre Behandlung* (Urban & Schwarzenberg, Wien, 1908), intitulado "Uma neurose profissional".

402 É muito interessante perceber que a significação da neurose profissional foi descoberta muito cedo.

O paciente intentou recorrer a pensamentos agradáveis durante o exercício de sua função. Ele imaginava cenas de desnudamento e de atos sexuais com mulheres.

A análise revelou que os "acessos" do homem estavam estreitamente relacionados à prática de masturbação e que as passagens que o detinham se vinculavam ao sentimento de culpa.

DISCUSSÃO

HITSCHMANN observa que a coerência do material apresentado por Stekel quase o convenceu por completo.

SADGER supõe que o desejo da morte do cônjuge é oriundo da homossexualidade. O papel da homossexualidade na etiologia das neuroses é muito maior do que se crê.

FREUD adere aos elogios feitos ao analista Stekel; este sabe muito bem como trocar uma análise em miúdos. Sua abordagem da neurose profissional é irrepreensível. O homem transfere suas fantasias sexuais a sua profissão (Gradiva)[403] e geralmente se utiliza de uma componente sexual em sua profissão (*la bête humaine*); enquanto essa componente for mantida dentro de certos limites, ela terá um efeito benéfico; mas, quando ultrapassa esses limites, transforma-se em inibição: o recalque sexual se transfere então à profissão.

A neurose profissional dos atores é interessante, pois esclarece significativamente as condições dessa profissão; quando a identificação [com o papel] ultrapassa um

---

403 Ver S. Freud, *Delírios e sonhos na Gradiva de Jensen – Der Wahn und die Träume in W. Jensens ›Gradiva‹* (1907; O.C). Rio de Janeiro, Imago, v.9.

certo limite (de modo que o ator passa a ter memórias que podem ser relacionadas ao seu eu real), ela começa a atrapalhar, a inibir. A atriz Kathi Frank teve um branco devido a um transtorno dessa natureza, relativo ao complexo do eu. Quando estava representando o papel de Maria Stuart, ela se deteve no momento em que teria de dizer: "Eu valho mais que minha reputação"[404]. Quando ouvimos esses relatos, somos tomados pela monotonia de todas essas coisas. Circunstâncias semelhantes quase sempre produzem o mesmo material psíquico.

Críticas: os sonhos não foram interpretados de modo preciso. Stekel negligenciou o fator sádico no conteúdo do primeiro sonho, que também explica a inibição na passagem relativa a Débora. A interpretação de Stekel desse sonho está incompleta; seu sentido pode ser adivinhado: ele contém acusações contra as duas pessoas que são responsáveis pela infelicidade do paciente: seu avô e sua mulher. Esses dois o impeliram ao onanismo. Ele se masturba porque está insatisfeito com a profissão (profissão que seu avô o fez escolher) e com a esposa. O sentimento de raiva está presente em todos os sádicos inconscientes; ele tem sua origem na proibição ao onanismo ditada na infância. Trata-se do típico complexo de castração (que encontramos também no conto do Pequeno Polegar)[405].

---

404 Atores e outros artistas cênicos, além disso, sofrem frequentemente de distúrbios ocasionados pelo fracasso do recalque de uma tendência exibicionista excessiva.

405 Como Rank não registrou o relato da análise e resumiu muito sucintamente o resto da discussão, é muito difícil compreender os detalhes do debate. O primeiro sonho relatado por Stekel no referido artigo é o seguinte: "Meu avô, morto há muito tempo, eu o vi e conversei com ele sobre várias coisas, mas não sei sobre o quê. Creio que falamos sobre o 'toalete'. Minha esposa também estava presente. Depois sonhei que exercia durante a se-

O sonho relativo à Sra. König é um sonho materno disfarçado; o lugar de nascimento mencionado ali é a vagina de sua mãe. A raiva reprimida frequentemente conduz à angústia[406].

A Sadger: a componente homossexual só está em primeiro plano aparentemente. Na verdade, ela se situa em um nível mais profundo; portanto, está mais próxima do autoerotismo do que da heterossexualidade. Mas a diferença relativa ao objeto não é importante quando consideramos o mecanismo como um todo.

RANK levantou o problema da relação entre a escolha profissional e a neurose[407]. Estamos acostumados a considerar a escolha profissional um ato determinado psiquicamente que tem por fim ab-reagir à sexualidade (vejamos os artistas que se preservam, afinal de contas, da neurose); nesse sentido, apenas a escolha forçada de uma profissão pode dar ensejo à neurose. A resposta a essa questão é que as pessoas com neurose profissional não apreciam sua profissão, pois seu ganho (neurótico)

---

mana uma função mais prolongada, a qual eu nunca deveria ter realizado, e senti angústia. Como complemento acrescenta: o avô arrumava algo no banheiro. Ele queria consertar algo. No banheiro havia quatro bicos e ele queria consertar algo nesses bicos". O segundo sonho é o seguinte: "Eu quis alugar um apartamento de uma tal Sra. König. Mas ele não estava disponível. Ela mo prometeu para depois. O lugar não é onde resido atualmente, mas o lugar em que nasci".

406 Nesta frase Freud já expressa a tese de que a raiva reprimida (recalcada) – portanto o ódio e a agressividade – é um dos fatores desencadeadores da angústia. Ele obviamente queria dizer com isso que a angústia não é apenas causada pela libido recalcada. Mas foi somente muitos anos depois, nomeadamente em 1926, no texto *Inibição, sintoma e angústia*, que Freud pôde reformular sua teoria da angústia. De fato um longo período de latência.

407 Seria correto dizer: "Rank levanta o problema".

consiste na possibilidade de se livrarem dela (Freud). Também é falso dizer que essas pessoas ab-reagem a sua sexualidade; pelo contrário, mantêm-se distantes dela.

ADLER, apesar das interpretações plausíveis de Stekel, não encontrou material suficiente para explicar os traços essenciais do paciente. O recalque descoberto pela análise é superficial e recente; a percepção de certas conexões secundárias, relativas ao passado recente, talvez seja suficiente para a cura do paciente. Pouco tempo antes de iniciar o tratamento, o paciente tinha relações sexuais de tipo anormal, o que já seria o bastante para produzir uma neurose de angústia. Stekel obteve resultados quase tão importantes discutindo sobre a higiene sexual quanto por meio de sua análise de fragmentos. Também nos casos de neurose de angústia, é possível levar a cabo uma psicanálise, que contém quase os mesmos elementos.

WITTELS considera a exposição de Stekel muito estimulante, ainda que alguns pontos sejam demasiado óbvios para serem conclusivos. As análises de sonhos não convencem os leigos. Esse paciente que tinha uma namorada em cada vilarejo é, na verdade, o contrário de um Don Juan. O Don Juan masculino trabalha apenas com o cérebro; o feminino se satisfaz consigo mesmo e usa o homem para isso. O fim do Don Juan não é o onanismo, mas a homossexualidade.

SCHWERDTNER observa que o esquecimento do nome no último sonho também poderia significar que ele deseja se tornar outra pessoa.

STEKEL está consciente de que não apresentou uma análise completa; o tratamento durou seis semanas no total; o caso teria sido elucidado apenas mais tarde.

O Prof. FREUD, por fim, relata alguns detalhes de sua prática e da literatura.

O neurótico obsessivo[408] que conhecemos a partir de sua análise desenvolveu uma técnica própria para poder cantar orações eficazes sem que essas fossem perturbadas ou aniquiladas por sua compulsão de contradizê-las: ele as encurta o máximo possível (frequentemente apenas uma palavra; a primeira), e então as isola (para evitar que se associem a um pensamento seguinte). Assim, ele retirou mais tarde apenas as letras iniciais de cada oração e formou com elas uma curta palavra (de conjuro). Essa fórmula, usada por ele quando começa a se masturbar, é: "Glej(i)samen". "Gl", diz ele, vem da palavra inicial de uma oração: *Glückliche* (= *Beglücke*) [feliz (= torna feliz)], "l" vem da palavra *alle* (todos), "j(i)" = *jetzt und immer* (agora e sempre); *amen* (amém) é a fórmula final. Ele diz ter esquecido a origem de "e" e "s". Pode-se adivinhar agora que a mulher venerada por ele, cujo nome ainda não mencionou, chama-se Gisela; as orações formam um anagrama do nome de sua amada: Gisela.

"s-amen"; isto significa simplesmente que ele se masturba com a fantasia de sua amada; ele quer unir seu sêmen (*Samen*) com o da amada[409].

---

408 Ver a ata nº 28.

409 Em *Inibições, sintomas e ansiedade (Inibição, sintoma e angústia) – Hemmung, Symptom und Angst* (1926; O.C.). Rio de Janeiro, Imago, v.20; Freud apresenta o isolamento como uma forma de defesa característica da neurose obsessiva. Neste exemplo podemos ver que o obsessivo não apenas isola pensamentos, memórias, vivências e palavras, mas também letras isoladas que ele então *condensa*.
(Condensar traduz *verdichten*: cabe mencionar que a palavra "*verdichten*" em alemão não significa apenas "condensar", mas também "dar tratamento artístico a algo." [NT])

Também convém mencionar aqui o sonho de um químico, o qual mostra mais uma vez que o complexo sexual se oculta por trás do complexo profissional.

A questão da relação entre as criações do poeta e o que este vivenciou, levantadas pela *Gradiva*, permaneceu sem resposta; o próprio poeta disse que não sabe como chegou a isso. Jung chamou recentemente a atenção para dois contos mais antigos de Jensen: "O guarda-chuva vermelho" (*Der rote Schirm*) e "Uma casa gótica" (*Ein gotisches Haus*) (publicados sob o título: forças superiores [*Übermächte*]), que apresentam inúmeras semelhanças, até mesmo nos detalhes, com a *Gradiva*; estes constituem uma etapa preparatória para a solução da questão da *Gradiva*. Esses contos determinarão com precisão a vivência do poeta que o conduziu a tentar encontrar uma solução a esta impressão tão importante para ele[410]. Seria interessante que o poeta, tal como afirma, nada tivesse sabido disto.

---

410 Um processo semelhante ocorre quando o sonhador tenta resolver um único problema em vários sonhos sucessivos numa mesma noite.

[31]

REUNIÃO DE 27 DE NOVEMBRO DE 1907

Presentes: Freud, Adler, Federn, Graf, Hitschmann, Rank, Sadger, Steiner, Stekel, Wittels.

COMUNICADOS

O professor FREUD menciona um pequeno artigo do Dr. Abraham[411] em Berlim, W (Schönebergerufer 22). Sadger devolve o nº 25.

CONFERÊNCIA: *Dois casos de histeria de angústia*

CONFERENCISTA: Dr. Stekel

Ambos os casos serão publicados na íntegra.

O primeiro caso[412] refere-se a um tipógrafo de 24 anos que quer se libertar de seu sofrimento psíquico por meio da hipnose. Trata-se de um onanista que se mas-

---

411 É a primeira vez que o nome de Karl Abraham (1877-1925) aparece nestas atas. O trabalho mencionado por Freud poderia ser *Sobre a importância dos traumas sexuais da juventude para a sintomatologia da Dementia praecox – Über die Bedeutung sexueller Jugendtraumen für die Symptomatologie der Dementia praecox* ou *Os traumas sexuais como forma de atividade sexual infantil – Das Erleiden sexueller Traumen als Form infantiler Sexualbetätigung*. Ambos foram publicados em 1907 no Zentralblatt für Nervenheilkunde und Psychiatrie (Bd. 8, S. 409 ff. bzw. S. 855 ff.), Neuausgabe, in: Karl Abraham, *Psychoanalytische Studien,* Bd. 2, hrsg. von Johannes Cremerius, Reihe ›Conditio humana‹, S. Fischer Verlag, Frankfurt am Main, 1971.

412 Comparar com o capítulo 23 do livro de Stekel, intitulado *Os estados de angústia neurótica e seu tratamento – Nervose Angstzustände und ihre Behandlung,* op. cit.

turba predominantemente com fantasias sádicas (bate nas nádegas desnudas de meninos pequenos). Ele atribui suas tendências sádicas ao hábito que seu pai tinha de bater nele e em suas duas irmãs e de lhes pedir, em seguida, que urinassem em sua frente.

O paciente também sente atração pela irmã. Seus sonhos são simples, como ocorre geralmente com os sonhos dos sádicos e dos neuróticos obsessivos, pois estão em continuidade com a ideia obsessiva. O caso em questão é igualmente uma contribuição à psicologia do castigo físico das crianças: as tendências sádicas do pai se manifestam ali sem disfarces éticos.

O segundo caso[413] concerne a uma célebre cantora de concertos que perdeu repentinamente a voz e procurou o médico acreditando sofrer de uma doença orgânica (câncer de laringe – seu pai havia morrido de um câncer retal). Trata-se de um caso de neurose profissional. Ela tinha certos motivos psíquicos para perder a voz que estavam estreitamente relacionados à continuação do exercício de sua profissão. O momento em que pela primeira vez lhe faltou a voz também era significativo e rigorosamente determinado do ponto de vista psíquico. Após algumas semanas de tratamento psicanalítico, ela readquire por completo sua voz.

DISCUSSÃO

O Prof. FREUD começa por elogiar a habilidade psicanalítica de Stekel, acrescentando em seguida algumas

---

413 Comparar com o capítulo 24, "Neurose profissional de uma cantora", op. cit.

observações críticas. Talvez seja oportuno forjar, como Stekel faz aqui, um modelo abreviado de psicanálise que possa ser aplicado nos casos simples[414].

No tocante à cena rememorada pelo primeiro paciente, datada de seu quinto ano de vida, Freud afirma que essa "memória" porta a marca de uma fantasia. Esta provavelmente se constituiu quando uma das crianças urinou após um desses castigos.

O medo de estabelecimentos comerciais (medo de entrar em lojas etc.) manifestado pelo paciente está relacionado, como todos os medos desta natureza, ao ganho erótico outrora experimentado ao fazer suas necessidades[415].

Freud afirma que a técnica empregada no segundo caso, nem um pouco clássica, é censurável e desaconselhável: tanto nas associações quanto nas ideias a que a paciente dá livre curso há também muito material desprovido de valor[416]. Quando pedimos inicialmente ao paciente que conte sua história, não acontece de nada lhe vir à mente (o que o forçaria às associações). As primeiras ideias que ocorrem ao paciente nesse contexto sempre remetem à relação com o médico.

---

414 Freud não se opunha a uma forma abreviada de terapia psicanalítica, contanto que esta fosse aplicada apenas aos casos simples. Ver o texto de sua conferência apresentada no Congresso de Budapeste em 1918, publicada sob o título *Linhas de progresso na terapia psicanalítica – Wege der psychoanalytischen Therapie* (1919; O.C.). Rio de Janeiro, Imago, v.17.

415 Fazer suas necessidades traduz *"beim grossen und kleinen Geschäft"*, expressão alemã que significa, ao pé da letra, "em seus pequenos e grandes negócios" (NT).

416 Freud se refere às associações provocadas por palavras indutoras (técnica de Jung). Ver a ata 21, nota 319.

É correto considerar o cavalo como um símbolo do coito (pênis grande); o elemento essencial deste símbolo é, contudo, o ritmo sentido e ouvido durante a cavalgada.

O sonho em que aparecem flores brancas sendo arrancadas significa: perdi minha inocência pela masturbação (arrancar[417]: típico).

A explicação do sintoma, os motivos da doença foram reconhecidos e apresentados de modo correto. Mas o mecanismo não foi demonstrado com precisão: trata-se da identificação com sua rival (Oda) na disputa pelo amado. O mecanismo é uma combinação de autopunição e vingança. Na cena com Oda, a paciente sente que tem de saltar em seu pescoço; mas a tendência à autopunição faz com que lhe falhe a voz. Ela reprime sua sede de vingança, mas adquire em troca um sintoma. Seu amor por seu pai é evidente. Na infância, a paciente se interpunha entre seus pais como terceira; agora é Oda a terceira a se interpor. Ela é incapaz de se vingar de sua rival porque vê nesta sua própria imagem (como Hamlet, que, pelas mesmas razões, não consegue se vingar). Ela se sente agora como uma mãe (ela diz ter sentimentos maternais para com os homens). Oda, a dançarina, lhe desperta a lembrança de sua mãe; sua mãe tem belas pernas, e também ela se comporta, no desenrolar de sua neurose, como uma dançarina (identificação). Oda achava feia sua voz, e a paciente, desde então, adquiriu também uma voz desagradável. Podemos presumir que a mãe também tinha uma voz feia.

---

417 Arrancar traduz *"sich einen abreißen"*, expressão da gíria que significa masturbar-se.

São predominantes na paciente:

1) o caráter anal (frequentemente combinado com tendências sadomasoquistas),

2) traços sádicos,

3) tendências homossexuais.

Assim, ela traz consigo para suas relações com os homens uma libido já restrita.

Poderíamos também deduzir que a paciente tenha memórias infantis relativas à flatulência. Essas vozes anais teriam suscitado a desaprovação do pai, e a perda atual de sua voz seria a realização do desejo correspondente.

As análises têm ainda uma vantagem secundária: elas nos ensinam o que realmente se passa no mundo; elas nos transmitem uma imagem autêntica do mundo. As análises são documentos histórico-culturais da maior importância[418].

FEDERN enfatiza que tanto esse caso quanto o caso do cantor são casos de má escolha da profissão. Uma jovem que, como essa paciente, está tão empenhada em preservar seu decoro, simplesmente não pode ser uma artista.

A forma mais simples de histeria masculina, a impotência, corresponde à anestesia nas mulheres. A anestesia sexual está ligada à masturbação precoce.

---

418 Na *Interpretação dos sonhos* (1900), obra em que Freud formulou pela primeira vez o conceito do complexo de Édipo, ele se referiu a uma tragédia grega de mais de dois mil anos, ela própria o resultado de um longo desenvolvimento histórico. E o complexo de Édipo é a sedimentação desse desenvolvimento; no entanto, ele não está morto, mas vive ainda hoje, ainda que de modo inconsciente. Parece que Freud, em 1907, época em que estas atas foram registradas, já pensava na relação entre o desenvolvimento psíquico filogenético e o desenvolvimento ontogenético. *Totem e tabu* (1912/13) foi publicado muito tempo depois.

(O Prof. FREUD levanta aqui a seguinte questão teórica: se em tais pessoas a zona genital se atrofia prematuramente porque as outras perversões são muito intensas, ou se, inversamente, as perversões podem se tornar intensas porque a recusa genital se dá precocemente.)[419]

FEDERN: Reconhecemos imediatamente que a paciente é lésbica em sua fantasia segundo a qual já teria sido um rapaz. Pode-se presumir – com base em um caso analisado profundamente por Federn – que as lésbicas tiveram, em sua infância, uma experiência repulsiva do pênis. (STEKEL considera tais vivências típicas da histeria de angústia. Em três pacientes histéricas, ele observou mamilos atrofiados.)

WITTELS suspeita que a paciente de Stekel tenha mentido para ele. Muitos de seus relatos parecem ser fantasias.

ADLER se refere inicialmente ao comentário do Prof. Freud sobre o ponto de vista do Dr. Abraham sobre a questão do trauma, e observa que suas experiências o contradizem: pessoas não neuróticas que silenciam sobre seus traumas sexuais. A classificação baseada no fato de falar ou silenciar sobre algo é superficial. No tocante ao número de traumas, não podemos defender o ponto de vista da supervalorização do trauma: a constituição elege seu trauma sexual.

No primeiro caso, temos a impressão de que o sadismo é hereditário, assim como as características psíquicas e os processos mentais de um modo geral.

---

419 Ver as observações de Freud sobre as fantasias infantis em: S. Freud, *Conferências introdutórias sobre psicanálise – Vorlesungen zur Einführung in die Psychoanalyse* (1915-17; O.C.). Rio de Janeiro, Imago, v.15.

Nos casos de caráter anal, podemos demonstrar a presença de alguns traços psíquicos na ascendência; isso vale igualmente para todos os órgãos inferiores. No segundo caso, o caráter enurético aparece também de modo claro. A inferioridade das mamas, que também está presente na mãe (a paciente tem seios pouco desenvolvidos e não foi amamentada pela mãe), está ligada a todo o desenvolvimento psíquico da pessoa. A repulsa da criança pela mãe se deve, em muitos casos, ao fato de não terem sido amamentadas por ela[420].

SADGER não pode confirmar a tese de que os sonhos dos neuróticos obsessivos seriam simples. Por trás de seu amor pelo músico P. está seu amor homossexual: ela o chama de mãe; com ele, ela pode fazer o papel de homem. O medo de entrar em lugares frequentados por mulheres revela uma tendência (respectivamente uma aversão) homossexual.

GRAF vê suas objeções ao método de Stekel serem anuladas pelo sucesso obtido por este. Ele conhece muitos casos em que artistas, satisfeitas com sua vida conjugal, abandonam sua carreira por alguns anos, para retomá-la posteriormente. Sabe também que grandes cantores se abstêm durante suas turnês.

A produção artística das crianças começa com o primeiro recalque.

HITSCHMANN sublinha que o sucesso de uma análise não é prova de que esta se realizou de maneira apropriada, e expressa satiricamente sua dúvida em rela-

---

420 Esta é uma daquelas afirmações arbitrárias que encontramos ocasionalmente nas atas e que não são proferidas unicamente por Adler.

ção a todas as coisas. Quanto mais simples e breve uma coisa parece ser, tanto mais suspeita ela é.

A tranquilização por parte de um médico talvez tivesse o mesmo efeito benéfico que a influência de Stekel.

STEKEL gostaria de opor a neurose do professor, que rejeita toda novidade, à neurose do aluno, de que frequentemente foi censurado. Stekel recorre à experiência da associação para superar as pausas[421].

---

421 O experimento da associação de Jung foi frequentemente empregado naquela época, como hoje em dia se utilizam outros métodos, em parte devido à falta de domínio da técnica psicanalítica, em parte como auxílio no tratamento das resistências.

[32]

REUNIÃO DE 4 DE DEZEMBRO DE 1907

Presentes: Freud, Federn, Graf, Hitschmann, Rank, Sadger, Schwerdtner, Steiner, Stekel, Wittels.

COMUNICADOS

O Prof. Freud comunica a sugestão de Jung de realizar um congresso de todos os "adeptos" na primavera (talvez em Salzburg.)

Federn devolve as atas 6 a 11 (com exceção da 8).

CONFERÊNCIA: *Conrad Ferdinand Meyer* [422]

CONFERENCISTA: Dr. Sadger

O trabalho será publicado em breve na coleção de Löwenfeld, razão pela qual ele não será registrado em detalhe. Destacar-se-ão apenas alguns pontos: dois momentos foram decisivos no desenvolvimento do poeta: as taras hereditárias e o erotismo. Ele sofreu a vida inteira com o amor não correspondido de sua mãe, e apenas a morte desta, aliada à independência financeira dela decorrente, permitiram o desenvolvimento de suas habilidades poéticas.

---

[422] *Conrad Ferdinand Meyer; um estudo patográfico-psicológico – Conrad Ferdinand Meyer – Eine pathographisch-psychologische Studie* foi publicado na revista *Grenzfragen dês Nerven- und Seelenlebens,* caderno 59, Wiesbaden, 1908. O célebre poeta suíço Conrad Ferdinand Meyer viveu entre 1825 e 1898.

DISCUSSÃO

GRAF observa que nunca teve um apreço particular por Meyer e que este nunca o interessou muito. No retrato de Stauffer-Bern [de C. F. Meyer], os traços alegres são mais marcantes do que os patológicos. Deve-se poder esperar do estudo psicológico de um poeta que nos ensine algo acerca da relação entre sua personalidade e sua obra; esse ponto não foi suficientemente considerado por Sadger.

A imersão no estudo dos séculos passados, durante sua última psicose, é considerada o cerne de sua criação.

Sadger pressupõe muitos sintomas hereditários. O que Sadger nomeia "aversão ao vínculo" (*Assoziationswiderwillen*), ele chamaria simplesmente de vida interior intensa. Além disto, Sadger não é rigoroso na fundamentação de suas hipóteses e teses. Graf duvida seriamente que uma histeria possa se produzir em um homem de 63 anos. Ele também não está convencido de que apenas a morte de sua mãe tenha feito dele um poeta. A observação psicológica dos poetas nos faria descobrir um tipo de artistas que só começam a produzir muito tarde.

SCHWERDTNER enfatiza que Sadger apenas apresentou uma biografia precisa do poeta, ao passo que uma visão geral das obras talvez nos permitisse compreender melhor a natureza do artista. Nem todas as afirmações foram demonstradas, algumas contradições chamam a atenção e não é necessário recorrer às "taras hereditárias" para explicar todos os fenômenos.

STEKEL está horrorizado e teme que este trabalho venha a prejudicar nossa causa. Sadger tem uma fórmula com que pretende explicar todas as almas poéticas (*Dichterseelen*); mas as coisas não são tão simples assim. Essa é a psicologia da superfície. Stekel protesta contra a tese das taras hereditárias. A palavra "aversão ao vínculo" é absurda: as pessoas têm um grande complexo que as ocupa constantemente. A antropofobia denota a masturbação; por esse motivo, Meyer nunca se sentia bem em casa. Sua produção tardia está relacionada ao despertar também tardio de sua potência, o que pode ser inferido do fato de ter se casado tarde (com 50 anos). A doença de que padeceu na velhice (com a diminuição da potência sexual) poderia ter sido uma neurose de angústia. Pode-se presumir que ele tentou se suicidar durante sua primeira "psicose". A relação com a mãe deveria ter sido mencionada apenas uma vez e discretamente, e não de forma tão insistente. É necessário fazer um estudo profundo das obras e mostrar sua relação com a vida do poeta. Teria sido muito mais profícuo comparar a edição antiga de seus poemas com a nova, conferindo especial atenção às passagens suprimidas pelo poeta na segunda edição (o que é essencial para o psicólogo). Por fim, faz um apelo a Sadger para que não publique o escrito do modo como está.

RANK observa que a "psicologia da família" (relação com os pais e irmãos) é muito frequente em nosso círculo e nós temos razão de presumi-la em todos os casos em que não há provas do contrário; no entanto, em se tratando do grande público, Sadger deveria fundamentar melhor seus argumentos e apresentá-los de modo mais convincente. Rank pôde confirmar, com base em sua experiência geral, alguns pontos menos importantes referidos por Sadger. O fato de Meyer ter escrito "para a irmã" é um traço que vale para todos os poetas. Todo poeta escreve inicialmente (isto é, inconscientemente) para si, mas com o pensamento (isto é, conscientemente) em uma ou mais pessoas amadas.

FEDERN está indignado. Sadger não disse nada sobre o desenvolvimento do poeta simplesmente porque nada sabe a este respeito: portanto, também não se pode escrever uma patografia. Meyer deve ter tido experiências sexuais importantes. Um neurótico reconheceu a relação incestuosa do poeta com sua irmã em suas obras. Meyer era provavelmente um onanista que se envergonhava disso perante sua mãe.

STEINER sublinha que Meyer só o interessa enquanto paciente. Em seu caso há de fato uma tara hereditária. A descrição de sua juventude é típica de um onanista; ele também parece ter sofrido de impotência psíquica. Por ser de natureza passiva, provavelmente não impressionava muito as mulheres. De um modo geral, ele dá a impressão de ter sido neurótico tanto em sua infância quanto na maturidade.

WITTELS começa por censurar as explosões de cólera e indignação de Stekel e Federn, que foram completamente descabidas. A relação entre a potência e a criação poética não é tão simples como Stekel imagina. No que diz respeito à "aversão ao vínculo", o conceito é claro e as objeções feitas a ele são querelas de palavras.

O Prof. FREUD gostaria, em primeiro lugar, de aconselhar a moderação. É louvável o esforço feito por Sadger, mas este infelizmente quase sempre o faz cair em temas estéreis. Entretanto, sua opinião em geral não difere tanto das emitidas aqui. Esta não é a boa maneira de se escrever uma patografia; Graf fez uma alusão ao caminho correto, que deve ter as obras como ponto de partida. Sadger tem uma maneira de trabalhar rigidamente estabelecida que consiste na aplicação de um esquema de duas faces: a das taras hereditárias e a da psicologia erótica moderna. Sadger considera a vida à luz deste esquema.

Para Freud, o estudo de Sadger não esclareceu nada; o enigma dessa personalidade permanece irresoluto. Mas escrever tais patografias não constitui em absoluto uma necessidade. Elas apenas prejudicam as teorias e não nos dizem nada acerca do objeto.

O elemento patológico só pode restar como fenômeno residual; mas para reconhecê-lo temos de conhecer muito bem o mecanismo psíquico. Meyer não é um bom exemplo de "aversão ao vinculo": ele tem uma relação sólida com o círculo de ideias renascentistas.

Uma parte de seu desenvolvimento juvenil foi interpretada corretamente: seu fracasso como jovem se deve à obstinação de sua mãe (seu amor à limpeza [quando criança, gritava: "limpe-me"] é uma sobrecompensação). Ele se casou com uma mulher riquíssima e mais tarde foi condenado a pagar uma multa alta por fraude fiscal. Ele manifesta ter profundo conhecimento dos processos psíquicos; seu poema *Nas portas do céu – Am Himmelstor* revela todo o mistério da neurose obsessiva. O amor pela irmã se manifesta com clareza em sua vida emocional, sobretudo na novela *A Juíza – Die Richterin* , em que a possibilidade do incesto é varrida (no final da novela se descobre que eles [os heróis] não eram irmãos).

HITSCHMANN depara com alguns pontos ilógicos no trabalho. Nem sempre é necessário encontrar explicações tão rebuscadas para todas as coisas; a necessidade premente de viajar nem sempre é patológica; sabe-se que os suíços são grandes viajantes.

Valeria a pena investigar como o fato de ser criada por uma mãe viúva influencia a criança; esses filhos não teriam a tendência de permanecer solteiros?

Nem todas as relações da criança são eróticas; há também outros elementos.

Muitos elementos parecem indicar a masturbação; o mau hálito, como uma forma de delírio em que se crê chamar a atenção (*Beachtungswahn*), também é uma de suas marcas características. A vacilação ante a profissão de poeta é quase sempre a regra. Aliás, é possível que Meyer já escrevesse muito tempo antes de publicar suas primeiras obras, e que tenha destruído grande parte dessa produção.

De um modo geral, também se renuncia aos bens materiais (os cuidados prestados pela mãe de Meyer ao imbecil); é como nos romances em que os personagens também sempre vivem de ar.

SADGER sublinha em suas palavras finais que ele esperava aprender mais do que de fato pôde aprender. Ele esperava ser instruído, mas irá embora levando consigo apenas xingamentos. Depois de responder aos insultos pessoais contra os quais não há argumentos, Sadger responde às objeções concretas que lhe foram feitas e precisa sua posição: não é possível constatar com segurança nas obras de um poeta o que este realmente vivenciou, pois nada distingue nelas a realidade da imaginação; não sabemos onde termina a verdade e onde começa a ficção. Portanto, tomar as obras como base é um método muito inseguro.

O conceito de tara hereditária foi empregado por Sadger principalmente nos fenômenos excessivos[423].

---

423 As críticas endereçadas não apenas a Sadger, mas também aos outros membros do grupo, eram amiúde muito severas. Mais tarde, Sadger se tornou alvo de ataques ainda mais duros. Ele conquistou a inimizade de muitos, embora tenha feito enormes contribuições à psicanálise.

[33]

REUNIÃO DE 11 DE DEZEMBRO DE 1907

Presentes: Freud, Adler, [A.] Deutsch, Federn, Graf, Hitschmann, Hollerung, Rank, Sadger, Schwerdtner, Steiner, Stekel, Wittels.

[A.] Deutsch devolve a ata nº 3.

Sadger toma emprestada a ata nº 22 (devolvida em 8/1/1908).

CONFERÊNCIA: *Metodologia da psicologia dos escritores* [424]

CONFERENCISTA: Dr. Graf

O debate da semana passada constituiu o estímulo para a discussão desta noite. A conferência do Dr. Sadger foi rejeitada de maneira decidida por quase todos; destarte, pareceu desejável debater acerca do próprio método da psicologia dos escritores. O erro da conferência não me pareceu periférico, mas mesmo central; toda a base da argumentação de Sadger era contestável.

Qual é a finalidade de uma psicologia dos escritores?

Quais são os limites deste método? Um esclarecimento sobre estas questões me pareceu desejável; por essa razão, propus a discussão.

---

424 O manuscrito desta conferência estava anexado à ata. Visto que se trata da publicação de um trabalho inédito, tentamos entrar em contato com Max Graf, infelizmente sem sucesso, a fim de obter sua permissão para a publicação. Estamos convencidos de que Graf não nos teria recusado sua autorização se nosso pedido tivesse chegado até ele.

Os senhores sabem que a psicologia dos artistas está na moda. Pesquisas recentes nos fornecem instrumentos práticos para isto. Lombroso[425], ainda que de modo distorcido e diletante, indicou as bases patológicas da criação artística. A escola francesa de psicologia cunhou alguns conceitos da moda, como *dégénéré supérieur*, por exemplo, que se aplicam a alguns artistas. Assim, começou-se também a escrever análises de poetas tomando por base experiências patológicas.

O professor Freud fez novas descobertas no campo da psicologia, iluminou a via que leva ao inconsciente, fazendo então avançar sobremaneira o conhecimento da psique dos poetas. Suas intuições fundamentais não são, contudo, as de um neuropata, mas as de um conhecedor da alma humana. Isso quer dizer: ele conhece diferentes agrupamentos de elementos do inconsciente e do consciente; ele mostrou que o consciente e o inconsciente se sobrepõem de diversas maneiras[426]; ele mostrou, além disso, que a doença psíquica é apenas uma variante da chamada saúde psíquica. Ele é um psicólogo e construiu um sistema psicológico coerente. O que o professor Freud aprendeu com os doentes lhe permitiu compreender os sãos. Da mesma forma que as perversões são

---

425 Cesare Lombroso (1836-1909), *Gênio e loucura e suas relações com a lei, a crítica e a história – Genie und Irrsinn in ihren Beziehungen zum Gesetz, zur Kritik und zur Geschichte*, Universal Bibliothek, Leipzig (1887); *O homem genial – Der geniale Mensch*, Hamburg (1890); *Estudos sobre o gênio e a degeneração – Studien über Genie und Entartung*, Universal Bibliothek, Leipzig o. J.

426 Graf provavelmente queria dizer que o sistema Cs. se sobrepõe ao sistema Pcs., e este último ao sistema Ics. Essa ideia fez com que a psicologia psicanalítica fosse denominada "psicologia das profundezas", na medida em que se ocupa predominantemente do sistema Ics.

apenas fragmentos (*Absplitterungen*) da pulsão sexual normal[427], de que são componentes, as doenças mentais consistem em uma dissociação dos elementos psíquicos do indivíduo são.

Lombroso dispensa aos poetas o mesmo tratamento que a um tipo especialmente interessante de criminoso; os psicólogos franceses não veem no poeta senão um indivíduo neurótico; o professor Freud se interessa pela alma humana, pelo organismo psíquico. Os dois primeiros, portanto, estariam autorizados a escrever "patografias", ao passo que o Prof. Freud escreve análises psicológicas. Todos aqueles que se ocupam da análise de poetas devem ter clareza sobre a natureza do trabalho que pretendem escrever, se uma história clínica ou uma exposição psicanalítica, e não podem, como faz o Dr. Sadger, confundir constantemente os dois métodos.

Eu tratarei aqui apenas do método psicanalítico e de sua aplicação no caso dos artistas. Permitam-me fazer uma observação preliminar.

Descobri que muitos que se valem dessa técnica alimentam a ilusão de que basta estar em poder dela para ser capaz de perscrutar a alma do artista de modo mais profundo que outros biógrafos – uma ilusão que também é expressa nas belas palavras de nosso amigo Kahane, que distingue a "psicologia das profundezas" da "psicologia da superfície", mas que facilmente se prestam a mal-entendidos. Eu diria de passagem que um psicólogo das profundezas também pode ser superficial, assim como um psicólogo da superfície pode ser profundo.

---

427 Naquela época, ainda se acreditava que a estrutura das perversões era muito simples.

Obras como *Michelangelo*, de Herman Grimm[428], ou *Experiência e literatura*, de Dilthey[429], são biografias geniais, verdadeiros estudos da alma, ainda que seus autores não recorram à técnica de Freud; um intelecto medíocre que trabalhe com a técnica freudiana naturalmente chegará a resultados menos profundos. Uma mente filosófica pode ser perspicaz, ainda que recorra à dialética da filosofia medieval para tratar de seus temas; por outro lado, uma pessoa muito versada em todas as ideias filosóficas modernas pode ser um espírito superficial. O fator essencial é a capacidade intelectual com a qual enfrentamos uma tarefa. A técnica freudiana em si não torna ninguém inteligente ou profundo. Seu valor consiste em proporcionar ao conhecedor da psique um instrumento novo muito sofisticado, porém muito frágil, de exploração do inconsciente.

Creio, portanto, que nem todos estarão capacitados para praticar a psicologia dos artistas, que é a psicologia das almas mais complicadas e sensíveis, e quem estiver disposto a empreender tal tarefa deverá se perguntar anteriormente se está à altura de realizá-la, isto é, se sabe como os pensamentos e as imagens surgem do inconsciente e se tornam conscientes. Em suma: apenas as pessoas que têm dons artísticos podem se aproximar dos artistas. Esse é o *alfa* da psicologia dos artistas.

---

428 Hermann Grimm (1828-1901), historiador da arte e da literatura alemão, escreveu diversas biografias de artistas. Sua obra *A vida de Michelangelo – Das Leben Michelangelos* foi publicada em dois volumes entre 1860 e 1863.

429 O filósofo Wilhelm Dilthey (1833-1911) intentou fundamentar a independência epistemológica das ciências humanas. Seus objetos são apreendidos pelo ato particular da "compreensão". *Experiência e literatura – Das Erlebnis und die Dichtung* foi publicada em 1905.

A segunda questão a ser respondida é: qual deve ser o ponto de partida de minhas reflexões? Os artistas? As obras?

Parece ser mais simples partir do artista. Muitos deles falaram de si mesmos. Seus contemporâneos registraram suas impressões, conversas etc. Isso não seria suficiente para aprender algo sobre o artista? Os relatos dos contemporâneos certamente são valiosos, mas têm sempre uma coloração subjetiva, isto é, são sempre falseados. Em suas autobiografias, no entanto, os artistas sempre narram suas histórias já pensando na posteridade; eles dão retoques, e quando alguém promete, como Rousseau, contar tudo sobre si mesmo, até mesmo suas faltas e vícios, ele é de todos o mais mentiroso.

Outra observação: a fonte de toda produção artística é o recalcado. O recalcado, contudo, oferece resistências quando o autor da biografia se dispõe a relatar suas vivências mais importantes, e é justamente para as perguntas mais importantes que não encontraremos uma resposta. As inibições psíquicas são superadas pelo artista apenas por intermédio da criação, e as pessoas que querem conhecer os poetas deverão procurá-los em suas obras. "Quem quiser entender o poeta, deverá visitar sua terra"[430], declamou certa vez um psicólogo da superfície[431].

Quanto mais um poeta disser coisas sobre si mesmo, tanto mais ele terá supostamente a esconder, e quão pouco saberíamos dos poetas se não conhecêssemos suas obras. Por outro lado, os poetas trágicos gregos são para

---

430 Do lema das *Notas e dissertações destinadas a uma melhor compreensão de O divã ocidental-oriental (1819)*.

431 A frase não foi completada no manuscrito original.

nós personalidades familiares, e, no entanto, não sabemos quase nada sobre eles. Shakespeare está a salvo de receber tratamento psicopatográfico, já que deixou como legado apenas assinaturas e poucos documentos. Do ponto de vista psicanalítico, podemos dizer muitas coisas sobre ele. Possuímos quatro volumes de suas obras; isso é realmente pouco para conhecê-lo, tendo em vista que os psicanalistas são capazes de extrair conclusões importantes e fidedignas sobre uma alma humana a partir de poucas palavras, de um movimento das mãos e até mesmo de um botão de calça aberto? A um músico que não sabe discernir o retrato psicológico de Mozart em uma de suas sinfonias, eu aconselharia tranquilamente que abandonasse a música, pois ele é surdo para a música ou é surdo de alma (*seelentaub*). Quem tiver sensibilidade artística concordará comigo.

Voltemo-nos, portanto, às obras.

Mas como devemos proceder? Eu, de minha parte, encontrei um expediente para o meu uso pessoal. Eu parto daqueles motivos que denomino típicos, isto é, dos motivos poéticos que se repetem nas obras.

No caso de Shakespeare, a figura de Hamlet, por exemplo, é típica. Reencontramo-la em Ricardo II, em Henrique IV e no melancólico Jacques[432]. A figura é sempre a mesma, e alguns elementos que são incompreensíveis em Hamlet se tornam claros para mim em outras obras.

Ou: o ódio do filho por seu pai é um motivo imperante nos *Bandoleiros*; ele também está presente em *Cabala e amor*; em *Don Carlos*, este mesmo tema ganha

---

432 Da peça *Como lhe aprouver – As you like it* (1599/1600).

uma nova e importante motivação (ódio ao pai, que lhe roubou a mãe), e é posteriormente transformado em ódio ao opressor, ao tirano (*Guilherme Tell*)[433].

Em Goethe, uma figura típica é a do homem fraco que abandona sua amada e é tomado de remorso (Weislingen, Clavigo, Fausto).

Os quadros de Rafael e Michelangelo revelam motivos típicos.

Em Richard Wagner, o Holandês, Wotan e Amfortas são a mesma figura; no *Holandês*, Santa abandona seu noivo para ir atrás do holandês; na *Valquíria*, em *Tristão*, a mulher deixa o marido para seguir o amante, sua alma gêmea; só então o motivo se revela de modo pleno.

A redenção do homem desesperado, marcado por dissonâncias (*Dissonanzreich*) pelo amor de uma mulher, é um motivo predominante em todas as obras de Wagner.

Os motivos centrais da poesia tornam claro o mecanismo mais íntimo da psique do poeta. Chega-se aqui ao cerne do inconsciente. É especialmente interessante notar como aqueles motivos típicos, velados nas obras, são tratados a cada vez de maneira diferente. Eu já havia me referido a isso. O mesmo se dá com as lendas. Os senhores conhecem *Turandot*, de Schiller. Os pretendentes que aspiram à mão de Turandot devem resolver enigmas, caso contrário são executados. Esse é um motivo da literatura universal que não aparece apenas entre os gregos, mas também nos povos do Oriente. Lá, o motivo é um pouco diferente: os pretendentes não precisam resolver um enigma, eles têm de vencê-lo [o pai] em corridas ou em outras competições. Em um autor de lendas,

---

433 Neste parágrafo, o autor se refere naturalmente aos dramas de Schiller.

encontramos sua forma original: o pai está apaixonado pela filha ou tem uma relação com ela; para afastar os concorrentes, ele lhes impõe provas mortais. Tal é o motivo original; em *Turandot*, este é atenuado por se tratar de uma época mais humana. Como os senhores podem ver, trata-se de um motivo universal. Ainda hoje, pais (apaixonados) buscam guardar suas filhas, tratando seus pretendentes com dureza.

Também é importante fazer comparações entre as personalidades de poetas e artistas a fim de estabelecer tipos. Richard Wagner e Eurípides, Beethoven e Michelangelo, Rafael e Mozart são personalidades aparentadas, idênticas. O que é talvez obscuro em um se torna claro no outro. O mistério dos cadernos de Beethoven só se tornou compreensível para mim quando descobri como Michelangelo trabalhava.

O processo criativo de todos os artistas revela fatores similares, e o fim último de todas as análises de artistas me parece ser chegar a uma "teoria da criação artística". As análises de artistas que indicam os traços patológicos (no sentido usual do termo) certamente trarão contribuições importantes. Mas temos de ter clareza de que os artistas mais grandiosos – em virtude de sua misteriosa força produtiva, do poderoso sentimento vital que anima todas as suas criações – aparecerão como pessoas sãs, visto que a doença é a inibição da força produtiva, a depressão dos sentimentos vitais (*Lebensgefühle*).

Esses são, portanto, os casos normais que devem ser primeiramente analisados; todos os outros configuram variantes. Os gênios de segunda ordem que apresentam traços patológicos produzem menos ou em intervalos espaçados. Seu processo criativo é modificado, destruído e inibido pela doença. A análise puramente médica, a patografia, traz poucas contribuições para o conhecimento do processo poético, porque apenas se ocupa das inibições, e não das forças criadoras positivas. Não basta enfocar apenas essas alterações psíquicas; temos de atentar também, e com a sensibilidade de um artista, às forças criadoras.

Se o *alfa* de minha exposição foi que devemos ter dotes artísticos para realizar as análises de artistas, seu *ômega* é exatamente o mesmo. Eu não sei se poderíamos analisar um neurótico estúpido de um ponto de vista puramente clínico; só serão capazes de entender o organismo extremamente complexo e sensível que é o poeta aqueles que tiverem antes de tudo dotes poéticos. A técnica do professor Freud não é por si só suficiente para desvendar os mistérios da criação poética, a menos que seja aplicada com a sensibilidade artística do professor Freud.

DISCUSSÃO

ADLER encontra muitas ideias estimulantes e importantes na exposição de Graf, mas ele não crê que seja possível estabelecer regras preambulares para o estudo da psicologia do artista. Poderíamos facilmente acrescentar outros preceitos que seriam igualmente importantes. Por exemplo, dever-se-ia dar maior ênfase às obras de juventude, comparando-as, naturalmente, com suas obras posteriores. A técnica nos revela certas condições fundamentais da constituição, do desenvolvimento, das predisposições do caráter.

Talvez fosse recomendável deixar de lado os dotes artísticos e, recorrendo apenas à técnica freudiana, construir um esquema simples que reflita as correntes psíquicas do poeta.

SCHWERDTNER está de acordo com a exposição de Graf. Apenas a minoria dos poetas pode ser objeto de uma patografia, ao passo que podemos escrever psicanálises sobre a maior parte deles. As correspondências dos artistas devem ser consideradas parte de sua obra.

O professor FREUD já havia destacado da última vez que está de acordo com os princípios apresentados por Graf. Ele gostaria agora de complementá-los a partir de outro ponto de vista.

Todos os poetas que tendem à anormalidade podem ser objetos de uma patografia. Contudo, a patografia não mostrará nada de novo. A psicanálise, por outro lado, nos ensina sobre o processo de criação. Ela merece ocupar um lugar superior ao da patografia.

Há alguns poucos pontos de referência e pressupostos para a psicanálise do artista.

A relação entre a criação e a vida do poeta.

Primeira proposição (da conferência sobre "O poeta e o devaneio"[434]) a produção poética obedece em geral ao mesmo mecanismo que o sonho diurno; os "motivos

---

434 Freud apresentou esta conferência em 6 de dezembro de 1907 no espaço do editor vienense Hugo Heller, que também era membro da Sociedade Psicanalítica de Viena (comparar com as notas sobre os membros). O texto foi publicado mais tarde na recém-criada revista literária berlinense *Neue Revue*, v. 1, 1908, p. 716. S. Freud, *Escritores criativos e devaneios (O poeta e o devaneio) – Der Dichter und das Phantasieren* (1908; O.C.). Rio de Janeiro, Imago, v.9.

dominantes" (Graf) são os desejos predominantes que o acompanham por toda sua vida.

Segunda proposição: o princípio da transposição dos elementos; este é especialmente importante nas análises dos mitos e das lendas – relação entre o conteúdo consciente e inconsciente: os elementos são os mesmos, mas sua disposição é amplamente variável.

Terceira proposição: a definição dos tipos segundo a sugestão de Graf.

Quarta proposição: ênfase sobre as obras de juventude, como sugeriu Adler.

Com estsnclusões sobre o processo de criação artística.

A tese de Graf de que a produção poética tem sua origem no recalcado é contestável. Ao afirmar isto, Graf confunde o inconsciente com o recalcado, que não são idênticos[435].

A *Gradiva* é um excelente exemplo de motivo típico. O tema das duas novelas de Jensen para as quais Jung chama a atenção (*O guarda-chuva vermelho* e *Na casa gótica*) é o amor por um parente próximo: prima, meia-irmã. A base de toda a história é a relação de Jensen com uma pequena companheira de jogos, talvez sua irmã. Poderia ter ocorrido algo assim: o poeta recebeu uma forte impressão que deixou (*hinterlassen*) um desejo insatisfeito (a perda dessa companheira, por exemplo). A visão do relevo, que lhe recorda sua irmã, reavivou repentinamente este desejo. Ele agora reage de diferen-

---

435 Freud distingue duas espécies de inconsciente: o inconsciente primário, que nunca foi consciente, e aquilo que se tornou inconsciente mediante o recalque.

tes modos a essa vivência; as três novelas poderiam ser substituídas por três fórmulas:

A primeira pode ser traduzida assim: eu não posso mais amar ninguém desde que a perdi (isto poderia estar relacionado com um esfriamento em seu casamento).

A segunda é: se ela ainda estivesse viva, eu teria de perdê-la mesmo assim, cedendo-a a outro homem. Aqui ele dá a prova de que eles não eram irmãos.

A terceira: eu irei revê-la; no sentido de uma consolação. Crença na ressurreição.

Essa companheira de jogos (a quem em sua fantasia pode ter elevado à categoria de irmã, por não ter uma, ou que talvez fosse de fato sua irmã) era muito provavelmente uma criança adoentada. Esta doença, provavelmente uma deformidade dos pés, pode ter sido apagada e transfigurada (*verklärend verwischt*) por sua fantasia. A visão do relevo agora lhe teria revelado que esse defeito também poderia ser interpretado como uma qualidade.

Esta solução é talvez demasiado simples, mas ela poderia talvez revelar-se correta por uma via mais complexa. Poder-se-ia tratar de seu filho etc.

Shakespeare é um bom objeto para o método psicológico, ainda mais depois de Brandes[436] ter preparado o terreno nesse sentido. Em *Hamlet*, as relações com a vida pessoal do poeta são evidentes. Essa obra é a reação à morte de seu pai e seu filho.

---

436 Georg Brandes (1842-1927), dinamarquês, famoso historiador da literatura e crítico de seu tempo, autor de um estudo em três volumes muito lido sobre Shakespeare (1895/1896).

O período de amargura levanta a suspeita de que padecia de uma doença venérea (*Timon de Atenas*)[437]. MacBeth mostra o que um poeta é capsaz de fazer com uma obra de circunstância.

WITTELS se opõe a essa forma de escrever biografias de escritores. A tentação de usar o dicionário não escrito das significações inconscientes que temos na cabeça seria grande. Valeria mais a pena aplicar as teorias de Freud à vida mesma, para fazer as pessoas compreenderem que têm necessidades sexuais. No momento presente, a psicologia dos poetas não serve às teorias freudianas, nem às pessoas.

SADGER polemiza com o método indicado por Graf. Ele escreve patografias por puro interesse médico e não para esclarecer o processo de criação artística, o qual também não é explicado pela psicanálise. O método de Graf não é senão o antiquíssimo método dos historiadores da literatura que comparam a vida de um autor a sua obra, acrescido da chave que Freud deu em nossas mãos. Na última reunião, Freud já havia pontuado quão difícil e ousado é tirar conclusões sobre a vida de um autor a partir de sua obra.

O método de Graf também não soluciona a questão enigmática de saber como o inconsciente do escritor de repente se torna pré-consciente.

Depois de criticar os princípios da tese de Graf, Sadger faz ainda algumas objeções a certas afirmações proferidas por ele. Ele disse que os poetas de segunda ordem apresentam mais traços patológicos que os escri-

---

437 Data provavelmente de 1606/1607.

tores de primeira ordem; Sadger cita Kleist, Grillparzer e outros como prova do contrário.

Ele conclui que o método puramente psicanalítico também não esclarece nada.

FEDERN gostaria de fazer uma sugestão relativa à primeira proposição do professor; o fato de que os devaneios artísticos guardam muito mais o caráter de um jogo confere ao artista uma vantagem sobre aqueles que devaneiam. Os temas da ambição e do jogo poderiam talvez ser situados em uma categoria superior: na da sede de poder e do desejo de dominação. O poeta pode representar os personagens como quiser. O que Graf nomeia energia vital é uma forma superior da capacidade de deixar o inconsciente trabalhar psiquicamente. O inconsciente trabalha corretamente (nunca incorretamente) em um nível superior de correspondência com o mundo externo[438]. Ele está na vanguarda do desenvolvimento, e não é de modo algum um fenômeno de degeneração.

O artista nunca é, como diz Sadger, inibido pelas leis da criação artística: elas não são uma inibição, mas um análogo de suas capacidades artísticas.

HITSCHMANN observa que seria necessário primeiramente tentar descobrir os traços específicos de cada um dos grandes poetas. Em seguida, tratar-se-ia de investigar por que uma pessoa criativa se expressa precisamente mediante este ou aquele recurso artístico. (GRAF declara que a resposta a esta questão se encontra na teoria das zonas erógenas). Brandes demonstra que em certas épocas da vida de Shakespeare aparecem (pe-

---

438 Esta é uma das passagens de difícil compreensão, provavelmente porque Rank condensou muito as observações de Federn.

riodicamente) em sua obra personagens semelhantes, o que é digno de nota.

RANK destaca inicialmente que Graf precisou o posicionamento de todos nós que estudamos a vida psíquica dos autores partindo do método do professor Freud. As diferenças de opiniões pessoais e as divergências foram expressas por vários membros.

Não nos interessam, por enquanto, as vivências do autor (sua vida exterior), mas o modo como foram elaboradas (vida interna).

O Prof. FREUD critica Sadger por ter introduzido no debate a questão muito maior e mais vasta da relação entre o consciente e o inconsciente. Este problema só pode ser resolvido pela teoria.

GRAF, em suas palavras finais, se volta contra as considerações feitas por Sadger, o único que de fato polemizou com ele. Graf começa por defender os historiadores da literatura, que nos trazem, por assim dizer, os "restos diurnos". À questão colocada por Sadger de saber como a psique do autor pode ser explicada pelas obras, que são deslocadas, podemos apenas redarguir que a ciência não tem de explicar absolutamente nada, mas antes se esforçar para proporcionar descrições sem lacunas.

[34]

REUNIÃO DE 18 DE DEZEMBRO DE 1907

Presentes: Freud, Adler, Federn, Graf, Hitschmann, Hollerung, Sadger, Schwerdtner, Rank, Steiner, Stekel, Wittels, Reitler.

O Dr. Abraham, de Berlim, como convidado.

COMUNICADOS

O Dr. Wittels propõe a candidatura do Dr. Rudolf Urbantschitsch.

Federn, Graf, Hitschmann, Hollerung, Sadger, Schwerdtner, Steiner, Stekel, Wittels, Reitler, Bass (por intermédio de Federn) dão cada um 2 Kronen de presente de Ano-Novo à doméstica.

Graf e Bass (por intermédio de Federn) pagam a cota do primeiro semestre.

Adler e Häutler pagam 2 Kronen de contribuição de Ano-Novo.

DISCUSSÃO SOBRE OS TRAUMAS SEXUAIS
E A EDUCAÇÃO SEXUAL

HITSCHMANN começa por enfatizar que, segundo a concepção atual de Freud, o trauma sexual, devido à sua frequência, já não é mais considerado tão decisivo como antes na etiologia da neurose. A necessidade da educação sexual é reconhecida por todos, mas ela tem de acontecer sem que fira o pudor. Na verdade, ela teria de ocorrer em três momentos da vida:

1) quando as crianças começam a perguntar sobre sua origem; entre o oitavo e o décimo ano de vida[439];

2) um pouco mais tarde, de modo mais específico;

3) na puberdade (aproximadamente aos 16 ou 17 anos) sobre os perigos relativos às relações sexuais e as medidas de proteção a serem tomadas.

Tal esclarecimento não protege, contudo, contra os traumas de infância; além disso, é difícil fazer com que se compreenda tudo (por exemplo, as perversões).

Também devemos considerar que uma forte proibição à masturbação, por exemplo, pode ter um efeito tão nocivo quanto um trauma, que ela pode agir, por assim dizer, como um trauma invertido. Talvez a anestesia das mulheres tenha a ver com isso.

FEDERN também sublinha que a educação sexual não protege contra os primeiros traumas infantis. O trauma é ao mesmo tempo a condição e a razão desse primeiro esclarecimento. Quando uma criança normal sofre um trauma, ela investiga e logo se tranquiliza; a criatura propensa à neurose se retrai e se esconde. Um isolamento psíquico duradouro é a precondição para que o efeito traumático seja severo. O horror é talvez o terreno propício para a formação da neurose; o horror ao pênis ereto, em particular, é um elemento determinante das neuroses relacionadas ao ato sexual.

---

439 Sabemos hoje que as crianças começam muito antes a questionar sobre a origem dos bebês.

SADGER menciona a ignorância da maioria dos pais, que são incapazes de dar educação sexual aos seus filhos e até mesmo careceriam de uma.

As mentiras relativas às questões sexuais minam a autoridade dos pais e o amor. O ódio aos pais na infância provém frequentemente das explicações mentirosas sobre o sexo.

Os traumas mais importantes e graves são infligidos aos bebês pelas desmedidas demonstrações de afeto. A pessoa que cuida do bebê não pode evitar de excitá-lo sexualmente. Uma vez que a sexualidade foi despertada, mediante um trauma, por exemplo, as fantasias associadas a ele adquirem uma enorme importância.

GRAF pergunta por que os traumas infantis ensejam em alguns indivíduos uma neurose grave, enquanto para outros não têm consequência alguma. Questiona também em que medida a educação sexual poderia atenuar ou prevenir as consequências nocivas do trauma. Uma educação sexual completa é talvez mais perigosa do que a educação "natural" que se dá, de modo geral, de modo gradativo.

REITLER objeta a Hitschmann que os casos flagrantes de traumas conduzem à neurose. Hitschmann negligenciou as fantasias, que foram na sequência enfatizadas por Sadger. Não se sabe se a educação sexual pode ter um efeito traumático. De toda maneira, ela deve ser introduzida muito antes da puberdade.

WITTELS observa que o fator essencial não reside nos traumas, mas na constituição. No entanto, nada sabemos sobre ela. Uma criança normal não está preocupada com as experiências sexuais. Devemos deixar a criança seguir seu curso tranquila e nos preocuparmos o menos possível com ela. Os esclarecimentos que recebem de seus colegas são muito mais úteis, pois os pais são incapazes de falar abertamente sobre isto.

O Dr. ABRAHAM está cético quanto à opinião de que os traumas podem ser evitados mediante a educação sexual: ela de nada serve às crianças que apresentam tais tendências, e as outras crianças não sofrem traumas. Deve-se começar pela educação dos pais, caso contrário eles suscitarão traumas sexuais em seus filhos.

O essencial é começar a dar educação sexual o mais cedo possível. Ele duvida que a educação proporcionada na escola seja útil. A ternura da mãe é necessária à criança.

O professor FREUD formula a questão fundamental da discussão de hoje: a educação sexual poderia constituir uma espécie de vacina preventiva contra os traumas?

Lugar dos traumas na etiologia da neurose: os sintomas provêm de fantasias que se formam segundo o modelo das experiências de satisfação. Entre essas experiências, os traumas sexuais ocupam um lugar de destaque[440]. Mas como esses traumas eram inverossímeis e, por outro lado, similares em todos os homens, chegamos à conclusão de que não desempenhavam papel algum na etiologia das neuroses[441]. Nesse sentido, o trabalho

---

440 Freud expressa aqui uma ideia que formulará posteriormente com maior clareza no caso do "Homem dos lobos". S. Freud, *História de uma neurose infantil – Aus der Geschichte einer infantilen Neurose* (1918; O.C.). Rio de Janeiro, Imago, v.17.

441 Posteriormente, Freud enunciou a importância do trauma no surgimento da neurose de maneira um pouco diferente: os fatores etiológicos formam uma série complementar, isto é, quanto mais forte for o trauma, tanto menor a predisposição constitucional precisa ser para que se forme a neurose, e vice-versa.

de Abraham constitui um avanço[442]. Ele mostra que as crianças vão elas mesmas em busca de seus traumas. Portanto, se os traumas não constituem um fator etiológico, eles dão forma à neurose, caso esta venha a surgir; eles lhe dão forma pois proporcionam à criança suas antigas fantasias de satisfação (em algumas circunstâncias e para algumas crianças, o trauma pode ser significativo também do ponto de vista etiológico).

Deve-se objetar a Sadger que a estimulação do bebê não pertence à classe dos traumas.

O fator do recalque exerce uma influência considerável em todo esse complexo de questões (*Fragenkomplex*). A reação da criança – sua atividade sexual ou sua neurose – depende do recalque.

Quando a abstinência sexual se impõe por muito tempo, os traumas sexuais infantis adquirem importância. Visto que os efeitos dos traumas infantis só se fazem sentir mais tarde (na puberdade), a educação sexual pode contrabalançá-los de maneira eficiente.

A melhor forma de neutralizar os traumas sexuais seria empreender uma reforma social que garantisse certa liberdade sexual[443].

O trauma da proibição (Hitschmann) é o mais importante de todos, visto que favorece o fator do recalque. As crianças devem ver os fatos da vida sexual serem tratados da mesma maneira que todas as demais coisas da vida. A precocidade é prejudicial, na medida em que a criança é impotente diante de uma forte excitação sexual; ela não dispõe dos meios intelectuais para dominar esta sensação.

---

442 Ver a ata 31, nota 413.
443 Freud nunca disse claramente o que entendia por "certa liberdade sexual".

A educação desvia completamente as capacidades intelectuais do tema sexual, de modo que o trauma impõe exigências intelectuais insuperáveis: a criança, por conseguinte, tem de reprimir essa excitação. É muito provável que os efeitos de tais traumas possam ser contrabalançados com a educação sexual. Mas esta não pode se dar de maneira puramente objetiva; a criança deve sentir um certo grau de excitação sexual correspondente, a qual não se deve temer.

A despeito de todas essas precauções, só lograremos evitar um excesso de neurose, já que, por razões constitutivas, alguns indivíduos reagem de outra maneira. A educação sexual pode ter algum resultado, mas ela não é uma panaceia.

ADLER sublinha que está mais do lado daqueles que se pronunciam contra uma educação sexual sistemática das crianças. Esta entrava as tentativas autônomas da criança de entrar em contato com o mundo exterior, sufoca o espírito indagador e a sede de saber da criança. Os traumas infantis só têm importância em relação à inferioridade dos órgãos. Os traumas não são apenas buscados, mas se produzem necessariamente a partir do choque da individualidade com a civilização em que se encontra. Com frequência, as vivências traumáticas ficam retidas no caráter.

STEINER está admirado com o fato de ninguém ter mencionado até agora a utilidade dos traumas sexuais. A única educação sexual que recebemos na vida provém dos traumas. Na verdade, estes não nos prejudicam. Uma "neurose de informação" (*Aufklärungsneurose*) se apoderou dos homens. A melhor educação sexual é aquela que se dá no campo de maneira espontânea.

STEKEL observa que não sabemos o que é um trauma sexual; em algumas circunstâncias, uma vivência se transforma em trauma, em outras, não. A constituição não desempenha um papel. O meio é mais importante que a constituição. A criança herda a sexualidade. Stekel contesta que seja possível preparar psicologicamente a criança para um trauma. As coisas têm de ser deixadas ao acaso. Apenas não devemos incutir na criança a ideia de pecado etc.

RANK procura resumir o tema de modo aforístico: os traumas são a educação sexual natural. A educação (artificial) exigida não é recomendável por diversas razões. Não podemos perder de vista sobretudo a psicologia dos pais (ou dos demais educadores). Então nos perguntamos como seria essa nova geração de homens, produto de tal educação, e é muito duvidoso que a comparação resulte favorável aos "esclarecidos". Presumimos que a educação sexual destruiria um talento superior ("genial", no sentido em que o entendemos); essa nova espécie humana seria também menos vigorosa e muito mais sóbria. Isto não significa que a educação sexual seja completamente desprovida de valor. Poderíamos ser um pouquinho mais cautelosos do que fomos até o momento e nos esforçar, antes de tudo, para não causar danos às crianças; desse modo lhes seremos mais úteis[444].

---

444 A questão da educação sexual das crianças permanece até os dias de hoje sem resposta. Muitas experiências devem ser ainda reunidas e analisadas antes que se dê uma resposta definitiva a essa questão.

[35]

REUNIÃO DE 8 DE JANEIRO DE 1908

Presentes: Federn, Heller, Hitschmann, Rank, Reitler, Sadger, Schwerdtner, Steiner, Stekel, Wittels, Prof. Freud.

COMUNICADOS

[A.] Deutsch e Heller pagam 2 Kronen – contribuição de Ano Novo.

Hitschmann devolve *Archiv* 21, Sadger, as atas 8 e 22.

O Dr. Rudolf Urbantschitsch é aceito como membro por unanimidade.

CONFERÊNCIA: *Nos limites da psicose*

CONFERENCISTA: Dr. Stekel

STEKEL apresenta dois casos de psicose que serão publicados em seu livro sobre a histeria de angústia[445]. Nesses casos, Stekel pôde ver o avesso da psicose: há nela um motivo amoroso subjacente, associado a graves conflitos psíquicos, e que provoca toda a doença.

---

445 Publicados no capítulo 24 do livro *Nervöse Angstzustände und ihre Behandlung, (Estados nervosos de angústia e seu tratamento)*. Comparar com as atas 30 e 31.

DISCUSSÃO

HITSCHMANN observa que a exposição de Stekel é uma compilação de várias conferências apresentadas anteriormente por ele. No começo, o conflito psíquico aparecia sempre em primeiro plano; depois, tudo se tornou especialmente sexual. Cabe perguntar se não haveria estados que provocassem uma depressão de modo primário. Nos casos apresentados, as consequências da depressão não são proporcionais às experiências vividas. Não se fez uma análise aprofundada, mas uma espécie de terapia sugestiva.

SADGER afirma ter faltado o esclarecimento psicanalítico. Stekel alcançou bons resultados graças ao conhecimento das relações familiares que pôde adquirir durante os anos em que foi o médico desta família e às informações sobre os pacientes obtidas de outras pessoas. Para resolver tais casos, seria necessário aplicar algo semelhante à psicanálise. Sadger não extraiu nada de novo da apresentação, do ponto de vista diagnóstico, nem do terapêutico. Muitos fatores remontam certamente à primeira infância: na psicose, a paciente só realiza aquilo que não ousava fazer anteriormente (por exemplo, bater na mãe etc.).

O sintoma típico da melancolia (empobrecimento etc.) poderia ter uma causa muito específica, como presume Hitschmann em sua alusão à uniformidade do quadro psicótico.

RANK duvida que os conflitos psíquicos revelados por Stekel sejam suficientes para desencadear uma psicose. O efeito da interpretação, do modo como Stekel o apresentou, é igualmente duvidoso. Dizer as coisas ao paciente de modo direto não pode ter um efeito tão profundo.

FEDERN objeta a Rank que os graves conflitos psíquicos dessa natureza já bastariam para tornar um indivíduo neurótico.

O efeito da interpretação (*Aufklärung*) direta se manifesta no choro mencionado por Stekel, que pode ser compreendido como uma forte ab-reação. A queixa típica: "Sou uma pobre mulher" etc., é transferida do domínio psíquico ao domínio material; pobre mulher = mulher infeliz.

As neuroses que acometem as pessoas que cuidaram de um doente até a exaustão nem sempre se devem ao desejo de morte e à defesa contra este. Nós não sabemos até que ponto os afetos podem ter um efeito tóxico (animais que foram caçados são mais saborosos.)

É preciosa a observação de Stekel de que as pessoas reagem aos afetos demasiado intensos com uma psicose.

WITTELS tende a ver uma relação entre a angústia de empobrecimento, sintoma típico muito frequente em mulheres acometidas de melancolia, e o papel curioso desempenhado pela propriedade na vida sexual das mulheres. Parece que há um desejo oculto por trás deste sintoma. Talvez essas mulheres tenham compreendido, quando ainda gozavam de boa saúde, que a restrição de sua sexualidade tinha uma relação com a propriedade. Na psicose, isso se expressa por intermédio de um desejo oposto.

SCHWERDTNER acredita que Stekel, que pôde, na qualidade de médico de família, observar de perto estes casos, deu uma contribuição muito valiosa, dado que sabemos tão pouco sobre as psicoses. Indo de encontro à tese de Rank, Schwerdtner assinala também a importância do conflito psíquico; talvez ele tenha um papel em todas as psicoses. O cérebro, debilitado por toxinas e com a capacidade de resistência diminuída, mesmo frente a afetos normais, já não dispõe da força de resistência necessária para restabelecer o equilíbrio.

O Prof. FREUD, depois de fazer algumas observações secundárias, destaca primeiramente a proporcionalidade entre os fenômenos mórbidos e os acontecimentos da vida dos pacientes tratados por Stekel.

Deve-se refutar a afirmação de que as neuroses ensejadas pelo cuidado de pessoas doentes envolvem sempre um desejo de morte recalcado. Em muitos casos, há outra solução; sobretudo naqueles em que a filha cuida do pai (como o caso publicado nos *Studien*[446]), trata-se da tentação de ver o doente nu (voyeurismo). Quando o irmão é cuidado pela irmã, o luto pela morte é acompanhado por um sentimento de pesar: é uma lástima que um pênis tão belo tenha de ser enterrado junto com ele. Essa tendência está em consonância com um antigo costume japonês, segundo o qual a viúva guardava o pênis embalsamado de seu marido.

É preciso defender Stekel contra as objeções que lhe foram feitas de que teria negligenciado o fator orgânico (somático). Em nossas discussões, quando estamos investigando os fatores psicológicos, nós o deixamos

---

446 S. Freud, *Estudos sobre a histeria – Studien über Hysterie* (1895; O.C.). Rio de Janeiro, Imago, v.2. Porém, a referência aqui é ao caso clínico escrito por Breuer "Srta. Anna O.".

deliberadamente de lado. Stekel quis mostrar os antecedentes (*Hintergründe*) psicológicos da psicose. Esses naturalmente não são suficientes para provocar uma psicose.

A alusão de Hitschmann ao quadro homogêneo[447] das psicoses e às suas causas específicas não se sustenta se as compararmos com as neuroses, que são igualmente pobres em suas manifestações, mas ricas em motivos psíquicos.

Stekel tinha razão em examinar primeiro a atitude do paciente frente às condições reais. Em seguida, sempre restam o enorme campo da fantasia e, por fim, todo o fator patológico.

A angústia de empobrecimento (*Verarmungsangst*) é um sintoma altamente complexo: a essência da melancolia é a falta de libido livremente disponível[448], e, nesse sentido, os doentes têm razão ao se autodenominarem pobres, isto é, pobres de libido.

A descrição clássica de todos os melancólicos é: tudo lhes é indiferente, eles não podem mais amar ninguém. Poder-se-ia encontrar explicações semelhantes para outros estereótipos.

---

447 Trata-se provavelmente de um erro. Freud faz referência à observação supracitada de Sadger, que dizia "*einförmig*" (uniforme).

448 Mais tarde, Freud ampliou a base do conflito patológico na melancolia. Ele reconheceu a fonte dos fenômenos de inibição, culpa e empobrecimento do eu, característicos deste quadro clínico, em um desprendimento da libido do objeto, que é amado de modo ambivalente, e em sua identificação com ele. Ver a discussão sobre o suicídio na ata 104 (Vol. 2) e S. Freud, *Luto e melancolia – Trauer und Melancholie* (1917; O.C.). Rio de Janeiro, Imago, v.14.

Freud gostaria de sugerir a Stekel que não incluísse em seu livro sobre a histeria de angústia os casos de psicose atípica (*exquisite Psychosen*).

Duas críticas devem ser feitas a Stekel: sua apresentação do caso não estava correta e ele misturou tudo. Aqui temos de concordar com a crítica de Hitschmann, que exigiu informações precisas a fim de saber se a solução apresentada por Stekel era segura.

A objeção de que o caso não foi devidamente analisado levanta a questão da técnica a ser aplicada nos casos de psicose. A técnica até então praticada não é aplicável. Não podemos aprender nada de novo com as psicoses, podemos apenas aplicar o que já aprendemos e vivenciamos. Devemos nos esforçar para adquirir a experiência suficiente que nos permita, ao ouvir um relato, ter uma ideia clara dos complexos e vivências do paciente. Nas psicoses, nós devemos, após algum tempo, confrontar o paciente com isso de modo direto[449].

É igualmente necessário examinar o mecanismo psíquico (o que Stekel se absteve de fazer). No primeiro caso, Stekel não levou em consideração que o recalque é uma precondição para a compulsão. Ao estudarmos as condições de vida do paciente psicótico, devemos evidenciar a equivalência e até mesmo a superioridade da fantasia[450]. Parece certo que, nos dois casos de Stekel, a psicose estava ligada à eclosão de libido precedente à menopausa[451].

---

449 São indicações importantes para o tratamento da psicose. Em uma das reuniões seguintes, Freud se expressa de modo ainda mais claro.

450 Nessa época, Freud já tinha noção de que, nas psicoses, o eu é subjugado pelo isso.

451 Essa tese foi confirmada por observações posteriores que mostraram que

STEKEL observa por fim que está horrorizado com a falta de compreensão que deparou esta noite. Ele não tem culpa de não ter descoberto nada mais sobre o caso. Ele também rejeita as dúvidas expressas por Rank.

---

imediatamente antes da eclosão da doença tem lugar um enorme aumento da libido. S. Freud, *Notas psicanalíticas sobre um relato autobiográfico de um caso de paranoia – Psychoanalytische Bemerkungen über einen autobiographisch beschriebenen Fall von Paranoia* (1911; O.C.). Rio de Janeiro, Imago, v.12; e Nunberg, *A evolução do conflito libidinal em um caso de esquizofrenia – Der Verlauf des Libidokonfliktes in einem Falle von Schizophrenie*, in: Z., Bd. 7, 1921, S. 301 ff.

[36]

REUNIÃO DE 15 DE JANEIRO DE 1908

Presentes: Freud, Adler (por volta das 11h), Federn, Graf, Häutler, Heller, Hitschmann, Reitler, Rank, Sadger, Schwerdtner, Steiner, Stekel, Urbantschitsch, Wittels.

CONFERÊNCIA: *Meus anos de desenvolvimento até o casamento*

CONFERENCISTA: Dr. Urbantschitsch

Servindo-se de passagens extraídas de seu diário, o conferencista descreve seu desenvolvimento sexual até o casamento.

DISCUSSÃO

STEKEL agradece primeiramente o conferencista por suas considerações repletas de franqueza. Seu valor consiste talvez em trazer à nossa disposição aquilo que só extraímos com muita dificuldade no caso dos neuróticos. Sua apresentação também confirma a concepção de Stekel de que o onanismo é inofensivo; prejudiciais são apenas a *luta* contra ele e as ideias delirantes associadas a esta luta. O sentimento de culpa dos onanistas é responsável pela maioria das neuroses. A saúde do conferencista se deve à masturbação. A história mostra também até onde o recalque pode levar.

O conferencista recalcou seus conhecimentos sexuais, tal como costumam fazer as jovens neuróticas; sua ignorância em matéria de sexo provém daí.

Desde o início, o conferencista mostrou ser de uma natureza extremamente erótica; esse erotismo foi provavelmente despertado pela afetuosidade impetuosa de sua mãe. Por ter chupado muito o dedo, revelou posteriormente uma tendência à felação.

HÄUTLER destaca como traço característico do conferencista a facilidade com que é capaz de abdicar de algumas fontes de prazer (isto é, trocá-las por outras); tal capacidade atesta, na verdade, sua saúde, e indica uma grande energia latente.

Häutler presume que a primeira cena recordada (com a governanta e o pai, que queria levá-lo à mãe) talvez possa ser explicada pelo ciúme que sentia de seu pai.

O fator cultural da homossexualidade foi pouco considerado pelo conferencista; seria interessante tratar da influência das pulsões eróticas na criação artística. Também valeria a pena investigar se a fase religiosa do conferencista procedeu de alguma carência, necessidade, depressão, ou se proveio da abundância.

O Prof. FREUD observa que o desejo do conferencista de aprender algo novo sobre si mesmo em troca de seu relato pode ser satisfeito apenas em pequena medida. O que pode fazer é corrigi-lo em um ponto em que a memória o engana: sua mãe era histérica[452].

Pode-se supor que o conferencista era uma daquelas crianças que amam o pai e a mãe da mesma maneira:

---

452 Urbantschitsch provinha de uma família aristocrática vienense muito conhecida (ver a ata 4, nota 94).

mais tarde, esta influência aparece de modo claro. Desde o começo, há uma catexia relativamente igual do objeto sexual masculino e do feminino.

O esclarecimento das memórias de infância é impossível sem uma análise, pois essas memórias são enfocadas incorretamente pelo indivíduo.

Há um ponto que pode ser elucidado: podemos supor que no início da puberdade (aos onze anos), tal como o descreve Urbantschitsch, a sensualidade renascente catexiza as mesmas vias que havia tomado anteriormente. Seu primeiro alvo é então o exibicionismo frente às mulheres; só depois ele se volta aos homens. Trata-se de uma repetição do ato de se despir diante da mãe e da governanta. Todo forte impulso homossexual ulterior é precedido por um período de forte inclinação à mulher. Em geral, quando alguém apresenta uma propensão doentia a um dos sexos, isto sempre revela que uma forte propensão anterior ao outro sexo foi superada com dificuldade.

No primeiro período do desenvolvimento sexual do conferencista, constatamos certo grau de recalque da tendência à mulher.

A história mostra claramente quais danos pode acarretar uma educação sexual deficiente.

Cabe mencionar também que nos círculos aristocráticos se dá muito mais espaço às atividades sexuais dos jovens. Deste modo, desvia-se em grande medida das ocasiões propícias ao recalque. Ao contrário de Stekel, Freud não está convencido da inocuidade da masturbação.

A fantasia tida pelo conferencista aos 17 anos, de que teria um filho de seu amigo, é claramente feminina. Isso mostra quanto o homem é capaz de se colocar no lugar da mulher e sentir como ela, e vice-versa. Um grande número de sintomas histéricos (sobretudo masculinos) não pode ser compreendido se deixarmos de lado este fator: o caráter bissexual dos sintomas histéricos é extremamente significativo[453].

HITSCHMANN destaca: é interessante saber o que se torna um homem que teve uma juventude assim.

É surpreendente a falta de questionamentos "filosóficos" na história do paciente; nada se torna uma questão para ele. Talvez isso esteja relacionado com o seu desinteresse por questões teóricas. Também é notável que a abundância de traumas sexuais não tenha trazido consequências neuróticas.

Os efeitos nocivos da masturbação só se produzem, neste caso, no campo somático. A masturbação quase sempre foi efetuada por outros; a ausência do objeto exterior é, portanto, quase irrelevante neste caso.

Mostra-se também aqui, mais uma vez, que o desenvolvimento juvenil do ariano difere daquele do judeu.

Ele se casou com seu primeiro amor romântico, não com seu primeiro amor sexual.

SCHWERDTNER observa que é muito interessante ouvir a história clínica de uma pessoa sã.

A predominância transitória da componente homossexual talvez tenha sido apenas um fenômeno acidental, ensejado pela constante companhia de rapazes.

---

453 Ver o trabalho de Freud, *Algumas observações gerais sobre ataques histéricos – Allgemeines über den hysterischen Anfall* (1909; O.C.). Rio de Janeiro, Imago, v.9.

HELLER enfatiza o caráter nocivo da masturbação, que ele próprio pôde observar durante seu desenvolvimento. Cada vez que o conferencista acrescentava: "isto era assexual", Heller pôde constatar uma forte tendência erótica. É admirável que por tanto tempo o conferencista não tenha sentido necessidade alguma de obter esclarecimentos sobre o sexo.

SADGER está surpreso com o caráter livre de todas as perversões sexuais. O roubo do chocolate na infância tem origem sexual (frequentemente, chocolate significa fezes).

Sua piedade nasceu do amor homossexual a um pastor.

É duvidoso que o conferencista seja realmente tão saudável como se afirmou.

O desenvolvimento diferente dos semitas está ligado à supervalorização da vida familiar.

GRAF considera que seria desejável fazer alguns complementos à conferência, por exemplo, submetendo o relato autobiográfico a um estudo psicanalítico.

Depois de ouvir a história, somos forçados a crer que o conferencista sofre de histeria grave. A magnitude do recalque, a fuga em relação à mulher e muitos outros aspectos apontam para isso.

(HELLER intervém para observar que o recalque aqui foi *bem-sucedido*. O Prof. FREUD confirma essa observação e acrescenta que, neste caso, o recalque não encontra obstáculos; não há traumas, e, por isso, ele *deve* se manter são; neste caso, essa exigência da teoria é satisfeita à maneira clássica.)[454]

---

454 Isto é: quando o recalque é bem sucedido, não há neurose.

FEDERN relata o caso de um *voyeur* que, por toda a sua vida, sentiu prazer ao ver mulheres se despindo diante dele, em razão de uma fixação materna.

Hoje, vimos um exemplo clássico de como um homem com todas estas fortes predisposições sexuais se torna necessariamente normal, haja vista a falta de duas condições para a anormalidade. Ele era dotado de um forte sentimento de pudor, o que bastou para recalcá-lo por tanto tempo. Depois, ele dominou as pulsões sexuais, que poderiam ter efeitos nocivos, mediante atividades de outra natureza. A todo tempo, Sadger falou em perversões: estas não são senão inibições do desenvolvimento.

STEINER chama a atenção à hereditariedade, ao fato de o conferencista provir de uma boa família. Seu caráter feminino se revela no prazer que lhe causam as ocupações passivas. Sua atividade sexual, adaptada a seu caráter, é normal.

RANK expressa sua admiração pelas confissões sinceras e instrutivas do conferencista. Sua longa e tenaz ignorância em matéria de sexo é digna de nota. Rank a entende diferentemente de Stekel. Não se trata do recalque do que uma vez foi percebido, mas da recusa em perceber o que lhe foi oferecido, de uma defesa (um tipo de alucinação negativa).

URBANTSCHITSCH se defende contra as referências à sua "homossexualidade" e perversão. No estágio em que a sexualidade ainda não está desenvolvida, é indiferente que a atividade sexual se dê com um homem ou uma mulher.

O hábito de chupar o dedo não o levou à felação, pois era passivo nesta.

Ele preferia sua mãe a seu pai.

Ele era alternadamente sádico e masoquista. Ele tem uma espécie de sadismo psíquico.

[37]

REUNIÃO DE 22 DE JANEIRO DE 1908

Presentes: Freud, Adler, Bass, Federn, Graf, Hitschmann, Hollerung, Rank, Sadger, Steiner, Urbantschitsch, Wittels.

COMUNICADOS

ADLER solicita que sua conferência "Uma contribuição à questão da paranoia", anunciada para hoje à noite, seja adiada para a semana que vem.

A noite é dedicada à discussão geral de temas variados.

DISCUSSÃO DE TEMAS VARIADOS

O Dr. WITTELS faz a leitura de um panfleto sobre os psiquiatras vienenses, intitulado "O psiquiatra normal". Em seguida se discute se a publicação deste panfleto seria ou não oportuna. O professor FREUD sintetiza os resultados da discussão pedindo ao autor que não publique este panfleto *na* forma como está, ao menos neste momento[455].

HITSCHMANN relata brevemente um caso de "*coitus interruptus*" e suas consequências para uma mulher.

O professor FREUD, referindo-se a suas conferências sobre "O começo de um caso clínico"[456], relata a solução

---

455 Parece que Wittels de fato não publicou o panfleto. De todo modo, ele não consta da bibliografia.

456 Ver a ata 28.

instrutiva de dois sintomas no decurso do tratamento desse paciente obsessivo e acrescenta algumas observações gerais sobre a neurose obsessiva.

O deslocamento ocorre de modo diferente na neurose obsessiva e na histeria. Na neurose obsessiva, o deslocamento se dá por generalização[457]. Enquanto na histeria devemos nos perguntar: "quando isso foi real?", na neurose obsessiva devemos nos perguntar: "quando isso foi específico?".

No neurótico obsessivo, o excesso de ternura se combina com o ódio; essas duas correntes que operam nele têm de encontrar uma saída de forma simultânea ou sucessiva[458].

A primeira solução concernia à significação do pincenê [*Zwicker*] em toda a história; ela se explica pelo deslocamento de palavras: *Zwicker – Kneifer*[459] (reproche de que teria desertado [*ausgekniffen*]; é um desertor [*Kneifer*]).

A segunda solução concerne à ligação possibilitada pela palavra-passe "*Dick*" (gordo) entre seu desejo de não ser *gordo* e o ciúme que sentia de seu rival, cujo nome era Dick.

---

457 Essa técnica deformante faz com que o quadro clínico da neurose obsessiva pareça de início ser tão confuso.

458 O excesso de ternura é uma sobrecompensação ao ódio, o que também dá ensejo à confusão.

459 *Zwicker* significa pincenê (óculos sem haste que se prende ao nariz por meio de mola), e vem de *zwicken* (pinçar). *Kneifer* significa igualmente pincenê, de *kneifen* (pinçar), mas também pode significar pessoa covarde. *Auskneifen* significa fugir covarde e secretamente. (NT)

[38]

REUNIÃO DE 29 DE JANEIRO DE 1908

Presentes: Freud, Adler, Federn, Hitschmann, Rank, Reitler, Sadger, Steiner, Stekel, Wittels.

COMUNICADOS

O Prof. FREUD fala sobre os preparativos do primeiro Congresso que será realizado em Salzburgo[460].

O Dr. WITTELS propõe a candidatura do Dr. Abert Joachim, diretor do sanatório de Rekawinkel[461].

Urbantschitsch, Schwerdtner e Heller justificam sua ausência.

Wittels toma de empréstimo *Archiv* 14.

Stekel devolve *Archiv* 24.

CONFERÊNCIA: *Uma contribuição à questão da paranoia*

CONFERENCISTA: Dr. Adler

Adler propõe a discussão de algumas questões, tendo como ponto de partida uma breve análise que não se realizou de maneira contínua e que foi precocemente interrompida.

---

460 O Primeiro Congresso Internacional de Psicanálise aconteceu em Salzburgo, no dia 27 de abril de 1908.

461 Vilarejo próximo a Viena.

Deixando de lado as considerações de Jung sobre a demência[462] e as conhecidas observações de Freud acerca do tema, Adler discute a importância do trauma, referindo-se à obra de Bleuler sobre a afetividade e a paranoia[463].

O mais importante é examinar as manifestações em torno da disposição do caráter. Uma segunda tarefa consiste em investigar como o recalque se faz valer na paranoia e como ele é suspenso durante a crise (toda a paranoia é, na verdade, uma crise contínua).

Adler faz então algumas considerações sobre o percurso do recalque na neurose obsessiva, na histeria e na paranoia, destacando a relação estreita entre o recalque e o temor (angústia).

Na *neurose obsessiva*, a crise é ocasional e é ensejada por um acontecimento. A disposição caracterológica recalcada irrompe e se manifesta na crise, no medo ou em ambos. O neurótico obsessivo vivencia a crise, por assim dizer, em seu interior.

Na *histeria*, o recalque se manifesta essencialmente no mesmo sentido; também aqui, a crise é a manifestação de uma pulsão recalcada (disposição caracterológica), ou do recalque acompanhado de temor[464]. O histérico descarrega sua crise no mundo exterior.

Na paranoia, o recalque da disposição caracterológica vai muito mais longe; na maioria das vezes, a disposição caracterológica se manifesta sob sua forma contrária

---

462 Ver a ata 12, em que o livro de Jung *Sobre a psicologia da demência precoce* é objeto de discussão.

463 Ver a ata 4, que tematiza a obra de Bleuler intitulada *Afetividade, sugestionabilidade e paranoia*, de 1906.

464 É difícil compreender o que Adler quis dizer aqui.

ou – o que caracteriza a paranoia – sob uma forma altamente sublimada (políticos, artistas).

A supressão do recalque pode ser precedida por um período de temor.

Na neurose obsessiva, manifesta-se sobretudo o temor.

Na histeria, a crise substitui o temor.

Na paranoia, a supressão do recalque é tão perfeita que o paranoico é poupado do temor. Ele manifesta suas ideias delirantes sem um temor especial. Essa circunstância é muito importante para a compreensão da paranoia. O paranoico faz irromper suas pulsões (disposições de caráter) modificando seu meio circundante (FREUD: ele projeta seus impulsos inconscientes no mundo exterior[465]). Isso também explica muito bem suas ideias delirantes, assim como as ilusões (que desempenham um grande papel na paranoia) e as alucinações (Adler não pretende aqui investigar a questão posta pelos autores de saber se são as alucinações ou as ideias delirantes que configuram o fator primário).

Ele passa então a falar da raiz sexual da paranoia, dos impulsos sexuais inconscientes, que estão ligados às outras disposições primárias do caráter da pessoa. Ele presume que a diferença entre as três neuroses resida na maneira como as diferentes disposições de caráter, incluindo a disposição sexual, interagem e se relacionam umas com as outras[466].

---

465 Esta correção de Freud é muito importante: o paranoico *projeta*.

466 Cabe observar que Adler confunde aqui a disposição caracterológica com a disposição pulsional. A dificuldade de acompanhar a exposição de Adler parece decorrer de sua compreensão insuficiente do conceito de recalque, bem como da confusão resultante daí entre o recalcado e o recalcante (*Verdrängende*). A neurose não surge como uma consequência do recal-

Após essas considerações teóricas preliminares, Adler passa então à apresentação do caso.

O homem (32 anos) chega a ele com a queixa de que alguém o está espionando.

Antecedentes da história: alguns meses antes, o paciente havia deixado o negócio de seu pai, que o acusara de roubo. O pai é descrito por ele como brigão, intratável; ele teria causado um desgosto tão grande em sua mãe que ela acabou por abandoná-lo. Pouco antes, um amigo lhe havia roubado uma mulher com quem tinha uma relação platônica.

Ele não sabe dizer quem o espiona; ele supõe que seja a amante de seu pai, o qual tem 66 anos de idade.

Ele começou a se masturbar tarde (com 22 anos), e então teve relações sexuais com prostitutas, o que lhe causava asco. Ele só conseguia praticar coito se ela estivesse vestida, do contrário temia sentir repugnância. Às vezes, o coito fracassava, *ejaculatio praecox*; há meses não tem relações sexuais.

Mais tarde, ele pôs toda a culpa no deputado social--democrata Pernerstorfer, redator literário do *Arbeiter Zeitung*, que o paciente acusa de abusar de suas produções literárias e de mandar espioná-lo, e de ser o causador de todos seus infortúnios.

Adler chama a atenção do paciente para o fato de que ele, um livre-pensador, se comporta como um crente que relaciona tudo o que lhe concerne a um único ser.

---

que, mas antes quando o recalcado ameaça irromper na consciência. O recalcado não é a disposição de caráter, mas o desejo pulsional, o isso. Os traços de caráter pertencem ao eu.

Adler menciona rapidamente as análises de sonhos. O primeiro sonho, que foi um sonho de poluição (uma prostituta toma seu pênis na mão e ele ejacula logo em seguida), faz surgir uma memória de infância. Em uma festa, quando tinha sete anos, um homem toca em sua calça, próximo ao pênis. Nos dois sonhos, distingue-se um elemento importante: o ato de tocar os genitais com a mão.

Na última sessão, o paciente trouxe um sonho em que se tratava de desejos exibicionistas, da visão de um corpo feminino nu (a "atmosfera outonal" do sonho indica que se tratava de uma pessoa mais velha). Ele vê também uma tropa de soldados com gorros franceses: tornar-se um soldado está associado ao desejo de uma vida sexual livre.

Adler se abstém de relacionar este escasso material com as questões mencionadas inicialmente; ele se limitará a abordar rapidamente apenas a questão mais importante.

Na paranoia, a pulsão exibicionista é a mais recalcada dentre as pulsões. As ideias delirantes do paranoico (sobretudo o delírio de observação, mas também o delírio de perseguição e de grandeza) podem ser atribuídas a impulsos exibicionistas. Para se desenvolver, a paranoia requer o apoio da pulsão exibicionista. As ideias de perseguição provêm de um exibicionismo recalcado*[467]. O paciente se livra do recalque e libera as pulsões reinterpretando o mundo exterior**. Em suas ideias delirantes,

---

467 Na ata original foram feitos acréscimos e correções a lápis; nós os sinalizamos com asteriscos:
* prestes a ser liberado;
** acentuando sobretudo o que interessa ao exibicionismo;
*** que se tornou defeituosa;
**** a palavra "frequentemente" foi riscada.

o paciente é o objeto que pode ser visto por todos. Trata-se de um fenômeno análogo quando ele crê ser ouvido e ouvir. Conclui-se disto que a paranoia diz respeito a uma superestrutura psíquica*** dos órgãos visuais e auditivos, à "inferioridade" desses órgãos. Nos paranoicos, Adler pôde frequentemente**** observar: um piscar de olhos ocasional, alto grau de miopia e refração desigual em ambos os olhos.

A ênfase dada por Adler ao exibicionismo nos casos de paranoia não implica que este negue a importância das outras componentes da pulsão sexual, em especial do sadismo.

DISCUSSÃO

HITSCHMANN considera o tema muito difícil e muito pouco familiar, sobretudo no que concerne à teoria, para poder discuti-lo em detalhe no momento.

No tocante ao caso em si, Hitschmann não pôde reconhecer as características do que aprendeu a considerar como paranoia. O paciente em nenhum momento vai além do delírio neurastênico de chamar a atenção. Não há um sistema delirante.

Também não há informações fornecidas pela família etc. Só podemos julgar um louco a partir do que diz seu entorno[468].

---

468 Essa é uma observação importante, pois o esquizofrênico é de fato muito narcisista e é extremamente difícil acessá-lo. Por conseguinte, devemos tentar, como no trato com as crianças, obter o maior número possível de informações de seus parentes. Desta maneira, e com o auxílio de uma longa e cuidadosa observação do doente, podemos finalmente estabelecer um contato e até mesmo construir uma relação com ele. O tratamento

SADGER destaca que os delírios de observação, de perseguição e de grandeza também aparecem na análise de histéricos e de indivíduos normais. É o caso de Goethe (em *Poesia e verdade – Dichtung und Wahrheit*), por exemplo, em que as primeiras ideias de observação aparecem com as primeiras experiências sexuais. Após uma briga com seus colegas, Goethe insistiu em ouvir seus cochichos, e assim descobriu que ele não era tido por filho de seu pai; então imaginou ser o filho de um príncipe[469]. O único elemento característico da paranoia é, portanto, a fixidez e incorrigibilidade das ideias delirantes. Adler não nos deu nenhum esclarecimento sobre isto.

É duvidoso que um trauma recente desempenhe um papel tão importante como diz Bleuler, e Adler, de acordo com este. O paranoico não fica a salvo do temor; os crimes mais atrozes são cometidos por paranoicos, o que não fariam se não sentissem temor.

Na demência paranoide, falta o afeto tal como o descreve Adler.

Ele também não explicou por que o paciente só consegue ter relações sexuais com prostitutas vestidas.

É notório que o pai o tenha acusado de roubo e que o paciente levante essa mesma acusação contra o redator: talvez tenha se dado aí uma transferência homossexual a partir do pai.

A preferência por crianças pequenas e o temor que estas lhe inspiram estão provavelmente ligados a sua relação com suas irmãs menores.

---

moderno da esquizofrenia busca se servir destas possibilidades.

469 Aqui deparamos novamente com a ideia do romance familiar, elaborada por Freud em 1909 no livro de Rank *O mito do nascimento do herói*. Comparar com a ata 3, nota 64.

A prostituta que, em seu sonho, toma seu pênis na mão representa provavelmente a mãe em uma cena infantil. É provável que ele quisesse tomar o lugar de seu pai junto à mãe. Normalmente, o pai está na origem das ideias de grandeza.

As considerações teóricas não são justificadas pelo material apresentado. As ideias delirantes não têm necessariamente uma base exibicionista e a suposição de uma superestrutura dos órgãos visuais e auditivos não tem fundamento.

RANK comenta primeiramente a observação de que o paranoico se ocupa sobretudo de atividades artísticas; para ele, essa ocupação é mais típica da disposição histérica, já que, afora outras causas mais profundas, o paciente logo perde a capacidade de corresponder às exigências estéticas. A identificação de Pernerstorfer com o pai é muito clara, e se a interpretação relativa à crença em Deus se impôs ao paciente com tanta força, isto revela que essa identificação (Deus = pai, etc.) vai muito mais longe. A relação com a mãe também está indicada.

Se a paranoia, a crise contínua, está enraizada principalmente no exibicionismo, a crise histérica (momentânea) também consiste, no final das contas, apenas em se mostrar, em se exibir.

É notório que nesta e em outras histórias clínicas apareçam tantos "elementos normais".

FEDERN pede desculpas pelo caráter fragmentário de suas observações, dado que conhece muito pouco da paranoia. As diferentes objeções feitas a Adler durante a discussão não o atingem, pois ele quis apenas esboçar uma linha de pensamento. A paranoia é uma doença especialmente egocêntrica, e todos aqueles que possuem uma grande consciência de si mesmos têm um passado exibicionista.

As observações de Adler sobre a relação entre o exibicionismo e a paranoia são muito esclarecedoras. A falta de inteligência do paranoico concorda com a teoria da superestrutura, já que o mundo exterior é percebido pelo olho e pelo ouvido.

O Prof. FREUD lamenta não poder se manifestar sobre o ponto mais importante, a questão da escolha da neurose, já que está prestes a resolver esse problema e não quer se antecipar a uma comunicação posterior dando indicações muito detalhadas ou incompletas.

A fim de evitar mal-entendidos, seria mais adequado dizer angústia (que não tem objeto) em vez de temor (que tem sempre um objeto). Adler se referiu provavelmente à angústia.

A questão do primado das alucinações ou ideias delirantes deixa de ter importância com a introdução do inconsciente. Os autores só tinham em vista o que aparece primeiro na consciência, enquanto ambos os elementos aparecem em todo o processo sem que haja uma relação entre eles; ora primeiro as alucinações, ora as ideias delirantes. Mas nenhum deles é a causa do outro, do mesmo modo que um sonho, por exemplo, não é a causa de uma psicose; o sonho é naturalmente apenas uma manifestação de todo o processo.

Adler traz uma novidade concernente a dois pontos:

1) Na observação de que o paranoico não desenvolve angústia, o que de fato é um caráter importante da paranoia. Mas este traço só vale para a paranoia pura,

crônica. No entanto, deve-se discordar de Adler em um detalhe: os estados de angústia mais intensos não se encontram na neurose obsessiva, em que a angústia está em grande medida ligada psiquicamente, a angústia maior se encontra na histeria.

A segunda propriedade metapsicológica da paranoia é o mecanismo de projeção: que ele lance para fora suas transformações internas. Desse modo, aparecem primeiramente as ilusões e depois as distorções de memória, como observa Adler.

No tocante à história clínica, o caso pode ser interpretado como a retirada do afeto homossexual do pai e sua transferência a Pernerstorfer[470] (Sadger). O antigo romance familiar que está na base de toda neurose também se mostra aqui (a suposição do paciente de que a amante de seu pai o manda espionar etc.).

2) A segunda descoberta importante é o fato de o delírio de observação derivar da pulsão escopofílica. Em geral não se deve, contudo, explicar a especificidade das neuroses a partir das pulsões particulares.

Como apoio à tese de Adler, Freud pode citar sua análise de um paciente paranoico, em que o delírio de observação era alimentado por suas memórias infantis exibicionistas. No entanto, Adler parece ir muito longe ao relacionar o delírio de perseguição e de grandeza com o exibicionismo. Essas formas aparecem na paranoia, mas não são produzidas por ela[471].

---

470 A raiz homossexual da paranoia só foi formulada por Freud em 1911, na apresentação do caso Schreber.

471 Certamente, os delírios de observação, de perseguição e de grandeza têm raízes diferentes. As ideias de observação são uma reação ao exibicionismo, o delírio de perseguição aparece como uma reação à homossexualidade e

Como confirmação de que se trata de superestruturas do órgão da visão, Freud pode citar a mímica ocular anormal observada por ele nos paranoicos, mas ele preferiria considerá-la como um indício da transformação secundária da inervação. (ADLER: por que precisamente os olhos?)

Poderíamos arriscar a suposição de que o paciente talvez tivesse fantasias napoleônicas (os soldados com gorros franceses, revolução, as colunas etc.).

A paranoia pode ser estudada muito bem nos casos não mórbidos. Enquanto está sozinho, o reformador é considerado um paranoico (recentemente: Richard Wagner). O fato de ter adeptos evita que o indivíduo seja declarado doente. A fundação da religião cristã é também uma paranoia de doze homens (a visão da ressurreição etc.), e se ela não tivesse conquistado tantos adeptos depois, ela teria sido considerada uma fantasia mórbida de alguns homens[472].

O trauma recente desempenha um grande papel (ao contrário do que afirmou Sadger); nesse caso, ele consistiu na acusação feita pelo pai.

STEKEL observa que veio com grandes expectativas, mas que vai embora decepcionado. Ao apresentar seus trabalhos, Adler comete o erro de partir de abstrações que não são facilmente compreensíveis. Por isso, Stekel também não pode participar da discussão das teses teóricas.

---

o delírio de grandeza, por fim, é a consequência do desinvestimento da libido de um objeto de amor e de sua assimilação pelo eu.

472 Ver S. Freud, *Atos obsessivos e práticas religiosas – Zwangshandlungen und Religionsübungen* (1907; O.C.). Rio de Janeiro, Imago, v. 9.

Adler tomou um caminho errado na análise; ele deixou passar uma conexão estreita. O delírio do paranoico representa uma realização de desejo, o paranoico se refugia na doença. Por isso, ele também não tem angústia: suas ideias têm um valor simbólico.

Espião = pênis; ele se vê cercado de pênis e não precisa ter medo. Os soldados (baionetas armadas) significam o mesmo.

O outono no sonho significa a relação com a mãe; os pensamentos incestuosos em relação a ela são claros.

O neurótico tem duas possibilidades de se aproximar de sua mãe:

1) se ele não é o filho de seu pai;
2) se sua mãe é uma puta que todos (inclusive ele) podem ter.

A preferência por crianças é uma preferência pelos órgãos genitais.

Há duas poderosas tendências no paciente: seu amor pela mãe e o amor homossexual pelo pai. Todo o delírio consiste na irrupção do desejo inconsciente de ter muitos pênis ao redor (componente homossexual).

Os neuróticos não são crentes nem ateus. A revolta contra Deus e o imperador é a revolta contra o pai. Isso mostra como o posicionamento do indivíduo é determinado por suas vivências pessoais.

Rousseau, que era paranoico, era muito masoquista em sua juventude. Esse momento caracteriza o delírio de perseguição.

WITTELS confirma, com base em sua própria experiência, que o paranoico não demonstra angústia frente às mais terríveis coisas. Uma paciente, por exemplo, disse-lhe com toda a calma que ele iria atravessá-la com um punhal. O pensamento inconsciente subjacente não é capaz de despertar angústia na paciente. Outra paciente relatou com enorme afeto que por toda a parte por onde passava, as pessoas a chamavam de puta. (FREUD: aqui há afeto, porque não há deformação.)

O exibicionismo está presente em todas as psicoses; os pacientes de sanatórios se masturbam diante do médico.

O fato de o paciente de Adler admitir o deslocamento do pai para outra pessoa contradiz o diagnóstico de paranoia, pois a paranoia é incorrigível.

HITSCHMANN acrescenta que os defeitos da vista e do ouvido engendram a desconfiança (surdos, por exemplo, são muito desconfiados). Essas coisas teriam de ser comprovadas por estudos estatísticos aprofundados.

No início da paranoia, a decepção desempenha um grande papel: a decepção frente à ambição (enquanto predisposição caracterológica recalcada) e a decepção sexual da mulher.

ADLER, em suas palavras finais, responde inicialmente a Wittels afirmando que os paranoicos se corrigem no início e também no fim. Só podemos falar em incorrigibilidade se excluirmos as considerações psicanalíticas; coloca-se com isso a questão de saber se a paranoia é curável. Em sua opinião, a resposta não tem de ser necessariamente negativa.

Que o exibicionismo esteja presente em todas as neuroses e psicoses é evidente; que outra coisa irromperia, senão as disposições originais?

Em seguida, refuta brevemente as observações de Stekel e agradece a Federn por concordar com o seu posicionamento. Algumas das interpretações apresentadas estão corretas, muitas são prováveis, mas algumas são completamente infundadas.

Por fim, Adler resume brevemente os objetivos desta conferência:

1) demonstrar a importância do exibicionismo e da superestrutura psíquica do olho e do ouvido na paranoia,

2) mostrar o tipo de recalque que o paranoico realiza no período que antecede a paranoia. Não podemos negar que um acontecimento recente é necessário para o desencadeamento deste processo[473].

---

473 É natural que as opiniões sobre a paranoia, um problema muito pouco conhecido naquela época, divergissem tanto. Apesar disso, estes homens pressentiam o sentido oculto das esquizofrenias e de seus mecanismos, e seus pressentimentos foram em parte confirmados posteriormente e em parte formulados com uma precisão maior.

[39]

REUNIÃO DE 5 DE FEVEREIRO DE 1908

Presentes: Freud, Adler, Bass, [A.] Deutsch, Federn, Graf, Heller, Hitschmann, Hollerung, Rank, Reitler, Steiner, Sadger, Stekel, Wittels, Urbantschitsch.

COMUNICADOS

O Dr. ADLER e FEDERN apresentam moções e propostas relativas à reorganização das reuniões.

Empréstimos do arquivo: Wittels nº 14, [A.] Deutsch nº 30, Hitschmann nº 24.

URBANTSCHITSCH anuncia uma conferência [sem indicação do título]; FEDERN anuncia um trabalho sobre "O sentimento de culpa sexual".

ORDEM DO DIA

1. MOÇÕES RELATIVAS À REORGANIZAÇÃO DAS REUNIÕES
Dr. Adler e Federn

2. CONFERÊNCIA: *Introdução à anestesia sexual*

CONFERENCISTA: Dr. Hitschmann

ADLER apresenta algumas sugestões e moções de reorganização das reuniões:

1) Supressão da urna e, com ela, abolição da obrigação de falar; em seu lugar, adota-se o sistema de participação livre na discussão[474].

---

474 Até este momento, os membros eram obrigados a participar ativamen-

2) As conferências devem acontecer a cada duas semanas. As reuniões intermediárias devem ser consagradas à continuação da discussão precedente e à apresentação de livros. Isto permitirá que as conferências sejam mais bem preparadas e elaboradas, e, por outro lado, possibilitará uma discussão séria e puramente objetiva. A discussão será conduzida da seguinte maneira: o próprio conferencista ou algum dos colegas ou o senhor professor resumirá as questões mais importantes para o tema em discussão.

3) Para a admissão de novos membros, a votação será secreta e a maioria dos votos decidirá.

FEDERN acrescenta uma moção:

4) A abolição do comunismo intelectual. Nenhuma ideia poderá ser utilizada sem a autorização de seu autor. Caso contrário, a livre discussão será prejudicada. Aqueles que apresentarem algo novo também poderão revisar a ata[475].

Abre-se agora o debate sobre estas moções.

STEKEL, depois de rejeitar as observações pessoais de Federn, analisa as propostas uma após a outra.

Ad 1) Está de acordo.

---

te da discussão. A "urna" continha pedaços de papel com os nomes dos membros; quem tivesse seu nome sorteado, era o próximo a falar. Federn observou, anos mais tarde, que o caráter obrigatório da participação tinha o propósito de evitar que alguns membros monopolizassem a discussão; esta regra também era concebida pelos membros como uma medida importante de autodisciplina; no entanto, não alcançava sua finalidade, pois muitos membros preferiam sair antes da reunião a participar da discussão.

475 Essa medida destinava-se a reduzir as desavenças entre os membros, que se acusavam mutuamente de roubo de ideias, plágio etc.

Ad 2) Teme que o interesse pela discussão se enfraqueça depois de oito dias. Não se deve estabelecer uma regra para isto. Aprova a ideia da apresentação de livros.

Ad 3) É a favor do voto secreto, mas a decisão não deve se dar pela maioria dos votos; três votos negativos devem bastar para a rejeição de uma candidatura.

HITSCHMANN:

Ad 1) Concorda, embora o emprego da urna fosse um atrativo psicológico.

Ad 2) Propõe a eleição de conferencistas suplentes. Os membros que já estiverem preparados devem sempre falar primeiro. A evasão após a conferência [antes do início da discussão] deve acabar. A discussão pode ser adiada em caso de necessidade, mas não regularmente.

Ad 3) A favor das resenhas e do voto secreto.

Ad 4) Esta questão só pode ser regulada com tato.

SADGER:

Ad 1) Está de acordo. A evasão também seria suprimida com esta decisão.

Ad 2) Contra o adiamento da discussão. Se um número suficiente de resenhas for anunciado, isto poderia preencher toda a reunião.

Ad 3) Não se deve sugerir um candidato que não seja conhecido de 2-3 membros.

Ad 4) Toda conferência que não tenha sido expressamente posta à disposição deve ser considerada propriedade do autor.

5. Moção: As ingerências e ataques pessoais devem ser imediatamente reprimidos pelo presidente, a quem será conferido este poder[476].

---

476 Desavenças, desconfianças e acusações tornaram-se cada vez mais frequen-

WITTELS defende Stekel dos ataques pessoais de que foi alvo e que foram longe demais. Ele próprio não saberia escrever nada sem usar as ideias do professor e ele não cita a fonte.

FEDERN é a favor da moção 5, pois se sente culpado. A discussão sobre as questões importantes deve ser retomada. Poderíamos também resenhar livros antigos. Ele não quis ofender Stekel pessoalmente.

Ad 3) Ele é a favor do voto secreto e de uma maioria de 2/3.

[A.] DEUTSCH apresenta outra moção:

6. Sempre anunciar duas conferências ao mesmo tempo, para facilitar a preparação.

Ad 3) As pessoas propostas como membros deverão ser convidadas a assistir a reunião em um dia fixo do mês, a fim de que as conheçamos.

BASS:

Ad 2) Acolhe favoravelmente a ideia de instituir as resenhas de livros.

Ad 3) Os membros que propuserem candidatos deverão comunicar os nomes dos aspirantes apenas ao professor, que então os anunciará. Um ou dois membros farão uma apresentação do aspirante.

REITLER está de acordo com todas as moções, exceto a quinta.

---

tes até a demissão de Adler e, mais tarde, de Stekel. "Agora podemos continuar trabalhando com tranquilidade e paz", disse Freud a mim [H. N.], quando o visitei pela primeira vez, pouco após a demissão de Stekel.

Ad 3) Ele não considera uma apresentação suficiente para julgar o caráter de uma pessoa.

HELLER concorda com Sadger. O membro que propõe um candidato deverá responder por ele.

Ad 4) Este ponto não pode ser regulamentado por resoluções; isto é uma questão de tato pessoal. Além disso, tal resolução restringiria as atividades literárias.

WITTELS propõe o encerramento do debate. Moção aceita. Os senhores que haviam se inscrito para falar tomam a palavra.

GRAF: As propostas de reforma emanam de um sentimento de mal-estar. Não somos mais a Sociedade de antes. Ainda somos os convidados do Prof. Freud, encaminhando-nos para constituir uma associação. Em razão disso, propõe a seguinte moção:

7. Transferir as reuniões da casa de Freud para outro lugar.

Prof. FREUD:

Ad 5) contra; considera constrangedor ter de repreender alguém. Se a situação é tal que os senhores já não podem se tolerar, que ninguém exprime sua verdadeira opinião científica etc., não podemos senão encerrar o negócio. Ele esperava que as dificuldades das relações pessoais pudessem ser superadas pelo profundo conhecimento da alma humana, e ainda o espera. Ele gostaria de fazer uso do poder que lhe é conferido na moção 5 apenas quando alguns membros incomodarem o conferencista com conversas paralelas.

Freud espera certo grau de seriedade e sinceridade e agradece a ambos os autores das moções por terem abordado com franqueza essas questões embaraçosas.

8. Por fim, propõe que se eleja uma comissão para elaborar as três primeiras propostas, que são de ordem puramente técnica, e para resumi-las e apresentá-las de modo prático da próxima vez.

Deveríamos agora reabrir o debate a fim de dar prosseguimento à discussão sobre o comunismo intelectual.

Seu posicionamento quanto a essa questão continua o mesmo de sempre. Em sua opinião, não há nenhuma mudança essencial a ser feita; ele concorda totalmente com a opinião de Heller. Além disso, cada membro poderia ele próprio dizer como gostaria que suas ideias fossem tratadas. Ele, pessoalmente, cede os direitos de tudo o que diz[477].

A moção 8[478] é aceita e forma-se uma comissão de cinco membros: Adler, Federn, Graf, Hitschmann e Wittels.

DEBATE SOBRE O COMUNISMO INTELECTUAL

STEKEL considera justa a proteção da propriedade intelectual, embora essas ideias "estejam no ar". Ele próprio considerou seu dever pessoal propagar as ideias de Freud; mas se ao fazê-lo cometeu um deslize, diz *Pater peccavi*; isto não voltará a acontecer. Renunciará a esse tipo de escrita e fará esforços para evitar atritos.

Uma vez retirada a moção 4, de Federn, ADLER aborda esse ponto e o discute a fundo. A moção não visa controlar cada detalhe, mas evitar abstenções na discussão. Entretanto, também visa a abolir o comunismo

---

477 Isto é característico da generosidade de Freud.
478 Rank numerou esta última moção erroneamente com o número 9.

concernente aos problemas levantados e suas soluções; naturalmente, isso só se aplica aos temas importantes sobre os quais alguém escolheu trabalhar.

URBANTSCHITSCH é favorável à adoção de regras estritas para novas admissões. No que diz respeito à questão do comunismo, apenas o tato pessoal pode decidir.

A moção de Adler sobre a abolição do comunismo intelectual é submetida à votação com a emenda proposta por Steiner:

"Tudo o que é apresentado neste círculo e está sujeito à propriedade intelectual pode ser utilizado livremente desde que seu autor não reivindique sua propriedade expressamente"[479].

Aprovado por unanimidade.

[Fim da reunião de trabalho. Ponto dois da ordem do dia.]

CONFERÊNCIA: *Sobre a anestesia sexual*

CONFERENCISTA: Hitschmann

Tendo em vista que a impotência psíquica do homem foi recentemente discutida em nosso círculo[480], o conferencista deixará de lado a anestesia masculina e tratará apenas da anestesia da mulher.

Deparamos com pontos de vista diferentes já no tocante à *definição*; alguns designam como anestesia somente a ausência total de sensação sexual, de libido, que não se produz mais no indivíduo. Esses casos são distin-

---

479 As disputas sobre prioridade custaram muito tempo e energia a este círculo.
480 Ver a ata 26.

guidos daqueles em que as sensações sexuais em geral estão presentes, mas faltam durante o coito. Hitschmann não levará em conta esta distinção.

De fato parece haver casos de anestesia que estão associados à aplasia dos genitais e a estigmas de degeneração grave. A anestesia sexual (ausência total de prazer durante o coito) é muito frequente (de acordo com uma estatística, afeta um terço das mulheres alemãs). Esses indivíduos, contudo, conhecem outras formas de prazer. Esse estado, haja vista sua frequência, é de tipo fisiológico. No casamento, ele é frequentemente superado.

Além dessa primeira forma, passageira, de anestesia, há ainda:

2. Uma forma facultativa, ligada a questões psíquicas. Questiona-se acerca do tipo de que a mulher precisa[481].

Na terceira forma, que é relativa, a culpa está do lado do homem. Ela não consegue atingir o orgasmo com um homem em particular, enquanto outro pode satisfazê-la.

O conferencista cita, a título de prova, dois casos tirados de sua própria experiência, depois indica brevemente as *consequências* da anestesia sexual. A anestesia total não tem consequências diretas.

Chrobak[482] apenas encontrou casos de anestesia total em pacientes com órgãos inferiores.

---

481 Essa passagem é incompreensível; é provável que seu sentido seja: esta anestesia depende do tipo de homem que a mulher necessita.

482 Rudolf Chrobak (1843-1910), célebre ginecologista da Universidade de Viena, é mencionado por Freud em seu texto *A história do movimento psicanalítico – Zur Geschichte der psychoanalytischen Bewegung* (1914; O.C.). Rio de Janeiro, Imago, v.14.

Uma das consequências é um aumento da esterilidade (de acordo com Kisch, 38% das mulheres afetadas são estéreis)[483].

A anestesia parcial também causaria doenças.

Outra consequência é a neurastenia sexual, frequente nos indivíduos que são capazes de excitação sexual, mas não atingem a satisfação; esses também podem ser afetados por uma neurose de angústia (Freud).

No tocante ao *quadro psíquico*, as mulheres de fato afetadas pela anestesia apresentam anomalias psíquicas.

Outras já apresentam quando jovens fortes tendências altruístas. Quando se entregam ao homem, fazem-no exclusivamente em consideração a ele, elas se sacrificam, por assim dizer. Cultivam inúmeras amizades platônicas e estão sempre cercadas de amigos etc. (Rahel Varnhagen[484] pode ter pertencido a este tipo de mulher).

Outras mulheres que padecem de anestesia são impelidas ao adultério quando não encontram satisfação com seu marido. É também compreensível que uma mulher que sofra de anestesia busque outros tipos de relações sexuais.

O conferencista examina em seguida a relação entre a histeria e a anestesia; esta é um estado psiquicamente adquirido. O recalque malogrado das experiências sexuais também é uma *causa de anestesia* (assim como de

---

483 E. Heinrich Kitsch, *A vida sexual da mulher do ponto de vista psicológico, patológico e higiênico. Das Geschlechtsleben des Weibes in physiologischer, pathologischer und hygienischer Beziehung*, Urban & Schwarzenberg, Wien, 1904.

484 Rahel Varnhagen (1771-1833), escritora alemã; tornou-se célebre por sua correspondência e influência sobre a vida literária no final da era Goethe. Seu salão, centro literário da Berlim da época, era o ponto de encontro dos românticos.

histeria). Além dos fatores anatômicos (diga-se de passagem, a anestesia depende tão pouco dos ovários quanto a libido masculina dos testículos), a "debilidade constitucional da região genital" (Freud) e uma masturbação excessiva do clitóris (Freud, *Três ensaios sobre a teoria da sexualidade*) também estariam em jogo como causas da anestesia. Isto nos leva a supor um período de latência, em que a menina normalmente será afetada pela anestesia. Não se trata aqui de fatores locais, mas psíquicos, circunstância em que o trauma da interdição também pode desempenhar um papel. Um amor duradouro aos pais também pode conduzir à anestesia (Freud), assim como os noivados muito longos. A predominância de tendências homossexuais também é um fato.

A educação sexual é muito importante para a *profilaxia e terapia*. Além disso, recomenda-se que o homem se case dispondo de toda sua potência sexual e proceda com afabilidade e delicadeza. A virgindade absoluta não é a condição ideal.

O verdadeiro remédio consiste em submeter o clitóris a algumas fricções; em seguida, deve-se satisfazer a mulher a partir de outras regiões genitais.

Em certos casos, o tratamento psicológico é indicado.

Cabe mencionar que alguns povos recorrem a estimulantes para excitar a mulher (anéis estimulantes).

A conferência é concluída com a apresentação de um caso.

Resumo dos principais pontos da discussão:

1) definição;

2) quadro psíquico;

3) consequências (em parte, orgânicas: esterilidade etc.; nervosas: histeria de angústia etc.);

4) causas;

5) profilaxia e terapia;

6) casuística;

7) anestesia masculina;

8) distinção entre a anestesia decorrente de causas orgânicas e a anestesia psíquica.

[40]

REUNIÃO DE 12 DE FEVEREIRO DE 1908

Presentes: Freud, Adler, Bass, [A.] Deutsch, Federn, Graf, Heller, Hitschmann, Rank, Reitler, Steiner, Sadger, Schwerdtner, Wittels, Urbantschitsch.

O Dr. [Albert] Joachim é admitido na Sociedade.

ORDEM DO DIA

1. Discussão sobre a anestesia sexual
2. Resoluções concernentes à organização das reuniões

DISCUSSÃO SOBRE A ANESTESIA SEXUAL

ADLER destaca primeiramente que é muito difícil falar da anestesia sem dispor de uma experiência clínica suficiente. Ele só dispõe de uma análise; no entanto, a paciente não o consultou em razão de sua anestesia, mas de suas dores histéricas na região do fígado. A análise revelou uma forte aversão ao marido. Com seu amante, ela não era frígida (*anästhetisch*).

Há um número enorme de mulheres frígidas que não sofrem de repressões e recalques consideráveis, isto é, cuja frigidez é consciente. Elas resistem conscientemente ao marido e às suas carícias. Adler recorda a crença popular segundo a qual as mulheres frígidas não amam seus maridos.

Devemos considerar com reserva o segundo grupo mencionado por Hitschmann, de mulheres que parecem amar seus maridos. Muitas mulheres nem mesmo sabem se amam ou não seus maridos (na análise com homens isso aparece com frequência). Esses são provavelmente os casos em que as mulheres são levadas ao adultério a despeito de amarem seus maridos.

Adler não saberia dizer nada sobre o material recalcado e, portanto, não pode confirmar a opinião de Hitschmann, da qual também partilha.

Seria interessante analisar as experiências de violação.

Muitas mulheres permanecem frígidas por toda vida em razão de sentimentos sádicos despertados em alguma ocasião; por vezes, esses impulsos desaparecem com o tempo, quando nada os alimenta ou quando são erradicados (menciona um caso desse tipo).

O tratamento psicanalítico da anestesia é muito eficaz nesses casos ou quando se trata de relações sexuais com outros homens. Mas ele não alcança êxito quando a culpa é do homem. Isso vale também para os homens que são psiquicamente impotentes com suas esposas.

As mulheres estão ainda começando a ter uma vida independente, longe da família, e a desenvolver seu caráter; essas aspirações se opõem, em certa medida, a que se entreguem (*aufgehen*) ao coito. Isso talvez explique a frequência particular da anestesia em nossos tempos[485].

---

485 Adler pode ser considerado com toda razão o primeiro aluno de Freud a tentar relacionar a psicanálise com as ciências sociais.

[A.] DEUTSCH apresenta dois casos, mas não saberia dizer nada conclusivo sobre eles. No primeiro, trata-se de uma mulher que era frígida com seu segundo marido.

No segundo, trata-se de uma mulher que sofria de uma anestesia temporária. Depois de cada menstruação, ela permanecia frígida por cerca de duas semanas. Não foi possível determinar se essa frigidez se devia ao medo de engravidar, já que sabia que as probabilidades de conceber são maiores logo após a menstruação.

URBANTSCHITSCH lamenta não ter assistido à conferência de Hitschmann. Em sua opinião, a anestesia verdadeira só se dá de fato quando há alterações patológicas. Nesses casos, ela é permanente; todas as outras são apenas temporárias. Estas são decorrentes da aversão. Ele menciona o caso de uma prostituta que só experimentava prazer com seu amante. A anestesia também pode se produzir quando o pensamento é desviado (caso de uma mulher que padeceu de frigidez porque estava preocupada com o vestido de festa que usava durante o coito).

Sabe-se que o medo de ter filhos e o pudor provocam a anestesia. A anestesia após a menstruação talvez esteja relacionada com o fato de que a sensação de prazer depende da umidade da vagina.

A anestesia também é contagiante; o homem pode contraí-la da mulher.

FEDERN, que tem muita experiência nesse campo, cita alguns casos.

Certos casos de anestesia temporária (por exemplo, após a menstruação) estão ligados à periodicidade inerente a toda vida. Esta é uma questão fisiológica, que não vem ao caso aqui.

Do ponto de vista freudiano, a anestesia é um problema central (como a angústia):

Quando uma mulher tem motivos para evitar a sexualidade, ela normalmente se converte em uma "solteirona"; o outro extremo dessa longa escala consiste no recalque bem-sucedido (a frígida "consciente" de Adler). Entre essas extremidades, há uma quantidade imensa de fases intermediárias: as conversões, todos os graus de histeria.

Uma segunda escala é paralela à primeira: como consequências do recalque da pulsão sexual, surgem todas as formas de perversão.

Nos homens, a anestesia é muito mais clara. Nas mulheres, o destino individual desempenha um papel muito maior. As anestesias determinadas pelo acaso ou destino podem ser superadas mediante a modificação das condições de vida. A causa principal dessa anestesia é a incapacidade do homem de satisfazer a mulher.

No que diz respeito aos outros casos, está de acordo com Hitschmann e Adler.

Os fortes impulsos sádicos ou lésbicos também podem causar anestesia.

Paralelismo entre homens e mulheres: há homens que são sexualmente impotentes, isto é, que não têm ejaculação nem orgasmo; e há outros que praticam coito normal, mas são frígidos. Portanto, também deveria haver mulheres que sentem prazer, mas não atingem o orgasmo, e outras que não sentem nada durante o coito.

Federn acrescenta a seus casos o de um homem cujo pênis era, simplesmente, demasiado curto. Menciona também o caso de duas mulheres que sofriam de anestesia permanente e haviam sido anteriormente violadas pelo homem amado (em um dos casos, no casamento). Duas irmãs, ambas com anestesia permanente.

SADGER duvida de que exista um estado de anestesia absolutamente congênita. Uma série de personalidades conhecidas que são consideradas absolutamente anestéticas, como Newton, Kant, Leonardo, a irmã de Goethe etc., nos permitem duvidar disso. Em todos esses casos, podemos demonstrar que houve um recalque sexual precoce. A questão é saber como se produziu esse recalque. Talvez tenhamos de supor uma sensibilidade diminuída da esfera sexual. Entre os homens, devemos atentar a certas profissões: matemáticos, cientistas da natureza, artistas.

A anestesia adquirida pode ser geral ou parcial; podemos classificá-la em dois grupos: as pessoas que são frígidas apenas durante o coito (a maioria das mulheres pode chegar a sentir prazer mediante determinados estímulos) e aquelas que o são apenas com uma pessoa específica.

Sadger menciona, por fim, alguns casos analisados por ele; um em que a mulher recusava o coito provavelmente em razão de um corrimento que remontava à masturbação infantil; e o de três irmãs que eram frígidas com os homens que amavam.

Em síntese, Sadger afirma que essa questão não será resolvida enquanto não houver análises suficientes a nosso dispor. Não há uma anestesia absoluta, mas apenas uma relativa; e esta pode ser parcial, isto é, se produzir apenas no coito ou com *uma* pessoa específica.

FREUD diz que só fará breves observações sobre a apresentação completa e cuidadosa de Hitschmann.

A anestesia é um sintoma tão frequente que lhe atribuímos as mais diferentes causas. Esse problema apenas cruza com o campo das neuroses; eles não coincidem; nem todas as pessoas frígidas são neuróticas. Por enquanto, não é possível dar uma resposta a essa questão[486].

A anestesia da mulher deve ser considerada essencialmente um produto da cultura (caso contrário, ela aparece apenas isoladamente), uma consequência da educação: ela se deve ao homem (objetos sexuais inadequados) ou diretamente aos efeitos da educação[487]. Um grande número de mulheres frígidas foram meninas demasiado bem-educadas. O recalque sexual não apenas atingiu seus fins, como também foi muito além de suas intenções. A anestesia diminui com o passar dos anos.

Um segundo ponto diz respeito à infidelidade. Se se concede a satisfação sexual à mulher, não se devem exagerar as exigências de fidelidade conjugal. Um outro meio de desviar da neurose e de se submeter às exigências da civilização é a deterioração (*Verderbung*) do caráter. Todas as bizarrices e manias das pessoas são substitutas da neurose. Há três caminhos a tomar: o da neurose, o da transgressão às normas e o da virtude e bizarrice[488]. Um grande número de pessoas escolhe o

---

486 Freud provavelmente pensava em um fator biológico. Ver também a nota 491.

487 Rank condensou tanto a discussão que é difícil compreender exatamente o que Freud quis dizer.

488 Em outras palavras: as exigências da sexualidade podem ser satisfeitas mediante uma insurgência contra as regras sociais (infidelidade) ou mediante um recalque malogrado dos desejos sexuais, isto é, pela neurose ou, por fim, pela via do sentimento de culpa e da modificação do caráter.

terceiro caminho. As mulheres graciosas e atraentes apenas adquirem e conservam essas qualidades por meio da liberdade sexual.

A conduta psíquica das mulheres que padecem de anestesia: as que amam seus maridos e sofrem de frigidez, por outras razões são muito exigentes e carentes; demandam constantemente galanterias e atenção, ao passo que a mulher que está fisicamente satisfeita não levanta tais exigências.

É preciso distinguir também os graus de anestesia. Muitas não são anestéticas, mas experimentam certas sensações que podem ser intensificadas. A anestesia total é provavelmente muito rara. Algumas mulheres não sabem elas mesmas se são anestéticas ou não[489].

Como só podemos entender a anestesia como ausência de prazer, coloca-se a questão de saber se há, na mulher, prazer sem descarga (*Ejakulation*), ou descarga sem prazer.

Mulheres que têm muitos amantes são na verdade mulheres acometidas de anestesia em busca de um homem que as satisfaça.

Não se deve subestimar as influências acidentais: por exemplo, não conhecemos nenhum caso de anestesia sexual em mulheres que exercem o poder.

Observação casuística: três irmãs, uma das quais era uma grande histérica, a outra completamente sã, mas

---

489 Mais tarde, Freud parece ter defendido a opinião de que a mulher recusa em primeiro lugar a relação sexual enquanto tal. Comparar com S. Freud, *O tabu da virgindade – Das Tabu der Virginität* (1918; O.C.). Rio de Janeiro, Imago, v.11.

uma miserável (*Haderlump*), e a terceira, absolutamente frígida.

Por fim, Freud gostaria de sugerir a introdução de uma disciplina que floresceu na Antiguidade, isto é, a fundação de uma academia do amor em que se ensinasse a *ars amandi*.

BASS destaca especialmente a importância da etiologia social, mencionada brevemente por Adler; a anestesia é uma doença da burguesia, dos círculos em que a escolha do cônjuge não é determinada em primeiro lugar pela seleção natural, mas por fatores *sociais* e *econômicos*, em que as meninas são educadas diretamente para o recalque e em que a virgindade e a monogamia são, ao menos em teoria, exigências estritas. Os costumes sexuais mais livres da população camponesa redundam em uma porcentagem consideravelmente menor de indivíduos que sofrem de anestesia.

A periodicidade (Federn, [A.] Deutsch) do homem e da mulher deveria coincidir do modo mais favorável possível.

Os casos de graves deficiências orgânicas, de intervenções cirúrgicas (Urbantschitsch), não fazem parte dessa discussão.

O uso da força na noite de núpcias e os traumas especificamente psicossexuais (atos que ferem a sensibilidade sexual etc.) desempenham um grande papel.

A terapia deve ser em primeiro lugar social.

Casuística: cinco casos; uma menina recusou uma oportunidade de coito e, em seguida, se tornou frígida; em outro caso, uma menina ouvia ocultamente os ruídos do ato sexual e se entregou em seguida a uma masturbação excessiva e duradoura; essa circunstância provocou mais tarde uma anestesia em sua vida conjugal. Em outro caso, o *coitus interruptus* suscitou no casal sérios acometimentos; a fim de evitar a concepção, a mulher se anestesiou artificialmente e acabou por ser afetada de uma verdadeira anestesia. Outra mulher não ama seu próprio filho, mas o parceiro de jogos deste; por trás disso se oculta talvez o amor pelo pai deste menino.

Todos os seus pacientes, exceto um, têm filhos.

STEINER começa por introduzir alguns pontos de vista gerais: estabelece um paralelo entre a anestesia e a impotência funcional do homem e aplica a classificação que havia feito desta última à anestesia feminina. Segundo esta classificação, há também uma anestesia congênita e total.

A anestesia fisiológica é frequente em mulheres recém-casadas.

Mulheres anestéticas frequentemente desenvolvem outros talentos, em especial o musical. (RANK menciona a esposa de Schumann.)[490]

O homem mais casto é aquele que está satisfeito sexualmente.

Casuística: um caso em que um atentado sexual na infância desempenhou um papel significativo; um outro em que a menina recusava todo contato físico com homens e toda aproximação por parte destes. (SADGER: histeria!)

---

490 Este exemplo é inadequado, já que a pianista Clara Schumann (1819-1896) foi uma célebre criança-prodígio.

O tipo de anestesia decorrente de influências posteriores é mais acessível à terapia; já a anestesia congênita terá prognósticos menos favoráveis.

Muitas anestesias parciais ou adquiridas tardiamente podem ser eliminadas mediante a estimulação normal.

REITLER gostaria de acrescentar ainda algumas observações a esta exaustiva discussão. Em sua opinião, a impotência psíquica do homem não equivale à anestesia. Teríamos de refletir mais sobre a bissexualidade e sobre os órgãos análogos (pênis = clitóris). A anestesia total é muito rara; ela está baseada na aplasia[491].

É difícil determinar se as mulheres podem ejacular sem experimentar sensações sexuais; no homem, isso é certo (no caso dos onanistas típicos). Na ejaculação normal, é possível que a sensação de prazer esteja sempre presente. A anestesia masculina é frequente entre os onanistas que não encontram no coito o estímulo mais intenso da masturbação.

Para ilustrar a anestesia das mulheres licenciosas, Reitler relata um caso de anestesia combinada com aplasia do clitóris; a mulher em questão exigia de seu marido as mais inauditas performances sexuais. A contrapartida disto são os casos em que o pênis do marido é demasiado curto ou em que há ejaculação precoce.

Menciona ainda um caso em que a mulher só sentia prazer quando o pênis do homem estava flácido, o que remontava a uma experiência infantil (tentativa de coito com o irmão menor).

---

491 Desenvolvimento incompleto de tecidos e órgãos.

HITSCHMANN destaca, em suas palavras finais, que o *stuprum* ou a brutalidade na noite de núpcias foram mencionados diversas vezes na discussão.

Como medida terapêutica, os médicos frequentemente indicam a prática de coito a tergo, em posição decúbita ou com a mulher sobre o homem.

A propósito da observação do professor Freud sobre a "bizarrice" dos homens, Hitschmann diz que uma grande parte da agitação nervosa de nossos tempos se deve à insatisfação sexual (proibição de ter filhos).

De acordo com a afirmação de Adler de que as mulheres que sofrem de anestesia têm partos difíceis, parece ser provável que se trate de anomalias (inferioridades). (ADLER acrescenta que as anomalias podem ser encontradas com facilidade na família do paciente ou no próprio paciente.)

MEMORANDO

A comissão composta pelos Srs. Adler, Hitschmann, Wittels, Federn e Graf (esses dois últimos não compareceram), constituída na reunião de 5 de fevereiro de 1908 com a finalidade de formular moções sobre as modificações na organização das reuniões discutidas naquela ocasião, submete à votação as seguintes resoluções:

I. Suprime-se a urna; abole-se a obrigação de falar, a discussão acontece de acordo com as regras usuais nas sociedades científicas, isto é: cada um fala quando e quantas vezes pedir a palavra; o presidente pode fazer uso da palavra a qualquer momento; o conferencista tem direito de concluir o debate, mas pode renunciar a esta prerrogativa.

Motivos: Não resta dúvida de que o temor do dever de tomar a palavra incitou alguns membros a deixar a reunião logo após a conferência, ou até mesmo a não comparecer, o que vai de encontro à dignidade e ao trabalho realizado na Sociedade. Além disso, a obrigação de falar instiga facilmente aqueles que não têm nada a dizer a fazer invectivas pessoais. Por outro lado, aqueles que têm algo a dizer ganham tempo para discutir de maneira mais aprofundada e podem tomar a palavra diversas vezes.

II. Algumas reuniões serão consagradas às recensões de livros. Para este fim, será eleito um membro que, todas as quartas-feiras, antes da conferência, apresentará brevemente os autores e títulos da bibliografia especializada publicados recentemente (livros e revistas). Os membros elegerão por maioria relativa os temas dessa lista que lhes parecerem mais importantes para uma exposição minuciosa. Os encarregados de apresentar serão voluntários que se oferecerão a cada vez. A frequência das reuniões consagradas à apresentação de livros dependerá, por um lado, da quantidade de bibliografia acumulada e, por outro, do número de conferências anunciadas; mas em princípio ocorrerão uma vez por mês.

Nessas reuniões, também serão apresentados materiais de casos clínicos.

Não é preciso *justificar* a necessidade destas reuniões. O modo de proceder indicado pareceu ser o mais conveniente. Um membro será encarregado de fazer os comunicados semanais. Este deverá ser informado, de preferência antes da reunião, de toda literatura que possa ter escapado à sua atenção. Ele deverá apenas nomear os autores e os títulos e terá de consultar regularmente, para esse fim, as referências bibliográficas de uma grande revista de medicina, de preferência da *Münchener Medizinische Wochenschrift*; assim, ele terá condições de indicar, talvez em poucas palavras, o conteúdo dos trabalhos. Caso ninguém se ofereça para apresentar as resenhas desejadas, deve-se renunciar a ela: não haverá nenhum tipo de coerção.

III.Uma conferência deve ser anunciada no mínimo com duas semanas de antecedência, a fim de que os membros tenham pelo menos 14 dias para preparar eventuais exposições sobre o mesmo tema. Para auxiliar a execução dessa decisão e para completar continuamente o programa, o secretário contará com um adjunto, um senhor que organizará as reuniões dedicadas às recensões.

Motivos: A finalidade desta medida é possibilitar aos conferencistas e aos participantes da discussão uma preparação mais aprofundada. Tendo em vista que dispomos em média de 25 a 30 sessões por ano, das quais 6-8 serão consagradas às resenhas, e que algumas discussões requererão duas ou mais reuniões, o programa poderá ser facilmente preenchido se cada um dos 20 membros atuais apresentar apenas uma vez ao ano, o que a comissão julga ser um dever de todo membro. Sobre isso não se formulou nenhuma moção especial, visto que a comissão considera suficiente o peso moral desta observação.

IV.Quem não comparecer a quatro reuniões consecutivas sem se justificar será considerado demitido.

Esta moção se *justifica* pela dignidade da Sociedade e por seu modo de trabalho.

V. A admissão de novos membros obedecerá às regras adotadas até o momento.

Justificativa: Depois de ponderar longamente sobre todas as sugestões apresentadas, a comissão recuou ao modo praticado até agora, pois este parece ser muito mais simples e justo. Os erros cometidos, mencionados na discussão da semana passada, até hoje não prejudicaram a Sociedade; além disso, nenhuma regra de votação poderia evitá-los completamente. Por diversas razões, a comissão não considera oportuno neste momento introduzir condições de admissão mais severas, sobretudo porque sendo esta assembleia uma coisa intermediária entre um grupo convidado pelo professor Freud e uma Sociedade, os senhores que são aceitos pelo Professor também devem ser aceitos pelos outros. A essa moção da comissão, o Dr. Adler opõe uma proposição particular, defendida por ele, a saber: realizar encontros mensais em outro lugar (por exemplo, em um pequeno auditório da Universidade), em que seriam admitidos pela maioria de 2/3 todos os candidatos que quisessem participar. Entre esses seriam escolhidos os membros do círculo das quartas-feiras, mais restrito, segundo a maneira praticada até agora.

Além dessas sugestões, a comissão expressa as seguintes opiniões da assembleia: por razões históricas, não é desejável mudar o lugar da reunião. Tanto o lugar quanto o caráter dos encontros são tão caros aos membros que estes desejam modificá-los o menos possível. É impossível controlar totalmente por meio de resoluções o descontentamento geral da nação (*Reichsverdrossenheit*)[492].

---

492 Não é claro a que se referia esse "descontentamento geral".

Nesse sentido, a comissão recomenda a aceitação sem discussão das cinco moções apresentadas e que todos os membros da Sociedade sejam notificados por escrito deste memorando.

ORGANIZAÇÃO DAS REUNIÕES

Ad 1) Hitschmann apresenta uma moção minoritária pedindo a manutenção da urna, mas a anulação da obrigação de falar; o membro que for sorteado pode renunciar a falar.

Depois de Wittels se pronunciar a favor da abolição da urna, e Heller por sua manutenção, a moção de Hitschmann é aceita.

Ad II) Elege-se uma comissão de três membros (Freud, Adler, Hitschmann), incumbida da formulação técnica desta moção. Deve-se confiar a pesquisa bibliográfica a uma pessoa determinada; de acordo com uma modificação introduzida por Freud, as resenhas serão apresentadas uma vez por mês.

Ad III) O Dr. Hitschmann é eleito para supervisionar a organização das conferências (o disciplinador).

Ad IV) A moção é aceita. A moção de Adler suscita uma discussão animada e no final Adler retira sua proposta e recomenda a adoção de uma proposta do professor Freud: a fundação de um círculo maior independente do grupo das quartas-feiras, que não afetará a composição, nem o modo de trabalho deste último. Moção aceita.

[41]

REUNIÃO DE 19 DE FEVEREIRO DE 1908

Presentes: Freud, Adler, Bass, [A.] Deutsch, Federn, Hitschmann, Hollerung, Rank, Reitler, Steiner, Sadger, Stekel, Wittels, Urbantschitsch, Joachim.

Stekel toma de empréstimo Archiv nº 30.

CONFERÊNCIA: *A essência do símbolo*[493]

CONFERENCISTA: Dr. Joachim

DISCUSSÃO

ADLER observa que o conferencista abordou o problema sob um aspecto que não é familiar a nós. Joachim subordina os outros fenômenos ao elemento simbólico. No tocante ao surgimento do símbolo, está totalmente de acordo com o conferencista, que, como ele, parte das sensações e da atividade inicial dos órgãos; ele também atribui os fenômenos psíquicos relevantes aos órgãos. Uma atividade simbólica aumentada será encontrada nos órgãos que buscam atingir certa perfeição[494].

---

493 Não encontramos o registro desta conferência. Portanto, seu conteúdo nos é desconhecido.

494 Scherner e outros já haviam afirmado muito antes que as sensações orgânicas produzem símbolos no psiquismo (ver o primeiro capítulo da *Interpretação dos sonhos*). É interessante acompanhar como Adler tenta reduzir toda a psicologia a um modelo explicativo único.

O aparente engano provocado pelo mundo exterior, experimentado pelo próprio conferencista, poderia se dever, como em casos análogos, a uma desconfiança intensificada, que também desempenha um grande papel na paranoia. Aqui também temos de recorrer ao órgão de que emanam essas manifestações: o olho. A fala emperrada dos paranoicos está relacionada a essa desconfiança. As "fórmulas" dos paranoicos são símbolos no sentido de Freud; oculta-se um outro sentido por trás.

As ideias de Joachim concernentes ao *déjà vu* podem de fato ser confirmadas (a sensação, durante um sonho, de já ter sonhado com aquilo, é um caso análogo). Trata-se de pessoas que têm uma maior capacidade de ter pressentimentos, que já refletiram sobre as situações em que poderiam se encontrar. A partir daqui, é fácil ver o caminho que conduz à telepatia.

O "aumento da nostalgia" é muito mais complicado; nesses casos, pode se tratar de manifestações do recalque.

Adler considera as observações sobre o ritmo etc., uma pequena extravagância literária.

Ele recapitula: as ideias lhe pareceram simpáticas; ele abordou sob um ângulo diferente os processos que diariamente nos chamam a atenção.

FEDERN se limita a fazer uma crítica. Em sua opinião, a conferência de Joachim como um todo não apresenta nada de novo e de construtivo, apesar de conter observações profundas e ter exigido muito trabalho. O conferencista não fez mais do que repetir com outras palavras as teorias de Freud, ampliando arbitrariamente o conteúdo conceitual da palavra "símbolo". Confunde-se símbolo com possibilidade de expressão.

O simbolismo apenas tem início com a linguagem e emana da impossibilidade de expressar os detalhes do mundo exterior de maneira adequada. O caráter plurívoco da linguagem também condiciona a formação dos símbolos.

O segundo erro do orador é o de sempre relacionar os símbolos ao conteúdo da personalidade. Uma grande parte dos símbolos remonta à relação com as coisas do mundo exterior.

Não é possível ligar a paranoia exclusivamente à impotência.

Federn se vê forçado a contradizer o conferencista no tocante ao ritmo: tudo isso é uma expressão do ritmo interno.

BASS menciona, em acréscimo ao que disse Joachim, a significação do símbolo como desejo. Como realização de desejo, ele estabelece um acordo entre o mundo do intelecto e o mundo do afeto, dos sentimentos. Por isso, ele concorda com Federn em que o surgimento do símbolo só pode se dar quando o indivíduo percebe uma certa discrepância entre seus pensamentos e seus sentimentos, isto é, quando começa a recalcar. O símbolo tem a função de liberar o material recalcado, substituindo-o por algo inofensivo.

Bass indica então o papel do símbolo na vida dos povos, lembrando como fortes desejos da alma popular são realizados simbolicamente em lendas, mitos e sagas.

Outro fator criador de símbolos é o desejo de se comunicar com o mundo exterior, para além do que a linguagem expressa conscientemente. O símbolo é a ponte que recobre a incapacidade de esgotar todo o conteúdo do pensamento em palavras. Poderíamos sugerir a seguinte proporção: palavra / pensamentos = consciência / inconsciente. Por conseguinte, a escolha do símbolo será tanto mais feliz quanto maior for a quantidade de conteúdo inconsciente mobilizado entre o criador e o receptor.

O Prof. FREUD observa que teria sido mais pedagógico partir do caso particular para chegar ao universal. Uma lacuna da conferência foi não ter mencionado o desenvolvimento histórico do símbolo, que desempenha um grande papel.

A significação simbólica dos números é de origem astral.

A memória de juventude de Joachim sobre o engano provocado pelo mundo exterior (a descoberta kantiana da coisa em si), semelhante à relatada por Wittels, pode ser analisada, assim como todos os juízos de percepção de natureza endopsíquica, da seguinte maneira:

1) reduzir o geral ao particular (neurose obsessiva!)
2) atribuir a esse sentido especial um caráter sexual.

Na aplicação dessas regras, o fenômeno se revela como a reação da criança à lenda da cegonha. Dar a volta repentinamente é uma técnica que parece se destinar a apanhar um ato sexual em flagrante.

O *déjà vu* do sonho remete a um *déjà vu* vivenciado durante a vigília. (No sonho, uma região em que já estivemos significa os genitais da mãe.) O *déjà vu* é esclarecido na segunda edição da *Psicopatologia da vida cotidiana*; isto de fato já foi vivenciado, mas na fantasia.

A aplicação da teoria de Adler a este caso é muito forçada. Além disto, interessamo-nos pelo caminho, não pelo fim.

A fala insegura dos paranoicos tem sua origem no fato de que, estando ocupados com a reconstituição de todo seu eu, eles remodelam suas memórias e o mundo exterior porque eles próprios se modificam[495]. Portanto, ele também tem de modificar a linguagem; ele busca palavras (hesita), pois se comporta como um criador[496]. O núcleo da paranoia consiste na retirada da libido dos objetos (o colecionador faz o contrário, ao desviar sua libido excedente para objetos inanimados: amor ao objeto).

SADGER: A formação de símbolos ocorre com mais força durante a infância, especialmente nos futuros neuróticos. Os indivíduos sãos retêm nos sonhos seu simbolismo inconsciente. O simbolismo consciente só aparece em grande medida na histeria e na neurose obsessiva. O símbolo é escolhido porque as questões sexuais são inconvenientes, mas, por outro lado, torna oportuno o gozo destas questões.

STEKEL, deixando de lado a parte abstrata da conferência, volta-se a seu lado prático: suas experiências não confirmam a tese de que há, na melancolia, uma diminuição da capacidade de simbolização; pelo contrário,

---

495 Aqui já se prenuncia a ideia de que a sintomatologia da esquizofrenia representa em grande parte a tentativa de restituir o mundo real.

496 Comparar com S. Freud, *Notas psicanalíticas sobre um relato autobiográfico de um caso de paranoia – Psychoanalytische Bemerkungen über einen autobiographisch beschriebenen Fall von Paranoia* (1911; O.C.). Rio de Janeiro, Imago, v.12; e também Nunberg *O percurso do conflito libidinal em um caso de esquizofrenia – Der Verlauf des Libidokonfliktes in einem Falle von Schizophrenie* (1921; aaO) e *A função de síntese do eu – Die synthetische Funktion des Ich* (1930; aaO).

ele pode citar exemplos em que uma representação simbólica constituía o centro da melancolia. O mesmo vale para o paranoico.

Em uma de suas conferências anteriores, Stekel já tentou esclarecer o *déjà vu*: vivemos um processo de maneira inconsciente; quando ele repentinamente se torna consciente, temos a impressão de já ter vivido a representação percebida inconscientemente.

WITTELS, último participante da discussão, busca precisar o posicionamento dos membros frente ao orador; constata que as considerações metafísicas foram em geral subestimadas; a explicação de Joachim é uma feliz continuação dos sistemas de Kant e Schopenhauer, e este método é o mais sublime que o espírito humano já produziu.

JOACHIM, em suas considerações finais, protesta contra a superestimação conferida a ele por Wittels.

Contra Adler: A desconfiança é um sintoma decorrente, não uma causa. O mesmo vale para a capacidade de ter pressentimentos (*Ahnungsvermögen*).

Contra Federn: A linguagem é em si mesma puro simbolismo e não poderia se formar se a técnica do simbolismo já não estivesse formada.

Em resposta a Stekel, destaca as diferentes acepções do conceito de melancolia.

A questão da relação entre o símbolo e a linguagem depende inteiramente do que entendemos por símbolo.

ADLER observa que devemos ao conferencista um reconhecimento ainda maior do que lhe foi concedido por Wittels. De maneira muito moderna, Joachim baseou seu trabalho nas sensações; ele não se enquadra, portanto, na linha de pensamento metafísica, mas na de Avenarius[497] e Mach[498].

Adler enfatiza mais uma vez a relação do simbolismo com o órgão inferior, o que explica em particular os tipos de símbolo. A questão da relação do simbolismo com a linguagem se resolve da mesma maneira: alguém que teve dificuldades para desenvolver a linguagem considerará o simbolismo da linguagem como o único simbolismo possível[499].

HITSCHMANN, de acordo com as propostas da comissão, informa sobre a organização técnica das reuniões consagradas à apresentação de livros:

Consultar-se-ão regularmente uma série de revistas alemãs e algumas francesas e inglesas sobre as doenças nervosas e mentais, bem como revistas de psicologia e a *Zeitschrift für Sexualwissenschaft*.

As áreas afins: pedagogia, urologia e ginecologia, sociologia, filosofia e literatura (com ênfase em biografias e patografias) também serão cultivadas.

---

497 Richard Avenarius (1843-1896), desde 1877 professor de filosofia na Universidade de Zurique, foi um dos principais representantes da escola positivista. Ele buscou elaborar um conceito "natural" de mundo, isento de metafísica e baseado na "experiência pura". Por esta razão, denomina sua doutrina "empiriocriticismo". A realidade deve ser entendida como é, sem ser afetada pela oposição entre o somático e o psíquico, que só surge mediante "introjeção". Avenarius visa sobretudo a descrever a relação de dependência entre o indivíduo e o mundo que o cerca. O ponto de vista biológico e fisiológico está em primeiro plano em sua obra.

498 Comparar com a ata 17, nota 272.

499 Freud sustentava que a questão do simbolismo não era propriamente psicanalítica. A psicanálise apenas faz uso dos símbolos para interpretar certos processos psíquicos inconscientes.

Além disso, serão resenhados os livros que tiverem sido nomeados e escolhidos pelos membros. Todos poderão comentar livremente o que encontraram nos periódicos.

Os casos clínicos também devem ser apresentados nestes encontros.

Os arquivos serão completados com uma biblioteca que será financiada por um fundo destinado à compra de livros.

A comissão central de literatura compõe-se dos seguintes membros: Prof. Freud, Dr. Adler e Dr. Hitschmann.

As consultas a periódicos serão distribuídas por disciplina:

Literatura de urologia e ginecologia – Steiner.
Literatura pedagógica – Adler.
Literatura sociológica – Adler, Bass.
Literatura filosófica e psicológica – Hitschmann, Joachim, Häutler.
Belas-letras (biografias etc.) – [A.] Deutsch, Sadger, Reitler, (Bach), Heller.
Literatura científica sobre a sexualidade – Urbantschitsch
Literatura francesa – Stekel.
Literatura inglesa – Federn.

[42]

REUNIÃO DE 26 DE FEVEREIRO DE 1908

Presentes: Freud, Adler, [A.] Deutsch, Federn, Heller, Rank, Steiner, Sadger, Schwerdtner, Stekel, Joachim, Urbantschitsch.

COMUNICADOS

[A.] Deutsch devolve o *Archiv* nº 30[500].

HITSCHMANN se desculpa; anuncia por intermédio de Federn uma conferência sobre "A neurastenia como adoecimento das glândulas sanguíneas".

CONFERÊNCIA: *A significação do reflexo psicogalvânico*

CONFERENCISTA: Dr. Urbantschitsch[501]

O essencial do tema que será exposto e demonstrado está na seguinte afirmação:

I. Quando um corpo humano se encontra em um circuito galvânico ligado a um galvanômetro, as oscilações apontadas por este podem indicar também processos psíquicos do sujeito.

---

500 No livro de presença, essa frase se encontra parcialmente estenografada. A propósito, o nome está errado, pois Stekel havia tomado emprestado *Archiv* 30. Erros menores deste tipo são freqüentes. Tentamos esclarecê-los o quanto foi possível. (Comparar acima com a introdução do editor.)

501 O manuscrito da conferência está anexado à ata original.

Féré[502] (1888) foi o primeiro a investigar a influência dos processos psíquicos sobre as variações da resistência elétrica. Em 1904, o engenheiro E. K. Müller fez experimentos sobre as variações da resistência do corpo à corrente galvânica; Müller apresentou este fenômeno a Veraguth, que, por sua vez, despertou a atenção de Jung sobre ele, que o participou a Binswanger[503].

O estado atual da literatura sobre este tema abre perspectivas em três direções diferentes:

1) na direção da eletrobiologia;

2) na direção neurológica e neuroanatômica (no sentido estrito do termo);

3) e em especial na direção da psicologia experimental, que é particularmente importante para nós.

Não me estenderei sobre os dois primeiros campos, porque, embora tenham feito inúmeras descrições, não conseguiram quebrar a casca de ovo quase sempre ridiculamente fina desse enigma.

1. A perspectiva eletrobiológica.

Duas grandes questões irresolutas dominam este campo. O sujeito do experimento é ligado a um circuito

---

502 Charles Samson Féré (1852-1907), professor extraordinário de neurologia em Zurique.

503 *Diagnostische Assoziationsstudien,* editado por C. G. Jung, Leipzig, 1906. Além de obras fundamentais de Jung e Bleuler, foram também publicados nesta série: L. Binswanger, *Sobre a reação do fenômeno psicogalvânico no experimento de associação – Über das Verhalten des psychogalvanischen Phänomens beim Assoziationsexperiment* e H. Nunberg, *Sobre os fenômenos físicos que acompanham processos associativos – Über körperliche Begleiterscheinungen assoziativer Vorgänge.* Estes trabalhos se referem em detalhe às publicações de Férés e Veraguth, bem como a Jung-Peterson. Ver também *Investigations with the Galvanometer and Pneumograph in Normal and Insane Individuals* in: Brain, Bd. 30, 1907.

galvânico; a corrente circula pelo corpo com facilidade. De repente, a agulha do galvanômetro salta; o sujeito do experimento acaba de pensar em um amor do passado; e a agulha desce lentamente, quando pensa em sua esposa, com quem é casado há muitos anos.

O que de fato aumentou a intensidade da corrente, se o verdadeiro condutor da corrente, o elemento galvânico, manteve-se constante? Trata-se aqui de modificações na resistência do corpo humano ou de variações da força eletromotora??!

Embora alguns autores (Semmel[504] e Fürstenau) tenham opinado que as contrações musculares e as modificações de contato causadas por elas nos eletrodos provocam a variação da corrente, quase todos os autores tendem a crer ou ao menos não contestam que as oscilações da corrente se devem a uma atividade mais ou menos intensa das glândulas cutâneas.

Por mais que ousasse entrever aqui um enigma muito maior, não pude encontrar descritos na literatura experimentos com substâncias que provocam o suor ou reduzem a secreção, como a pilocarpina e a atropina, por exemplo, e que poderiam comprovar ou refutar estas afirmações.

Também foram mencionadas como uma possível causa das oscilações da corrente elétrica as modificações involuntárias no contato das mãos e dos pés com os eletrodos quando do surgimento dos afetos. Embora tais modificações do contato pudessem elas próprias ser consideradas como a expressão inconsciente de um afeto, minha própria experiência me permite descartar esta

---

504 Citado erroneamente no original. Leia-se "Sommer".

influência. Eu mesmo observei este fenômeno anos atrás no chamado banho de quatro células, em que as quatro extremidades não tocavam em absoluto os eletrodos e a água era o único intermediador estável. Eu não entendo muito bem por que esse aparelho preciso e tão prático nunca foi usado nessas experiências.

Descobriu-se finalmente que a palma das mãos e a planta dos pés são as únicas partes do corpo a produzir o fenômeno psicogalvânico. Concluímos assim o ponto 1.

2. A perspectiva especificamente neurológica

Aqui o reflexo psicogalvânico tem valor porque ele constitui um meio de registrar de modo objetivo os distúrbios sensoriais (*Sensibilitätsstörungen*). A sensibilidade de um indivíduo para estímulos exógenos pode encontrar-se alterada tanto na direção da anestesia quanto da hiperestesia. Quando esse indivíduo for posto em contato com o circuito e tiver essas regiões do corpo estimuladas, a curva do estímulo será nula ou se encontrará significativamente diminuída se o estímulo incidir sobre as partes anestéticas, ou aumentará caso o estímulo encontre as regiões hiperestésicas. Cito dois exemplos tomados dos escritos de Veraguth:

1. "Paralisia traumática do plexo braquial inferior. O dedo mínimo é insensível à corrente farádica. O doente é conectado ao circuito galvanométrico; correntes farádicas são aplicadas alternadamente ao dedo mínimo insensível e ao indicador da mesma mão, sensível. *Quando este último é estimulado, o galvanômetro oscila; quando o dedo insensível é estimulado, o galvanômetro não registra variação.*

2. Neuralgia na região do trigêmeo. Enquanto a paciente está conectada ao circuito, é feita pressão com os dedos alternadamente nos pontos de Valleix do lado afetado e nos pontos correspondentes do lado normal da face. *A pressão sobre o ponto doloroso provoca desvios galvanométricos de 12 a 15 milímetros na escala, e a mesma pressão feita nos pontos sadios correspondentes provoca desvios de 2 a 3 milímetros."*

Em virtude de suas implicações práticas, podemos sublinhar que o reflexo psicogalvânico constitui para nós uma ferramenta objetiva de controle das indicações sobre dor e anestesia por parte de pacientes acidentados. Nesse sentido, também é interessante assinalar que a estimulação das regiões insensibilizadas em razão da histeria provoca as mesmas oscilações galvanométricas que a estimulação de partes normais do corpo. Essa descoberta não é sem importância tanto para a teoria da anestesia histérica quanto para a teoria da histeria em geral.

Passo agora ao terceiro ponto.

3. A perspectiva da psicologia experimental
Veraguth, Jung e Binswanger trabalham intensamente sobre isto.

Infelizmente não me será possível comentar separadamente o trabalho de cada um deles, visto que, ao estudar a literatura produzida por eles, descobri que os experimentos são demasiado interdependentes e complementares.

Em todo caso, Veraguth merece ser considerado o verdadeiro autor de toda essa linha de pensamento, contexto em que não entendo por autoria a descoberta, frequentemente acidental, de fatos, mas a primeira avaliação consciente destes (caso contrário, Vigoroux [1878] e Féré seriam mencionados em primeiro lugar).

Veraguth batizou seu primeiro rebento promissor de "fenômeno psicogalvânico".

a) Os sujeitos do experimento eram médicos, estudantes e guardas de ambos os sexos, pacientes (mentalmente sadios, com demência precoce (Jung) e histéricos).

b) O aparelho usado no experimento é uma pilha de Bunsen de 1,5 volts, os eletrodos consistem em placas finas de latão, sobre as quais se apoiam as mãos; um espelho galvanométrico Deprez-d'Arsonval sensível integra o circuito; as oscilações do galvanômetro são rapidamente reconduzidas ao ponto de repouso por intermédio do que se chama um *shunt* (resistência).

Em uma escala situada a 1 m do galvanômetro se encontra uma lâmpada que lança um raio de luz vertical sobre o espelho galvanométrico. Este raio de luz é refletido pelo espelho sobre uma escala de celuloide dividida em milímetros. As oscilações do espelho e, com isso, as da força da corrente elétrica são medidas pelo movimento do raio de luz.

Quando se registram as associações dos sujeitos do experimento, o raio de luz se desloca mais ou menos na escala com quase toda reação; detém-se por um momento no ponto máximo e logo volta ao ponto de partida (amplitude galvânica).

c) Os estímulos aplicados originalmente aos sujeitos eram táteis, acústicos e ópticos, e se manifestavam por intermédio de uma curva de estimulação (*Reizkurve*) quando o estímulo era acompanhado de um afeto (mesmo que este fosse apenas o afeto da atenção). Quando o sujeito está ocupado com uma leitura desinteressante, aparece a curva do repouso, que se transforma em uma curva de estimulação quando a leitura desperta o interesse do sujeito. Leituras desinteressantes, a adição de números não muito altos, uma atividade mental puramente intelectual ou mesmo sensações cujo tom afetivo é diminuto não provocam desvios no galvanômetro, isto é, produzem uma curva de repouso.

Por outro lado, a antecipação se faz notar muito claramente na chamada oscilação de antecipação.

d) Antes de ser submetida ao experimento de associações, a pessoa recebe instruções: "Iremos lhe dizer algumas palavras agora e o senhor deverá pronunciar a palavra que lhe ocorrer, sem refletir muito; por exemplo: eu lhe digo a palavra "jardim" e neste momento o senhor se lembra, digamos, de uma pista de boliche; o senhor deverá pronunciar imediatamente essas palavras."

e) Em nosso exemplo, "jardim" seria a palavra indutora, "pista de boliche", a palavra induzida, e o tempo entre decorrido entre estas se chama tempo de reação. Considera-se a amplitude a distância máxima percorrida pelo raio de luz em direção positiva na escala. Assim que a oscilação positiva volta a recuar, isto é, se torna novamente negativa, registram-se o ponto inicial e final da distância percorrida. O tempo de reação é medido por um relógio que indica quintos de segundo, de modo que quando a palavra indutora e a palavra-reação são pronunciadas, pressiona-se um botão do relógio, o qual marca esse tempo de reação e o registra na curva. Em média, é possível representar graficamente cerca de 100 associações em 30-40 minutos.

f) Após o término, é feita de imediato a reprodução do experimento; agora pede-se às pessoas que digam como reagiram da primeira vez às palavras indutoras. Quando as pessoas não se lembram mais das palavras induzidas ou quando demoram a encontrá-la, estamos diante de uma perturbação causada por um complexo de representação (*Vorstellungskomplex*) de tonalidade afetiva.

g) Não raramente, antes que se diga uma palavra indutora nova, a oscilação negativa já em curso é revertida em positiva ou o ponteiro se mantém imóvel. Isto decorre da persistência ou da aparição de uma tonalidade afetiva; no entanto, a nova curva é sempre calculada a partir do ponto culminante da anterior. Por este motivo, é muito importante distinguir bem a altura absoluta da amplitude galvanométrica da altura relativa de cada experimento de reação considerado isoladamente, pois veremos que estas distinções nos levarão a conclusões importantes.

h) Para cada reação, há as seguintes categorias:
• Palavra indutora – amplitude (absoluta em cm)
– palavra induzida
• tempo em segundos – amplitude para cada
reação em mm – reprodução
Por exemplo. Palavra-estímulo: cabeça
amplitude absoluta: 14 cm
Palavra-reação: mão
tempo: 9
amplitude relativa: 15mm
Reprodução: normal
Após o experimento de reprodução, procede-se à análise.

i) A velocidade do experimento depende da oscilação negativa subsequente à positiva (se de fato houver uma oscilação negativa); em uma palavra: o tempo é contado até a oscilação cessar.

O tempo decorrido entre o aparecimento do processo psíquico e sua manifestação galvânica (dito de maneira precisa: entre o momento em que a palavra-estímulo é pronunciada e o aparecimento da oscilação da corrente) representa o período de latência (ele varia entre 1,5 e 5 segundos).

Como já havíamos mencionado, certos movimentos do corpo influenciam a amplitude galvanométrica; movimentos dos braços, por exemplo, aumentam a pressão sobre os eletrodos. Mas estes fatores não devem ser superestimados.

Sobre a influência da respiração no fenômeno, o Prof. Peterson e o Prof. Jung informam, em um trabalho conjunto, que apesar de terem feito muitos experimentos, eles ainda não chegaram a resultados conclusivos. De todo modo, descobriram que a curva afetiva ascendente do galvanômetro é acompanhada de menos inspirações, que são, contudo, mais longas. As curvas respiratórias e as galvanométricas são na maioria das vezes contrárias. Os desvios sensíveis da curva galvanométrica correspondem frequentemente a curvas respiratórias regulares e *vice-versa*. Mas uma grande quantidade de excitações, uma atenção antecipatória e uma tensão nervosa produzem alterações na curva pneumográfica, na medida em que as inspirações são reunidas no início. "De todo modo, não podemos esquecer", diz Jung, "que a respiração é um instrumento da consciência que pode ser dominado pela vontade, mas a curva galvanométrica não". Inspirações muito profundas podem afetar a força da corrente, assim como o riso, a tosse e um suspiro; mas o efeito do suspiro se deve principalmente à tonalidade afetiva que lhe é inerente.

Jung e Peterson pedem aos sujeitos do experimento que inspirem profundamente e por diversas vezes seguidas, e constatam que o suspiro não afeta a força quando não é acompanhado de tonalidade afetiva. Em um desses casos, as amplitudes demasiado altas produzidas por inspirações profundas se deviam ao temor de ser tuberculoso, que havia sido reanimado no sujeito.

A repetição sistemática do mesmo estímulo mostra que o fenômeno psicogalvânico não é influenciado pela percepção do estímulo em si, mas pela tonalidade afetiva ligada a ele. Se a tonalidade afetiva de uma sensação, de uma picada de agulha, por exemplo, puder ser reduzida mediante a repetição frequente, não se produzirão mais oscilações na corrente. O que vale para as sensações também vale para as representações; isto é demonstrado pelo trabalho de Veraguth, por Jung e Peterson, que repetiram os experimentos de Veraguth, e pelo trabalho de Binswanger.

Creio agora ter apresentado aos senhores os aspectos mais essenciais dessas experiências. Para facilitar a exposição e a compreensão, gostaria de ilustrar um experimento de associação mediante o esboço que fiz de uma curva[505].

---

505 A curva estava anexada ao manuscrito original. De modo inexplicável, ela está desaparecida desde a publicação da edição americana. Por conseguinte, pudemos usar aqui apenas a reprodução não muito boa da edição americana.

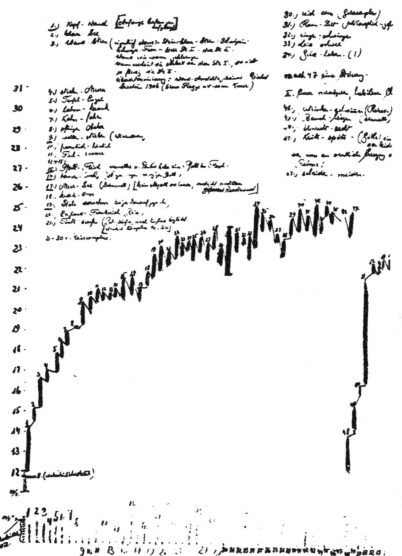

errech. (Binswager,

5) Stein - Haus. (Spiele wie bei 3)
Mutter aus Bethlehem - Schweizerin (graziös)
ein gutes Stein bewohnt über unserm Haus!
+ uns ist ein Sohn geboren!
Sehnsucht nach einem Sohn.

1.) Wenn er kein die Arbeit an ihrer Stelle, nicht so ungleich etc.
2.) Wenn er's ist nach England? (Anstalt - Stadt-Kindern's)
3. Sohn

99. Gesellschaft Stimmung.

Gostaria agora de apresentar alguns breves exemplos extraídos de Veraguth sobre um paciente que padecia de histeria traumática. Veraguth escreve:

"A maioria dos neuróticos apresenta anomalias na esfera da afetividade; na verdade, eles não padecem tanto com uma intensidade anormal dos afetos, mas com o curso anormal destes. Até então, não dispúnhamos de um método objetivo para registrá-los. Gostaria de provar, tomando por base os exemplos seguintes, que o reflexo psicogalvânico pode, em certa medida, preencher esta lacuna:

No curso de suas penosas experiências relacionadas à ocasião de um pleito por responsabilidade civil, um homem acometido de histeria traumática sofreu graves injustiças nas mãos do presidente A e do diretor N. Em 1º de agosto de 1905, ele estava particularmente mal; neste dia, atemorizou-se com uma forte hemorragia nasal; durante os períodos mais críticos, recebeu os cuidados dos doutores X e Y. Durante o semestre de inverno de 1906-1907, submeti o paciente ao mesmo experimento de associação por seis vezes; enquanto o paciente estava ligado ao circuito elétrico, eu pronunciava em intervalos determinados, entre uma centena de palavras indiferentes e sempre iguais, as mesmas palavras indutoras:

"Presidente A, diretor B, 1º de agosto, hemorragia nasal, Dr. X e Dr. Y." Durante os seis meses, as palavras com tonalidade afetiva eram seguidas em cada experimento por grandes desvios galvânicos, enquanto as outras 100 palavras indiferentes não provocavam desvio algum, ou provocavam desvios consideravelmente menores (de toda maneira, nenhum desses desvios se mantinha constante nas repetições do experimento).

Como contraparte, esboçarei o experimento realizado com um arquiteto sadio, experimento que iniciei certo dia, depois de este ter sofrido um contratempo profissional. As palavras com tonalidade afetiva, disseminadas por mim na série de palavras indiferentes, eram: "Construtor X, reclamação, ardósia, piso, móveis". O experimento foi repetido diariamente. As palavras com tonalidade afetiva se distinguiram por oscilações galvanométricas muito fortes, mas nas vezes seguintes as elevações da curva foram diminuindo, e, após alguns dias, estas palavras já não eram passíveis de ser distinguidas pelas reações galvanométricas.

Mediante a comparação de ambos os experimentos, gostaria de mostrar que o reflexo psicogalvânico não nos permite apenas registrar automaticamente um afeto, mas também acompanhar sua atualidade subjetiva no indivíduo. O afeto investigado no indivíduo normal do segundo experimento apresenta uma curva descendente no espaço de alguns dias, ao passo que os afetos ligados ao acidente do paciente acometido de histeria traumática apresentam uma linha constante que persiste por meses.

Não parece ser necessário mencionar a importância particular que têm para a neurologia essas descobertas da psicologia experimental, haja vista que a questão dos fatores psíquicos no surgimento das neuroses funcionais está no primeiro plano de suas investigações.

Em seu capítulo sobre a demência precoce, Jung e Peterson demonstram por intermédio do reflexo psicogalvânico que os doentes frequentemente apresentam mais sentimentos normais do que costumamos supor. Os casos em que o paciente não é capaz de ter sentimentos são muito raros.

Depois de ter apresentado aos senhores esta conferência, que infelizmente é incompleta e não esgota o tema, é com prazer e satisfação que chamo a atenção dos senhores para o fato de que é impossível estudar a literatura especializada sem encontrar nosso venerado mestre, Prof. Freud, citado em quase todas as páginas[506]. Nossa morosa Áustria deveria seguir o exemplo e se envergonhar de que o caminho para a vitória passe pelo estrangeiro!

DISCUSSÃO

STEINER faz um adendo à conferência, relatando o experimento do desvio da agulha imantada pela força da vontade, de que havia participado quando era um aluno de Exner[507].

STEKEL destaca em primeiro lugar que ele não é um simpatizante da psicologia experimental, de que não se pode extrair muita coisa. Esse juízo não vale, contudo, para o reflexo galvanométrico, que parece ser útil para revelar a simulação e para o estudo da neurose traumática. Resta saber se esse método também não é passível de erro.

No tocante à associação, ele já renunciou a lançar palavras indutoras a seus pacientes.

---

506 "Sempre nos termos da mais alta estima e admiração". Nota de Urbantschitsch.

507 Sigmund Von Exner-Ewarten (1846-1926), famoso professor de fisiologia na Universidade de Viena, aluno de Ernst Brücke e professor de Sigmund Freud.

Por fim, agradece ao conferencista por sua apresentação, que foi breve e precisa.

O Prof. FREUD se une ao elogio feito ao conferencista.

Sua posição em relação ao experimento de associação é ambígua: por um lado, o experimento é valioso, pois trouxe Jung para junto de nós e atraiu a atenção de círculos mais amplos para a psicanálise. Por outro lado, é um método rudimentar, muito inferior à psicanálise: quando o experimento tiver cumprido seu papel didático, provavelmente perderá seu valor[508].

É gratificante saber que a inovação de Stekel (o uso de palavras indutoras na análise) não se sustentou. Quando algo não pode ser compreendido ou quando há um bloqueio, a técnica não busca mais revelar um complexo, mas se ocupa das resistências[509]. As palavras isoladas que eventualmente ocorrem aos pacientes são muitas vezes fortemente deslocadas e difíceis de esclarecer (várias palavras sucessivas que começam com a mesma letra significam: dicionário).

Se elas perseveram, trata-se de palavras substitutas ou condensadas. Basta lembrar que as crianças unem uma palavra a diversos conceitos; isto aparece muito claramente na desintegração da linguagem própria à demência precoce (Jung)[510].

---

508 Esta suposição se confirmou.

509 Esta observação mostra que já naquela época, em 1908, a técnica analítica já se voltava primariamente às resistências.

510 A substituição e a condensação de palavras no sonho e na esquizofrenia remontam pela via da regressão ao processo primário do isso inconsciente, à formação infantil de palavras, e isto talvez nos dê alguns indícios da gênese da linguagem.

O método de associação não é aconselhável quando se quer encontrar algo novo; ele apenas confirmou o que a psicanálise já descobriu. Ele só é útil nos casos inacessíveis à psicanálise, isto é, na demência. A demonstração de que os dementes têm sentimentos normais já é um resultado importante deste método.

Antecipando a sessão consagrada às resenhas, Freud trará algumas indicações de literatura. Recentemente, o *Frankfurter Zeitung* resenhou o trabalho de um tal Sr. von der Pforten[511], que afirma que o efeito de correntes elétricas de alta tensão pode alterar consideravelmente o comportamento de atenção (*Aufmerksamkeitsverhalten*) da pessoa. Este fato é importante na medida em que lança uma luz na psicogênese da neurose traumática, que ele (Freud) não arriscaria explicar em termos puramente psicológicos. O adoecimento surge talvez porque a pessoa não está preparada para o trauma; quando este é temido, o efeito é provavelmente atenuado; quando a pessoa é pega de surpresa, de modo que não tem tempo de se preparar, surge a neurose traumática[512].

SADGER apresenta um caso clínico que confirmaria o contrário;

STEKEL também tem dúvidas quanto a esta teoria engenhosa.

---

511 Otto Freiherr von der Pfordten (1861-1918), químico alemão e autor do trabalho *A eletricidade e o problema da atenção – Elektrizität und das Problem der Aufmerksamkeit*, in: *Naturwissenschaftliche Wochenschrift*, Bd. 23, 1908.

512 Esta ideia foi desenvolvida mais tarde quando Freud tentava compreender o mecanismo da neurose traumática. Ela foi confirmada pelos casos dos soldados feridos na Primeira Guerra Mundial que se encontravam em estado de choque.

JOACHIM pergunta se em alguns casos o efeito não poderia ser indireto: os afetos provocam um tônus muscular e somente por intermédio deste a reação psíquica seria expressa; mesmo assim, a experiência não perderia seu valor. Já não é possível evitar o tônus muscular quando a atenção se foca em um objeto.

ADLER observa que Dubois-Raymond[513] é o autor do experimento com o desvio da agulha imantada; mais tarde, essa experiência foi despojada de seu caráter milagroso: trata-se de correntes termoelétricas que surgem em consequência do aumento de pressão.

Ele não é capaz de compreender as relações entre os experimentos apresentados e a teoria moderna da eletricidade; temos de concordar com a opinião de Joachim de que a origem dessas reações é muito remota (indireta). A importância do reflexo psicogalvânico foi adequadamente caracterizada por Freud.

No tocante à neurose traumática, Adler não acredita que as coisas sejam tão simples como disse Freud; essas pessoas devem apresentar uma predisposição.

FEDERN pede ao conferencista informações sobre os detalhes técnicos. É importante a observação de que os histéricos reagem com um reflexo normal ao estímulo da região insensível.

No tocante aos distúrbios e à desintegração da linguagem: a afasia deixa traços profundos.

---

513 Emil Du Bois-Reymond (1818-1896), famoso fisiólogo alemão. Ele era um defensor da linha fisicalista na fisiologia, e empreendeu pesquisas de caráter fundamental sobre os fenômenos bioelétricos no sistema muscular e nervoso.

Na neurose traumática, a angústia não parece desempenhar um papel tão importante quanto a antecipação e a coragem.

Os experimentos são valiosos na medida em que tornam o médico independente do paciente e podem auxiliá-lo a revelar o que de fato se dá.

[43]

REUNIÃO DE 4 DE MARÇO DE 1908

Presentes: Freud, Adler, [A.] Deutsch, Federn, Graf, Heller, Hitschmann, Rank, Reitler, Sadger, Steiner, Schwerdtner, Stekel, Joachim, Wittels.

Bass e Urbantschitsch justificam sua ausência.

Breves resenhas de obras bibliográficas e apresentações de casos por todos os membros presentes.

ADLER menciona, a propósito do relatório de Friedländer[514], o *compte rendu* de uma reunião realizada em Frankfurt do Meno, em que Friedländer disse o mesmo que em seu relatório, mas Auerbach, que conhece um pouco nossas ideias, posicionou-se contra Aschaffenburg[515].

Adler cita uma exposição de Orszanski, professor na Cracóvia, sobre a gênese e a natureza da histeria (apresentada no Congresso – de psiquiatria e neurologia – de Amsterdã em 1907), publicado na *Folia neurobiologica*. O autor busca a raiz da histeria nas anomalias do desenvolvimento dos órgãos sexuais.

Adler pôde ler o excerto da obra de um psiquiatra inglês que propõe uma classificação curiosa das neuroses; uma das neuroses é denominada por ele neurose de avareza.

---

514 Trata-se provavelmente do psiquiatra Adolf Albrecht Friedländer (1870-1949), veemente adversário de Freud e da psicanálise.

515 Comparar com a ata 8, nota 142.

Finalmente, menciona uma recensão de Bumke sobre Muthmann[516].

Livros: Paul Albrecht, *A doença de Fritz Reuter – Fritz Reuters[517] Krankheit* (Halle, 1907).

[L. von] Szöllössy, *Homem e mulher: dois princípios fundamentais da natureza. Um estudo filosófico da sexualidade – Mann und Weib: Zwei grundlegende Naturprinzipien. Eine sexualphilosophische Untersuchung* (Würzburg, 1908).

[Theodor] Ziehen[518], *A memória – Das Gedächtnis* (Hirschwald, Berlin, 1908).

[Max] Kassowitz, *O mundo, a vida e a alma: Um sistema de filosofia da natureza ao alcance de todos (Excertos de biologia geral) – Welt, Leben, Seele: Ein System der Naturphilosophie in gemeinfaßlicher Darstellung (Auszug aus der allgemeinen Biologie)* (Wien, 1908).

---

516 Oswald Bumke (1879-1950), psiquiatra e neurologista, professor em Rostock, Breslau, Leipzig e Munchen, era um dos adversários mais virulentos de Freud. A resenha mencionada aqui é provavelmente um comentário da obra de Muthmann, *Problemas-limite de psiquiatria e neurologia – Psychiatrisch-theologische Grenzfragen* (Marhold, Halle, 1907) ou *Sobre a psicologia e a terapia dos sintomas neuróticos: um estudo baseado na teoria freudiana da neurose – Zur Psychologie und Therapie neurotischer Symptome: Eine Studie auf Grund der Neurosenlehre Freuds* (Marhold, Halle, 1907). Arthut Muthmann foi um dos primeiros adeptos de Freud. Na ata, o nome é registrado erroneamente como "Mitmann".

517 Fritz Reuter (1810-1874), famoso poeta e humorista que escrevia em baixo-alemão.

518 Theodor Ziehen (1862-1950), filósofo, psicólogo e psiquiatra alemão. "A memória" foi o discurso proferido na ocasião da comemoração da fundação da Academia Kauser Wilhelm de medicina militar em Berlim, em 2 de dezembro de 1907.

"Zeitschrift für angewandte Psychologie: der Menschenkenner[519]" (Wigand, Leipzig).

RANK faz a leitura da passagem de uma carta de Schiller a Körner (de 1º de dezembro de 1788). Schiller caracteriza nessa passagem de maneira acertada a essência e a importância da associação livre no sentido freudiano[520].

Livros: [Alfred] Hoche[521], *Análise moderna de fenômenos psíquicos – Moderne Analyse psychischer Erscheinungen* (Jena, 1907).

HITSCHMANN assinala, nesse contexto, o profundo conhecimento psicológico revelado por Nietzsche em *A genealogia da moral – Zur Genealogie der Moral* (Seção 3 do "Ideal ascético") e propõe que essa obra seja apresentada e discutida.

"Na "Zeitschrift für die gesamte Strafrechtswissenschaft" (Bd. 27, Seite 601, 1907), Karl Heilbronner escreve um artigo sobre os fundamentos do diagnóstico psicológico da ocorrência, em que expressa suas dúvidas acerca dos experimentos de Jung.

---

519 "Der Menschenkenner; Monatsschrift für praktische Psychologie", F. Dunstrey e M. Thumm-Kinzel (editores), v. 1, abril 1908-março 1909; a publicação deste periódico foi logo suspendida.

520 Trata-se provavelmente da passagem de que Rank falou no Congresso de Salzburg. (Ver Jones, Das Leben und Werk von Sigmund Freud, Bd. 2, Bern und Stuttgart, 1962, S. 60.)

521 Alfred Erich Hoche (1865-1943), professor de psiquiatria em Freiburg, amargo adversário de Freud. O livro mencionado se baseia em uma conferência apresentada em 16 de setembro de 1907 no Congresso de Naturalistas e Médicos de Dresden.

Cabe ainda mencionar, por fim, um artigo de M. Rosenfeld sobre os distúrbios psíquicos nas neuroses vaso-motoras[522].

Livros: [Willy] Hellpach[523], *Epidemias mentais – Geistige Epidemien* (Frankfurt, 1906).

[Christian] Freiherr von Ehrenfels[524], *Ética sexual – Sexual-Ethik* (Wiesbaden, 1907).

[Otto] Stoll[525], *A vida sexual na psicologia dos povos – Das Geschlechtsleben in der Völkerpsychologie*[526] (Leipzig, 1908).

STEKEL menciona primeiramente *Edele Prangen*, um romance de Otto Gysae[527], em que o protagonista resolve o conflito causado por pensamentos incestuosos a respeito de sua irmã se casando com sua prima.

Stekel faz a leitura de algumas passagens do livro de Emil Lucka[528] sobre a fantasia, do capítulo sobre os fundamentos da caracterologia.

Por último, indica a interpretação de Adler dos *Dois sonhos de uma prostituta* na *Zeitschift für Sexualwissenschaft* (nº 2, 1908).

---

522 O trabalho foi publicado no *Zentralblatt für Nervenheilkunde und Psychiatrie,* Bd. 31, 1908.

523 Ver a ata 28, nota 373.

524 Ver a ata 5, nota 115.

525 Otto Stoll, professor de etnopsicologia em Zurique.

526 Na ata original, está escrito erroneamente "Sexualleben".

527 Otto Gysae (1877-1947), escritor alemão. *Edele Prangen* foi publicado em München, em 1906.

528 Emil Lucka (1877-1941), filósofo e escritor austríaco. A obra *A fantasia: um estudo psicológico – Die Phantasie; eine psychologische Untersuchung –* foi publicada em 1908 em Viena.

Entre os livros que tratam da psicologia do gênio, menciona: um do psiquiatra Sommer[529], de Giessen; e *Gênio e talento: um estudo sociológico*[530], de Reibmayr. Stekel se oferece para resenhar este último.

FEDERN menciona duas resenhas elogiosas de [Havelock] Ellis sobre os livros de Freud, publicadas na revista *Brain*[531], e também um trabalho de Johns[532], que afirma que as recidivas dos doentes mentais dependem das condições sociais.

Merece também ser mencionado um trabalho de Bolton[533] sobre as relações entre a paralisia pós-sifilítica e

---

529 Robert Sommer (1864-1937), psiquiatra e geneticista. A obra mencionada se chama *Estudos da família e teoria genética – Familienforschung und Vererbungslehre* – e foi publicada em 1907 em Leipzig. Ver também a ata 42, nota 506.

530 O título correto deste trabalho é: *A história do desenvolvimento do talento e do gênio* (1. O cultivo do talento individual e do gênio nas famílias e castas; 2. Suplementos e documentos históricos, genealógicos e estatísticos) – *Die Entwicklungsgeschichte des Talentes und Genies* (1. Die Züchtung des individuellen Talentes und Genies in Familien und Kasten; 2. Zusätze, historische, genealogische und statistische Belege). Ele foi publicado em 1908 em Munique.

531 Rank parece ter transcrito de maneira incorreta as indicações de Federn. Havellock Ellis resenhou: S. Freud, *Prefácio aos escritos breves de Freud – Sammlung kleiner Schriften zur Neurosenlehre* (1906; O.C.). Rio de Janeiro, Imago, v.3; e *A psicopatologia da vida cotidiana – Zur Psychopathologie des Alltagslebens* (1901; O.C.). Rio de Janeiro, Imago, v.6. Elas não saíram na *Brain*, mas no *Journal of Mental Sciences,* v. 53, 1907, p. 172 e p. 380.

532 O trabalho atribuído a Robert Jones são provavelmente os artigos de J. F. Sutherland, publicados também no *Journal of Mental Sciences:* ""Regarded from the Environmental and Psychoathological Standpoints, Bd. 53, 1907, S. 341 ff., und Bd. 54, 1908, S. 68 ff. und S. 289 ff.

533 Joseph Shaw Bolton publicou no *Journal of Mental Sciences* um trabalho intitulado "Amencia and Dementia; A Clinico-Pathological Study" (Bd. 51, 1905; Bd. 52, 1906; Bd. 53, 1907; Bd. 54, 1908). O autor defende que, sem infecção sifilítica prévia, os pacientes seriam acometidos de uma demência temporária ou não progressiva.

a demência senil: segundo ele, apenas são afetados de paralisia os indivíduos que se tornariam dementes, se não houvessem contraído a sífilis.

[A.] DEUTSCH faz uma breve resenha da obra de [Heinrich] Mann, *Duquesa de Assy – Herzogin von Assy* (Munique, 1903), e do romance de Ginzkey[534], *Jakobus e as mulheres – Jakobus und die Frauen* (1908). Deutsch conta uma anedota sobre Wagner para mostrar como o amor se aproxima da arte no estado de êxtase.

HELLER propõe que se faça uma resenha da peça de [Gerhart] Hauptmann, *O refém do imperador Carlos – Kaiser Karls Geisel* (1908).

O Prof. FREUD menciona brevemente o livro de [Ludwig] Löwenfeld, intitulado *A homossexualidade e o código penal – Homosexualität und Strafgesetz* (Wiesbaden, 1908), que merece ser resenhado em detalhe. Nessa obra, Löwenfeld defende firmemente as ideias de Freud sobre a homossexualidade. (O ataque de [Ivan] Bloch no caderno nº 2 da *Zeitschrift für Sexual-Wissenschaft*.)

APRESENTAÇÃO DE CASO

RANK tenta demonstrar que a inferioridade dos olhos de Schiller (miopia, nictação, inflamação, hereditariedade) é uma das fontes de seu "Guilherme Tell", referindo-se a algumas passagens desta obra e ao mito do arqueiro cego.

Isto suscita uma longa discussão:

---

534 Franz Karl Ginzkey (1872-1963), escritor austríaco, autor de numerosos relatos históricos breves.

STEKEL considera indecoroso que se recorra permanentemente à teoria da inferioridade. O mito do arqueiro cego de modo algum prova que essa teoria seja correta, pois não sabemos se o arqueiro era cego de nascença ou se ele se tornou cego apenas mais tarde, nem qual foi a causa de sua cegueira. Parece-lhe mais acertado interpretar a figura do arqueiro cego como o deus do Amor; a flecha lançada é uma flechada de amor que também pode ser lançada por um cego. O pequeno (filho de Tell) simboliza o órgão genital e também a maçá é um conhecido símbolo sexual.

HITSCHMANN considera a explicação de Rank paradoxal e forçada; a inferioridade é um disparate.

ADLER crê que a resistência à teoria da inferioridade só se explica por sua incompreensão; a inserção da superestrutura em Schiller certamente não é o motivo determinante de sua obra. No entanto, não acredita que possa haver um dramaturgo sem um aparelho visual inferior: ele cria a cena no cérebro e deve visualizá-la tal como será realmente encenada no teatro. As aparições de fantasmas (Shakespeare) constituem uma transição menor em direção à neurose.

GRAF observa que não conhece o livro de Adler; no entanto, devemos nos precaver contra aplicações descabidas dessa teoria.

Mesmo uma pessoa compreensiva terá dificuldades de aceitar a interpretação de Rank. O mito de Tell está estreitamente relacionado ao da *Odisséia*. Por trás de Ulisses estava originalmente Apolo, o deus do Sol, que regressa no período do solstício de inverno.

Talvez seja possível admitir certa nuance de "inferioridade dos olhos" na cena de Melchtal.

Contrariamente a Adler, Graf não é capaz de imaginar um poeta que não possua um aparelho visual perfeitamente organizado; o poeta pensa com o olho. Os maiores poetas possuem um órgão visual muito apurado. É mais provável que os poetas de segunda categoria, os introvertidos (como Novalis), tenham uma visão fraca.

FEDERN também se posiciona contra a explicação de Rank. É bem possível que a escolha do tiro tenha relação com a inferioridade; mas as provas não são concludentes.

O Prof. FREUD destaca que, do ponto de vista da mitologia comparada, em que a interpretação de Rank está baseada, uma série de objeções pode ser descartada. A mitologia comparada só se atém ao motivo e deixa completamente de lado as transposições. A interpretação de Rank é uma confirmação mitológica particularmente bela do princípio adleriano; há poucas interpretações sólidas como esta. O mito do arqueiro é antiquíssimo e está ligado à constelação de Sagitário. O significado psicológico desse mito é tão legítimo quanto seu significado astral. A única coisa repudiável é o método de Stekel.

FEDERN relata a resolução de um grave sintoma predominante em um paciente histérico; este padecia de dores de estômago, que desapareceram quando recordou que em sua infância, época em que se masturbava muito, engolia seu sêmen, porque ouvira dizer que a perda de sêmen era prejudicial ao organismo.

STEINER relata dois casos de impotência. No primeiro caso, o paciente, um homem de 34 anos, se tornou impotente de maneira repentina e inexplicável. Quando o aconselharam a ter relações sexuais com a mulher que estava cortejando, curou-se de sua impotência e, ao mesmo tempo, de sua recusa da sexualidade.

O segundo caso é o de um homem que tem uma relação há 10 anos; coito a cada duas semanas; ele está enfastiado com a relação e gostaria muito de começar uma outra com uma jovem. Estados de angústia. Um paciente lhe fez supor que a agorafobia estivesse relacionada ao sentimento de um pênis pequeno em um grande buraco.

Em todos os casos, os pacientes não tinham irmãs ou a diferença de idade entre eles era de 10 anos.

WITTELS relata dois incidentes recentes de sua vida para ilustrar a sua afirmação anterior de que as histéricas são perigosas. Um cachorro mordeu e arrancou o nariz de uma atriz que o quis beijar.

Relata também o caso do coronel von Goeben, que levou a sério os caprichos da Sra. von Schönebeck.

Ambos os casos mostram que o choque entre a realidade e uma vida governada pela fantasia produz tristes incidentes.

(RANK observa que o caso Goeben é semelhante a um caso de amor à mãe: veneração da mulher leviana como se fosse uma santa; assassinato de seu marido para conquistá-la)[535].

HITSCHMANN relata o caso de uma jovem que sofria de palpitações cardíacas. Um enamorado platônico se jogou sobre ela quando estava deitada no sofá; segun-

---

535 A falta de detalhes esclarecedores torna insatisfatória a leitura destas passagens.

do ela, ele deve lhe ter causado uma dor no coração. Esse homem teve um enorme papel em sua juventude.

Ela teve de abandonar o piano porque sentia dores na mão; de repente lhe vem à mente que é a mesma mão que esse homem havia tocado bruscamente há 25 anos.

HELLER traz uma pequena contribuição à questão da sexualidade infantil, que pôde extrair de seu filho: por vezes, este acorda assustado à noite, fala várias coisas e diz, por fim, que não estava brincando com o pênis (hábito a que renunciou meses atrás).

STEKEL relata um caso em que as primeiras palavras de um sonho contêm quase toda a solução. O paciente sonha que teve a impressão de participar do assassinato de Frau von Biedermann. Associações: Lucrezia, de Musäus[536]. Lucrezia Borgia, que cometeu incesto com seu pai e seu irmão. Seu pai era um *"Biedermann"* (*Biedermann* = homem honesto). Então ele faz uma associação com o conto de fadas de Grimm *O pássaro de Fitscher* (quase idêntico ao conto da Barba Azul), em que o mágico procura uma virgem que obedeça à proibição (de entrar em um quarto, o que acarreta uma série de consequências). As duas irmãs mais velhas transgridem a proibição e são assassinadas (defloradas); a terceira encontra um meio de a eludir: ela a infringe, sem ser descoberta (ela se masturba).

O paciente também tem aqui a sensação de ter assassinado sua irmã, isto é, de tê-la deflorado quando menino.

---

536 Johann Karl August Musäus (1735-1787), escritor alemão. Escreveu romances satíricos, contra J. K. Lavater, entre outros, e foi o editor da obra *Contos populares alemães*, em cinco volumes.

O segundo caso é a contraparte do que Federn apresentou. Um paciente que sonha com cachorros, com cachorros sendo surrados etc.. Ele não sente prazer com mulheres; agora tem uma relação, mas é relativamente impotente. Em sua juventude, tinha um cachorro que o masturbava e lambia. Hoje, esse desejo é inconsciente. As surras remetem à primeira impressão do coito dos pais como uma luta (FREUD: concepção sádica do coito).

O Prof. FREUD observa por fim que a primeira parte da interpretação do mito está correta. Mas é possível que o conto se refira em seguida ao onanismo, bem como ao ato de entregar-se; talvez ele buscasse uma menina que *não* tivesse se masturbado.

Uma contribuição à questão da *telepatia*, que Adler prometeu explicar racionalmente. Um homem que prevê acontecimentos importantes, sobretudo falecimentos: naturalmente um neurótico obsessivo.

1. Uma visão profética. Ele tem uma relação com uma costureira que trabalha em casas de família; enquanto a ajuda a escrever sua resposta a um anúncio, pergunta quanto cobra pelo dia de trabalho; ela diz 1,60 e ele lhe sugere aumentar a diária para 2 K, o que faz. Ela deve começar a trabalhar em um determinado dia, visto que a empregadora, tendo aceitado a remuneração, a chamou. Ao ler essa carta-convite, o paciente afirma ter tido claramente a visão do número 1,20. No dia em que a menina deveria começar a trabalhar, ela o surpreende em Viena e lhe diz que, ao chegar ao emprego, a mulher lhe ofereceu 1,20, o que recusou. Ele rejeita a hipótese de que sua memória o teria enganado e de que provavelmente viu o número 1,60. Mais tarde, a menina aceita o

trabalho e revela-se que toda a história era falsa; ela não havia estado no emprego. O que ele havia profetizado, portanto, não havia de modo algum ocorrido.

(ADLER observa que em incidentes desse tipo costumam se revelar trapaças. A menina provavelmente especulou com as tendências telepáticas do homem.)

Prof. FREUD: o homem não lhe disse nada da visão; depois se descobriu que ele havia visto a cifra 1,60. 1,20 era a remuneração mínima.

2. O mesmo paciente aborda numa manhã um ancião no bonde e, tomando-o pelo pai de uma amiga, dirige-lhe uma pergunta sobre o estado de saúde dela. Dois dias depois sua mãe lhe pergunta se ele já estava sabendo do adoecimento dessa mulher (sobre quem havia perguntado), o que nega. No mesmo dia, um amigo lhe informa que essa mulher havia sido enterrada naquela mesma manhã. Ele calcula que a mulher teria morrido no momento em que abordava o senhor no bonde. A explicação dada pelo próprio paciente foi que ele, que nunca lê o jornal integralmente, mas apenas o folheia, e sempre à noite, provavelmente viu, um dia antes de abordar o senhor, o anúncio de falecimento (com o primeiro nome em negrito) que ficou registrado em seu inconsciente.

Um outro caso é o de uma senhora de certa idade que ocasionalmente manifesta um temor infantil por seu filho de 20 anos. Quando ele permanece muito tempo no banheiro – e este é um hábito herdado da família –, a mãe vai bater à porta para se certificar de que está bem. O irmão mais velho desse jovem foi informado pelo pai das circunstâncias envolvendo o nascimento desse irmão. Quando a mãe estava grávida dele, ela tentou de tudo para não o deixar vir ao mundo, para matá-lo. Naquela época, ela simplesmente queria abortar e agora teme que seu filho morra no banheiro[537].

Esse filho mais jovem, cuja vida é dedicada a sentimentos e atos altruístas, tem um passado tão peculiar quanto o de seu irmão, que é um egoísta. Seu excesso de generosidade se destina a expiar alguma culpa. Aos cinco anos, fez um pacto com o demônio, em nome de quem fez muitas maldades (atiçar o cachorro contra as pessoas etc.); posteriormente, expiou esses atos de forma compulsiva.

O irmão mais velho, ao contrário, tinha fantasias de bondade e caridade em sua infância (aos 10-11 anos), mas hoje esses interesses lhe são completamente alheios. No mundo fantástico em que reinava, havia refeitórios públicos em que todas as pessoas eram alimentadas. Hoje, essas tendências se encontram enfraquecidas. Esses impulsos provavelmente desaparecem em razão de sua aparição prematura, como o impulso heterossexual entre os homossexuais[538].

---

537 A palavra empregada aqui para significar banheiro é *Abort*. (NT)

538 Isso significa que os impulsos que surgem precocemente, ou seja, aqueles cuja força o eu ainda não pode dominar, são repelidos com o auxílio de formações reativas (transformação no seu contrário). Muitos homossexuais experimentam na primeira infância fortes impulsos heterossexuais. Posteriormente, em seu artigo sobre *A disposição à neurose obsessiva: uma contribuição ao problema da escolha da neurose – Die Disposition zur Zwangsneurose; Ein Beitrag zum Problem der Neurosenwahl* (1913; O.C.). Rio de Janeiro, Imago, v.12, Freud afirma que a discrepância entre o desenvolvimento do eu e o desenvolvimento das pulsões é um dos fatores que determinam a escolha da neurose.

[44]

REUNIÃO DE 11 DE MARÇO DE 1908

Presentes: Freud, Adler, Bass, [A.] Deutsch, Graf, Hitschmann, Joachim, Rank, Sadger, Stekel, Urbantschitsch, Wittels.

COMUNICADOS

Reitler, Federn e Steiner justificam sua ausência.

A moção de Adler relativa à criação de um fundo destinado à biblioteca é aprovada; é formada uma comissão para elaborar os detalhes do projeto.

Stekel e Bass saldam suas cotas de membro.

CONFERÊNCIA: *A posição natural da mulher*

CONFERENCISTA: Dr. Wittels

Partindo do problema da menstruação, que encerra o da feminilidade, o conferencista examina o significado do período menstrual entre os povos primitivos, nos mitos e nos costumes populares (segundo Plínio[539], neste período os anéis enferrujam, as relhas do arado perdem o fio quando a mulher o atravessa etc.); menciona que os animais (sobretudo os cães e os pássaros) reconhecem esse fenômeno (segundo Brehm[540], os canários preferem

---

539 Caius Plinius Secundus, o Velho (23-79 d.C.), naturalista romano.
540 Alfred Edmund Brehm (1829-1884), famoso zoólogo e editor da obra *A vida animal – Brehms Tierleben*, tratado de zoologia.

os seres humanos do sexo oposto). Em seguida, Wittels analisa brevemente as teorias científicas da menstruação. A teoria de Pflüger[541], segundo a qual o óvulo amadurece todos os meses, foi refutada por experiências científicas; atualmente se explica a menstruação por uma secreção interna: todos os meses, a mulher passa por uma desintoxicação. Os partidários da doutrina bissexualista negam a importância do período menstrual, pois afirmam que tanto os homens quanto as mulheres têm um ciclo e que este não é o único ciclo da vida orgânica. As próprias mulheres subestimam a menstruação, envergonham-se dela e a mantêm em segredo. As mulheres não deveriam se desfazer do cinturão das Cárites[542].

Em seguida, o conferencista discute a questão do ponto de vista da biologia genealógica darwinista e faz um esboço da história do desenvolvimento do ser humano, cujo surgimento é situado na Era Glacial, mas que, por muitas razões, não pode ter surgido aí.

O ser humano se diferencia do animal por dois aspectos essenciais: suas pulsões sexuais, especialmente as masculinas, não estão sujeitas à periodicidade (o cio dos animais); o instinto sexual (*Geschlechtstrieb*) do animal está a serviço exclusivamente da procriação, enquanto no ser humano a pulsão sexual serve também à obtenção de prazer. Esse modo de obter prazer requer, além de certo grau de inteligência, condições externas específicas e favoráveis (Paraíso), que não existiram até a Era Terciária

Outras importantes características do processo de hominização estão relacionadas à vida amorosa: a postura

---

541 Eduard Friedrich Wilhelm Pflüger (1829-1910), fisiólogo alemão.
542 Deusas da graça, da beleza e da serenidade da mitologia grega tardia.

ereta humana, por exemplo, que talvez tenha tido sua origem em um simples ato de exibicionismo primitivo, mediante o qual o homem se mostrava pronto a ter relações sexuais. O problema da nudez, que até hoje ainda não foi esclarecido, talvez poderia ser explicado pela intensidade dos sentimentos sexuais no período de hominização: o homem pode ter se despojado de seus pelos para poder abraçar com mais ardor. Assim, a hominização seria em parte um mérito da fêmea – um mérito decerto passivo, pois tudo o que tinha de fazer era ser mulher.

Mas logo a fertilidade se tornou um impedimento, porque restringia o tempo para o gozo do amor; uma parte da libido da mulher foi desviada e sublimada na maternidade e, com isso, a libido feminina se tornou menor que a masculina. Foi um tempo em que faltaram mulheres, e talvez este tenha sido o primeiro estado de penúria que o homem conheceu (assim como a mulher talvez tenha sido o primeiro bem que o homem apreciou). O homem teve então de sublimar uma parte de sua sexualidade, a fim de poder obter algo dela. Assim, ele inventou a sexualidade sublimada, espiritual: o erotismo (o canto, a dança, a música). A primeira língua surgiu provavelmente do canto e talvez tenha tido a função de declarar o amor à mulher de um modo mais enfático do que a música. A origem das perversões também deve ser situada nesse período, pois elas surgiram para restringir a fertilidade.

A mulher também pode ter sido a causa da religião primitiva; ela era um ser venerado que ocupava originalmente uma posição soberana, papel que ainda hoje se sente bem em desempenhar; ao contrário do homem, que muda incessantemente, a mulher é a criatura mais conservadora que existe.

A Era Glacial pôs fim a esse magnífico estado de natureza. Para os poucos sobreviventes, que tiveram de lutar muito para conservar sua existência, o amor perdeu seu valor. A miséria ensinou o homem a crer também em deuses maléficos. Ele inventou o fogo e o machado e se transformou no que hoje são os povos primitivos. A mulher foi forçada a se tornar também uma trabalhadora, mas como não era muito produtiva nesta função, passou a ser depreciada e considerada a encarnação do mal (como costuma ocorrer nas religiões, em que os deuses inicialmente venerados se convertem em forças hostis). Da mulher não se exigia castidade nem fidelidade: restava-lhe a liberdade interior. Mas, depois de perder sua posição como amante, ela a reconquistou como mãe. O homem começou a viver em hordas. O amor entre camaradas talvez tenha se constituído segundo o modelo do amor maternal. A mulher só foi objeto de veneração até a propriedade ser inventada; ele (o homem) queria que seus filhos herdassem sua propriedade e, para tanto, encerrou a mulher na jaula da monogamia. O homem carece de filhos para si; é ele que, por assim dizer, lhes dá à luz (*couvade*). Mas, tendo a criança ganhado um pai, a mulher teve então de abandonar sua posição de mãe. Contudo, as regras dessa cultura são frequentemente transgredidas pela mulher; ela já não precisa ser bela, mas casta; já não basta que proporcione prazer; agora também precisa se adornar. Uma consequência disso é nossa maldita civilização, em que as mulheres lamentam não terem nascido homem e buscam tornar-se um (movimento feminista). As pessoas não apreciam essas aspirações insensatas e absurdas; nem as próprias mulheres.

DISCUSSÃO

BASS não considera correta a observação de que nos tempos de penúria o valor sexual da mulher diminuiu. Hoje podemos testemunhar o contrário: são precisamente as classes masi necessitadas que se entregam ao prazer sexual, visto que este lhes substitui todos os outros prazeres da vida.

SADGER, que não sabe se o conferencista falava sério ou não, indica uma série de erros resultantes do pressuposto de que a Era de Ouro se assenta na sexualidade. O Prof. Karsch demonstrou a existência de perversões em animais selvagens[543].

[A.] DEUTSCH crê poder apoiar a hipótese da nudez. As mulheres cujos órgãos sexuais apresentam anomalias são acometidas de hipertricose (aumento da pilosidade).

STEKEL descreve o trabalho de Wittels como (uma) fantasia poética. Wittels adora transpor suas experiências pessoais a épocas remotas (novelas históricas). Em seguida, Stekel faz algumas observações críticas específicas. Segundo Darwin, pode-se constatar tanto a pilosidade quanto a ausência desta. Como atualmente se pre-

---

543 Ferdinand Karsch, *Pederastia e tribadia nos animais (compilação – Päderastie und Tribadie bei den Tieren; Auf Grund der Literatur zusammengestellt*, (Leipzig, 1900). Reimpressão do "Jahrbuch für sexuelle Zwischenstufen".

ferem os peludos, de acordo com o princípio da seleção natural deve ter havido um período em que prevalecia a pilosidade.

URBANTSCHITSCH observa que ainda, que a conferência tenha caráter hipotético, trata-se de uma hipótese genial. Alguns pontos merecem um estudo mais aprofundado. Segundo Bölsche[544], a nudez se deve ao ato de se vestir.

HITSCHMANN analisa primeiramente as fontes psicológicas da conferência. O autor parece combater uma série de resistências que considera penosas e um impedimento à sua vida sexual: a gravidez, a mulher que se torna inacessível em razão da instrução, a sífilis e agora a menstruação, fenômeno habitualmente insignificante, que Wittels acaba de descrever de maneira impressionante. Mas tudo isso só pode ser encarado como fantasias de um reacionário juvenil.

Wittels deu pouquíssima atenção ao mais importante, isto é, ao fator econômico. A única passagem em que fala da condição econômica das meninas denota apenas que ele deseja se casar.

No mais, disse coisas muito bonitas.

O período de gestação é um princípio importante que desempenha um papel considerável. É difícil explicar como podem faltar mulheres em um sistema poligâmico.

É improvável que a mulher tenha de início desempenhado a função de deusa; ela antes contribuiu para a criação do conceito de Deus.

---

544 Wilhelm Bölsche (1861-1939), escritor alemão, autor de inúmeras obras populares sobre as ciências naturais e adepto entusiasta de Darwin.

O Prof. FREUD exprime primeiramente o prazer que a conferência lhe proporcionou; esta foi divertida e estimulante. Trata-se naturalmente de uma fantasia; mas Wittels deu um bom direcionamento às linhas que estamos acostumados a seguir na ciência. Algumas ideias merecem ser destacadas da fantasia, por exemplo, a ideia de que o processo de hominização se deu em um período de abundância, em que a libido era livre; e também a ideia de que o ser humano, nessa mesma época, se lançou às perversões.

A distinção essencial entre o ser humano e o animal também foi corretamente caracterizada: ela consiste no contraste entre a permanência da libido humana e a periodicidade da libido animal. Os detalhes da hominização são muito mais influenciados pela sexualidade do que geralmente se crê; a influência potencial dos fatores econômicos é superestimada.

Podemos responder à objeção de Bass que foram a estima para com as mulheres e o erotismo que se debilitaram nas circunstâncias descritas por Wittels. Em seu artigo sobre a servidão das mulheres, J. St. Mill[545] negligenciou o fato de que a mulher não pode exercer uma atividade profissional e criar filhos ao mesmo tempo. As mulheres, como grupo, não ganham nada com os movimentos feministas modernos. Quando muito, os ganhos são apenas individuais.

---

545 Freud refere-se aqui a um trabalho de John Stuart Mill, traduzido por ele em sua época de estudante, intitulado *Sobre a emancipação feminina – Über Frauenemanzipation*. Em 1879, Freud assumiu a tradução de diversos ensaios de Mill, que foram publicados no 12º volume das obras completas de Mill, editadas por Gomperz em 1880.

ADLER observa que, se se procurasse bem, talvez fosse possível encontrar algumas ideias interessantes na conferência. Wittels deveria ter se ocupado mais do presente e talvez também do futuro; em vez disso, ele se voltou, como reacionário, a um passado remoto, para ali encontrar deficiências. A diferença essencial entre a posição do conferencista e a do professor é a seguinte: enquanto todos supõem que a repartição atual dos papéis dos homens e das mulheres é imutável, os socialistas propõem que o quadro da família já se encontra hoje abalado e se abalará cada vez mais.

As mulheres não tolerarão que a maternidade as impeça de exercer uma profissão: ou ela constituirá um entrave para algumas, ou deixará de ser um peso.

No tocante à postura ereta, os pés devem sua forma a um fenômeno de degeneração: ambos são braços degenerados. Talvez o exibicionismo só tenha aparecido posteriormente.

A discussão do matriarcado foi demasiado sucinta: este foi suplantado pelo patriarcado mediante o direito de sucessão. Os estudos de Marx descrevem como, sob o domínio da propriedade, tudo se converte em domínio[546]. A mulher se torna uma propriedade e esta é a origem de seu destino. Por essa razão, deve-se começar por abolir a mulher como propriedade[547].

---

546 Provavelmente, o correto seria dizer: "tudo se converte em propriedade".

547 É interessante ver como os aspectos políticos e sociais do problema fascinavam Adler, enquanto Freud os abordava mais do ponto de vista psicológico e antropológico. Adler refere-se aqui à doutrina marxista, segundo a qual os modos de produção de uma sociedade determinam suas relações

Por fim, Adler faz a leitura de um conto de Carl Ewald[548], "Adão e Eva", extraído da obra *Contos de fadas da atualidade*.

JOACHIM se limita a fazer algumas observações críticas. Nas avaliações da exposição de Wittels, cometeu-se o erro de isolar um elo da cadeia. O fato de as pernas terem se desenvolvido mediante o processo de degeneração não é uma causa, mas um efeito; o mesmo ocorre com o direito sucessório.

---

políticas, sociais e culturais. Segundo Marx, a mulher, no capitalismo, também se torna propriedade privada. Naquela época, os casamentos por dinheiro eram muito comuns na burguesia e os casamentos entre os nobres serviam, em sua maioria, a fins políticos e econômicos; isso naturalmente corroborava a teoria de Marx. Entretanto, Rank condensou tanto a contribuição de Adler à discussão de modo que a tornouquase ininteligível. Adler deve ter dito aproximadamente o seguinte: "Sob o domínio da propriedade privada, tudo se torna propriedade privada, inclusive a mulher. Primeiramente, ela é propriedade do pai; depois, torna-se propriedade do marido. Isso determina seu destino. Por essa razão, deve-se começar por abandonar a ideia de que a mulher é uma propriedade". As ideias de Marx sobre esse tema foram em geral mal compreendidas; entendia-se que elas preconizariam a socialização da mulher. Nos círculos intelectuais de Viena, essas ideias eram muito discutidas e os membros da "Sociedade das Quartas-feiras", naturalmente, conheciam muito bem os diferentes argumentos. Cabe mencionar que Freud era íntimo da família Eckstein (em sua biografia de Freud, Ernest Jones menciona apenas Emma Eckstein). Por muitos anos, essas famílias passaram juntas as férias de verão. Gustav Eckstein e Therese Schlesinger, irmã menor de Emma Eckstein, eram líderes conhecidos do partido social-democrata. Freud conhecia, portanto, as ideias socialistas tão bem quanto Adler, embora Freud, como o afirma Jones, nunca tenha sido membro de um partido político. (Cabe ainda mencionar que o filósofo Fritz Eckstein, amigo de Anton Bruckner e de Hugo Wolf, também era íntimo de Freud. Mais tarde, tornou-se seu parceiro no jogo de cartas.)

548 Carl Ewald (1856-1908), escritor dinamarquês, conhecido por suas histórias de animais de inspiração evolucionista.

HITSCHMANN cita ainda outro livro: *O homem como quadrúpede – Der Mensch als Vierfüssler*, de Ernst Klotz[549].

O coito na posição missionária criou condições desfavoráveis à estimulação do clitóris; Hitschmann questiona se isso não teria uma relação com a anestesia.

O Prof. FREUD menciona um artigo de Schröder, "A erotogênese da religião" – Die Erotogenese der Religion[550], publicado na *"Zeitschrift für Religionspsychologie"*. Nesse artigo, o autor afirma que os órgãos genitais foram os primeiros deuses e que o sentimento religioso deriva do êxtase sexual.

WITTELS polemiza primeiramente com Adler. Ele cita uma tese de Paracelso sobre a diferença fundamental entre o homem e a mulher. A diferenciação dos sexos aumenta à medida que se ascende na escala animal. A menstruação é a principal diferença entre o homem e a mulher.

É impossível ser freudiano e social-democrata ao mesmo tempo; as contradições de Adler provêm daí.

O pé é um órgão degenerado apenas em relação à mão, e não de outra maneira.

---

549 Ernst Klotz, pintor, deu a seu livro o seguinte subtítulo: *Uma descoberta anatômica e uma nova explicação dos órgãos reprodutores humanos, até hoje erroneamente interpretados – Eine anatomische Entdeckung, samt neuer Erklärung der bisher falsch gesehenen menschlichen Fortpflanzungsorgane* (Leipzig, 1908).

550 O artigo de Theodor Schröder foi publicado primeiramente em inglês sob o título "The Erotogenesis of Religion" na revista *Alienist and Neurologist* em 1907, e depois em alemão na *Zeitschrift für Religionspsycholosgie*, v. 1, nº 11, em março de 1908.

Exibicionismo na posição ereta: o pênis dos mamíferos superiores[551] permanece oculto; a exibição, que se torna cada vez mais evidente, desempenha um grande papel na biologia dos mamíferos superiores.

A explicação de Bölsche sobre a nudez deve ser considerada mal sucedida. Segundo Exner, os pelos que cobrem o *mons veneris* servem para reduzir a fricção[552].

---

551 Trata-se provavelmente de um erro de transcrição. O correto seria "inferiores".

552 Apesar das críticas ásperas e por vezes demasiadamente pessoais, naquela época as pessoas eram muito complacentes. Wittels agradava a Freud especialmente por sua riqueza de ideias, embora muitas delas fossem construtos da fantasia e tivessem pouco a ver com o pensamento científico.

[45]

CONFERÊNCIA DE 1 DE ABRIL DE 1908

Presentes: Freud, Adler, Federn, Graf, Heller, Hitschmann, Hollerung, Sadger, Steiner, Stekel, Rank.

COMUNICADOS

Sadger, Steiner, Adler: cota de membro.
Sadger toma de empréstimo o Archiv nº 34.
Bass, [A.] Deutsch, Wittels, Reitler justificam sua ausência.
ADLER propõe criar um fundo destinado à biblioteca e também a fundação de uma biblioteca para a Sociedade[553].

LEITURA E DISCUSSÃO

Nietzsche: "O ideal ascético" – terceira parte da Genealogia da moral (1887)

O Dr. HITSCHMANN faz uma pequena introdução. Como fez Möbius com a psicologia[554], também poderíamos escolher como tema o estado desesperado de toda filosofia, tomando como ponto de partida a re-

---

553 Esta frase está riscada no original. No entanto, em sua biografia de Freud, Jones relata a criação de uma biblioteca nesta época. Talvez esta frase tenha sido riscada, porque a moção de Adler já havia sido mencionada na ata anterior.

554 Comparar com as atas 14 e 15.

latividade desta última. Uma filosofia é produto de um impulso interior e não difere muito de uma obra poética.

Na verdade, Nietzsche não pode ser chamado de filósofo; ele é um moralista, ainda que se distinga por uma sagacidade incomum.

Desconhecemos os fatos mais importantes de sua vida. Segundo Möbius, sua mãe padecia de uma tara hereditária. O fato de que estava constantemente rodeado de mulheres teve uma grande influência sobre sua vida. No relato feito pela irmã de Nietzsche sobre sua adolescência, depreende-se que ele, aos 13 anos, já colocava a questão que se imporia por toda a sua vida, a saber, a da origem e do desenvolvimento da moral, e que escreveu um artigo sobre a origem do mal.

Em Nietzsche, como em Winckelmann[555] e muitos outros, o amor pela filologia se alia a uma predileção pela Antiguidade (arte) e a uma forte tendência à amizade (inversão).

O contraste entre sua conduta na vida e o tema principal de seus escritos é notório: enquanto na vida real sempre se mostrava triste e sorumbático, suas obras transbordam alegria (*A gaia ciência*), júbilo e danças dionisíacas[556]. A despeito de seu retrato, que nos faz supor que era fino, delicado e compassivo (o que também se dizia sobre ele), Nietzsche elogiava e defendia em seus escritos a crueldade e a vingança ("besta loira"), e a genealogia da moral também é dedicada à defesa desses ins-

---

555 Johann Joachim Winckelmann (1717-1768), arqueólogo alemão.
556 Nossos pacientes apresentam frequentemente um contraste semelhante entre a vida real e a imaginária.

tintos. Nietzsche escreveu essa obra em 20 dias, isto é, com uma rapidez patológica.

Hitschmann resume em seguida o conteúdo das duas primeiras seções da *Genealogia da moral:* "'bom e o mau'; 'bom e ruins'", bem como "'Culpa', 'má consciência' e coisas afins", antes de proceder à leitura da terceira parte: "O que significam ideais ascéticos?" (parágrafos 5-9 inclusive).

Hitschmann analisa então esses parágrafos: é interessante observar que Nietzsche discerniu o ponto central na psicologia dos outros homens, mas não foi capaz de reconhecer em si mesmo que seus próprios ideais correspondiam a seus desejos insatisfeitos. Sua crítica e sua interpretação psicológica do ideal ascético, sua defesa de uma vida sem obrigações são uma rejeição às condições em que era forçado a viver. A vida de Nietzsche deve ser considerada uma vida ascética; sua tendência ao ascetismo e à abstinência está ligada à sua admiração por Schopenhauer (não é possível saber se teve relações [sexuais] com uma mulher, mas sempre visitava prostitutas). Nietzsche rejeitou o ideal ascético quando reconheceu que havia na verdade ludibriado a vida e a si mesmo. Assim, as intuições subjetivas de um filósofo podem ser explicadas pelas suas qualidades e experiências pessoais; esse escrito é um belo exemplo disso.

De nosso ponto de vista, a paralisia e as complicações a ela relacionadas não são o aspecto mais interessante; constituem, ao contrário, um entrave, visto que sem elas os processos puramente psíquicos poderiam ser apreendidos com maior clareza.

Finalmente, deveríamos colocar uma questão geral: o que faz com que um homem *siga sendo* filósofo?

DISCUSSÃO

STEINER exprime suas dúvidas de que o ideal ascético seja necessariamente o bem maior do filósofo.

SADGER destaca que o filósofo nato é, por vocação, um neurótico obsessivo; se ele dá mais importância à punição, torna-se jurista; se prefere a ruminação, torna-se filósofo. Sabe-se que Schopenhauer era um obsessivo.

No que diz respeito a Nietzsche, é prematuro falar desse tema, visto que o material mais importante ainda não foi publicado. Apenas seus parentes padeciam de taras hereditárias, não sendo este o caso de sua mãe. Mas Nietzsche era um hereditário típico. Há nele um forte elemento de histeria; os estados epileptoides sem perda de consciência de que o próprio Nietzsche afirma ter padecido em sua juventude eram provavelmente fenômenos histéricos. Sua relação com a família é importante: sua moral do senhor (*Herrenmoral*) certamente está relacionada com o fato de que era o único senhor (*Herr*) em sua família. Quando atingiu a idade de seu pai ao falecer, temeu morrer da mesma doença; essa identificação com o pai pode ter tido uma motivação homossexual.

ADLER destaca inicialmente que, entre todos os grandes filósofos que deixaram um legado à posteridade, Nietzsche é o que mais se aproxima da nossa maneira de pensar. Certa vez, tentou traçar uma linha ligando Schopenhauer a Freud, que passava por Marx e Mach; nessa ocasião, omitiu Nietzsche. Há argumentos contrários à atribuição da filosofia a uma única neurose: o filósofo é muito mais complexo, e a técnica do filosofar diz respeito, em sua essência, a algo completamente outro. Seria possível localizar um sistema filosófico, isto é, especificar o ponto de partida do mecanismo de pensamento de um filósofo. Hegel, por exemplo, toma parte do lugar do recalque, isto é, do lugar em que uma tese se transforma em antítese. No caso de Nietzsche, quase todas as páginas de sua obra contêm observações que nos lembram as que fazem o paciente quando a terapia avançou muito e ele consegue analisar as correntes subterrâneas de seu pensamento. Dessa maneira, Nietzsche pôde descobrir, entre todas as expressões da cultura, a pulsão originária; esta sofreu uma transformação na cultura, transformação que se condensou, convertendo-se em um ideal ascético para o filósofo. Adler sempre se admirou que os paralíticos careçam de um certo número de ideais culturais; suas pulsões, anteriormente inconscientes e não recalcadas, alcançaram certo grau de liberdade, o que explica as bruscas alterações de humor que os acometem. Em razão de processos orgânicos, os paralíticos estão impossibilitados de transformar os processos psíquicos oriundos das pulsões em seu contrário.

GRAF começa por elogiar a observação de Hitschmann de que o filósofo é aquele que, passada a puberdade, continua ruminando. Nietzsche ilustra muito bem quais são as condições necessárias para se tornar um filósofo; ele não é um filósofo no sentido em que o eram Platão, Aristóteles e outros. Suas obras, escritas sob a influência dos moralistas franceses, constituem uma autocura. Seus ideais fortes emanam de sua natureza fraca. Sua personalidade não é inteiramente característica de um filósofo; seu desenvolvimento não segue uma linha reta, como o de muitos outros pesquisadores, tampouco há uma virada na metade de sua vida (como, por exemplo, no caso de Wagner). Seu desenvolvimento é uma linha quebrada três vezes: abandona a filologia quando se torna wagneriano e schopenhaueriano; neste ponto, deve ter havido alguma ruptura. Talvez ela esteja relacionada à recusa da sexualidade e ao recalque decorrentes da infecção.

A raiz da filosofia posterior de Nietzsche é a luta contra sua doença por intermédio da autoanálise.

FEDERN observa que Nietzsche está tão próximo de nossas ideias que devemos apenas nos perguntar o que escapou à sua consideração. Ele reconheceu intuitivamente diversas ideias de Freud; foi o primeiro a descobrir a importância da ab-reação, do recalque, da fuga para a doença e das pulsões sexuais normais e sádicas. Sua filosofia se forma por contraste à sua própria existência. Federn sabe de fonte segura que Nietzsche manteve relações homossexuais em certos períodos de sua vida e que contraiu sífilis em um bordel de Gênova.

Todo o problema de Nietzsche provém de seu conflito infantil. Embora tenha descoberto as condições reinantes na infância da humanidade, nunca reconheceu estas condições em sua própria infância. Não é possível abordar o problema de Nietzsche psicanaliticamente.

A análise de dois filósofos (pacientes) mostrou que a tendência a tentar compreender o mundo fazendo abstração de seu próprio eu aparece muito cedo e é reforçada com o recalque das pulsões sexuais.

Cabe mencionar que Otto Weininger[557] também teve de lutar contra a repressão do sadismo (ideias de crime sexual); em seu livro, ele aparece como um homem de moral elevada.

O Prof. FREUD sublinha antes de tudo sua própria relação com a filosofia, cuja natureza abstrata lhe é tão antipática que acabou por renunciar a estudá-la. Não conhece Nietzsche; uma tentativa ocasional de lê--lo foi sufocada por um excesso de interesse. Apesar das semelhanças destacadas por muitos entre ele e Nietzsche, pode assegurar que as ideias de Nietzsche não tiveram influência alguma sobre seus trabalhos. Para demonstrar quão complexa e peculiar pode ser a gênese das ideias novas, Freud relata, nessa ocasião, a genealogia de sua ideia da etiologia sexual das neuroses: três grandes médicos, Breuer, Charcot e Chrobak[558], haviam expressado essa ideia em sua presença; no entanto, só recordou este fato quando, diante do repúdio geral, teve de fundamentar sua ideia.

Nietzsche *não* reconheceu o infantilismo nem o mecanismo de deslocamento.

Hitschmann, de modo louvável, levantou alguns problemas interessantes: 1. a questão da psicologia do

---

557 Otto Weininger (1880-1903) (suicídio), escritor, filósofo e psicólogo vienense. Seu livro *Sexo e caráter – Geschlecht und Charakter* (Viena, 1903) teve um grande papel no conflito entre Wilhelm Fliess e Freud. Fliess culpou Freud de ter "revelado" suas ideias sobre a bissexualidade a Weininger. Ernst Kris discute detalhadamente esse assunto em sua introdução à obra *Origens da Psicanálise – Aus den Anfängen der Psychoanalyse* (1950).

558 Freud menciona isto em seu trabalho *A história do movimento psicanalítico – Zur Geschichte der psychoanalytischen Bewegung* (1914; O.C.). Rio de Janeiro, Imago, v.14; e em *Um estudo autobiográfico – Selbstdarstellung* (1925; O.C.). Rio de Janeiro, Imago, v.20.

homem Nietzsche; 2. quais fatores da constituição sexual fazem o filósofo; 3. a questão do condicionamento subjetivo dos sistemas filosóficos, aparentemente tão objetivos.

Ele próprio gostaria de fazer apenas algumas observações; a irmã de Nietzsche lhe recorda aqueles pacientes que se preparam (para a sessão analítica) a fim de evitar que algo imprevisto venha à tona.

Aos 13 anos, Nietzsche já se colocava a questão da origem do mal; nisso se assemelha a outros grandes pensadores, que fixaram, nessa idade, a tarefa de suas vidas: o decifrador dos hieróglifos, por exemplo, se impôs aos 11 anos de idade a tarefa que viria a resolver 25 anos depois (SADGER menciona alguns físicos e químicos: Ostwald[559]. GRAF cita Schliemann[560], que tinha sete anos; ADLER menciona Mayer[561], que colocou a questão da conservação da energia aos oito anos de idade). Algum dia se deveria investigar a influência das impressões infantis não apenas no adoecimento da idade adulta, mas também nas grandes realizações.

As ideias de Adler acerca dos paralíticos também se aplicariam ao caso de Maupassant[562].

RANK observa que ao ler os escritos de Nietzsche teve a impressão de que a pulsão sádica (masoquista) e

---

559 Wilhelm Ostwald (1853-1932), químico e filósofo alemão; fundou, em 1889, a coleção Clássicos das Ciências Naturais Exatas – "Klassiker der exakten Naturwissenschaften".

560 O arqueólogo Heinrich Schliemann (1822-1890) era um comerciante bem sucedido antes de abandonar os negócios para realizar seu desejo de infância: descobrir a Troia de Homero.

561 Julius Robert Mayer (1814-1878), médico e físico alemão.

562 Guy de Maupassant (1850-1893), grande romancista francês, mestre da novela.

sua repressão desempenham o papel principal em sua vida. Essa repressão explica (como no neurótico obsessivo), por um lado, sua delicadeza, sua cortesia e sua doçura, mas, por outro lado, também sua glorificação da crueldade e da sede de vingança. Suas ideias sobre a origem do mal são uma justificação contra as objeções que faz a si mesmo (Kant também escreveu sobre o mal radical). A ênfase dada à região oral (a serpente na boca de Zarathustra e os sonhos com sapos) também concorda com seu sadismo. Sua relação com Wagner se torna mais clara quando conhecemos seu amor por Cosima [Wagner].

O fato de não ter explorado o mundo exterior, como os outros filósofos, mas a si mesmo, corresponde à inversão, operada em seu desenvolvimento, da transferência original do interior ao exterior.

STEKEL tende a ver uma espécie de confissão no fato de Nietzsche mencionar a lupulina e a cânfora. A pulsão filosófica remonta à curiosidade sexual; o enigma sexual se transforma em enigma do mundo (deslocamento).

[46]

REUNIÃO DE 8 DE ABRIL DE 1908

Presentes: Freud, Adler, Bach, [A.] Deutsch, Federn, Graf, Heller, Hitschmann, Hollerung, Joachim, Sadger, Steiner, Stekel, Wittels, Rank.

COMUNICADOS

A moção concernente à biblioteca é aceita: a cota mensal é aumentada de 1 para 2 Kronen por mês; cotas semestrais; a comissão decide adquirir os livros sugeridos. Contato com a *Wiener klinischen Rundschau* para catálogos.

Propõe-se a assinatura dos seguintes periódicos:
Sexualwissenschaft (Ciência Sexual)
Sexualprobleme (Problemas Sexuais)
Literarisches Zentralblatt (Revista Central de Literatura)
Politisch-Anthropologische Revue (Revista Político-Antropológica)
Archiv für Rassenbiologie (Arquivo de Biologia das Raças)

Resenhas e apresentação de casos por todos os membros presentes

RESENHAS

FEDERN relata sua pobre seleção de artigos de periódicos ingleses: na *Brain*, um artigo puramente casuístico (20 casos de histeria), e um trabalho de D [?], que concebe as psicoses de angústia como doenças do período de involução; finalmente, um relatório da *Société de Neurologie* de Paris sobre casos de histeria, em que o diagnóstico da histeria não é feito com base em estigmas; os sintomas, segundo esse relatório, podem ser suprimidos mediante sugestão[563].

STEKEL encontrou no *Journal Médical* de Bruxelas um grande artigo sobre epilepsia, em que são descritos diferentes tipos de aura. Faz-se um emprego abusivo do conceito de "epilepsia". Em geral, trata-se de histerias, como no caso de Dostoievski (SADGER menciona também o caso de E. A. Poe). Desse ponto de vista, a *aurata epileptica* mereceria uma maior atenção.

Os "Archives de Psychologie" contêm um trabalho do suíço Maeder[564] sobre a interpretação de alguns sonhos; esse trabalho esclarece o significado etimológico e etnológico de certos símbolos (cobra, casa etc.).

Clarapède[565], em um trabalho sobre a histeria, defende o ponto de vista freudiano (defesa).

Entre os livros, menciona *O passado de um louco – Die Vergangenheit eines Toren*[566], em que o poeta relata

---

563 O defensor da "terapia do convencimento" era Paul Dubois; comparar com a ata 11, nota 186.

564 Alphonse Maeder, *Essai d'interpretation de quelques rêves*, in: "Archives de Psychologie", Bd. 6, 1907, S. 354 ff. Maeder (1882-1971) era um jovem psiquiatra e psicanalista talentoso daquela época. Considerava os sonhos profeciais. Quando Jung se separou de Freud, Maeder o seguiu.

565 Comparar com a ata 27, nota 364. Clarapède, contudo, não aderiu ao desenvolvimento posterior da psicanálise. O trabalho a que se referem é: *Quelques mots sur la définition de l'hystérie*, in: "Archives de Psychologie", Bd. 7, 1908, S. 169 ff.

566 Correto: *Confissões de um louco.*

a história de sua juventude, seu onanismo e os conflitos psíquicos daí resultantes. Sua mãe teria sofrido acessos de histeria. Via aspectos de sua mãe em todas as mulheres. Sua *segunda* mãe era odiada por ele; percebe-se claramente o desejo reprimido por trás disso.

Há quatro anos, Strindberg foi repentinamente acometido de acessos de angústia e de delírios persecutórios. Ele se julgava um pecador, queria fazer penitência, etc.

[A.] DEUTSCH cita duas passagens do conto *Memórias de infância*, de Gustav Wieds (ver anexo [o manuscrito dessas passagens está anexado à ata])[567].

"Um conselho aos pais e às mães: ele considerava errôneo e até perigoso deixar os meninos aos cuidados das criadas: elas os vestem e os despem, os lavam e os banham e os põem na cama. Em seu conto, queria relatar o que ele próprio havia vivenciado: a babá, uma antiga e fiel criada, temente a Deus e adepta do catequismo, sentava-se todas as noites junto à sua cama e o ensinava a recitar os Salmos e a rezar o Pai-Nosso. Ele tinha as mãos juntas sobre a coberta, e ele e a menina cantavam em alta e clara voz. Mas as mãos dela estavam sob a coberta, acariciando seu corpo, até que Gunnar, trêmulo e febril, lançou os braços em seu pescoço e a mordeu na face [...].

Ele apenas gostaria de fazer uma advertência e relatar o mal que teriam feito a ele... e a muitos outros! Muitos lhe haviam confiado histórias semelhantes de sua infância! E todos sofrem ainda hoje, em maior ou menor me-

---

567 Gustav Wied (1858-1914) (suicídio), escritor, satírico e crítico social dinamarquês. O manuscrito de ambas as passagens de *Memórias de infância – Aus jungen Tagen* (Berlin – Stuttgart – Leipzig o. J., 1907) corresponde literalmente ao original.

dida, com as sequelas deixadas pelas carícias lascivas de criadas, professoras e tias velhas!"

Sonho: "E estava de pé no jardim da mansão de seu pai, um punhal aberto na mão. Diante dele, apoiado em uma árvore, estava seu pai. Também ele estava armado com um punhal afiado. Mas entre eles, como um sinal de paz, estava sua mãe. E Gunnar levantou seu punhal e cobriu seu pai de feridas, também nos braços e nas mãos. Mas toda vez que o pai o tentava ferir, a mãe interpunha seu corpo entre eles como um escudo. De repente, ela caiu extenuada de joelhos e pediu clemência. Mas o pai e o filho se apunhalaram nos braços, peito, pescoço e mãos. E Gunnar viu o sangue jorrar de suas feridas. Ele perdeu o punhal, quis gritar por socorro, estirou os braços implorando e se deixou cair. E ali permaneceu inconsciente e com os olhos fechados por um tempo. E então sentiu de repente uma paz tranquila, reconfortante e indolor penetrar seu corpo. Era provavelmente sua mãe, que estava ajoelhada ao seu lado e pousava suas mãos suaves sobre as feridas que o pai lhe havia infligido. E ele, agradecido, lançou os braços em seu pescoço e lhe ofereceu os lábios em um beijo. Mas então viu dois olhos incandescentes sob os cabelos escuros da cor de um corvo. Uma boca cor de sangue se pôs a sugar a sua. Um corpo suave e flexível se aninhou ao seu. E enquanto se inclinava, tremendo de voluptuosidade, como em um abraço, ouviu a voz de Binse murmurar em seu ouvido: 'Meu glorioso pequeno, é assim que o quero possuir!'".

STEINER informa sobre um artigo de Knochenhauer publicado na *Zeitschrift zur [für] Bekämpfung der Geschlechtskrankheiten*, que trata da sexualidade e da prostituição nos povos exóticos. O autor afirma que os selvagens são, na verdade, seres melhores do que nós[568].

HITSCHMANN chama a atenção para algumas resenhas de Näcke[569] publicadas no *Archiv für Kriminal--Anthropologie*: uma sobre a perversão entre os animais (nada exceto a masturbação), uma sobre as tatuagens eróticas, uma sobre o exibicionismo e a superstição; além disso, um comentário da *Anthropophyteia* de Krauss[570].

---

568 O título do artigo é *Vida familiar e prostituição dos povos não europeus – Familienleben und Prostitution bei außereuropäischen Völkern* (1908).

569 Paul Necke (1851-1913), psiquiatra alemão. As resenhas mencionadas foram publicadas no "Archiv für Kriminal-Anthropologie und Kriminalistik", Bd. 29, 1908, p. 293 f.: *Perversões sexuais entre os animais – Sexuelle Perversitäten bei Tieren* (Näcke comenta neste artigo o livro de Robert Müller intitulado *Biologia sexual: estudos histórico-comparativos da vida sexual do homem e dos animais superiores – Sexualbiologie; Vergleichendentwicklungsgeschichtliche Studien über das Geschlechtsleben des Menschen und der höheren Tiere* (Marcus, Berlin, 1907); p. 296: *Tatuagens eróticas – Erotische Tätowierungen* (trata-se de uma resenha de um artigo de Hugo Ernest Luedecke, publicado sob o mesmo título no Bd. 4, 1907, S. 75-83 na *Anthropophyteia*, de Krauss; comparar com a nota 572); p. 297: *Exibicionismo e superstição – Exhibitionismus und Aberglauben* (breve comentário de Näcke sobre o livro de F. S. Krauss, *A vida sexual na religião, na moral e nos costumes dos japoneses – Das Geschlechtleben in Glauben, Sitte, Brauch und Gewohnheitrecht der Japaner*, Leipzig 1907, 2ª reedição,1911). Näcke não resenhou a *Anthropophyteia* como um todo, mas apenas mencionou de modo elogioso o texto sobre as tatuagens eróticas. No mesmo volume 29 dos "Archivs für Kriminal-Anthropologie und Kriminalistik" se encontram, nas páginas 303 e 305, respectivamente, as resenhas de Näcke da *Psicopatologia da vida cotidiana*, de Freud, e *da Psicologia da demência precoce*, de Jung.

570 Friedrich Salomo Krauss (1858-1938), etnólogo e folclorista alemão, editor da conhecida "Anthropophyteia; Jahrbücher für folkloristische Erhebungen und Forschungen zur Entwicklunggeschichte der geschlechtlichen Moral". Comparar com a carta de Freud a Krauss de 26 de junho de 1910; S. Freud, *A carta ao Dr. Friedrich S. Krauss sobre a "Anthropophyteia"* (1910; O.C.). Rio de Janeiro, Imago, v.11.

Encontramos em toda parte na literatura comentários da *Vida cotidiana,* de Freud, e da *Demência precoce,* de Jung.

Publicou-se na *Ziehenschen Monatsschrift* a apresentação de Jung feita no Congresso de Amsterdã[571], e também um trabalho de Näcke sobre os sonhos sexuais contrastantes[572], em que chega à conclusão de que pessoas muito decentes podem ter sonhos indecentes. As pessoas normais também podem ter sonhos homossexuais.

LIVROS:

[Georg] Lomer, *Amor e psicose – Liebe und Psychose* [Wiesbaden, 1907].

[Siegfried] Weinberg, *[Sobre a] influência das funções sexuais na criminalidade feminina – [Über den] Einfluß der Geschlechtsfunktionen auf die weibliche Kriminalität* [Halle, 1907].

BACH encontrou um trabalho de [Wilhelm] Fliess sobre a proporção entre os nascimentos de homens e mulheres (*Verhältnis der männlichen und weiblichen Geburten*) em um número recente do *Morgen* (6 de abril de 1908)[573].

---

571 Ziehens Monatsschrift für Psychiatrie und Neurologie. O título do trabalho é *A teoria freudiana da histeria – Die Freudsche Hysterietheorie.*

572 *Sonhos contrastantes e sonhos contrastantes especificamente sexuais – Über Kontrast-Träume und speziell sexuelle Kontrast-Träume,* in "Archiv für Kriminal-Anthropologie und Kriminalistik", Bd. 28, 1907, S. 1-19.

573 O título do trabalho de W. Fliess era *O excedente de meninos – Der Knabenüberschuss*; ele foi publicado no volume 2, caderno 2, págs. 352-356 do *Morgen, Wochenschrift für deutsche Kultur,* revista distinta, cuja publicação foi, contudo, logo descontinuada. Só foram editados três volumes (1907-1909).

WITTELS comunica a publicação recente das cartas de Nietzsche à irmã, em que o filósofo fala dela de modo muito desfavorável. No *Berliner Tageblatt,* Wittels tentou fazer uma defesa da irmã de Nietzsche apoiando--se nas teorias de Freud: talvez ela não minta de modo consciente, mas sim sob a influência de fatores infantis. Na relação de Nietzsche com a irmã, Wittels vê uma analogia com a hostilidade de Schopenhauer para com sua mãe, que ressoa em sua filosofia das mulheres.

RANK faz a leitura das cartas de Nietzsche que Wittels acaba de mencionar. O comportamento da irmã é sem dúvida motivado pelo ciúme da amada do irmão, Lou[574].

LIVROS:

Monografias sobre o desenvolvimento psíquico da criança – Monographien zur Entwicklung des kindlichen Seelenlebens 13, hrsg. von Clara und William Stern. Bd. 1.

A linguagem da criança – Die Kindersprache[575].

A vida sexual e suas anomalias – Das Geschlechtsleben und seine Abnormitäten, do Dr. M. Hirsch.

Max Verworn, *A psicologia da arte primitiva – Zur Psychologie der primitiven Kunst* (Jena, 1908).

---

574 Lou Andreas-Salomé (1861-1937) foi uma das primeiras adeptas de Freud. Comparar com a introdução do presente volume. Ver também o necrológio a Lou Andreas-Salomé escrito por Freud, *Lou Andreas-Salomé* (1937; O.C.). Rio de Janeiro, Imago, v.23; e seu diário, publicado no livro *A escola de Freud – In der Schule bei Freud,* hrsg. von Ernst Pfeiffer, Zürich, 1958.

575 Clara e William Stern, *A linguagem da criança: um estudo psicológico e linguístico – Die Kindersprache. Eine psychologische und sprachtheoretische Untersuchung* (Leipzig, 1907).

[Bernhard] Stern, *História da moral pública na Rússia – Geschichte der öffentlichen Sittlichkeit in Rußland* (Berlin, 1907).

Dr. Stadelmann, *Psicopatologia e arte – Psychopathologie und Kunst*[576].

Otto Zur Strassen, *A psicologia animal moderna – Die neuere Tierpsychologie* (Leipzig und Berlin, 1908).

[Cesare] Lombroso, *Novos estudos de criminosos – Neue Verbrecherstudien* (Halle, 1907).

[Willy] Hellpach, *Prostituição e prostitutas – Prostitution und Prostituierte* (Berlin, 1905).

Jules Lachelier, *Psicologia e metafísica: o fundamento da indução – Psychologie und Metaphysik: die Grundlage der Induktion* (Leipzig, 1908).

Franz Chyle, *O suicídio como especulação dos crimes modernos – Der Selbstmord als Spekulation des modernen Verbrechertums* (Wien, 1908).

[Erich] Wulffen, *A psicologia do criminoso: um manual para juristas, médicos, pedagogos e intelectuais em geral – Psychologie des Verbrechers: ein Handbuch für Juristen, Ärzte, Pädagogen und Gebildete aller Stände* (Groß-Lichterfelde, 1908).

[Franz Ludwig von] Neugebauer, *O hermafroditismo no homem – Hermaphroditismus beim Menschen* (Leipzig, 1908).

Paul Kronthal, *Os nervos e a alma – Nerven und Seele* (Jena, 1908).

Sarah Bernhardt, *Minha vida dupla, memórias – Mein Doppelleben, Memoiren* (Leipzig, 1908).

---

576 Heinrich Stadelmann, *A posição da psicopatologia frente à arte: um ensaio – Die Stellung der Psychopathologie zur Kunst; Ein Versuch* (München, 1908).

[Max] Höfler, *A organoterapia na medicina popular e sua relação com o sacrifício religioso – Die volksmedizinische Organtherapie und ihr Verhältnis zum Kultopfer* (Stuttgart, 1908).

"Österreichische Rundschau": *As causas do duelo – Die Motive des Duells*, de Swoboda[577].

HELLER menciona o diálogo entre dois cavalos de [Rudolf] Kassner em *Os dois tagarelas – Die beiden Schwätzer*, "Österreichische Rundschau".

O Prof. FREUD informa sobre a resposta de Jung e Bleuler a uma crítica de Ernst Meyer[578], em que este os censura de ter retomado a tese da etiologia puramente psíquica das neuroses, descartada há muito tempo. Essa objeção não é completamente injustificada, visto que eles de fato pararam na metade do caminho, e Bleuler, em especial, não está de acordo com a etiologia sexual: o reconhecimento desta por parte dele o teria poupado desta objeção.

No último número do *Archiv für Psychiatrie und Nervenkrankheit,* [Robert] Thomsen publicou um trabalho sobre as representações obsessivas, em que nenhum avanço é feito[579]; Thomsen invoca Bumke como autoridade.

---

577 Hermann Swoboda, *Os motivos do duelo*, em "Österreichische Rundschau".

578 Complexos e causas da doença na demência precoce – "Komplexe und Krankheitsursachen bei Dementia praecox", in: *Zentralblatt für Nervenheilkunde und Psychiatrie*, Bd. 31, 1908, S. 220 ff.

579 *Sobre a clínica e a etiologia dos fenômenos obsessivos, sobre as alucinações compulsivas e sobre as relações das representações obsessivas com a histeria – Zur Klinik und Ätiologie der Zwangserscheinungen, über Zwangshalluzinationen und über die Beziehungen der Zwangsvorstellungen zur Hysterie*, Bd. 44, 1908, S. 1 ff.

[Alphonse] Maeder publicou, nos *Archives de Psychologie* "Nouvelles contributions à la psychopathologie". II. "Archives de Psychologie" Bd. 7, 1907, que revelam seu profundo conhecimento desse tema e sua habilidade neste campo.

FEDERN, a fim de evitar a confusão terminológica, propõe dar uma nova denominação às neuroses, a saber, doenças pulsionais e afetivas[580].

APRESENTAÇÕES DE CASOS

FEDERN relata a observação de um caso de impotência psíquica relativa, em que pôde ser constatada historicamente a importância da *enuresis nocturna* (nunca *diurna*); ela perdurou até os 14 anos e foi substituída pelo primeiro ato masturbatório. O mesmo homem tem ereções pela manhã e urina com o pênis ereto. Isso pode ser uma continuação da enurese, ou uma de suas condições.

Um segundo caso diz respeito a uma grave neurose de angústia. O paciente não consegue usar uma linha determinada de bonde (Linha O). Quando o coito se tornou possível, esse sintoma se dissolveu. A letra O simbolizava a vagina e o sintoma exprimia uma objeção aos seus fracassos sexuais.

ADLER nos previne contra um exagero na interpretação dos símbolos; são raros os casos testemunhados

---

580 É admirável a multiplicidade de interesses dos membros do grupo, assim como o tempo e a energia que dedicavam à discussão de livros e artigos de outros autores; muitas vezes, estes não traziam contribuições para seus estudos particulares.

por ele em que a faca simboliza o pênis. O revólver nem sempre parece simbolizar o pênis, como nossos preconceitos nos fazem crer. Em um de seus casos, o revólver simbolizava o ânus, com o qual tem muitas coisas em comum. (FREUD observa que os símbolos mais frequentes são ocasionalmente empregados com outros sentidos [símbolos adaptados individualmente[581]] e que as coisas mais improváveis podem ser usadas como símbolos. O significado do revólver como símbolo do pênis, com o qual nunca deparou, é notável e muito plausível [*schießen-scheißen*[582]; função etc.], mas talvez seja uma transferência secundária).

JOACHIM, tendo lido o livro de Adler[583], cita um exemplo de inferioridade orgânica segmental tirado de sua própria família: vários de seus membros são acometidos de um adoecimento peculiar da perna esquerda.

GRAF cita um exemplo da determinação na escolha dos nomes. Seu filho se chama Herbert; sua filha, Hanna. Em seu tempo de estudante, era apaixonado por uma prima chamada Hedwig; ambos o nome dos dois filhos começa com a letra H, a qual ele inscrevia, naquela época, por toda parte, orgulhoso da beleza de seu traço (também havia sugerido nomear seu filho Harry e Hans).

Depois menciona dois casos de telepatia que lhe ocorreram pessoalmente. Certo dia, depois de seu casamento, pensava muito fortemente em seu amor de juventude, sua prima, e acreditava frequentemente vê-la

---

581 Colchetes de Rank.
582 *Schießen* = atirar; *scheißen* = cagar. (NT)
583 *Estudos sobre a inferioridade dos órgãos, op. cit.*

na rua. Mais tarde, disse-lhe sua mãe que a prima havia chegado de Trieste e que naquele dia estava de fato em Viena. O segundo caso concerne à mulher atual, com quem certa vez rompeu o noivado de maneira repentina; eles ficaram quatro semanas sem ter notícia um do outro. No final desse período, quando estava em uma festa muito divertida, foi tomado pelo desejo de ver a mulher e lhe escreveu. No dia seguinte, recebeu uma carta dela: as cartas se cruzaram.

(HITSCHMANN o explica dizendo que as pessoas que se atraem têm ritmos similares.)

RANK relata que Bruckner[584] viveu a maior parte da sua vida em abstinência sexual, entregue à masturbação; aos 40 anos, foi acometido de uma compulsão de contar (*Zählwahn*). Em razão de uma doença que lhe dificultava a audição, foi submetido à eletroterapia.

STEINER menciona o caso de neurose de angústia associada à diabete. A vagina da esposa era demasiado larga; depois de seguir o conselho de tomar uma mulher mais jovem, os sintomas desapareceram.

Um segundo caso é o de um homem impotente, cujo fracasso no coito é acompanhado de fortes dores de cabeça. Apresentava fortes traços sádicos durante sua infância. Quando foi comunicado de que as dores de cabeça eram um castigo para as dores que havia infligido a mulheres, o sintoma desapareceu.

Por fim, gostaria ainda de chamar a atenção aos eczemas que acometem as pessoas com escassa atividade sexual

---

584 O compositor Anton Bruckner (1824-1896).

(*Ausschlagen*[585]) de modo repentino durante a primavera. Então relata sua primeira tentativa de aplicar a psicanálise em uma jovem histérica, em que pôde confirmar perfeitamente o que havia aprendido teoricamente. Ela é dominada pela ideia da perda da virgindade.

HITSCHMANN relata o caso de um jovem pianista que deixou o cabelo crescer; em sua infância, chorava quando lhe cortavam o cabelo.

Uma família em que o pai é neurastênico e a mãe uma histérica curada, as duas filhas (mais velhas) sofrem de dores faciais; o filho mais novo tem atrofia genital.

Dois sonhos de nudez: o primeiro é o de um pintor que afirma ter este sonho sempre que se descobre; voltou agora a tê-lo um dia antes da inauguração da exposição (febre do palco). O segundo diz respeito a uma bela mulher que, um dia antes de sua estreia na sala de concerto, sonha que está nua sobre o pódio e que o público pede uma canção que não sabe cantar. No concerto, ela de fato canta mal.

Duas pessoas que manifestam traços sádicos em sua vida cotidiana (batem em mulheres ao mesmo tempo em que as adulam) etc., e que comem com voracidade. Deve-se colocar a questão da relação entre a região oral e o sadismo.

Experiência pessoal: ele estava em um concerto e cumprimentou uma jovem conhecida; ao sair, antes do fim do concerto, teve a sensação de ter cometido uma descortesia para com ela. Sonho: ele caminha na rua com a mesma jovem; seu companheiro de classe,

---

585 O substantivo *Ausschlag* significa erupção cutânea. O verbo *ausschlagen* significa, entre outras coisas, recusar. (NT)

Zimmermann, caminha diante deles e solta uma grande flatulência. A jovem pergunta se ele também não estava envolvido nisto. E então ele acorda com a necessidade de soltar flatulências.

STEKEL destaca, a propósito da observação de Steiner, que a diabetes não é incomum na angústia. Intoxicação dos órgãos sexuais na neurose de angústia.

O Prof. FREUD relata a resolução da representação dos ratos no neurótico obsessivo[586]; ela significa:

1. Prestações (*Raten*) cifras (*Zahlen*). Ele admite não fazer distinção entre ratos (*Ratten*) e prestações (*Raten*).

2. A identificação com seu pai, que também esteve no Exército e ali contraiu uma dívida de jogo; um amigo lhe emprestou o dinheiro para quitá-la; mas o pai, que era um rato de jogos (*Spielratte*), provavelmente nunca pagou esta dívida.

3. Um tipo muito peculiar de "ratos" (*Ratten*): o casamento (*das Heiraten*).

Algumas indicações das características mais importantes para a compreensão dos acessos de histeria, que devem ser apreendidos como a representação (*Darstellung*) de uma situação sexual fantasiada.

1. Ao representar, a paciente faz tanto o papel masculino quanto o feminino (publicado).

2. A transformação da inervação em seu contrário, um processo muito semelhante ao deslocamento dos sonhos; por exemplo, a paciente que cruza suas mãos nas costas – o contrário do abraço. O arco nos grandes acessos de histeria: o corpo se arqueia para fora e

---

586 Comparar com a ata 28 – o relato de caso do "homem dos ratos".

as pernas se fecham – o contrário da posição do coito, em que o corpo se arqueia para dentro e as pernas estão abertas.

3. A inversão da sequência (também mencionada na *Interpretação dos sonhos*). Por exemplo, primeiro uma crise espasmódica acompanhada de deglutição, salivação e movimentos habituais, etc., os quais representam o coito; depois ela começa a falar palavras carinhosas; por fim, senta-se calmamente e se põe a ler algo. Quando invertemos a sequência, obtemos uma tentativa de sedução que culmina em coito.

Ad 1. é análogo à condensação do sonho.

Ad 2 e 3. são análogos ao deslocamento do sonho.

O fato de a paciente vir a apresentar traços epilépticos em seus acessos posteriores é uma complicação que pode ser facilmente explicada pela sugestão médica: ela foi interrogada precisamente sobre esses sintomas. São manifestações de resistência que exprimem a desconfiança em relação ao médico, que, segundo ela, não a entende.

[47]

REUNIÃO DE 15 DE ABRIL DE 1908

Presentes: Freud, Adler, (Bass), Hitschmann, Hollerung, Joachim, Rank, Sadger, Schwerdtner, Steiner, Stekel, Wittels.

DISCUSSÃO SOBRE A PROPOSTA DO DR. HIRSCHFELD
DE ELABORAÇÃO CONJUNTA DE UM QUESTIONÁRIO

O Prof. FREUD informa que o Dr. Hirschfeld[587] propôs a elaboração conjunta de um questionário para investigar a pulsão sexual. Freud aceita a proposta e a submete à consideração da Sociedade. Trata-se de discutir a proposta e, caso ela seja aceita, o modo de sua execução.

STEKEL se opõe a trabalhar em conjunto com Hirschfeld, tanto por razões pessoais quanto por razões objetivas.

SADGER está de acordo em princípio. Hirschfeld deverá enviar os questionários em seu nome e nós colaboraremos anonimamente.

ADLER é a favor; talvez seja possível aprender mais com este procedimento do que cremos no momento. Ele não teria nenhuma objeção a fazer.

HITSCHMANN também é da opinião de que não devemos rejeitar uma aproximação.

---

587 Comparar com a ata 3, nota 55.

STEINER acolhe a proposta com simpatia, assim como RANK, que ainda propõe enviar o questionário em diversas línguas.

WITTELS tem um preconceito contra Berlim.

O Prof. FREUD sublinha que, além dos pontos de vista de Hirschfeld, poderíamos considerar o fator infantil, etiológico e orgânico; o questionário nos dará uma boa ideia do que resta na memória do homem normal. Não devemos importunar a todos com o envio do questionário, mas apenas àqueles que estão dispostos a preenchê-lo.

A participação dos membros no projeto é aprovada pela maioria. A Sociedade, que nesta ocasião virá a público pela primeira vez, recebe a denominação de Sociedade Psicanalítica (por decisão majoritária)[588].

No que diz respeito às perguntas e aos principais pontos de vista, o Prof. FREUD sugere que a próxima reunião seja dedicada à sua formulação definitiva; solicita a cada um dos membros que prepare perguntas, formulações e pontos de vista; far-se-á então a discussão destes questionários elaborados individualmente.

Moção aceita.

O Dr. HITSCHMANN assume a tarefa de formular um questionário baseado no modelo de Hirschfeld.

Os principais pontos de interesse seriam:

I. Condições familiares;

II. Desenvolvimento da sexualidade na infância e;

III. após a puberdade.

---

588 O grupo em torno de Freud veio a público pela primeira vez, por ocasião do questionário de Hirschfeld, no dia 15 de abril de 1908.

Perguntar-se-ia sobre:

Ad I. Pais e irmãos;

Idade, posição na frátria;

Mortes prematuras;

Métodos de educação;

Pessoas encarregadas da educação.

Ad II. Quando têm início suas memórias?

Primeira memória?

Quando suas memórias adquirem continuidade?

Quais maus hábitos ou defeitos infantis o senhor ou seus irmãos tiveram?

Deve-se acentuar:

a) o dom de imitação;

b) a imaginação;

c) o sono etc.

[48]

REUNIÃO DE 22 DE ABRIL DE 1908

Presentes: Freud, Adler, Bach, Brecher, [A.] Deutsch, Federn, Frey, Graf, Heller, Joachim, Rank, Reitler, Sadger.

DISCUSSÃO SOBRE O QUESTIONÁRIO DE HIRSCHFELD

HITSCHMANN apresenta a formulação provisória de um questionário, cuja aplicação explica brevemente: trata-se de um estudo estatístico da vida sexual de pessoas doentes e sãs. Uma parte do questionário deve ser preenchida pelo médico, pois não podemos prescindir do aspecto físico do *status* sexual. Deve-se atentar especialmente às anomalias de formação. Poderíamos com isto nos instruir sobre diversas coisas, por exemplo, sobre a fisionomia sexual. O respondente deve fazer a exata distinção entre o que vivenciou e o que ouviu. A leitura do questionário de Hitschmann é seguida de uma discussão:

FEDERN propõe elaborar questionários diferentes para homens e mulheres. Questões: comprimento do pênis; educação sexual livre ou puritana; primeiro coito: com prazer? sentimentos de culpa?

BRECHER: A que idade se produziu a diferenciação entre o amor sublimado e a sexualidade primitiva? A mesma questão para a sexualidade e a reprodução. Prostituição e doenças venéreas. Forma de alimentação (mamadeira – álcool, café). Manifestações físicas: precocidade, curiosidade. A criança era considerada bem ou mal-comportada?

SADGER: Ereções na puberdade. Acessos de raiva. Observação do coito dos adultos.

REITLER: Comportamento diante da morte: quando apareceu o medo da morte. Necessidade de fazer perguntas (*Fragedrang*).

HELLER: Crueldade para com os animais.

RANK: Anomalias dos órgãos sensoriais; dentes. Atividades artísticas. Imaginação. Esportes favoritos.

JOACHIM: Acumulação compulsiva (*Sammeltriebe*) – Preferências alimentares; impotência.

O Prof. FREUD julga que o aspecto homossexual deve ser mencionado apenas de passagem; aqueles que revelarem ser homossexuais receberão um segundo questionário.

Ele próprio elaborará um questionário com base nas sugestões recebidas.

[QUESTIONÁRIO] PREPARADO POR HITSCHMANN[589]

Deve-se distinguir o que foi vivenciado do que foi ouvido

I. *Status* físico (a ser preenchido pelo médico)	Fisionomia sexual; Órgãos sexuais, em particular anomalias de formação (eventual exame do ânus etc.).

---

589 Este questionário está escrito à mão e à tinta, e foi anexado à ata original. As palavras e passagens marcadas com asterisco no início e no fim foram acrescentadas a lápis ao manuscrito original. As abreviações do original foram aqui redigidas por extenso.

II. Antepassados	a) Avós: profissão, cidade ou campo, anomalias sexuais, número de filhos, neuroses, psicoses etc. b) pais: dados de sua vida sexual. (O que foi herdado? Órgãos inferiores? Casamento: (A que idade? Por amor? harmônico?) Vida familiar, *agradável?*, morte prematura, são carinhosos um com o outro?, profissão, características. Neuroses? etc.
III. Auto-observação na primeira infância	a) Primeira memória. b) Quando tem início a memória contínua? c) Primeiras experiências sexuais, satisfação da curiosidade, educação sexual, seduções, *teorias sexuais infantis*.

Pais: Carícias. Preferência pelo pai ou pela mãe?
Por quê?
("Romance familiar"), aversão, ciúme de um dos pais.
"Acolhido da cama." Sova. *Olhar como expectador.
*Sentimentos erótico-sexuais ligados ao amor
da criança por seus pais?
Pessoas encarregadas da criação: *ama?*
métodos de educação? *dormir juntos*.
Irmãos: idade, ordem de nascimento, sexo.
Preferência particular? Ódio? Suas anomalias.
Defeitos infantis, singularidades. *franqueza sexual*.

Companheiros de jogos:	d) defeitos infantis (chupar o dedo, erotismo anal etc.). *palmadas*. Enurese, masturbação (onde?) * roer as unhas, pavor, *palmadas*[590]*. Perversões. Inversão. Fetiche.[591] *Exibicionismo*.
III. [592] *Infância tardia*:	Autoacusação de erotismo? Recalque do incesto? *Criança educável?* Vergonha. Asco. Peculiaridades: comida, beijo *precoce*, dom de imitação, chiste, *masoquismo*, sadismo. Voyeur. Mentiroso etc.
* I. *Infância**	*Pavor nocturnus*. Angústia infantil etc., roer as unhas. (Dormir sozinho, adormecer) *Religiosidade* Amigos de escola; Amor aos professores.
IV. *Puberdade:*	Reconhecimento desta. Afetos despertados. Primeira polução; nas mulheres, primeiras sensações localizadas, primeira menstruação. Masturbação (mútua?),

---

590 No original, a palavra "Wetzen" (palmadas) foi riscada e escrita sobre "erotismo anal".
591 Esta palavra foi riscada no original.
592 No original, a seção III é de fato repetida.

com que frequência, como, onde? Quais fantasias? Compulsivas? *Ameaças*, reprimendas, interdições. (Grau de severidade, ascetismo). Devaneios; onanismo psíquico. Sonhos típicos*. Angústia da puberdade, luta consigo mesmo, abstinência possível? Consequências? Sublimação (artes, religiosidade, confissão). Escola – Sexo. Trabalho intelectual – Sexo. Amizade. Aversão à sexualidade. Educação sexual. Depressão. (Suicídio.) Filósofo moralista. Interesses. Primeiro beijo. Sedução. Asco. Falta de sentimentos de amor, frigidez, anestesia. Primeiro coito. *Sentimentos de culpa?* Coitos posteriores. Satisfação? Desejo de tocar o parceiro (*Kontrektation*). Detumescência.[593] Prostituição. *Esporte?* Preservação. *Grau e amplitude dos conhecimentos sexuais nesta época.* Fobia à sífilis. Infecções. Relações amorosas (semelhantes à dos pais?). Compulsão sexual? Poluções.

---

[593]"Contretação" e "detumescência" são conceitos introduzidos por Moll que nunca alcançaram aceitação geral. A contrectação é entendida como um complemento à pulsão sexual, isto é, como o ímpeto de tocar e abraçar o parceiro sexual. Moll atribuiu também a esta pulsão a transformação da pulsão sexual em um fator psíquico. A "detumescência" designa, grosso modo, a ímpeto ao relaxamento da excitação sexual mediante o contato físico.

Excitação frustrada. Reflexo genito-
-nasal. Reflexo uro-genital. Reflexos
anais.
Inversão (comparar com o questionário de Hirschfeld) *neuroses?*

V. Fase adulta atual (casamento, filhos): Noite de núpcias. Defloração. Anes-
tesia. Malthusianismo[594]. Potência.
Vida conjugal. Perversões. Detalhes.
Abstinência possível? Consequências.

Local: _____

Data: _____

---

594 "Malthusianismo", neste contexto, significa controle da procriação. Tho-
mas Robert Malthus (1766-1834), pesquisador social inglês e estudioso
da população. Seu escrito *An Essay on the Principles of Population*, de 1798,
exerceu uma enorme influência na maneira de abordar esta questão. Ele
atribuiu a miséria de seu tempo ao crescimento populacional em detrimento da oferta de alimentos.

Questionário nº [595]

Em nome do interesse da pesquisa científica e de uma melhor compreensão das pessoas com tendências anormais, pedimos aos senhores que tomem o tempo e o esforço de responder às seguintes questões com a maior precisão e veracidade possíveis. Os senhores podem contar com nossa *absoluta discrição*.

Nome, residência, sexo, idade, raça, profissão, casado ou solteiro?

Quem tiver escrúpulo em assinar o questionário preenchido com seu nome completo pode marcá-lo com um número e nos enviar este número juntamente com o seu endereço em um envelope separado. Chamamos a sua atenção para o fato de que estas informações estão protegidas pela *confidencialidade médica*. Pedimos que as respostas breves sejam escritas na margem e as outras em uma folha separada. A anexação de uma fotografia é muito bem-vinda.

A. ASCENDÊNCIA

1. Tem conhecimento de casos de amor homossexual ou tendências similares em seus pais, avós ou outros membros da família?

---

[595] Questionário elaborado por Magnus Hirschfeld, 40 anos antes de Kinsey iniciar seus amplos estudos estatísticos sobre a vida sexual humana. O questionário abrange diversas folhas impressas. As perguntas se encontram na coluna da esquerda, a coluna da direita é destinada às respostas. No exemplar anexado às atas, a coluna da direita contém várias anotações a lápis, provavelmente de Hitschmann (a julgar pela letra). Não reproduzimos essas anotações.

2. Alguma dessas pessoas padeceu de distúrbios nervosos ou mentais, tais como: convulsões, histeria, debilidade mental, melancolia, desvios morais, alcoolismo, sífilis, hérnia, gota, desenvolvimento físico defeituoso etc., ou alguma outra anomalia digna de atenção?

3. Houve casos de suicídio em sua família? Se sim, por quais razões?

4. De que morreram seus pais? Caso estes ainda estejam vivos: são saudáveis?

5. Seus pais ou avós tinham parentesco sanguíneo?

6. Qual era a diferença de idade entre seu pai e sua mãe? A que idade se casaram? Quantos anos tinham quando o senhor nasceu? Sua vida conjugal era feliz ou infeliz? Casaram-se por amor ou por razões exteriores? (Continuação de uma antiga família, interesses financeiros etc.)

7. Você se parece mais com seu pai ou com sua mãe?

8. a) Há entre seus irmãos ou primos pessoas que apresentam anomalias sexuais?

b) Há na família membros do sexo masculino com aspecto feminino ou membros do sexo feminino com aspecto masculino? (Em caso afirmativo, indicar se são parentes por parte de mãe ou de pai.)

9. Sua mãe desejava um filho do sexo oposto ao seu? É o filho mais velho, o mais novo ou o do meio? Quantos irmãos tem? Qual é a sequência e a idade de seus irmãos (por exemplo, irmão, irmão, irmã, eu, irmão)? Se alguns deles são homossexuais ou bissexuais, enumere-os por ordem de nascimento.

B. INFÂNCIA

10. Aprendeu a andar e a falar em uma idade normal? Como foi sua primeira e sua segunda dentição?

11. Teve meningite, lesões cranianas, dores de cabeça, convulsões, enurese ou anomalias dentárias? Era medroso ou se assustava com facilidade?

12. Roía as unhas ou cutucava o nariz? Tinha tendência a mentir, vagabundear, desobedecer, roubar, chorar facilmente? Praticava onanismo? Com quais fantasias? Quando começou? Como começou?

13. Gostava mais de brincar com meninos ou meninas? Gostava mais de brincadeiras de meninos, soldados, cavalo de bois, guerra de bola de neve, luta, ou preferia brincadeiras de meninas, como bonecas, cozinhar, fazer crochê e tricô? Eram feitas observações como: "Esta menina é um verdadeiro menino", ou: "Ele parece uma menininha"? Notava ser diferente das outras crianças? Tinha aspecto demasiado feminino ou masculino antes da puberdade?

14. Que tipo de educação recebeu? Foi educado junto a muitas outras crianças em pensionatos, conventos, escolas militares, ou recebeu educação domiciliar na casa de seus pais ou parentes? Como era a vida nas instituições? Houve episódios de sedução sexual? Como ocorreram?

15. Como eram suas capacidades intelectuais? Por quais disciplinas se interessava na escola?

16. Teve amizades apaixonadas na escola (com ou sem atos sexuais) ou venerava alguns adultos de modo incomum? Quem?

17. Como e quando apareceram os primeiros impulsos sexuais?

18. Quando atingiu a maturidade sexual? Como e quando se desenvolveram a voz, a barba e os peitos? Notou (caso seja homem) o inchaço dos peitos no início da puberdade?

C. ESTADO ATUAL

I. *Características e condições físicas*

19. Quais são as características de seu biótipo? Em especial, qual é a largura de seus quadris?

20. As linhas de seu corpo são mais angulosas ou arredondadas, mais gordas ou mais magras?

21. Seus antebraços e coxas são mais achatados ou arredondados?

22. As mãos e os pés são grandes ou pequenos, e as mãos delicadas ou fortes?

23. A carne é mais mole e inchada ou firme e dura?

24. Os músculos são fortes ou fracos?

25. Tem preferência pela atividade muscular vigorosa com movimentos fortes e rápidos ou por movimentos tranquilos e balançados, como caminhadas e dança? Gosta de fazer ginástica? Gosta de jogos atléticos, de esportes, de natação etc.?

26. Seu passo é curto, lento, vacilante, saltitante, ou firme, largo, rápido e solene? Move os ombros ou os

quadris inconscientemente ao andar, ou o torso permanece imóvel? Ereto ou inclinado para frente?

27. Você sabe assobiar?

28. A cor de sua pele (da face e do corpo) é mais branca, delicada, pura ou escura, impura?

29. A pele do corpo é macia ou áspera?

30. a) Os peitos são plenos, redondos, carnudos, ou retos e magros? As auréolas e os mamilos são especialmente grandes?

b) Apresenta alguma malformação externa dos órgãos genitais? Por exemplo (no caso do homem): fimose (prepúcio demasiado estreito), hipospadia (abertura anormal da uretra), criptorquidia (falha na descida dos testículos), varicocele, testículo fendido e outros fenômenos semelhantes, ou (na mulher): hipertrofia do clitóris, vagina demasiado estreita, lábios da vulva grandes e pendentes?

31. Seu couro cabeludo é denso? Tem muitos pelos no peito? Seu corpo é muito peludo? Qual é a cor de seu cabelo e como o usa? Partido, liso, enrolado ou bagunçado?

32. Tem penugem, muita barba ou pouca barba?

33. Enrubesce ou empalidece com facilidade?

34. É muito ou pouco sensível à dor?

35. Suas orelhas são grandes, salientes, ou pequenas, delicadas?

36. Seu olhar é firme ou inquieto, muito terno, suave ou apresenta alguma outra peculiaridade?

37. Sua expressão facial é mais masculina ou feminina? (Pede-se uma fotografia.)

38. Como é a estrutura de sua laringe? O pomo-de--adão é saliente (pouco, muito) ou nada saliente?

39. Sua voz é grave ou aguda, forte, ou fraca, simples ou afetada?

40. Tem uma forte tendência a falar ou cantar com voz de falsete ou de baixo?

41. Sofre de algum distúrbio do sistema nervoso, como vertigem, enxaqueca, insônia, tremores, sinistrismo, lassidão extrema ou algo semelhante?

II. *Características e capacidades mentais*

42. Sua personalidade é mais terna ou dura, mais feminina ou masculina?

43. É muito sensível à alegria e à dor? Chora com facilidade (sentimentalidade)? Costuma ter fortes acessos de choro ou riso? É capaz de se entusiasmar ou se deprime com facilidade?

44. O senso de família, o desejo de ter um filho é ausente, fraco ou forte? Seria capaz de ter relações sexuais normais unicamente para ter um filho? Não temeria as dores do parto etc., para este mesmo fim?

45. É religioso? Sente uma grande necessidade de amor? É carinhoso, amável, bondoso, capaz de autossacrifício, filantropo? Tende à nostalgia, à excitabilidade, ao descontrole, à cólera?

46. Tem grandes ambições? Manifesta sua personalidade de modo exagerado? É sensível à admiração e ao aplauso? Gosta de chamar a atenção?

47. É fofoqueiro, loquaz, sarcástico, muito desconfiado, supersticioso ou crê em milagres?

48. É aventureiro? Tende à exaltação, à vagabundagem, ao desperdício, ao acúmulo, à conduta indecente

ou provocativa, à imoralidade? A ordem lhe é importante ou é negligente nesse aspecto?

49. Seu temperamento é equilibrado, calmo, ou dependente de estados de humor? É rancoroso e intransigente ou magnânimo, mais inclinado a perdoar?

50. Sua vontade é forte ou fraca? É constante ou inconstante? Medroso ou corajoso?

51. Prefere o bem-estar à vida modesta? Tende ao trabalho físico e intelectual ou ao comodismo? Qual é sua tolerância à bebida e ao fumo? Suporta muito ou pouco álcool?

52. Sua formação intelectual é superficial ou profunda? Como são sua memória, sua atenção, sua imaginação?

53. Suas aptidões mentais são mais criativas e produtivas ou receptivas e reprodutivas, mais analíticas e críticas ou mais sensíveis? (isto é: produtivas ou reprodutivas, críticas ou receptivas).

54. Tem mais aptidão para a matemática e problemas abstratos ou seus dotes são mais literários e artísticos (talento para a música, pintura, gosto pela escultura, por estátuas gregas, por exemplo)?

55. Gostaria de ser ator?

56. Quais personagens míticos ou históricos (também atuais) mais lhe interessam ou são seus ideais?

57. Agradam-lhe mais as ocupações femininas (cozinhar, limpar, trabalhos manuais) ou as masculinas (esporte, caça, tiro, luta)? Quais temas lhe interessam mais (por exemplo, política, moda, teatro, cavalos, flores etc.?). Lê e estuda muito? Quais leituras prefere? (obras científicas, poesia, literatura etc.?)

58. Que profissões o atraem?

59. A roupa desempenha um grande papel em seus pensamentos? Prefere roupas simples ou chamativas, justas ou largas, gola alta ou aberta? Há uma forte predileção ou aversão a joias?

60. Sente uma forte necessidade de vestir roupas do sexo oposto? É aficionado a acessórios do sexo oposto, por exemplo, brincos, pulseiras, meias compridas, gavetas, perfumes, pó, maquiagem ou gorros masculinos, colarinho, botas, calças? Gosta de uma cor determinada?

61. Em geral é mais popular ou impopular? Gosta da vida social ou prefere estar só?

62. Teve algum mérito ou realizou algo importante?

63. Como é a sua letra? Grande, firme e segura ou pequena, fina e delicada? (amostras de escrita são bem-vindas).

III. *Pulsão sexual*

64. A que idade as tendências sexuais definidas surgiram?

65. a) A pulsão sexual se orientava ao homem ou à mulher?

b) A pulsão era a mesma antes e depois da maturidade ou mudou?

66. A pulsão sexual se estende a ambos os sexos em igual medida ou há uma diferença? Se sim, em que grau?

67. A relação sexual só é possível com pessoas deste sexo ou também do outro sexo? Caso tenha relações com pessoas do mesmo sexo e do sexo oposto, neste último caso precisa imaginar uma pessoa do mesmo sexo? Sente

indiferença, asco ou ódio em relação a um sexo ou aversão ao coito normal? Tentou praticá-lo e depois se sentiu esgotado, fraco, insatisfeito?

68. Seus sonhos de amor se relacionavam a pessoas do mesmo sexo ou do outro sexo?

69. No teatro, no circo e nos museus se interessava mais por homens ou mulheres?

70. É muito livre em suas relações não sexuais com pessoas do sexo oposto? Sente mais pudor em relação aos homens ou às mulheres?

71. Seu amor se volta a pessoas mais jovens, mais velhas, da mesma idade ou a idade lhe é indiferente? Qual faixa de idade o atrai? Notou alguma mudança deste padrão pulsional antes, durante ou depois da puberdade? Caso o amor se estenda a um ser do mesmo sexo, indicar se ele se volta a pessoas cuja aparência e caráter se aproximam mais do sexo oposto, ou seja, a homens joviais ou a mulheres com características masculinas, ou a pessoas que são representantes típicos de seu sexo, isto é, homens fortes e masculinos ou mulheres delicadas e femininas?

72. É mais atraído por pessoas cultas ou comuns, afáveis ou brutas, delicadas ou fortes? Tem preferência por determinados tipos de profissões, como artistas, atores, prostitutas, classes uniformizadas, em especial soldados? Ama as pessoas que pode educar (no sentido mais amplo)? Tem fortes tendências pedagógicas?

Em que impressões se baseia a atração exercida por pessoas do sexo oposto?

a) Em percepções visuais, isto é, na beleza (1) do rosto ou (2) do corpo?

b) Em percepções auditivas, isto é, a voz das pessoas que o atraem são particularmente apelativas?

c) Em impressões táteis? Por exemplo, a musculatura dura e rija ao tato do homem ou a pele macia e sedosa da mulher o atrai?

d) Em percepções olfativas? O odor da transpiração de certas pessoas o excita? O suor de determinadas partes do corpo (quais?) desempenha um papel especial?

e) Ou considera que a atração é um fenômeno pura ou predominantemente psíquico, baseado nas propriedades do caráter, da vontade, do intelecto etc.?

73. Teve relações de amizade ou uniões de longa duração ou relações mais efêmeras e variadas? (É desejável que inclua aqui sua história sexual, preferencialmente em uma folha a parte.) Teve acessos fortes de ciúme?

74. Como se efetuou o ato sexual? O desejo era de tipo mais ativo e masculino ou mais passivo e feminino? Gostaria de ter nascido homem ou mulher? Que tipo de atividade sente ser mais normal?

75. Quão forte e controlável era a pulsão sexual? Considera-a inultrapassável a longo prazo? Em que medida as tendências foram reprimidas, em que medida cedeu a elas e até que ponto as substituiu pela autossatisfação? Que tipo de relação sexual lhe deu a sensação de força e saúde?

76. Uma amizade íntima e duradoura deve implicar necessariamente relações sexuais, ou o prazer da beleza física e as qualidades intelectuais e morais lhe bastam?

77. Alguma vez se sentiu atraído por pessoas imaturas, sexualmente imaturas?

78. Já notou alguma vez uma inclinação a outras anormalidades sexuais, como causar dor (sadismo), sofrer (masoquismo), paixão por objetos específicos (botas de determinado tipo, lenços ou partes do corpo, como mãos, pés, tranças, marcas de nascença? Sente necessidade de exibir seus órgãos genitais (exibicionismo) ou algo semelhante? Já se sentiu sexualmente excitado por animais?

Satisfez essas pulsões desviadas?

79. Casou-se? Por quais razões? Como era a vida conjugal? Teve filhos? Amou os filhos? Como são eles? Notou neles certas disposições sexuais (homossexuais, por exemplo)?

80. Quando e como descobriu sua própria natureza?

81. Saberia nomear uma causa para o desvio de seus sentimentos em relação à norma? Considera-os inatos ou adquiridos, por exemplo, mediante sedução ou um acontecimento determinado, por exemplo, doença da esposa, asco etc.? Quais são as impressões (segundo os itens a-e da questão 72) que lhe causam repulsa no sexo que não o atrai?

82. Lutou intensamente contra sua natureza? Com quais meios e resultados? Submeteu-se à hipnose? Quais resultados obteve? Sentia-se muito infeliz? Já se cansou da vida? Tentou o suicídio?

83. Teve conflitos (inconvenientes) com sua família, com as autoridades, com chantagistas ou de outro tipo? Suas pulsões o puseram em conflito com as ideias religiosas ou sociais que lhe foram inculcadas?

84. Qual é sua opinião sobre sua situação sexual? Acredita ser inocente ou culpado, natural ou antinatural, são ou doente?

85. Desejaria mudar sua natureza caso fosse possível, ou está satisfeito com sua disposição sexual atual?

86. A maioria de seus conhecidos são normais ou homossexuais? Em que círculos se sente melhor? Gosta de interagir socialmente com senhoras? Como reconhece os homossexuais?

87. Quantos homossexuais conhece em seu local de residência e quantos conhece no total? Quão grandes julga ser o número de homossexuais? Por quais razões?

88. Crê que, em um país onde as relações homossexuais são punidas por lei, estas atividades são menos frequentes? Observou mais casos de homossexualidade em determinadas povos, raças e classes? Ou a distribuição lhe parece igual?

89. Tem uma opinião formada sobre os sentimentos homossexuais? Qual?

90. Outras observações.

Favor enviar as respostas a
Dr. M. Hirschfeld, Charlottenburg,
Berlinerstraße 104.

Nota: Se possível, recomendamos que consulte um médico competente a fim de se submeter a exame físico (laringe, medidas da pélvis, contornos femininos e masculinos, possível sinais de degeneração etc.).

[49]

CONGRESSO DE SALZBURGO
EM 27 DE ABRIL DE 1908

Programação do encontro de Salzburg[596]
26-27 de abril de 1908

26 de abril: Chegada a Salzburgo à noite
Reunião informal no Hotel Bristol.
Os senhores inscritos no Congresso terão quartos
reservados no Hotel Bristol.
27 de abril: 8:00: Reunião (o lugar será
anunciado no dia 26 à noite).

CONFERÊNCIAS

1. Prof. Dr. S. Freud – Viena: Apresentação de casos.
2. Dr. E. Jones[597] – Londres: "Rationalisation in every day life".
3. Dr. Sadger – Viena: "Acerca da etiologia da psychopathia sexualis".
4. Dr. Morton Prince – Boston: "Experiments showing psychogalvanic reactions from the subconsciousness in a case of multiple personality" *[598].

---

596 A programação impressa está anexada às atas.
597 Ver a nota 603 da ata seguinte.
598 As inserções assinaladas com asteriscos estão riscadas no original. Morton Prince (1854-1929), psiquiatra em Boston, fundador e editor do *Journal of Abnormal Psychology* (1906-1929).

Dr. Riklin[599] – Zurique – Rheinau: "Alguns problemas da interpretação de mitos".

5. Dr. Abraham – Berlim: "Diferenças psicossexuais entre demência precoce e histeria".

6. Dr. Stekel – Viena: "Sobre a histeria de angústia".

7. Dr. Adler – Viena: "Sadismo na vida e na neurose".

8. Dr. Jung – Zurique: "Sobre a demência precoce".

O tempo de cada *fala* será de 30 minutos. A *discussão* acontecerá à noite.

13:00: Almoço no Hotel Bristol.

Tarde: Se o tempo estiver bom, os participantes farão juntos um passeio.

Noite: Reunião no Hotel Bristol.

1. Discussão das conferências.

2. Dr. Stein – Budapeste: "De que modo a libido liberada pela análise pode ser canalizada em vias propícias à terapia?"

3. Dr. Ferenczi – Budapeste: "Quais indicações práticas para a educação infantil resultam das experiências freudianas?"

4. Questões administrativas.

---

599 Franz Riklin (1878-1938) trabalhou de 1902 a 1904 como psiquiatra no Burghölzli, e então tomou parte nos experimentos de associação de Jung. À época do Congresso de Salzburg, era médico na Clínica Rheinau. Riklin seguiu Jung após o rompimento com Freud. A conferência de Riklin foi inserida à mão no programa.

Lista de presença [600]

NOME	DOMICÍLIO	ENDEREÇO
Dr. Karl Abraham	Berlim	W. Schöneberger Ufer 22
Dr. Alfred Adler	Viena	II. Czerningasse 7
Dr. [?] Arend	Munique	Mannhardtstraße 3, part.
Dr. [? ?]	Munique	Glückstra.e 3
Dr. D. J. Bach	Viena	VII. Wimbergergasse 7
Dr. H. Bertschinger	Schaffhausen	Breitenau
Prof. Dr. Bleuler	Zürich	Burghölzli
Dr. Guido Brecher	Gastein–Meran	[?]
Dr. A. Brill	New-York	Hospital, Central Islip
Ed. Claparède	Genebra	11, Champel
M. Eitingon	Zurique	Doldedstr. 78
Dr. Paul Federn	Viena	I. Riemergasse 1
Dr. A. [S.] Ferenczi	Budapeste	VII. Elisabethring 54
Prof. Dr. Sigm. Freud	Viena	IX. Berggasse 19
Dr. Otto e Sra. Gross	Munique	Mandelstraße I d/I
Dr. Eduard Hitschmann	Viena	I. Gonzagagasse 16
Dr. Edwin Hollerung	Viena	IV. Favoritenstraße 70
Dr. Ludwig Jekels	Bistrai, próximo a Bielitz	[?]
Docente Dr. C. G. Jung	Zurique	Burghölzli
Dr. Ernest Jones	Londres	13, Hartey [Harley] Street, W.
[?]		[?]
Est. Med. Paul Klemperer	Londres	I. Tuchlauben 7
	Viena	
Prof. Dr. Leopold Königstein		I. Biberstraße 11
	Viena	
Dr. Hans Königstein		I. Biberstraße 11
Dr. A. Löwenfeld	Viena	[?]
Dr. A. Ludwig	Munique	Franz-Josefstraße 13
Otto Rank	Munique	IX. Simondenkgasse 8
Dr. Rudolf Reitler	Viena	Franzensstraße 17
Dr. Franz Riklin	Baden próximo a Viena	[?]
Dr. J. Sadger	Rheinau-Zürich	IX. Liechtensteinstr 15
Dr. Hugo Schwerdtner	Viena	I. Weihburggasse 4
Dr. A. Stegmann	Viena	Mosczniskystr. 18 pt.
Dr. F. Stein	Dresden	IV. Semmelweißg. 11
Dr. Maxim. Steiner	Budapeste	I. Rotenturmstr. 19
Dr. Wilh. Stekel	Viena	II. Kastellezg. 2
Dr. Warda	Viena	[?]
	Blankenburg (Thüringen)	
Dr. Fritz Wittels	Viena	I. Graben 13
Prof. Ehrismann e Sra.	[Zurique]	

---

600 A lista está escrita à mão no original.

[50]

REUNIÃO DE 6 DE MAIO DE 1908

Presentes: Freud, Adler, Bass, [A.] Deutsch, Federn, Brecher, Graf, Hitschmann, Reitler, Rank, Sadger, Steiner, Stekel, Wittels.

O Dr. Jones[601], de Londres, e o Dr. Brill[602], de Nova Iorque, assistem como convidados.

COMUNICADOS

O *Jahrbuch* está assegurado[603].

CONFERÊNCIA: *Algumas observações sobre a gênese da impotência psíquica*

---

601 Ernest Jones (1879-1958) foi um dos primeiros adeptos estrangeiros de Freud. A partir de 1908, ensinou na Universidade de Toronto (Canadá). Em 1911, foi co-fundador da American Psychoanalytic Association, e em 1913 da London Psycho-analytical Society. É autor da biografia de Freud em três volumes, *Das Leben und Werk von Sigmund Freud* (Bern e Stuttgart, 1960-62).

602 Abraham Arden Brill (1874-1948), psicanalista americano e tradutor de diversas obras de Freud. Em 1911, fundou a New York Psychoanalytische Gesellschaft.

603 Este comunicado se refere aos preparativos para o *Jahrbuch für psychoanalytische und psychopatologische Forschungen,* publicado entre 1909 e 1914, organizado por Bleuler, Freud (editores) e Jung (redator). A edição do último volume (sexto) foi assinada apenas por Freud, e a redação por Karl Abraham e Eduard Hitschmann. O título deste volume foi modificado para *Jahrbuch der Psychoanalyse*.

CONFERENCISTA: Dr. Stekel

Referindo-se à classificação[604] de Steiner, STEKEL começa pela impotência que surge em uma idade mais avançada. Ela surge por razões inconscientes. O homem tem a representação de que seria impotente; essa representação então o torna impotente. A abstinência enseja a neurose de angústia e a angústia liberada se une à representação. Todo o processo é um eterno jogo entre pulsão e inibição; em tais casos, o médico pode fazer milagres.

Em seguida, fala das impotências que remontam à infância. Ele nunca viu um caso de impotência congênita. Todas essas pessoas têm ereções quando não estão na presença da mulher. Esses casos são uma mistura de histeria de angústia e neurose obsessiva. A análise revela aqui que a primeira agressão sexual foi seguida de uma ação que associa esta memória permanentemente ao desprazer. Stekel fundamenta esse resultado apresentando alguns casos.

Em todos os casos de impotência psíquica, o fator homossexual é acentuado, o que deve ser atribuído a um recalque violento de pensamentos incestuosos precoces. Essas pessoas fogem do incesto para a homossexualidade; elas têm um sentimento fraternal ou filial para com as mulheres.

Frequentemente realizam um compromisso com as ideias incestuosas se casando com uma parente distante.

Por fim, Stekel resume os pontos principais de sua conferência lendo as quatro teses de seu livro (p. 200)[605].

---

604 Comparar com a ata 36.

605 As quatro teses presentes no livro de Stekel *Os estados de angústia neurótica e seu tratamento – Nervöse Angstzustände und ihre Behandlung* (Berlin e

DISCUSSÃO

REITLER considera as conclusões de Stekel demasiado gerais. A componente homossexual pode ser encontrada em muitos casos de impotência. Na conferência apresentada em Salzburg, Sadger não levou em consideração os três grupos de homossexuais que Freud distingue em sua teoria da sexualidade.

HITSCHMANN se reporta à sua exposição sobre a anestesia da mulher[606], na qual também pôde referir sonhos homossexuais. De resto, Stekel vai muito longe em suas conclusões; as quatro teses não podem se fundar apenas em alguns casos. Suas análises não são exatas nem aprofundadas.

O Dr. BRILL, de Nova Iorque, pergunta se as ereções matinais são realmente tão importantes para o prognóstico, como supõe Stekel; em alguns de seus pacientes, ela se deve à ingestão excessiva de líquidos à noite.

(STEKEL diz que o principal é o fato da ereção).

STEINER contesta a importância das ereções matinais para o prognóstico e observa que as ereções dos pros-

---

Wien, 1908) são as seguintes:

Um pensamento incestuoso sempre é revelado.

O sentimento de culpa atua como inibição. Esse sentimento é o arrependimento pelo onanismo e a má consciência provocada pelas fantasias de incesto (comparar com as atas 39 e 40).

A memória da primeira agressão sexual é, por diversas razões, marcada de desprazer. Especialmente nos casos em que a agressão foi seguida de uma surra.

Uma componente claramente homossexual diminui a energia da pulsão sexual.

606 Comparar com as atas 39 e 40.

táticos são desprovidas de valor. Os demais fatores mencionados por Stekel desempenham todos um importante papel, embora sua classificação não possa ser mantida.

WITTELS confirma a exatidão dos quatro pontos de Stekel a partir de um caso tratado por ele.

ADLER enfatiza seu posicionamento crítico em relação às considerações de Stekel. Este não demonstrou por que uma memória recalcada produz uma inibição muscular quando há intenção de coito. Stekel teria podido remeter todos os sintomas às pulsões originais.

O homem que sente necessidade de gemer e expressar dor durante o coito, bem como de ameaçar o pai e o irmão com a faca, e também o medo da sífilis, encontrado na maioria das impotências, sugerem o acúmulo de diferentes impulsos à pulsão agressiva e às suas transformações. Essa pulsão está destinada a dar a última palavra na questão da impotência psíquica. O retorno da pulsão agressiva contra a própria pessoa e o desejo (*Verlangen*) de deitar por baixo também pertencem a esse campo, bem como uma parte considerável das componentes exibicionistas (representação do pênis pequeno; mulheres). As representações incestuosas e homossexuais podem ser encontradas em todas as pessoas, especialmente nos neuróticos, e remontam a um desenvolvimento forte e precoce da pulsão sexual; a memória da primeira agressão, marcada de desprazer, não desempenha um papel tão importante ou talvez só tenha importância nos indivíduos que se tornam agressivos devido a uma excitação insatisfeita.

O Dr. JONES, de Londres, confirma as conclusões de Stekel, em especial nos casos em que a primeira experiência sexual provoca desprazer. Sublinha que o ponto de vista mais valioso é a importância das influências psíquicas nos processos físicos.

BASS, que tem pouca experiência neste campo, cita apenas um caso de impotência psíquica; esta surgiu depois de anos de casamento e foi causada pela interposição de uma mulher.

FEDERN tende a concordar com Stekel no tocante à questão da bexiga cheia.

Em muitos casos, as pessoas se tornaram impotentes em decorrência de pensamentos que não são necessariamente inconscientes.

Ele pode confirmar que as quatro condições fundamentais estão presentes na maioria dos casos. Talvez o onanismo mútuo desempenhe um papel importante. Em seus casos, constatou uma pulsão sexual fraca.

BRECHER confirma, com base em dois casos (que não pôde tratar até o fim), a presença de todas as manifestações que encontramos nas neuroses, em especial dos pensamentos incestuosos. Ele levanta novamente a questão, posta por Federn, de saber se não há impotências que possam ser qualificadas de normais. (O Prof. FREUD: a impotência normal é o não-querer [*Nicht-Wollen*].)

O irmão de um impotente sofria de neurose obsessiva; também ocorreram agressões à mãe.

O Prof. FREUD critica primeiramente a recaída de Stekel na psicologia das superfícies; as pessoas acometidas uma vez de impotência e que então permanecem nessa condição não são impotentes na segunda vez e nas vezes seguintes porque temem que a primeira incapacidade possa se repetir, mas porque continuam agindo as mesmas razões que causaram a primeira impotência.

As dificuldades resultantes do estudo detalhado das neuroses foram destacadas por Adler de modo preciso:

1) Não podemos esquecer a confluência de fatores acidentais e constitucionais (psíquicos e orgânicos), cuja separação é muito difícil de ser feita.

2) Em todas as neuroses, bem como no indivíduo normal, os fatores se encontram todos juntos. Deve-se investigar onde se situa o elemento patológico no reaproveitamento (*Verwertung*) destes fatores.

O ponto de vista da fraqueza da pulsão sexual deve ser levado em consideração.

3) Trata-se da questão da escolha da neurose (*Neurosenwahl*). Stekel acentua, na impotência psíquica, que a primeira atividade sexual foi associada ao desprazer. Se demonstrássemos que estsa causa tem caráter *acidental*, o problema da impotência estaria resolvido. Suas experiências com a impotência psíquica favorecem a tese de Stekel. Alguns detalhes também coincidem: em geral, são pessoas que não suportam a visão de uma vagina; sedução por parte de pessoas feias e mais velhas etc. Contudo, Stekel concebe a etiologia da impotência psíquica de modo muito limitado.

Freud está de acordo com Adler no que concerne ao caso mencionado, mas deve contradizê-lo no plano geral: não podemos fazer as neuroses dependerem das pulsões, pois em todas elas encontramos todas as pulsões. Por outro lado, confirma que a impotência psíquica remonta a uma inibição da pulsão agressiva. Muitos impotentes haviam sido, em sua juventude, neuróticos obsessivos que praticavam rituais. Freud se acostumou a considerar os casos de impotência psíquica como neuroses obsessivas.

A impotência psíquica é o principal sintoma das neuroses (analogia: a anestesia da mulher), e temos apenas de nos perguntar como é possível que haja ainda outros sintomas; esse é o enigma.

Em todo caso, Freud alerta contra publicações apressadas e conclusivas e aconselha aguardar para ver se, apesar de tudo, não se trata de uma condição orgânica suplementar.

Retomaremos a questão da escolha da neurose de modo contextualizado.

SADGER observa que a ideia da mãe como prostituta é frequente nos homens que posteriormente têm relações com mulheres que podem ser designadas prostitutas. As fortes ameaças ouvidas em decorrência da masturbação também desempenham um papel na impotência psíquica. A eficácia dos métodos físicos se deve ao amor do paciente pelo médico.

STEKEL não concorda com Steiner. Os casos da primeira categoria também se encaixam na terceira. Além disso, a classificação da impotência psíquica é uma questão de gosto. Como disse antes, ela é uma mescla de histeria de angústia e neurose obsessiva.

[51]

REUNIÃO DE 13 DE MAIO DE 1908

Presentes: Freud, Adler, Bach, Brecher, Federn, Häutler, Hitschmann, Hollerung, Joachim, Rank, Stekel, Urbantschitsch.
[A.] Deutsch, Steiner, Sadger, Schwerdtner, Wittels justificam sua ausência.

RESENHAS E APRESENTAÇÕES DE CASOS

RESENHAS

O secretário enumera as publicações recentes (retiradas do *Literarisches Zentralblatt*). Menciona também:

Dr. [Julian] Marcuse, *A questão sexual e o cristianismo – Die sexuelle Frage und das Christentum* (Werner Klinckhardt, Leipzig, 1908).

[Max] Meyerfeld, *Byron e sua irmã – Byron und seine Schwester* (Neue Rundschau, 1908).

[Richard] Bolte, "Experimento de associação e psicologia associacionista" – "Assoziationsexperiment und Assoziationspsychologie". Correto: "Psicologia associacionista e experimento de associação" – "Assoziationspsychologie und Assoziationsexperiment". *Die Umschau*, Bd. 12, 4.

[Leopold] Lauer, "Nervosidade e cultura moderna" – "Nervosität und moderne Kultur". *Die Umschau*, Bd. 12, 7.

[?] Walter, "Contribuições à história da pedagogia sexual" – "Zur Geschichte der sexuellen Pädagogik". *Allgemeine Rundschau,* hrsg. von Kausen, Bd. 5, 5.

[Hans] Gross, "Técnicas mnemônicas no subconsciente" – "Mnemotechnik im Unterbewußtsein". *Archiv für Kriminal-Anthropologie und Kriminalistik,* Bd. 29, 1.

[Paul] Näcke, "Contribuições aos traumas sexuais" – "Beiträge zu den sexuellen Träumen". *Archiv für Kriminal-Anthropologie und Kriminalistik,* Bd. 29, 4, 1908.

[Oskar] Woltär, "Sobre os chamados estados neurastênicos prodrômicos das psicoses" – "Über das sogenannte neurasthenische Vorstadium der Psychosen". *Wiener Klinische Wochenschrift,* Bd. 21, 4, 1908.

STEKEL menciona um capítulo da obra mais recente de Strindberg (*Um livro azul – Ein Blaubuch,* 1907]) que considera interessante: *Lógica na neurastenia.*

HITSCHMANN menciona um artigo da *Allgemeinen Zeitschrift für Psychologie ["Allgemeine Zeitschrift für Psychiatrie und psychischgerichtliche Medizin",* 1908], escrito pelo Dr. Risch (Eichberg): "Contribuição à compreensão dos estados psicogênicos", que se aproxima da concepção freudiana na medida em que considera que as causas desSes fenômenos são de índole sexual.

Hitschmann faz, em seguida, um comentário detalhado de um texto (já mencionado anteriormente) do russo Drobin [B. A. Drobniy]: *Prostatite crônica como causa da neurastenia – Chronische Prostatitis als Ursache der Neurasthenie* (St. Petersburg, 1907).

Depois apresenta o discurso de [Theodor] Ziehen sobre a memória[607], um artigo em inglês de Pierce so-

---

607 Comparar com a ata 43, nota 520.

bre a atividade cerebral inconsciente[608] (Resenha da *Zeitschrift für Psychologie und Physiologie der Sinnesorgane*). Em seguida, um tratado de [Ernst] Meumann em *Arquiv für die gesamte Psychologie,* v. 9, 1907, "Sobre os sonhos de sensações orgânicas e uma notável memória onírica", e um artigo de Binet[609] em *Revue philosophique* sobre grafologia. Por fim, busca compreender melhor o vegetarianismo do ponto de vista psicológico à luz de um caso publicado em *Neurolog.*[?]. Tratava-se de um menino de dez anos que manifestava um comportamento agressivo para com o pai, era vegetariano e intencionava morrer de fome. Ele conhece três casais de vegetarianos, todos sem filhos; duas das mulheres são frígidas. Além da esperança de que receberiam a benção de ter filhos ao mudar sua forma de viver, a insatisfação dessas pessoas com sua situação em geral também desempenha um papel: são pessoas que querem se libertar de si mesmas. O simbolismo da "carne" desempenha aí um papel importante (pessoas que se consideram lascivas).

O Prof. FREUD acrescenta, como raiz mais profunda, a predisposição sádica, o que ADLER confirma. O Prof. Freud narra a primeira memória de um vegetariano que não come carne desde a infância. O pai havia dito a uma visita que recebiam: "cuidado, ele morde".

---

608 A. H. Pierce, "Should We Still Retain the Expression 'Unconscious Cerebration' to Designate Certain Processes Counected with Mental Life?", in: *Journal of Philosophy, Psychology and Scientific Methods*, Bd. 3, 1906. Há um breve resumo deste trabalho (escrito por T. G. Österreich) na *Zeitschrift für Psychologie und Physiologie der Sinnesorgane*, Bd. 47, 1908.

609 Comparar com a ata 10, 172.

Por fim, HITSCHMANN acrescenta que levanta a suspeita de sífilis em todos os vegetarianos.

BACH lê algumas passagens de *Contribuição à dialética da alma*, de Feuchtersleben[610], em que já se anunciam alguns pontos de vista de Adler.

APRESENTAÇÕES DE CASOS

URBANTSCHITSCH narra um sonho que teve, que não logrou interpretar por completo, e coloca algumas questões teóricas e práticas, às quais Freud responde.

HITSCHMANN relata o caso de uma senhora que consultou o ginecologista porque sofria de atrofia da vulva. Pouco tempo depois, ela narra um sonho: possuía novamente uma caixa de joias que havia tido em sua juventude.

HOLLERUNG relata a remoção de um sintoma em uma paciente que sofria de histeria grave acompanhada de agorafobia.

ADLER relata o caso de uma senhora que durante a primavera sofre de vômitos e eructações matinais. Depois de algumas sessões, revelou-se que se tratava de um caso de avareza; esta pode, portanto, se dissimular por trás dos vômitos.

FEDERN relata um caso de impotência psíquica em que não foi possível demonstrar que a primeira experiência sexual foi desprazerosa. Esta consistiu em um ona-

---

610 Ernst Freiherr von Feuchtersleben (1806-1849), médico austríaco, lírico e ensaísta.

nismo mútuo; teve a primeira ejaculação com o pênis flácido, o que provavelmente desempenha um papel importante.

RANK observa, referindo-se ao caso de Adler, que há muito tempo pôde observar em um caso o nexo existente entre a avareza e o vômito. Ele está inclinado a afirmar que esse nexo se faz presente em todas as funções excrementícias; casos de emissão de urina e sêmen relacionada à avareza lhe são conhecidos. A prostituição também se incluiria aí.

Referindo-se à grande importância que conferiu em seu livro[611] à pulsão sado-masoquista em todas as suas transformações (incluindo a angústia), gradações (até o suicídio) e manifestações artísticas, menciona três casos de artistas em que essa pulsão desempenhou um papel importante.

1. Um escultor com disposição eminentemente sádica que leva uma vida amorosa masoquista e realiza seu sadismo na arte. Tudo remonta provavelmente à sucção do seio materno e ao prazer da tomada de possessão (*Bemächtigungslust*) associado a ela.

2. Uma passagem de uma carta de [Wilhelm] Busch em que enfatiza a componente voluptuosa da pulsão de crueldade.

3. Um sonho de morte de Segantini[612] e sua representação artística.

---

611 *O artista: elementos de uma psicologia sexual – Der Künstler; Ansätze zu einer Sexualpsychologie.*

612 Giovanni Segantini (1858-1899), pintor italiano. Karl Abraham publicou um trabalho sobre ele, em que por diversas vezes se referiu a Rank. *Gio-*

ADLER se reporta à menção feita por Rank da relação entre o sadismo e a angústia e observa que não se recorda de tê-la visto no livro de Rank; ele verificará e fará uma retificação caso estiver enganado. Adler reivindica (como autor) ter separado o sadismo da sexualidade e lhe ter conferido supremacia sobre todas as outras pulsões[613].

---

vanni Segantini; Ein psychoanalytischer Versuch (Giovanni Segantini: um ensaio psicanalítico), caderno 11 da *Schriften zur angewandten Seelenkunde*, Leipzig und Wien, 1911, edição ampliada 1925; reedição no volume 2, p. 269 e seguintes, de Karl Abraham, *Estudos psicanalíticos – Psychoanalytische Studien*, (ed.) Johannes Cremerius, Série "Conditio Humana", Neuausgabe in Bd. 2, S. 269 ff., 1971.

613 Este é um exemplo das querelas de prioridade que ameaçavam destruir (*auseinandersprengen*) a Sociedade.

52

REUNIÃO DE 27 DE MAIO DE 1908[614]

Presentes: Freud, Adler, Federn, Häutler, Hitschmann, Hollerung, Rank, Reitler, Joachim, Steiner, Stekel, Wittels.

RESENHAS E APRESENTAÇÕES DE CASOS DE TODOS OS PARTICIPANTES

STEKEL menciona um trabalho de [A.] Schmiergold e P. [Provotelle] sobre "As neuropsicoses de defesa de Freud", publicado no *Archiv für Psychologie*, n.7/8, 1908[615]. Cita também o ensaio de Sadger sobre o narcisismo em *Questões-limite de Medicina e Técnica"* – *"Grenzfragen der Medizin und Technik*[616].

Em seguida, destaca a perspicácia psicológica de Heinrich Mann e traz alguns exemplos, tirados de sua coletânea de novelas intitulada *Manhãs tempestuosas* –

---

614 No livro de presença, a reunião anterior, de 20 de maio de 1908, é mencionada, mas a rubrica "presentes" não está preenchida; a ata também está faltando. Assim, supomos que essa reunião não aconteceu.

615 "La méthode psychanalytique et les 'Abwehrneuropsychosen' de Freud", in: *Journal de Neurologie*, Bd. 13, 1908. O artigo se reporta aos escritos de Freud *As neuropsicoses de defesa – Die Abwehr-Neuropsychosen* (1894; O.C.). Rio de Janeiro, Imago, v.3; e *Novos comentários sobre as neuropiscoses de defesa – Weitere Bemerkungen über die Abwehr-Neuropsychosen* (1896; O.C.). Rio de Janeiro, Imago, v.3.

616 Provavelmente se refere ao trabalho "Questões neuropsiquiátricas à luz da psicanálise – Psychiatrisch-Neurologisches in psychoanalytischer Beleuchtung" in: *Zentralblatt für das Gesamtgebiet der Medizin und ihre Grenzgebiete*, n. 7/8, 1908.

Stürmische Morgen para ilustrar sua profunda compreensão dos processos psíquicos inconscientes. O próprio autor deve sofrer de uma neurose grave.

FEDERN menciona dois trabalhos ingleses sobre o inconsciente.

HOLLERUNG lê um trecho do trabalho de [Paul] Magnin, publicado na *Revue de l'hypnotisme et de psychologie physiologique*, n.10, abril, 1908, em que o autor versa sobre as teorias de Freud e sustenta que estas seriam, na verdade, propriedade intelectual de Charcot [617].

STEINER menciona um trabalho de O. [?] que chama a atenção para o inchaço dos mamilos como um novo indício de onanismo em meninos.

ADLER afirma que essa concepção já é antiga; devemos abordá-la com desconfiança.

STEKEL aponta o antagonismo entre as glândulas sexuais e as glândulas mamárias.

HITSCHMANN também já observou esses inchaços; nos casos de albuminúria[618] da puberdade (relação com a masturbação!). De modo geral, deveríamos examinar sistematicamente a relação entre as glândulas e as neuroses (*Basedow*, neurose de angústia, neurastenia e próstata), a qual parece desempenhar um importante papel.

STEINER relata também um caso de impotência.

STEKEL relata uma nova forma de angústia mascarada: um homem padece de fortes depressões, que são,

---

617 Jean-Martin Charcot (1825-1893), professor de anatomia patológica no Collège de France e diretor de Salpêtriére, onde Freud passou uma temporada de estudos nos anos de 1895 e 1896 e recebeu estímulos decisivos.
618 Eliminação de proteína na urina.

na verdade, angústia: angústia em relação a si (ele tem fortes pensamentos de incesto).

O Prof. FREUD observa que essa não é uma forma nova; a depressão é um sintoma por si.

ADLER também considera a observação de Stekel infundada. No caso em questão, trata-se de uma pulsão agressiva voltada contra a própria pessoa, cujas diferentes manifestações são angústia, depressão, arrufo etc.; em alguns casos, elas se encontram todas juntas.

O Prof. FREUD relata algumas experiências de sua prática.

A ereutofobia implica um sentimento de vergonha reprimido; são onanistas que no início se envergonham dos pais em razão de seu conhecimento das questões sexuais. Este enrubescimento é frequente durante a juventude e desaparece então aos 17 ou 18 anos. As ereutofobias tardias acometem as pessoas que haviam contraído a sífilis e agora também se envergonham dela. A segunda fonte de ereutofobia, além do sentimento de vergonha inconsciente, é a raiva reprimida[619].

ADLER acrescenta que a raiva, como se espera, é originalmente dirigida ao pai; no período pós-sifilítico, manifesta-se o desejo de infectar todo o mundo (pensamentos que surgem no indivíduo quando está no cabeleireiro etc.).

---

619 Essa observação parece ser muito importante, visto que chama a atenção para a componente agressiva nas ereutofobias. Essa componente frequentemente se transforma em ideias persecutórias; os ereutófobos são muitas vezes paranoicos mascarados.

O Prof. FREUD observa que essas pessoas geralmente têm acessos (de enrubescimento) quando estão no cabeleireiro.

O Prof. FREUD relata também o sonho de uma mulher que sofre de histeria de angústia. Ela mantém um casamento infeliz com um masoquista, cujo dialeto amoroso lhe é incompreensível. Ela terá de interromper o tratamento em razão das férias de verão que estão próximas e sonha com o lugar para o qual viajará: é noite, o brilho intenso da Lua ilumina o lago perto de onde se hospeda; ela passeia na margem do lago e cai na água exatamente no ponto em que a luz da Lua é refletida.

Interpretação: No dia anterior, a paciente havia relatado algumas reminiscências de Leipzig, onde havia passeado com uma amiga no roseiral e espreitado um homem (*la lune*). Portanto, se levarmos em consideração a teoria sexual infantil de que os bebês nascem pelo ânus e o mecanismo da inversão (cair em, em vez de extrair de), trata-se de um sonho de nascimento. A paciente diz: ela sente que renasceu por intermédio do tratamento. Ela deseja que o Prof. Freud a visite no verão para dar continuidade ao tratamento. Naturalmente, o sonho tem ainda um segundo sentido, sutil e mais profundo (transferência).

STEKEL afirma que a "lua" significa quase sempre o pênis (que aumenta e diminui de tamanho).

Para FEDERN, ela também simboliza a potência crescente e decrescente.

WITTELS observa que nos contos árabes as meninas são frequentemente comparadas à Lua, o que provavelmente está relacionado à preferência dos muçulmanos por mulheres corpulentas.

O Prof. FREUD adverte que se deve atentar estritamente à diferença entre os símbolos regulares e ocasionais[620].

ADLER relata um sonho da paciente avara. Ela sonha que o rei e a rainha (a mulher é húngara) vieram morar em seu apartamento e que viviam muito intimamente. O rei significa aqui o rei das cartas de baralho.

O Prof. FREUD relata também um caso de obsessão amorosa: um homem é incapaz de se livrar de uma paixão. A obsessão desaparece com a descoberta do modelo infantil (da mãe). Uma memória de juventude deste homem: quando pequeno, banhou-se com a mãe em uma banheira. Ele vê tudo muito claramente, cada detalhe da decoração, apenas não vê o corpo da mãe (deslocamento).

Em seguida, Freud relata a interpretação de um acesso de histeria, em que a menina arrancou seu avental. Todo o tempo, antes e depois do ataque, ocupava-se dos órgãos genitais femininos. Ela vê em sua mãe uma rival. A análise revela que a paciente conhecia a expressão "avental hotentote" (*Hottentottenschürze*) (isto é, aumento dos pequenos lábios) de um dicionário. No contexto desta interpretação, empregou as palavras: *offengestanden* (duplo sentido: aberto ou francamente), o que manifestamente se refere aos genitais de sua mãe, sobre a qual ela tem a vantagem de ter genitais fechados. Por outro lado, ela teme as sequelas do onanismo (avental hotentote). O

---

620 Freud pretende com isto esclarecer que há dois tipos de símbolos: aqueles que possuem validade geral e significado consensual (são, por assim dizer, atemporais); e aqueles que são formados por um indivíduo em ocasiões específicas. Freud desenvolveu essa ideia em diversos escritos, por exemplo, nas *Conferências introdutórias sobre psicanálise – Vorlesungen zur Einführung in die Psychoanalyse* (1915-17; O.C.). Rio de Janeiro, Imago, v.15.

significado do acesso é o desejo reprimido de examinar se a masturbação lhe causou danos. Aos 4 anos, exibiu-se para o irmão.

Por fim, Freud relata o fato (extraído da análise de um homossexual latente) de que a homossexualidade só surge após um certo tempo e a libido é então transposta da mulher ao homem. Esse caso confirma a afirmação de Sadger e também se encontra no livro de Stekel. Essa análise mostra como se dá tal transposição. O paciente sempre teve uma preferência por meninos. No começo, amava muito sua mãe. Esta costumava elogiar diante dele outros meninos por sua superioridade física e mental, o que o deixava furioso com eles (e por outro lado também lhe inculcava simpatia por eles). Com a repressão do amor à mãe, ele operou uma inversão: a raiva contra os meninos se transformou em simpatia; portanto, seu amor é também uma inclinação ao ciúme e ao ódio e, por conseguinte, facilmente se transforma em acritude (*Missstimmung*), o que revela seu caráter original[621].

STEKEL apresenta o caso de um homossexual ativo que tinha pensamentos incestuosos relacionados à sua mãe. Aos 6 anos, trauma severo com uma irmã mais velha e exibicionista diante de uma irmã mais nova. Torna-se religioso; ideia de pecado, recalque. Inicialmente transpôs seu amor a um irmão que havia anteriormente odiado como rival.

---

621 Freud descreveu posteriormente este tipo específico de homossexualidade em seu artigo *Alguns mecanismos neuróticos no ciúme, na paranoia e no homossexualismo – Über einige neurotische Mechanismen bei Eifersucht, Paranoia und Homosexualität* (1922; O.C.). Rio de Janeiro, Imago, v.18.

O Prof. FREUD formula este mecanismo de transposição da seguinte maneira: com o recalque de um objeto, produz-se uma inversão do afeto ligado ao outro objeto[622].

---

622 Ver nota anterior.

[53]

REUNIÃO DE 3 DE JUNHO DE 1908

Presentes: Freud, Adler, Bass, [A.] Deutsch, Federn, Graf, Heller, Hitschmann, Hollerung, Rank, Stekel, Wittels, Joachim[623].

CONFERÊNCIA: *O sadismo na vida e na neurose*[624]

CONFERENCISTA: Dr. Adler

DISCUSSÃO

HITSCHMANN destaca que Adler reconheceu corretamente que a nova psicologia deve tomar as pulsões como ponto de partida. Assim, os caracteres e as ações

---

623 No livro de presença, encontra-se a seguinte nota: 10 de junho, reunião informal no "Schutzengel" da "Hohen Warte".

624 A conferência foi publicada com o título "A pulsão agressiva na vida e na neurose – Der Aggressionstrieb im Leben und in der Neurose", in: *Fortschritte der Medizin*, n.19, 1908.

Karl Abraham, em seu *Relato sobre a bibliografia psicanalítica austríaca e alemã até 1909*, resumiu esse trabalho da seguinte maneira: "Toda 'pulsão' deriva de uma atividade orgânica. Órgãos inferiores se distinguem por uma pulsão especialmente forte. Esses órgãos desempenham um papel importante no surgimento da neurose. O sadismo se funda em um cruzamento (*Verschränkung*) da pulsão agressiva e da pulsão sexual. A pulsão agressiva pode – como todas as outras pulsões – aparecer na consciência de forma pura ou sublimada, ou se transformar em seu contrário em decorrência do efeito inibidor de uma outra pulsão, ou ainda se voltar contra o indivíduo, ou ser deslocada para um outro objeto. O autor faz um resumo sucinto das manifestações e da significação dessas formas de pulsão agressiva no indivíduo normal e no neurótico".

devem ser determinados por intermédio da vida pulsional. O sintoma não é mais um fenômeno puramente mental, mas também produto da pulsão. É certo que Adler concebe a pulsão de um modo novo na medida em que atribui a cada órgão uma pulsão; mas isto só se justificaria se a pulsão fosse definida como atividade[625]. De maneira geral, a concepção de Adler não muda muita coisa no que havíamos pensado até agora de modo implícito.

As teses de Adler não foram todas demonstradas. Hitschmann também não consegue se acostumar com a inversão das pulsões. Afinal, não se pode reduzir tudo a esse único ponto de vista.

HOLLERUNG está muito satisfeito com o fato de Adler ter atacado o problema das pulsões. A expressão "pulsão agressiva" (*Aggressionstrieb*) é um pleonasmo: pulsão já é agressividade, e agressividade contra o mundo exterior. Ele gostaria de sugerir que a palavra "pulsão" seja substituída por "reação". A inversão não é uma segunda pulsão, mas a incapacidade de reação contra o mundo exterior.

Na opinião de STEKEL, as considerações de Adler não trazem nada de novo e valioso, nem do ponto de vista prático, nem do ponto de vista analítico; tudo já está contido nos escritos do professor. Com o termo "neuroses de defesa", Freud indicou que a pulsão defensiva é a razão de todas as neuroses. A sublimação também foi introduzida por ele.

---

625 É surpreendente que Hitschmann faça esta restrição, visto que toda pulsão encerra uma atividade.

As afirmações de Adler não puderam ser comprovadas.

A pulsão de defecação não existe; trata-se de um reflexo e muitas outras coisas estão erradas. De um modo geral, é perigoso querer reduzir tudo a um único ponto.

O Prof. FREUD lembra primeiramente que está completamente de acordo com o estudo sobre a inferioridade. Adler passou rapidamente pela psicologia para estabelecer uma relação com a medicina[626]. A conferência de hoje se move ainda no domínio fronteiriço entre o psíquico e o somático: a vida pulsional.

Freud concorda com Adler na maioria dos pontos, por uma razão muito específica: o que Adler chama de pulsão agressiva é nossa libido.

Podemos censurá-lo de fazer duas confusões: confunde a pulsão agressiva com o sadismo (sadismo é uma forma particular da pulsão agressiva que está relacionada às dores infligidas ao outro).

Uma pulsão é aquilo que torna o indivíduo inquieto (uma necessidade não satisfeita); na pulsão há: a necessidade, a possibilidade de prazer e algo ativo (a libido)[627]. Contudo, a libido não deve ser separada da possibilidade de prazer.

Sobre esta base, a concepção adleriana de angústia também é esclarecida; nós compreendemos a angústia como uma fase da libido insatisfeita[628]; para Adler, ela

---

626 Esta observação indica que Freud, apesar de todo o reconhecimento, já duvidava das inovações adlerianas.

627 Freud sempre considerou a libido ativa.

628 Trata-se ainda da primeira teoria da angústia, modificada posteriormente por Freud. Comparar com a ata 14, nota 227.

é uma fase da pulsão agressiva transformada e voltada contra a própria pessoa.

Basear o recalque na pulsão escópica é também um encobrimento (*Maskierung*). As forças que promovem o recalque (o recalque é um processo de repressão insuficiente que só diz respeito aos processos sexuais e que é condicionado pelo desenvolvimento infantil) são as demais forças da civilização, entre as quais os órgãos sensoriais naturalmente têm papel preponderante[629].

De resto, a descrição adleriana da vida pulsional continha observações muito valiosas e corretas. Adler apenas observou a vida pulsional normal, a patológica deixou de lado. Ele tentou explicar a doença a partir da psicologia da normalidade; esta é a posição dos *Estudos* [*sobre histeria,* 1895], ainda sustentada por Hellpach[630].

FEDERN sublinha que, contrariamente ao que disse o professor, não corresponde às intenções de Adler substituir a "pulsão agressiva" pela "libido". Para Adler, o que torna a criança agressiva é o impedimento das diferentes possibilidades de obter prazer.

A "libido" de Rank era algo místico, cujo grande efeito formativo e diferenciador era incompreensível. Adler evitou empregar esta palavra; ele clarificou a expressão vaga de Rank e a explicou em seu sentido preciso. Depois de comparar brevemente as concepções opostas de Freud e de Adler, Federn define sua posição em relação

---

629 Não está claro o que Freud quis dizer. Aqui, como em muitas outras passagens – especialmente nas contribuições de Freud à discussão – Rank condensou tanto que o conteúdo se tornou incompreensível.

630 Comparar com a ata 28, nota 373.

a Adler: ele acredita que Adler errou em abandonar tão rápido a significação original das pulsões sexuais[631].

É uma falácia inferir a existência de um órgão inferior a partir de uma pulsão mais forte; isso é confundir a inferioridade relativa e a inferioridade absoluta. A transformação da pulsão agressiva em seu contrário é um grande exagero.

[A.] DEUTSCH entende por agressividade o que está contido em cada pulsão e a constitui; ela se acrescentaria à libido.

Em suas palavras finais, ADLER aborda os pontos mais importantes: é natural que haja semelhanças com as intuições freudianas; ele próprio, na introdução, falou desse solo comum (*Mutterboden*). A propósito, a neurose de defesa não é o ponto em que diverge de Freud.

Não se deve partir do ponto de vista do desenvolvimento, segundo o qual o órgão necessariamente está ligado à agressividade; a atividade orgânica primitiva não é agressiva. Rank não menciona a pulsão orgânica. Ele já havia defendido a concepção da libido no artista antes de Rank na conferência citada por este último; neste trabalho, Adler atribui a cada órgão duas funções: a cultural e a sexual, que deve ser reprimida. Posteriormente, abandonou esta posição.

A libido de Rank não coincide com sua pulsão agressiva; Rank separa a pulsão agressiva da libido.

---

631 Federn parece ter sido um dos primeiros a chamar a atenção para a tendência de Adler de abandonar a ideia da importância da sexualidade na neurose.

Sadismo e masoquismo são fenômenos complexos em que a sexualidade e a agressividade estão ligadas. A agressividade não é necessariamente cruel.

Adler dá um exemplo de recalque: um paciente diz: "Vejo o que se passa em uma outra pessoa, mas ela não vê o que se passa em mim"; aí tem início o recalque.

Desenrola-se um longo debate sobre a identidade ou a diferença existente entre a pulsão agressiva de Adler e nossa libido.

Coleção **atentado**

Coordenada por
Marcelo Checchia e Ronaldo Torres

PRODUZIDO NO ED.LAB,
LABORATÓRIO DE PUBLICAÇÕES.
ABRIL DE 2017.

ed.**LꟼB**